MARBURGER OSTFORSCHUNGEN

im Auftrage des Johann-Gottfried-Herder-Forschungsrates e. V.

herausgegeben von

RICHARD BREYER

Band 33

DIE NATIONALPOLNISCHE BEWEGUNG IN WESTPREUSSEN 1815 - 1871

Ein Beitrag zum Integrationsprozeß der polnischen Nation

von

PETER BÖHNING

J. G. HERDER-INSTITUT · MARBURG/LAHN · 1973

Gesamtherstellung: Graphische Kunstanstalt Wilhelm Herr, Gießen
Printed in Germany
ISBN 3-87969-102-9

MEINEN ELTERN

INHALT

Vorwort IX

Verzeichnis der benutzten Abkürzungen X

I. EINLEITUNG 1
I.1 Anmerkungen zur Themenstellung. Zeitliche und territoriale Abgrenzung . . 1
I.2 Forschungsstand und Quellenlage zur Geschichte des westpreußischen Polentums im 19. Jahrhundert 8
I.3 Die ethnisch-sprachlichen Verhältnisse in Westpreußen. Probleme der Bevölkerungsstatistik 11
I.3,1 Zur Bevölkerungsentwicklung vor 1815 11
I.3,2 Die Bevölkerungszusammensetzung Westpreußens im Untersuchungszeitraum. Probleme der preußischen Sprachen- und Konfessionsstatistik 14

II. DIE ZEIT DER ÄUSSEREN RUHE. KONSTELLATIONEN UND ENTWICKLUNGSTENDENZEN VOR DEM VÖLKERFRÜHLING . . 21
II.1 Die Rechtsstellung der polnischen und kaschubischen Bevölkerung in Westpreußen aufgrund der preußischen Auslegung der Wiener Verträge 21
II.2 Die wirtschaftlichen und sozialen Verhältnisse in der Provinz nach 1815 . . 23
II.3 Erste Impulse von außen. Der Novemberaufstand im Königreich Polen . . 27
II.3,1 Die Reaktion des westpreußischen Polentums auf den Aufstand 27
II.3,2 Das Flüchtlingsproblem 30
II.4 Die Position der katholischen Kirche und Geistlichkeit in der Nationalitätenfrage und ihr Verhältnis zur Staatsgewalt 35
II.5 Prinzipien und Praxis preußischer Sprachenpolitik in Westpreußen 43
II.6 Die Dissimilation der Nationalitäten in der Adelsschicht. Adelsfamilien als Kristallisationskerne der nationalpolnischen Opposition 53

III. DAS POLENTUM WESTPREUSSENS IM VÖLKERFRÜHLING . . . 64
III.1 Vorspiel — Der Aufstandsversuch der ‚Polnisch-Demokratischen Gesellschaft' . 64
III.2 Erste Reaktionen auf den Ausbruch der Märzrevolution 69
III.3 Der Übergang zur legalen Aktion 76
III.3,1 Die Polen und die Frankfurter Nationalversammlung 76
III.3,2 Die Anfänge der parlamentarischen Tätigkeit im preußischen Abgeordnetenhaus 80
III.3,3 Die ‚Liga Narodowa Polska' — der erste Versuch einer systematischen Organisation 85

IV. DIE ERSTE PHASE DER ‚ORGANISCHEN ARBEIT'. GESELLSCHAFTSPOLITIK ALS KOMMUNIKATIONS- UND INTEGRATIONSFÖRDERNDE TÄTIGKEIT 102
IV.1 Das Kräfteverhältnis und die Interessenlage innerhalb der polnischen Gesellschaft und die ideologische Motivation der ‚organischen Arbeit' 102
IV.2 Der Aufbau des Organisationssystems 111
IV.2,1 Die ‚Gesellschaft zur Ausbildungshilfe für die Jugend Westpreußens' . . . 111
IV.2,2 Landwirtschaftliche Gesellschaften und Bauernvereine 115
IV.2,3 Kreditgenossenschaften und Gewerbevereine 122
IV.3 Möglichkeiten der Integration und der ideologischen Beeinflussung durch das Bildungswesen und Versuche der institutionalisierten Herrschaftssicherung . . 131

IV.3,1 Die Entfaltung literarischer Tätigkeit und Bemühungen um die Volksbildung . 131
IV.3,2 Die Thorner ‚Wirtschaftskongresse' und die ‚Gesellschaft zur Förderung der moralischen Interessen' 144
IV.4 Versuche einer unmittelbaren nationalen Integration aller Bevölkerungsschichten 148
IV.4,1 Die Bedeutung des preußischen Parlamentarismus für die nationalpolitische Arbeit 148
IV.4,2 Die Agitation in der Sprachenfrage 151
IV.4,3 Religiös-nationale Demonstrationen und die Bedeutung der historischen Tradition für die nationale Agitation 158
IV.5 Der Januaraufstand im Königreich Polen als Indikator für den Entwicklungsstand der nationalpolnischen Bewegung in Westpreußen 165

V. SCHLUSSBETRACHTUNG: NATIONALPOLNISCHE BEWEGUNG UND POLNISCHE NATIONALITÄTENBEWEGUNG IN WESTPREUSSEN . 181

EXKURS: DIE KASCHUBISCHE FRAGE 188

Anhang:
A. Kurzbiographien 194
B. Tabellen 215

Quellen- und Literaturverzeichnis 231

Register:
Personenregister 247
Ortsregister 252

Karte: Das polnische Vereinswesen in Westpreußen zur Zeit der Reichsgründung . . 7

VORWORT

Die vorliegende Arbeit wurde im Sommer 1970 von der Abteilung für Geschichtswissenschaft an der Ruhruniversität Bochum als Dissertation angenommen. Sie ist für die Drucklegung überarbeitet und stellenweise leicht verändert worden. Dabei habe ich mich bemüht, inzwischen erschienene Literatur so weitgehend wie möglich zu berücksichtigen.

Als wesentlicher Quellenfundus haben mir die Akten des Staatlichen Archivlagers Göttingen und des Geheimen Staatsarchivs Berlin-Dahlem zur Verfügung gestanden. Den dortigen Mitarbeitern möchte ich an dieser Stelle für ihr Entgegenkommen und die freundliche Unterstützung danken, mit denen sie mir meine Arbeit erleichtert haben. Desgleichen gilt mein Dank den stets hilfsbereiten Damen und Herren des Johann-Gottfried-Herder-Instituts, dessen reichhaltige Bibliothek mir wertvolle Dienste geleistet hat; der Biblioteka Jagiellońska in Krakau für einen Mikrofilm des Briefwechsels J. I. Kraszewskis mit polnischen Patrioten in Westpreußen und Herrn Prof. Tadeusz Cieślak aus Warschau für einen Mikrofilm der ‚Szkoła Narodowa'.

Für mannigfache Auskünfte, Hinweise und kritische Anregungen danke ich besonders Herrn Prof. Hans Mommsen, Herrn Dr. Richard Breyer, Herrn Dr. Ernst Bahr und meinen Kollegen und Freunden in der Abteilung für Geschichtswissenschaft an der Ruhruniversität.

Vor allem aber gilt mein herzlicher Dank meinem langjährigen Lehrer Prof. Hans Roos für die wohlwollende Förderung und das große Interesse, mit denen er meine Arbeit von Anfang bis Ende begleitet hat.

Die Drucklegung erfolgt mit freundlicher Unterstützung des Johann-Gottfried-Herder-Forschungsrates. Auch dafür möchte ich an dieser Stelle meinen Dank aussprechen.

Bielefeld, im Oktober 1972 Peter Böhning

VERZEICHNIS DER BENUTZTEN ABKÜRZUNGEN

Ebf.	Erzbischof
FBPG	Forschungen zur Brandenburgischen und Preußischen Geschichte
Ghtm.	Großherzogtum
Htm.	Herzogtum
HZ	Historische Zeitschrift
KO	Kabinettsorder
OSB	Słownik Biograficzny Warmii, Mazur i Powiśla (Biographisches Wörterbuch von Ermland, Masuren und dem Weichselgebiet), hrsg. von T. Oracki
PSB	Polski Słownik Biograficzny
PZ	Przegląd Zachodni (Westliche Rundschau)
RTNT	Roczniki Towarzystwa Naukowego w Toruniu (Jahrbücher der Wissenschaftlichen Gesellschaft in Thorn)
TDP	Towarzystwo Demokratyczne Polskie (Polnisch-Demokratische Gesellschaft)
TMI	Towarzystwo Moralnych Interesów (Gesellschaft für moralische Interessen)
TPN	Towarzystwo Pomocy Naukowej (Gesellschaft für Ausbildungsbeihilfe)
ZfG	Zeitschrift für Geschichtswissenschaft
ZfO	Zeitschrift für Ostforschung
ZTNT	Zapiski Towarzystwa Naukowego w Toruniu (Schriften der Wissenschaftlichen Gesellschaft in Thorn)

I. EINLEITUNG

I.1 Anmerkung zur Themenstellung. Zeitliche und territoriale Abgrenzung

Die vorliegende Arbeit untersucht die Entwicklung eines Teiles der polnischen Adelsgesellschaft und der nichtadligen, ethnisch polnischen Bevölkerung in Westpreußen innerhalb eines relativ großen Zeitraumes. Diese Entwicklung war durch die Sonderstellung des ehemals Königlichen Preußen in der polnischen Adelsrepublik, durch seine in einer langen Geschichte gewachsene polyethnische Struktur und durch die politischen Entscheidungen von 1772—1815 determiniert. Unter diesem Gesichtspunkt hat die Darstellung mit der Ausbreitung einer relativen Fülle von Faktenmaterial und kleineren Ereigniskomplexen landesgeschichtlichen Charakter. Andererseits ist die zugrundeliegende Fragestellung nur sinnvoll vor dem Hintergrund der gesamtpolnischen Geschichte und der Nationalitätenprobleme des 19. Jahrhunderts, so daß die Arbeit gleichzeitig den Anspruch erhebt, als Spezialstudie zur Erhellung dieser Problemkomplexe beizutragen.

Die besonderen Schwierigkeiten und die Richtung, die eine derartige Untersuchung nehmen wird, werden bereits an der Terminologie sichtbar. Die Forschungsliteratur zu Fragen der Nationswerdung, des Nationalismus, der Nationalitäten und nationalen Minderheiten im 19. und 20. Jahrhundert ist für den Einzelnen inzwischen kaum noch zu übersehen [1]. Die Vielschichtigkeit und Komplexität des Problemkreises und die Unterschiedlichkeit der methodischen Ansätze erforderte eine stark differenzierende Terminologie. Diese Forderung ist bisher jedoch kaum erfüllt worden, so daß bei einzelnen Begriffen die Bandbreite der Bedeutungsgehalte außerordentlich groß ist, ganz zu schweigen davon, daß Definitionen sich in einigen Fällen sogar partiell widersprechen oder gegenseitig ausschließen [2]. Der Versuch, bei einer Detailstudie von einem völlig festgelegten Begriffsschema auszugehen, scheint mir daher wenig fruchtbar zu sein. Erfolgversprechender dürfte der Weg sein, durch eine möglichst genaue Untersuchung einen weiteren Beitrag zur Differenzierung der bisher gewonnenen Erkenntnisse und damit indirekt auch der Terminologie zu leisten [3]. Dennoch kann auf eine

---

1 Die neueste, sehr umfangreiche Bibliographie bieten *Karl W. Deutsch / Richard L. Merritt*, Nationalism: An Interdisciplinary Bibliography 1935—65, Cambridge/Mass. 1966; verhältnismäßig ausführlich sind auch die bibliographischen Hinweise bei *Lemberg*, Nationalismus, Bd. II. Zwei Literaturberichte von W. L. Bühl und P. H. Merkl berücksichtigen besonders Arbeiten mit sozialwissenschaftlicher Fragestellung und zu Problemen des Nationalismus in Entwicklungsländern: *Walter L. Bühl*, „Volksgeist und Weltgeist" revidiert? Denkmodelle einer Theorie der Nationswerdung, Kölner Zs. f. Soz. 18/1966, S. 454 ff.; *Peter H. Merkl*, Theoretische Perspektiven des Studiums der Politik der Entwicklungsländer, Politische Vierteljahresschrift VII/1966, S. 289 ff.

2 Vgl. dazu etwa die ausführliche Zusammenstellung von Definitionsversuchen der Begriffe ‚Nationalismus' und ‚Nationalität' bei *Deutsch*, S. 17 ff.; ähnlich *Lemberg*, Nationalismus II, S. 29 ff. — Zur Auflösung der Kurztitel ist das Literaturverzeichnis heranzuziehen.

3 Wittram schlägt unter Hinweis auf *Kohn* (Die Idee des Nationalismus) als methodisch einzig gangbaren Weg „Spezialforschung mit universalem Horizont" vor. — *Wittram*, S. 36. Bei Einbeziehung der ökonomischen Komponente, die von Wittram weitgehend unberücksichtigt gelassen wird, dürfte auch diese Forderung noch schwer genug zu erfüllen sein.

Verwendung der gängigen Begriffe nicht verzichtet werden. Entsprechend den vorgetragenen Bedenken soll ihre inhaltliche Bestimmung jedoch nur vorläufig und für Veränderungen offen sein.

Eugen Lemberg macht geltend, niemand werde den Polen, obwohl sie zwischen 1795 und 1918 in verschiedenen Staaten leben mußten, im Hinblick auf ihre kulturelle und politische Vergangenheit den Charakter einer Nation absprechen [4]. Wie weit aber ist die polnische Nation zur Zeit des Völkerfrühlings oder gar um die Wende zum 20. Jahrhundert noch mit der Nation von 1795 zu vergleichen, zumal sich die Sozialstruktur in den drei Teilgebieten unterschiedlich entwickelt hat? [5] Die Metamorphose von der Adelsnation zur bürgerlichen, alle Bevölkerungsschichten umfassenden Nation hat nicht nur quantitative Aspekte. Das Verhältnis der Integrationsfaktoren und ihre Gewichtigkeit erfahren zum Teil erhebliche Veränderungen. Um den Begriff der ‚Nationalität' als Bezeichnung der Zugehörigkeit zu einer Nation verfügbar zu halten, soll hier zunächst eine funktionale Definition, wie sie Karl W. Deutsch anbietet, zugrunde gelegt werden: „Membership in a people essentially consists in wide complementarity of social communication. It consists in the ability to communicate more effectively, and over a wider range of subjects, with members of one large group than with outsiders. This overall result can be achieved by a variety of functionally equivalent arrangements" [6]. Damit wird man der unlösbaren Aufgabe enthoben, einen festen Zeitpunkt angeben zu müssen, von dem an von einem „Nationalbewußtsein" der neu integrierten Gesellschaftsschichten gesprochen werden kann, denn die Intensität des Zusammengehörigkeitsgefühls entwickelt sich analog den Kommunikationsformen und -mitteln. Allerdings darf dabei nicht die historisch bedingte Einmaligkeit dieses Integrationsprozesses übersehen werden, der unter den Bedingungen der bürgerlich-kapitalistischen Gesellschaft und der im Zuge der Industrialisierung einsetzenden Technisierung von Kommunikationsmitteln zum Nationalismus führt [7]. Das gilt auch, wenn das entstehende Kommunikationssystem zunächst das Produkt intensiver Tätigkeit einer kleinen Gruppe ist.

---

4 *Lemberg,* Nationalismus I, S. 16 f.

5 *Roos,* Die polnische Nationsgesellschaft. — Roos sieht zumindest für den russischen Anteil bis 1864 die Kontinuität vor allem im ungebrochenen Fortwirken polnischer Nationsvorstellungen auf der Basis einer gleichbleibenden Gesellschaftsordnung.

6 *Deutsch,* S. 97. — Deutsch versucht, die von der Kybernetik erarbeiteten Modelle technischer Interdependenz und Kommunikation für die Sozial- und Geschichtswissenschaft nutzbar zu machen. Soweit es möglich ist, soll versucht werden, seinen methodischen Ansatz und einige seiner zentralen Kategorien bei der Auswertung der Ergebnisse zu berücksichtigen. Die konsequente Anwendung des kybernetischen Modells, wie sie Deutsch in seinem 1963 erschienenen Hauptwerk ‚The Nerves of Government' praktiziert, setzte allerdings für historische Untersuchungen noch ein Maß von Vorbereitungen voraus, wie es für eine Einzelstudie nicht geleistet werden kann. Außerdem bleibt die Anwendung insofern immer schwierig, als derartige Modelle eine Dichte und Differenzierung von Daten voraussetzen, über die im großen und ganzen höchstens der Zeithistoriker verfügt.

7 Diese Gefahr besteht z. B. bei Lembergs Nationalismusbegriff, der als ‚Bindekraft von Großgruppen' so weit gefaßt ist, daß ihm beinahe jede Form von Großgruppenbildung subsumiert werden kann, und der dadurch ahistorisch zu werden droht. — *Lemberg,* Geschichte des Nationalismus; *ders.,* Nationalismus I u. II, passim.
Schon Kohn hat, obwohl er praktisch nur die ideengeschichtliche Grundlage und die

Die polnische Nation vor den Teilungen war identisch mit der Adelsgesellschaft. Auch nach 1795 blieben ein nationales Bewußtsein und der daraus hervorgehende Wille nach Restitution des polnischen Staates zunächst weitgehend auf jene Gruppe beschränkt, deren Handeln sich weiter an den politischen und gesellschaftlichen Kategorien der ‚Rzeczpospolita' orientierte. Insbesondere traf das für den Adel derjenigen Gebiete zu, die schon 1772 aus dem polnischen Staatsverband gelöst worden waren und an den Reformversuchen der beiden folgenden Jahrzehnte keinen Teil mehr gehabt hatten. Am westpreußischen Beispiel ist besonders gut zu beobachten, wie aus der sozialen Gruppe des grundbesitzenden Adels ungefähr seit 1830 eine neue politische Führungsschicht herauswuchs, die anfangs vor allem darauf bedacht war, ihre eigene Position gegenüber dem preußischen Staat zu behaupten und zu festigen, die in der zweiten Jahrhunderthälfte aber zunehmend versuchte, alle ethnisch polnischen und kaschubischen Bevölkerungsschichten einem polnischen Sozialkörper zu integrieren. Das politische und soziale Programm dieser Führungsschicht orientierte sich zwar zunehmend an den Bedingungen der bürgerlichen Gesellschaft, speiste sich jedoch andererseits auch noch lange aus jener Tradition der alten Adelsgesellschaft. Dieser Gruppe, ihrem Programm und ihrer Tätigkeit wird im folgenden das Epitheton ‚nationalpolnisch' zugeordnet. Es muß durch die Darstellung selbst bewiesen werden, daß der durchgehende Gebrauch dieses Terminus mit dem hier festgelegten Bedeutungsgehalt insofern gerechtfertigt ist, als ihm eine verhältnismäßig gleichbleibende Motivation des politischen Handelns zugrunde liegt. Der Übergang von dieser ‚nationalpolnischen' Bewegung zum polnischen Nationalismus moderner Prägung ist natürlich fließend. Im letzten Abschnitt der Untersuchung soll versucht werden, diesem Problem aufgrund der erarbeiteten Fakten und Ergebnisse noch einmal nachzugehen.

Obwohl die These von der Existenz einer polnischen Nation in der Zeit der Staatslosigkeit nicht bestritten werden soll, gilt es doch zu beachten, daß die drei Teilungsmächte mit unterschiedlicher Intensität versuchten, den polnischen Nationsgedanken verlöschen zu lassen und die polnische Bevölkerung zu assimilieren. Die Formen der daraus entstehenden Auseinandersetzungen waren verschieden. Für die preußische Situation ist wichtig, daß die Polen im Laufe des 19. Jahrhunderts immer mehr in den Status einer nationalen Minderheit gedrängt wurden. Auf das westpreußische Polentum trifft das sogar von Anfang an zu. Während die preußische Regierung den Polen im Großherzogtum Posen zumindest anfangs eine relative Gleichberechtigung zugestand, wurden sie in Westpreußen aufgrund der preußischen Interpretation der Wiener Verträge nach 1815 sogleich in die Rolle einer nationalen Minorität mit minderen Rechten gedrängt. Damit reicht diese Untersuchung auch in die Nationalitätenproblematik hinein[8]. Teile der polnischen Gesamtnation können ihre Minderheiten-

---

Voraussetzungen des Nationalismus darstellt, ausdrücklich darauf aufmerksam gemacht, daß es sich hier um ein historisches Phänomen handelt, das nur in der mit der Französischen Revolution beginnenden Geschichtsepoche seinen Platz hat. — *Kohn*, Nationalismus, Einleitung, bes. S. 32 ff.

8 Als ‚Nationalität' soll hier eine Gruppe verstanden werden, „die sich in Sprache und Volksbewußtsein von dem den Staat tragenden Mehrheitsvolk unterscheidet, in einem Minderheitenstatus lebt und Nationalitätenprobleme aufwirft". — *Lemberg*, Nationalismus I, S. 17. Vgl. auch *Schieder*, Nationalstaat, S. 162.

situation durchaus im Bewußtsein der Zugehörigkeit zu jener Großgruppe erlebt haben, rücken aber den objektiven Bedingungen nach in die Nähe der kleinen ethnischen Gruppen und Völker, die sich in der zweiten Hälfte des 19. Jahrhunderts ebenfalls zu regen beginnen[9]. Auch diese Fragen sollen im letzten Abschnitt noch einmal im Zusammenhang beleuchtet werden.

Die zeitliche Eingrenzung des Themas folgt zwei wesentlichen Einschnitten in der Geschichte des Polentums unter preußischer Herrschaft. Mit den Wiener Verträgen wurden die Bedingungen geschaffen, unter denen die weitere Entwicklung vor sich gehen mußte — ob im direkten Vollzug oder als Reaktion. Die Reichsgründung stellte die Polen insofern vor eine neue Situation, als sie von nun an nicht mehr der etatistisch begründeten Loyalitätsforderung des preußischen Staates, sondern den Ansprüchen eines Nationalstaates moderner Prägung unterworfen waren. Allerdings erweist sich dieses Ereignis, darauf sei hier schon hingewiesen, für die Genese der polnischen Gesellschaft und des Nationalitätenkonfliktes als nicht so einschneidend, wie vielfach angenommen wird[10]. Immerhin verschärften sich die Gegensätze nach 1871 erheblich, und die Integration des westpreußischen und Posener Polentums zu einer Großgruppe innerhalb des Reiches machte erst jetzt aufgrund der bisher geleisteten Vorarbeiten größere Fortschritte.

Die unterschiedliche Rechtsstellung der Polen im Großherzogtum Posen und in Westpreußen und die relative Abgeschlossenheit, in der sich die spätere Konfrontation der Nationalitäten hier zunächst vorbereitete, berechtigen zur Beschränkung der Untersuchung auf die beiden westpreußischen Regierungsbezirke. Es muß dabei in Kauf genommen werden, daß die Fixierung auf Verwaltungsgrenzen eine gewisse Willkür der territorialen Terminierung mit sich bringt. Westpreußen als Verwaltungseinheit des preußischen Staates bildete zwischen 1824[11] und 1878 den westlichen Teil der Provinz Preußen. Da dieses Territorium kurzfristig bereits zwischen 1815 und 1824 eine selbständige Provinz mit eigenem Oberpräsidium gewesen war und 1878 diesen Status zurückerhielt, soll der Einfachheit halber auch für die dazwischenliegende

---

9 Die beiden Aspekte derselben Situation erscheinen auch in den unterschiedlichen Definitionen des Nationalitätenbegriffs. Gegenüber Lembergs und Schieders weit gefaßter Begriffsbestimmung schränkt Rothfels z. B. diesen Terminus wesentlich stärker ein. Für ihn stellen ‚Nationalitäten' eine Art Nationsanwärter in der zweiten Hälfte des 19. Jahrhunderts dar, „die politische Einheit nicht erreicht hatten, aber auf Grund kultureller Gemeinsamkeit oder älterer politischer Erinnerungen sie mehr oder minder bewußt erstrebten". — *Rothfels,* Grundsätzliches, S. 343.
In dem kürzlich erschienenen ersten Teil einer umfangreichen Studie hat Miroslav Hroch verschiedene Phasen der nationalen Bewegung bei den kleinen Völkern Europas vergleichend untersucht. — *Hroch,* Die Vorkämpfer der nationalen Bewegung. Es kann daher versucht werden, die Ergebnisse der vorliegenden Arbeit zu den von Hroch als typisch herausgearbeiteten Entwicklungsvorgängen in Beziehung zu setzen.

10 Vgl. unten 187.

11 Durch Kabinettsorder vom 13. April 1824 wurden die Provinzen Ostpreußen und Westpreußen unter einem Oberpräsidenten vereinigt; der bisherige Oberpräsident von Westpreußen, Theodor von Schön, siedelte von Danzig nach Königsberg über, wo er das gleiche Amt für die Gesamtprovinz übernahm. Die bisherige Einteilung in zwei Provinzen wurde förmlich erst durch Kabinettsorder vom 3. Dezember 1829 aufgehoben. *Bär,* Behördenverfassung, S. 175.

Epoche, die sich ziemlich genau mit dem Untersuchungszeitraum deckt, von einer ‚Provinz' Westpreußen die Rede sein. Durch die aus einem eigenen geschichtlichen Entwicklungsgang resultierenden andersartigen ethnischen und konfessionellen Verhältnisse unterschied das Gebiet sich ohnehin deutlich vom benachbarten Ostpreußen, und die beiden Regierungen in Danzig und Marienwerder hatten es in dieser Hinsicht auch zur Zeit der Gesamtprovinz Preußen mit spezifischen Situationen und Problemen zu tun. Andererseits muß gegenwärtig bleiben, daß gerade in der Zeit des sich entfaltenden nationalen Gegensatzes der Oberpräsident seine Geschäfte von Königsberg aus führte, d. h. von einer Provinz aus, die einen ganz überwiegend deutschen Charakter hatte.

Nicht für die gesamte Provinz Westpreußen gilt indes das Kriterium einer gemeinsamen geschichtlichen Vergangenheit. Bei der Inbesitznahme des Königlichen Preußens durch Friedrich II. wurden dem neugeschaffenen Kammerdepartement Marienwerder Teile des ehemals Herzoglichen Preußens — also des späteren Ostpreußens — zugeschlagen. An Stelle des bei der ersten Teilung gleichfalls annektierten Fürstbistums Ermland, das der Königsberger Kammer unterstellt wurde, überwies der neue Oberpräsident von Domhardt dem Marienwerderschen Departement die Ämter Marienwerder und Riesenburg sowie die Erbämter Schönberg und Deutsch-Eylau mit den Städten Marienwerder und Garnsee, Riesenburg, Bischofswerder und Freystadt, Rosenberg und Deutsch-Eylau [12]. Als der 1772 unter eigene Verwaltung gestellte Netzedistrikt 1807 zusammen mit dem sogenannten Südpreußen an das Herzogtum Warschau abgetreten werden mußte, wurden die bei Preußen verbliebenen Teile der Kreise Deutsch Crone und Camin (der spätere Kreis Flatow) dem ebenfalls beschnittenen Kammerdepartement Marienwerder zugeschlagen. Diese Maßnahme sollte 1815, als der preußische Staat im Anschluß an den Wiener Kongreß seine Verwaltungsgrenzen neu festlegte, eigentlich rückgängig gemacht werden, doch wurde von einer Verbindung der Kreise Deutsch Crone und Camin mit dem Großherzogtum Posen auf Bitten der Einwohner schließlich abgesehen [13]. Dagegen erfolgte die Reintegration des an Preußen zurückgegebenen Culmer und Michelauer Landes und des Gebietes der Stadt Thorn [14] in die Provinz Westpreußen gegen den Willen eines Teiles der polnischen Bevölkerung, der eine Vereinigung mit dem Großherzogtum Posen wünschte [15].

Die Provinz setzte sich somit nach den Veränderungen von 1815 aus folgenden Territorialkomplexen zusammen: Pommerellen einschließlich Stadt und Territorium Danzig — im Westen von der Provinz Pommern, im Norden von der Ostsee begrenzt, und im Osten mit den aus der ehemaligen Wojewodschaft Marienburg gebildeten Kreisen Elbing, Marienburg und Stuhm bis an das Ermland und die ostpreußischen Kreise Preußisch Holland und Mohrungen reichend; nach Süden und Südosten anschließend das Culmer und Michelauer Land, wobei zwischen diesem und dem Marien-

---

12 *Bär,* Westpreußen I, S. 87 f.

13 *Bär,* Behördenverfassung, S. 172; *Laubert,* Die Ziehung, S. 31 f.

14 Neu hinzugefügt wurde ein Gebietszipfel südlich Thorns jenseits der Weichsel mit dem Städtchen Podgorz, dem Amte Dybow und einigen adligen Gütern des polnischen Kreises Radziejewo. — *Bär,* Behördenverfassung, S. 171.

15 Vgl. dazu unten S. 21, Anm. 2.

burger Gebiet keilförmig der oben näher umschriebene ehemals herzoglich-preußische Distrikt lag, der ungefähr in den beiden Kreisen Rosenberg und Marienwerder (rechts der Weichsel) aufging; im Südwesten schließlich noch die beiden in der polnischen Republik den Wojewodschaften Posen und Gnesen angehörenden Kreise Deutsch Crone und Flatow. Die Tatsache, daß die Provinz damit Gebiete einschloß, die nicht zum ehemals Königlichen Preußen gehört hatten und ganz überwiegend mit Deutschen besiedelt waren [16], ist im Hinblick auf die bevölkerungsstatistische Argumentation in der Nationalitätenauseinandersetzung nicht ohne Bedeutung. Eine Ausklammerung dieser Gebiete, die im großen und ganzen außerhalb der Interessensphäre des westpreußischen Polentums lagen, bewirkte nämlich eine erhebliche Veränderung des Zahlenverhältnisses der ethnischen Gruppen untereinander. Wenn die vorliegende Untersuchung sich trotzdem auf die gesamte Provinz Westpreußen richtet, so muß zur Rechtfertigung darauf hingewiesen werden, daß dieses Territorium als Verwaltungseinheit [17] von der Seite des preußischen Staates aus einer einheitlichen Politik unterworfen war und auch die Polen diese Realität akzeptieren und ihr Handeln daran orientieren mußten.

Geographische Räume, deren historische und kulturelle Physiognomie durch das Mit- und Gegeneinander verschiedener Volksgruppen und Nationalitäten geprägt worden ist, lassen ihre Geschichte gewöhnlich schon an der mehrfältigen Namensgebung erkennen. In Westpreußen gibt es kaum eine geographische Position, die nicht einen deutschen und polnischen Namen hätte, oder, wenn nur ein Name existiert, zumindest eine besondere deutsche, polnische oder kaschubische Form aufweist. Um unnötige Unklarheiten zu vermeiden, sollen in der vorliegenden Arbeit Ortsnamen und andere geographische Begriffe einheitlich nach der offiziellen preußischen Nomenklatur gebraucht werden; als Grundlage dient das topographisch-statistische Wörterbuch von Krug/Mützell aus den Jahren 1821 ff. [18]. Orte, die einen deutschen und polnischen Namen haben, erscheinen also stets mit dem deutschen Namen (Strasburg, nicht Brodnica; Neustadt, nicht Wejherowo). Orte, die auch in preußischer Zeit ihren polnischen Namen behalten haben, werden in der deutschen Schreibweise wiedergegeben (Lonk, nicht Ląk; Pluskowens, nicht Pluskowęs).

Auch bei den Personen- und Familiennamen erwies sich eine Vereinheitlichung als wünschenswert. Der polnische Adel führte kein besonderes Adelsprädikat. Da in Preußen aber das Prädikat zur Kennzeichnung des Adels notwendig war, wurde es von amtlicher Seite stets den Familiennamen der polnischen Adeligen hinzugefügt, und auch diese bedienten sich seiner im Verkehr mit den Behörden; ebenso gebrauchten

---

16 Die Gebiete an der Netze hatten ihren überwiegend deutschen Charakter vor allem durch eine intensive, von den polnischen Grundherren inaugurierte Siedeltätigkeit im 17. und 18. Jahrhundert erhalten. — *Zimmermann*, Fryderyk Wielki I, S. 163.

17 Für die Zeit zwischen 1824 und 1878 wies die Provinz folgende administrative Gliederung auf: den nördlichen, kleineren Teil nahm der Regierungsbezirk Danzig ein, mit den Kreisen Berendt, Carthaus, Danzig Stadt und Land, Elbing, Marienburg, Neustadt und Preußisch Stargard; der nach Süden anschließende Regierungsbezirk Marienwerder setzte sich aus den Kreisen Conitz, Deutsch Crone, Culm, Flatow, Graudenz, Löbau, Marienwerder, Rosenberg, Schlochau, Schwetz, Strasburg, Stuhm und Thorn zusammen. (Vgl. hierzu die Karte auf S. 7 und die statistischen Tabellen I–IV im Anhang B.)

18 S. Verzeichnis der gedruckten Quellen.

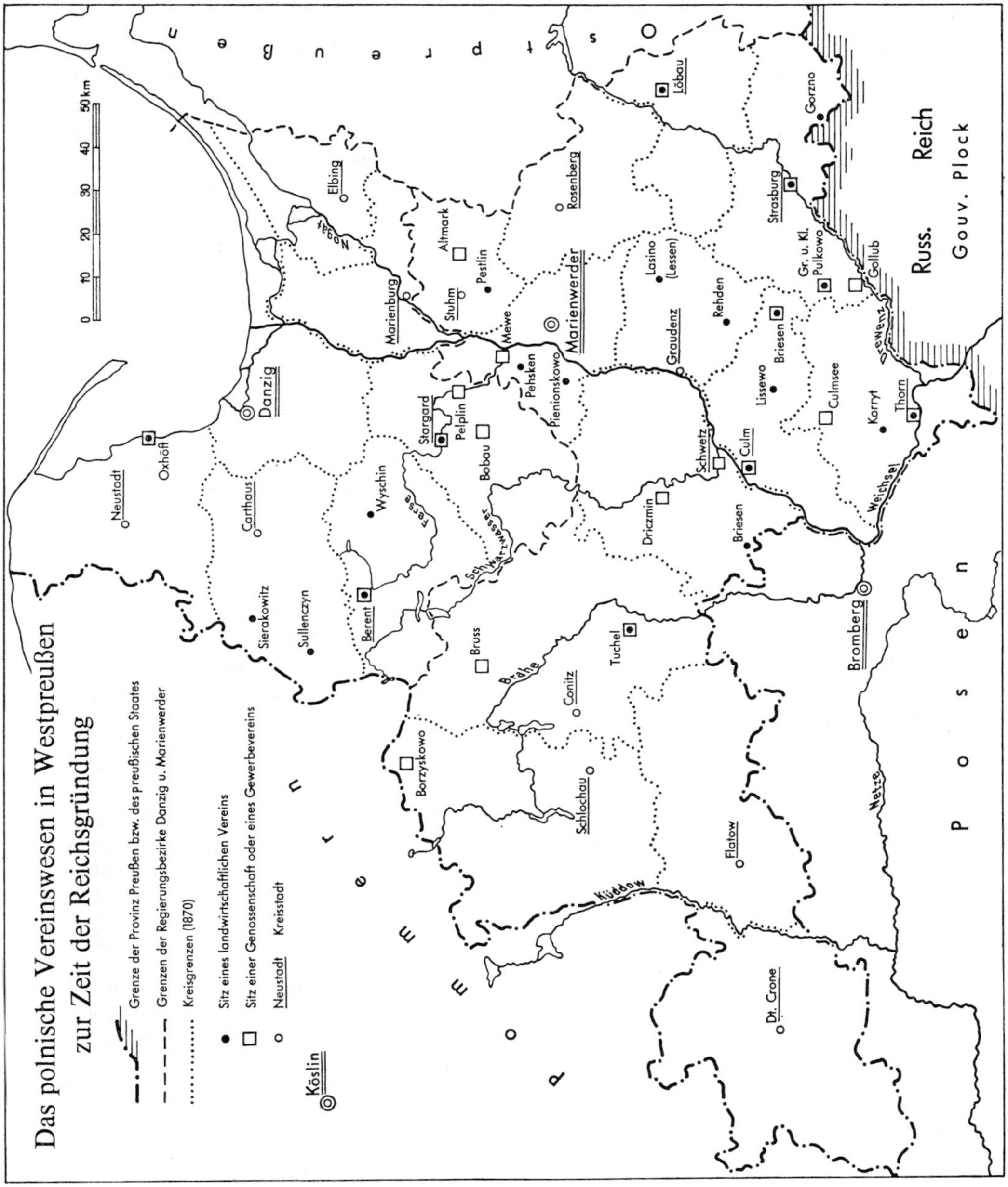

J. G. Herder-Institut, Marburg a. d. L

sie in solchen Fällen die deutsche Form ihres Vornamens. Anders jedoch im Verkehr mit ihren polnischen Standesgenossen und bei polnisch-sprachigen Publikationen. Hier fand das Selbstverständnis der national gesinnten Polen u. a. auch im Gebrauch der polnischen Namensformen seinen Ausdruck. Da in der vorliegenden Arbeit vor allem die polnische Seite in der Nationalitätenauseinandersetzung behandelt wird, erschien es angebracht, den polnischen Namensformen den Vorrang zu geben. Abgesehen von Zitaten soll daher bei den Vornamen durchgehend die polnische Form gebraucht werden, und die Familiennamen des Adels werden stets ohne das deutsche ‚von' erscheinen.

I.2 Forschungsstand und Quellenlage zur Geschichte des westpreußischen Polentums im 19. Jahrhundert

Die Themenwahl ist nicht nur durch die Geschlossenheit des Gegenstandes, sondern auch durch die Forschungssituation gerechtfertigt. Obwohl die deutsch-polnische Konfrontation schon im 19. Jahrhundert eine Fülle — meist polemischer — Darstellungen hervorgebracht hat und die Flut der Arbeiten zu diesem Problemkomplex inzwischen schwer übersehbar geworden ist, fehlt bisher eine zusammenfassende Untersuchung zur Entwicklung des Polentums in Westpreußen [1]. Durch die Bestimmungen des Versailler Vertrages vollzog sich die wissenschaftliche Auseinandersetzung weiterhin im Schatten des aktuellen politischen Gegensatzes [2]. Abgesehen von direkter Polemik war man daher auf beiden Seiten besonders darauf bedacht, durch Betonung der eigenen historischen Entwicklung und Leistung den deutschen bzw. polnischen Charakter der Provinz hervorzukehren. Das hatte zur Folge, daß die deutsche Forschung der Entwicklung des polnischen Bevölkerungsteils in der Provinz kaum Aufmerksamkeit widmete [3]. Wo es dennoch geschah, argumentierten die Verfasser gewöhnlich vom

---

1 Die beiden älteren Arbeiten *Mańkowskis* — ‚Pod rządami pruskiemi' und ‚Odrodzenie narodowe Pomorza' — geben nur einen groben Überblick, der zudem völlig am äußeren Geschehensablauf orientiert ist. Von deutscher Seite wäre zu nennen *Laubert,* Westpreußen im 19. Jahrhundert, da der Verfasser, wenn auch völlig einseitig, sich wenigstens mit dem polnischen Problem auseinandersetzt. In anderen Darstellungen wie z. B. *Schumachers* Geschichte Ost- und Westpreußens wird die Existenz und das Eigenleben der polnischen und kaschubischen Bevölkerung weitgehend ignoriert.

2 Manche Darstellungen, wie etwa der 1926 von *Erich Keyser* herausgegebene Sammelband ‚Der Kampf um die Weichsel. Untersuchungen zur Geschichte des polnischen Korridors', lassen diese Situation bereits im Titel aufscheinen. Die Arbeit von *Ilse Rhode,* Das Nationalitätenverhältnis in Westpreußen und Posen zur Zeit der polnischen Teilungen, versteht sich direkt als Auseinandersetzung mit der Mantelnote des Versailler Vertrages, die davon ausgeht, daß Westpreußen und Posen 1772 unbestreitbar polnisch besiedelt gewesen seien.

3 Am meisten Interesse hat verständlicherweise noch die preußische Polenpolitik gefunden: *Pfeiffer,* Der polnische Adel und die preußische Polenpolitik (unbrauchbar); *Laubert,* Die preußische Polenpolitik; *Jablonowski,* Die preußische Polenpolitik. Aber selbst Baske, dessen umfangreiche Untersuchung sich auf den relativ kleinen Zeitraum zwischen 1848 und 1871 konzentriert, läßt das westpreußische Problem beinahe vollständig außer acht: *Baske,* Praxis und Prinzipien der preußischen Polenpolitik. Eine der wenigen Ausnahmen bietet die ausgewogene Arbeit des Rothfelsschülers *Herward Bork,* die das Nationalitätenproblem am Beispiel der Kirchenpolitik Theodors von Schön beleuchtet.

Standpunkt der offiziellen preußischen Politik aus, die stets bemüht war, die Bedeutung der nationalpolnischen Partei in Westpreußen zu bagatellisieren, und für die alle Eigenbewegungen des Polentums sogleich in die Nähe staatsgefährdender Aspirationen gerieten [4]. Auf polnischer Seite entstanden dagegen zahlreiche Detailuntersuchungen, von denen besonders die Arbeiten Alfons Mańkowskis noch immer wertvoll sind wegen ihres Materialreichtums [5]. Auch nach 1945 wurde in Polen die intensive Erforschung einzelner Institutionen, Ereignisse oder Entwicklungsstränge fortgesetzt; so z. B. mit der umfangreichen Monographie Osmólska-Piskorskas über das westpreußische ‚Towarzystwo Pomocy Naukowej', die Parallelorganisation zum Posener Marcinkowskiverein; mit den Arbeiten von Mikos, Bukowski und Myśliborski-Wołowski zu den Aufständen von 1830/31 und 1863/64 oder mit Cieślaks Geschichte der polnischen Presse in Westpreußen [6].

Obwohl auch die polnisch-marxistische Geschichtsschreibung eine kräftige nationale Komponente nicht verleugnen kann, ist es doch ihr Verdienst, das starre Schema einer apologetischen Darstellungsweise der jeweiligen nationalen Entwicklung in Posen und Westpreußen durchbrochen zu haben. Auf diese Weise wurde die Differenzierung der polnischen Gesellschaft im preußischen Anteil und die politische Konstellation hinter der generellen Abwehrfront gegenüber der Staatsgewalt stärker ins Blickfeld gerückt. Vorbildlich wurden Jakóbczyks ‚Studia nad dziejami Wielkopolski', die auch die Entwicklung in Westpreußen am Rande mit einbezogen und deren Fragestellung im Einzelnen immer wieder aufgenommen wurde [7].

Die Forschungen zur Geschichte des Polentums in der Provinz Westpreußen werden durch eine ungünstige Quellenlage erschwert. Material aus Privatbeständen, vor allem die Korrespondenz der führenden Persönlichkeiten, ist im 2. Weltkrieg weitgehend vernichtet worden [8]. Dadurch ist es z. B. in der Regel schwierig, wenn nicht gar unmöglich, die Biographien einzelner Personen zu rekonstruieren [9]. Auch die erste Phase des Organisationswesens kann nur ungenügend erhellt werden, da die Geschäftsgänge in den kleinen Vereinen anfangs kaum schriftlich fixiert wurden und viele Vereine nach einigen Jahren spurlos wieder verschwanden [10].

---

4 z. B. *Laubert*, Westpreußen und die polnischen Aufstände; *ders.*, Das Übergreifen der Posener polnischen Aufstandsversuche; *Hahn*, Preußens polnische Sprachenpolitik in Westpreußen.

5 Vgl. die Zusammenstellung im Literaturverzeichnis.

6 *Osmólska-Piskorska*, Pomorskie Towarzystwo Pomocy Naukowej; *Mikos*, Powstańcy polscy z 1831 roku; *ders.*, Deportacja powstańców polskich w 1832 roku; *Bukowski*, Pomorze Gdańskie w powstaniu styczniowym; *Myśliborski-Wołowski*, Udział Prus Zachodnich w powstaniu styczniowym; *Cieślak*, Z dziejów prasy polskiej na Pomorzu Gdańskim.

7 Speziell für Westpreußen sei in diesem Zusammenhang erwähnt *Cieślak*, O niektórych konfliktach w obrębie społeczeństwa pomorskiego; *ders.*, Walka chłopów pomorskich.

8 Zur Quellenlage vgl. auch *Jakóbczyk*, Studia I, Wstęp; *Cieślak*, Z dziejów prasy, Wstęp.

9 In den bisher erschienenen Bänden des Polski Słownik Biograficzny sind nur die bekanntesten Persönlichkeiten der nationalpolnischen Bewegung in Westpreußen berücksichtigt, wie z. B. Antoni und Teodor Donimirski, Hiacynt Jackowski, Józef Chociszewski oder Józef Gółkowski. Die Daten bei *Oracki*, Słownik Biograficzny Warmii, Mazur a Powiśla, sind äußerst dürftig. Es empfahl sich daher, soweit es die gesammelten Angaben erlaubten, der Arbeit eine Zusammenstellung von Kurzbiographien beizufügen, um die wichtigen personalen Motivationen und Zusammenhänge transparent zu machen.

10 Vgl. dazu unten S. 124, Anm. 15.

Die vorliegende Arbeit stützt sich auf verschiedene, einander ergänzende Quellengruppen. Die Basis bilden die preußischen Behörden- und Polizeiakten. Sowohl die im Staatlichen Archivlager Göttingen liegenden Oberpräsidialakten als auch die Bestände der Regierungen und Kreisbehörden im Preußischen Geheimen Staatsarchiv in Berlin-Dahlem sind unter der hier zugrundeliegenden Fragestellung noch nicht ausgewertet worden. Die Unterlagen geben wesentliche Aufschlüsse über die Praxis der preußischen Polenpolitik in Westpreußen, bieten jedoch auch umfangreiches Material zur Entwicklung der nationalpolnischen Bewegung in dieser Provinz. Obwohl besonders bei den Polizeiakten Einseitigkeiten und Verzerrungen einkalkuliert werden müssen, läßt sich doch in einigen Fällen anhand ergänzender Quellen feststellen, daß die internen Berichte über spezielle Vorgänge und Ereignisse in der Regel recht detailliert und sachlich abgefaßt waren. Als noch nützlicher erwiesen sich die in die Akten aufgenommenen direkten Quellen wie polnische Flugblätter, Rechenschaftsberichte von Vereinen, polnische Zeitungen, an die Behörden gerichtete Korrespondenz oder Mitgliederverzeichnisse, die von den Vereinen aufgrund der polizeilichen Vorschriften eingereicht werden mußten und es z. B. erlauben, das Netz der zur ‚Liga Polska' gehörenden Orts-, Bezirks- und Kreisvereine im Regierungsbezirk Marienwerder lückenlos zu rekonstruieren. Den Behördenakten vergleichbar sind auch die beiden gedruckten Anklageschriften der Polenprozesse von 1847 und 1864, die vor allem umfangreiches biographisches Material enthalten und für die Rekonstruktion der Aufstandsvorbereitungen und Verläufe unentbehrlich sind.

Da ich trotz wiederholter Versuche leider nicht die Erlaubnis erhalten habe, polnische Archive zu benutzen, mußte ich darauf verzichten, die in Posen, Thorn und Danzig lagernden Restbestände preußischer Behördenakten durchzusehen. Der Verzicht dürfte nicht besonders schwer wiegen, da es sich nach den Auskünften der Archivverwaltungen nur noch um unzusammenhängende Splitter handelt und dieses derselben Quellengattung zugehörende Material höchstens ergänzend benutzt werden, aber keine wesentlich abweichenden Ergebnisse bringen könnte.

Von der seit 1848 in Westpreußen erscheinenden polnischen Presse habe ich vor allem die ‚Szkółka Narodowa' und ‚Szkoła Narodowa', deren beide Jahrgänge mir freundlicherweise von Herrn Professor Cieślak aus Warschau fast vollständig durch einen Mikrofilm zugänglich gemacht worden sind, umfassend auswerten können. Für die anderen Blätter — besonders ‚Nadwiślanin', ‚Przyjaciel Ludu' und ‚Gazeta Toruńska' —, deren Bestände unvollständig und zudem verstreut sind [11], konnte ich aus den Berliner und Göttinger Akten die umfangreichen amtlichen Übersetzungen und zusammenfassenden Auszüge heranziehen.

Im Frühjahr 1863 ließ sich der polnische Schriftsteller Jan Ignacy Kraszewski in Dresden nieder und begann eine umfangreiche publizistische Tätigkeit für die Ziele und Inhalte der sogenannten ‚organischen Arbeit'. Noch im selben Jahr kam er in Verbindung mit führenden Männern der nationalpolnischen Partei Westpreußens, und es entwickelte sich in den folgenden Jahren ein reger Briefwechsel [12]. Die Briefe von Teodor und Antoni Donimirski, Ignacy und Mieczysław Łyskowski, Józef Choci-

---

11 *Cieślak,* Z dziejów prasy, Wstęp.
12 *Konieczny,* Ziemia chełmińska.

szewski, Ignacy Danielewski, Teofil Rzepnikowski und anderen befinden sich unter Kraszewskis Nachlaß in der Jagiellonischen Bibliothek in Krakau und haben mir in einem Mikrofilm zur Verfügung gestanden. Sie vermitteln entscheidende Einblicke in die politischen und sozialen Zielvorstellungen der polnischen Führungsgruppe in Westpreußen und sind umso wertvoller, als nur ein einziger polnischer Patriot aus der Provinz vor 1871 ein Memoirenwerk hinterlassen hat. Die Erinnerungen Natalis Sulerzyskis, des Besitzers von Piontkowo (Kreis Strasburg), erschienen einige Jahre nach seiner Emigration, mit der er sich dem Urteil des Königlichen Kammergerichts im Polenprozeß von 1864 entzog[13]. Das Werk wurde durch Gerichtsurteil sogleich auf den Index der im preußischen Staat verbotenen Bücher gesetzt und ist wie die meisten polnischen Schriften aus jener Zeit nur noch in wenigen Exemplaren vorhanden[14].

Außer diesen Memoiren existiert nur noch das Curriculum Vitae Ignacy Łyskowskis, das er 1861 bei seiner Bewerbung um den Landratsposten im Strasburger Kreise vorlegte und im Selbstverlag auch publizierte. Es ist so scharf und polemisch formuliert, daß damit eine Zurückweisung provoziert werden mußte. Aufschlußreich ist auch das Curriculum Vitae des germanisierten Grafen Leibitz-Piwnicki, das dieser zu seinem fünfzigjährigen Jubiläum als Rittergutsbesitzer publiziert hat. Es gibt einige wichtige Hinweise auf die grundsätzliche Haltung des Oberpräsidenten Theodor von Schön gegenüber dem Polentum in seiner Provinz.

Für eine Analyse der politischen Programmatik der nationalpolnischen Bewegung in Westpreußen steht schließlich gedrucktes zeitgenössisches Quellenmaterial zur Verfügung, das der deutschen Forschung bisher unbekannt geblieben ist, aber auch von polnischen Historikern nur teilweise ausgewertet wurde. Hier sind vor allem die 1878 von Ignacy Łyskowski edierten ‚Roczniki Sejmików Gospodarskich' zu nennen, eine Sammlung von Vorträgen und Diskussionsprotokollen der seit 1867 jährlich abgehaltenen Wirtschaftskongresse in Thorn. Aufschlußreich sind weiterhin Publikationen aus der Feder führender Polen wie z. B. Ignacy Łyskowskis ‚Beiträge zur Beleuchtung der Gleichberechtigungsfrage der polnischen Sprache in Westpreußen' oder Władysław Łebińskis Arbeit über die landwirtschaftlichen Vereine in Posen und Westpreußen. Auch Łebińskis 1888 erschienene Biographie Ignacy Łyskowskis hat den Wert einer direkten Quelle, da der Verfasser als Redakteur der ‚Gazeta Toruńska' und als langjähriger Mitarbeiter Łyskowskis selbst zu den Vertretern der ‚organischen Arbeit' gehörte.

I.3 Die ethnisch-sprachlichen Verhältnisse in Westpreußen. Probleme der Bevölkerungsstatistik

I.3,1 Zur Bevölkerungsentwicklung vor 1815

Die ethnisch-sprachliche Zusammensetzung der Bevölkerung Westpreußens im 19. Jahrhundert ist das Ergebnis eines beinahe tausendjährigen historischen Prozesses.

13 *Natalis Sulerzyski*, Pamiętniki, 3 Bde., Krakau 1871.
14 Rep. A 207 Nr. 411.

In frühgeschichtlicher Zeit war das Gebiet der unteren Weichsel vor allem Durchzugsraum für die nach Süden drängenden ostgermanischen Stämme. Gegen Ende des ersten vorchristlichen Jahrtausends rückten dann auf dem linken Weichselufer die aus Kujawien kommenden slavischen Pomoranen nach Norden vor, während das Culmer Land auf dem rechten Weichselufer von polnischen Gruppen besetzt wurde. Nördlich davon hatten sich schon vorher preußische Stämme von Osten her auf die Weichsellinie zubewegt.

Deutsche Bauern kamen in größerer Zahl erst im 14. Jahrhundert als Siedler in das 1308 vom Deutschen Ritterorden besetzte Pommerellen und ins Culmer Land, als der Orden vom Land Mewe aus mit einer planmäßigen Siedeltätigkeit begonnen hatte, während die Zuwanderung aus Deutschland im 13. Jahrhundert auf die grundbesitzende Schicht beschränkt geblieben war. In beiden Fällen konzentrierte sich die Siedeltätigkeit auf weichselnahe Gebiete, auf den Ostrand der Danziger Höhe und auf die Komtureien Mewe und Schwetz — außerdem noch auf die Komturei Schlochau im Südwesten des Landes. Das Culmer Land und Pomesanien wurden um die Wende vom 13. zum 14. Jahrhundert ebenfalls von einer ersten Einwanderungswelle erreicht. Wenig Anziehungskraft übten dagegen die nördlichen und nordwestlichen Landschaften Pommerellens mit ihren schlechteren Böden aus[1].

Gleichzeitig setzte ein Prozeß ein, den Plehn mit dem Terminus ‚wirtschaftliche Germanisierung' bezeichnet hat: polnische und pomoranische Dörfer wurden zu deutschem Recht umgesetzt, das heißt, sie erhielten eine deutsche Dorf- und Gerichtsverfassung und übernahmen damit automatisch auch die entsprechende Wirtschaftsweise[2]. Dieser Vorgang implizierte natürlich nicht unbedingt eine noch weitergehende, vor allem keine sprachliche Assimilierung, und es muß dahingestellt bleiben, welchen Umfang die von Kasiske anhand der Namensgebung gefolgerte „Eindeutschung" der nichtdeutschen Bevölkerungsteile angenommen hat[3]. Immerhin ist es bemerkenswert, daß die altpreußische Bevölkerung in der Löbau und im Bereich des späteren Kreises Stuhm im Polentum und nicht im Deutschtum aufgegangen ist. „Für die starke Anziehungskraft, die das Polentum schon früher auf die Preußen ausgeübt hat, ist besonders charakteristisch, daß die Preußen in dem Friedensschluß von 1249, als sie der Orden vor die Wahl stellte, nach welchem Rechte sie leben wollten, sich für das polnische Recht erklärten"[4].

Die Quellenlage läßt eine genauere Bestimmung des Anteils deutscher Kolonisten in der Ordenszeit nicht zu, und die deutsche und polnische Forschung weichen in ihren Ergebnissen zum Teil erheblich voneinander ab[5]. Es deutet allerdings wenig darauf

1 *Plehn*, Agrarverfassung, passim; *Kasiske*, passim.
2 *Plehn*, Agrarverfassung, FBPG 17, S. 400 ff.
3 *Kasiske*, S. 130 ff. — Daß auch im 15. Jahrhundert — besonders in der nördlichen Hälfte Pommerellens — weiterhin eine beträchtliche Anzahl von Dörfern zu polnischem Recht bestand, ist durch Biskup herausgearbeitet worden. *Biskup*, Osady na prawie polskim.
4 *Plehn*, Agrarverfassung, FBPG 17, S. 405.
5 Auf polnischer Seite wird die Auffassung vertreten, der Umfang der deutschen Kolonisation werde von den deutschen Historikern in der Regel stark übertrieben. — *Jeżowa*, S. 14. Beachtung verdient jedenfalls der methodische Hinweis, daß man nicht schon auf eine rein deutsche Siedlung schließen kann, wenn bei der Ansetzung der Locator, der Müller und Schenkwirt Deutsche waren. Ebd.

hin, daß Schumachers Behauptung, Pommerellen sei im 15. Jahrhundert auf dem Wege gewesen, ein rein deutsches Land zu werden [6], gerechtfertigt ist; wahrscheinlicher ist Plehns These, die rasche Polonisierung Westpreußens nach 1466 sei nur durch die Annahme zu erklären, daß der Anteil der polnischen Bevölkerung auch zur Zeit des zweiten Thorner Friedens noch sehr stark gewesen ist [7].

Das Städtewesen in Pommerellen und im Culmer Land erlebte seine erste Blüte unter der Ordensherrschaft und trug im Mittelalter ein überwiegend deutsches Gepräge. In vielen Fällen, wie zum Beispiel bei Culm und Thorn, handelt es sich um Gründungen des Ordens selbst, der bei der Landnahme darauf bedacht sein mußte, ein Netz fester Plätze zu schaffen, der aber auch in späterer Zeit noch häufig als Gründer hervortrat. Viele der Städte Pommerellens haben, wie die beiden großen Kommunen Danzig und Elbing, bis in die Teilungszeit ihren überwiegend oder sogar rein deutschen Charakter behalten. Im Culmer und Michelauer Land dagegen war zu dieser Zeit mit Ausnahme von Thorn das polnische Element vorherrschend [8]. Wenn sich auch in den Städten dieses Bereiches nach der Inkorporation in den preußischen Staat — in größerem Ausmaß allerdings erst nach 1815 — das Verhältnis zu Gunsten des deutschen Bevölkerungsanteils veränderte [9], so dürfte der Grund dafür vor allem im Aufbau des preußischen Verwaltungs- und Beamtenapparates zu suchen sein, der eine stärkere Entfaltung des deutschen gewerblichen Mittelstandes günstig beeinflußte.

Auf dem platten Lande waren die im 13jährigen Krieg entstandenen Bevölkerungsverluste zunächst durch Zuwanderungen aus Polen langsam wieder ausgeglichen worden [10]. Seit dem Ende des 16. Jahrhunderts begannen auch die mit der Kunst des Deichbaus und der Urbarmachung von Flußniederungen besonders vertrauten niederländischen Mennoniten im Weichselmündungsgebiet zu siedeln. Sie verbreiteten sich von dort flußaufwärts und erreichten in einzelnen Gruppen Anfang des 17. Jahrhunderts die Gegend von Thorn und Bromberg und das Dobriner Land. Auch deutsche Siedler, vor allem aus der Neumark und Pommern, ließen sich im 17. und 18. Jahrhundert — von den polnischen Grundherren gern aufgenommen — wieder in größerer Zahl in Pommerellen und im Culmer Land nieder; sie konzentrierten sich in der Regel auf bestimmte Gebiete, z. B. auf den südlichen Teil des späteren Kreises Graudenz [11].

---

6 *Schumacher*, S. 82.

7 *Plehn*, Agrarverfassung, FBPG 17, S. 403 f.

8 Vgl. die graphische Darstellung bei *Ilse Rhode*. Die Verfasserin benutzt für ihre Berechnungen allerdings statistische Nachrichten aus den neunziger Jahren des 18. Jahrhunderts; die Ergebnisse dürfen im Hinblick auf die Entwicklung in den Städten nach der Teilung m. E. nicht ohne weiteres ins Jahr 1772 zurückprojiziert werden.

9 Vgl. die statistischen Tabellen I u. II im Anhang B.

10 Eine statistische und kartographische Darstellung der Verteilung des feudalen Grundbesitzes Pommerellens in der zweiten Hälfte des 16. Jahrhunderts geben *Biskup* und *Tomczak*, Mapy Województwa Pomorskiego. Danach ist auch zu dieser Zeit der autochthone (kaschubische) Adel noch stark vertreten. Die aus der Krone Polen Eingewanderten, deren Besitz sich auf die Gerichtskreise Schwetz, Tuchel und Neuenburg konzentrierte, waren in der Mehrzahl schon seit der Ordenszeit dort angesessen, so daß nach Ansicht der Verfasser von einem massenhaften Zustrom des polnischen Adels nach dem 2. Thorner Frieden, wie er von einigen deutschen Historikern angenommen wird, nicht die Rede sein kann.

11 *Aschkewitz*, Die deutsche Siedlung; *Zimmermann*, Fryderyk Wielki I, S. 162 ff.

Genauere Angaben über den zahlenmäßigen Umfang dieser Entwicklung können wiederum nicht gemacht werden. Sie wären für eine Statistik der Volkstumszugehörigkeit ohnehin nur von bedingtem Wert, da bei der engen ethnischen Verzahnung im Laufe der Jahrhunderte immer wieder Übergänge und Angleichungen stattgefunden haben.

Als eine deutliche Zäsur im geschichtlichen Ablauf nahm die erste polnische Teilung wiederholt die Aufmerksamkeit der neueren historischen Forschung in Anspruch[12]. Einer exakten Analyse der ethnischen Verhältnisse stellen sich aber auch noch für die Zeit des ausgehenden 18. Jahrhunderts kaum überwindbare Schwierigkeiten entgegen, weil selbst eine so umfangreiche und genaue Quelle wie die von Friedrich II. nach der Inkorporation veranlaßte Landesaufnahme keine Unterscheidung nach der Volkstumszugehörigkeit kennt[13]. Immerhin können Aussagen über die relative Stärke der einzelnen Gruppen und über territoriale Schwerpunktbildungen gemacht werden. Auf die vom Herzoglichen Preußen und vom Netzedistrikt übernommenen Gebiete mit ihrer ganz überwiegend oder sogar rein deutschen Bevölkerung wurde schon hingewiesen (s. S. 5 f.). Ähnlich war die Situation in den späteren Kreisen Danzig, Marienburg und Elbing. Das Polentum dagegen hatte ein eindeutiges Übergewicht im Culmer und Michelauer Land (mit Ausnahme der eigentlichen Weichselniederung) und im westlichen Teil des Kreises Schwetz; Landstriche, die noch in lebendigem Verkehr mit dem östlich angrenzenden Kujawien und Großpolen standen. Von der Schwetzer Gegend aus bildeten dann die Gebiete westlich der Weichsel mit ihrer durchweg ebenfalls sehr starken polnischen Bevölkerung eine breite Brücke zum nordwestlichen Pommerellen, wo das polnische bzw. kaschubische Element von jeher dominierte.

I.3,2 Die Bevölkerungszusammensetzung Westpreußens im Untersuchungszeitraum. Probleme der preußischen Sprachen- und Konfessionsstatistik

Für den Staat des ausgehenden 18. Jahrhunderts war das Nebeneinander verschiedener ethnischer Gruppen noch kein Problem, dem man Aufmerksamkeit widmen mußte, so daß die Frage nach den quantitativen Relationen gar nicht gestellt wurde. Das änderte sich mit dem Erwachen eines nationalen Bewußtseins breiter Volksschichten im 19. Jahrhundert, indem die zahlenmäßige Stärke jetzt zu einem entscheidenden Argument der nationalen Minderheiten in der Auseinandersetzung mit dem Staat und dem Staatsvolk wurde, besonders wenn der Staat die kulturelle

---

12 z. B. *Waschinski*, Wie groß war die Bevölkerung Pommerellens; *Zimmermann*, Fryderyk Wielki I, S. 249 ff.; *Rhode*, Das Nationalitätenverhältnis in Westpreußen; *Jeżowa*, Der Grundbesitz in Weichselpommern; *Aschkewitz*, Die deutsche Siedlung; *Dabinnus*, Die ländliche Bevölkerung Pommerellens.

13 *Dabinnus*, der versucht, die Volkstumszugehörigkeit nach der Namensform zu bestimmen, errechnet für die deutsche Bevölkerung in Pommerellen einen ‚sicheren' Anteil von 52,3 %, für die Polen 25 % und für die Kaschuben 13,6 %. Die Resultate dieser Arbeit werden von polnischer Seite lebhaft angezweifelt. Eine kritische Auseinandersetzung mit den Ergebnissen von *Ilse Rhode*, *Aschkewitz* und *Dabinnus* bietet *Labuda*, Z nowszych badań Zachodnio-Niemieckich.

Assimilierung seiner Minderheiten erstrebte. Es muß daher versucht werden, durch die Prüfung und Auswertung des vorhandenen statistischen Materials einen möglichst genauen bevölkerungsstatistischen Hintergrund für die geplante Untersuchung zu schaffen.

Die preußische Statistik kennt keine Unterscheidung nach Nationalitäten. Als Ersatz können jedoch die Zählungen, bei denen nach der Muttersprache gefragt wurde, herangezogen werden, zumal die Sprache, solange sich ein eigentliches Nationalbewußtsein noch nicht oder erst schwach entwickelt hatte, das einzige Unterscheidungsmerkmal der späteren Nationalitäten war. Die erste offizielle Statistik des preußischen Staates, die Angaben über die verschiedenen Sprachgruppen enthält, stammt aus dem Jahre 1861 — angefertigt „nach dem erfolgreichen Vorgange anderer Staaten mit Bevölkerungen verschiedener Sprachidiome", wie es in den Erläuterungen heißt [1]. Für den internen Gebrauch wurden von einzelnen Provinzial-Regierungen indes schon früher derartige Aufstellungen bereitgestellt. Die erste Sprachzählung überhaupt fand 1817 im Regierungsbezirk Gumbinnen statt; 1825 und 1828 folgte der Regierungsbezirk Königsberg [2]. Detailliertes Material für beide westpreußischen Regierungsbezirke steht von 1834 an zur Verfügung, wenn auch nicht in regelmäßigen Intervallen [3]. Die Aussagekraft der Quellen ist allerdings infolge einer Reihe von Unzulänglichkeiten begrenzt. Unterschiedliche Zählmethoden [4], technische Schwierigkeiten und die Neigung der Gewährsleute, je nach dem persönlichen Standort die Angaben zugunsten der eigenen Nationalität zu verändern, mußten den Wert der Erhebungen beeinträchtigen [5]. Eine besondere Schwierigkeit bei der genaueren Abgrenzung der

---

1 Erläuterungen zur statistischen Tabelle von 1861. Rep. A 181 Nr. 2223.

2 *Forstreuter,* S. 336.

3 Die ersten Sprachzählungen wurden in Westpreußen bereits 1831 durchgeführt. Da mir aus diesem Jahr vollständige Angaben jedoch nur für den Reg.Bez. Marienwerder vorliegen, bin ich von der nächstfolgenden Zählung ausgegangen. — Siehe die Tabellen I u. II im Anhang B.
Das von mir verwandte Material hat auch Böckh vorgelegen, der jedoch auf eine Differenzierung nach Stadt- und Landbevölkerung verzichtet. — *Böckh,* Der Deutschen Volkszahl, Tabellen S. 236/37.

4 Es konnte nach der Muttersprache oder Umgangssprache des Einzelnen gefragt werden oder, wie es 1861 der Fall war, nach der Familiensprache. In den Erläuterungen zu dieser Zählung heißt es z. B., die Erhebung sei „einfach nur darauf zu richten, welche Sprache in der Familie gesprochen wird ... d. h. also die Zahl sämtlicher Familienglieder (Eltern, Kinder, in der Familie lebende Verwandte, Dienstboten, Gewerbsgehülfen und Lehrlinge etc., soweit sie zur Haushaltung oder Familie gehören) wird dann einfach in die betreffende Sprachrubrik gestellt ...". — Rep. A 181 Nr. 2223. Das bedeutet mit anderen Worten, daß Dienstboten, Gehilfen und bei der Gutsfamilie lebendes Gesinde der Sprache ihrer Arbeitgeber zugeordnet wurden, auch wenn dies nicht ihre Muttersprache war.

5 Noch im Jahre 1873 bemerkt die Regierung Marienwerder zu einer dem Oberpräsidenten Horn übermittelten Aufstellung, den Zahlen komme nur relativer Wert zu, da alle polnischen Ortsvorsteher stets bemüht gewesen seien, „die Zahl der nur polnisch sprechenden Katholiken viel höher, als sie in Wirklichkeit ist, anzugeben". Rep. 2 II Nr. 2146 Vol. 5 Bl. 15. Daß es bei ‚deutsch-gesinnten' Ortsschulzen ähnliche Korrekturen mit umgekehrten Vorzeichen gab, wird u. a. durch einen Brief des Stuhmer Landrats aus demselben Jahr belegt. — Rep. A 181 Nr. 5123 Bl. 41. Lange Zeit dürfte es überhaupt an den notwendigen Voraussetzungen für eine zuverlässige Statistik gefehlt haben. Die Erhebungen sollten

Nationalitäten mittels der Sprachstatistik besteht für den Regierungsbezirk Danzig durch die 1837 eingeführte Kategorie der Zweisprachigen[6]. Ein Vergleich mit der Statistik von 1834 zeigt, daß man diese Gruppe, die immerhin fast ebenso stark war wie die der nur Polnisch Sprechenden, hier vollständig denjenigen zugerechnet hatte, für die Deutsch Muttersprache war. Es muß jedoch für mindestens die Hälfte der Zweisprachigen Polnisch als Muttersprache angenommen werden, da gerade in Westpreußen durch die Vorherrschaft des Deutschen in der Schule und im amtlichen Verkehr die Wahrscheinlichkeit, daß diese Sprache zusätzlich erlernt wurde, wesentlich größer war als der umgekehrte Vorgang. Eine Hilfe könnte die Konfessionsstatistik bieten, wenn hier nach Deutsch und Polnisch sprechenden Katholiken differenziert wäre. Das ist jedoch erst seit 1890 der Fall. Aschkewitz errechnet für die Zeit nach 1852 einen Anteil von ca. 40 % Deutsch sprechenden Katholiken im Regierungsbezirk Danzig[7]. Dieses Ergebnis wird immerhin gestützt durch die Zählung von 1890, die ungefähr den gleichen Anteil aufweist[8]. Projiziert man diese Relationen auf die älteren Zählungen zurück, so hätte 1837 die Zahl der Polnisch sprechenden Katholiken rund 92 600 betragen[9]. Das wäre ungefähr so viel wie die Zahl der nur Polnisch

---

jeweils von den zuständigen Ortsbehörden durchgeführt werden. Unter dem Datum des 12. 4. 1844 teilt die Regierung Marienwerder dem Finanzminister von Bodelschwingh dazu mit, man habe bei der letzten Zählung im ganzen Kreis Conitz alle Arbeit den Bürogehilfen des Landrats übertragen müssen, da die meisten Schulzen weder lesen noch schreiben könnten. Ähnlich sehe es im Kreise Schlochau aus. — Rep. 2 Tit. 36 Nr. 11 Vol. 4 Bl. 258. Wie die Ergebnisse in anderen Kreisen zustande gekommen sind, wenn die landrätlichen Behörden sich etwa weigerten oder nicht dazu in der Lage waren, diese zusätzliche Arbeit zu übernehmen, muß dahingestellt bleiben. Bei den vorbereitenden Anweisungen zur Zählung von 1861 merkt der Innenminister jedenfalls an, die bisherigen Aufnahmen hätten „zum Theil sehr mangelhafte Ergebnisse geliefert". Rep. 2 Tit. 36 Nr. 11 Vol. 7 Bl. 1.

6 Deutsch und Polnisch Sprechende. Die Kaschuben werden in diesen Statistiken nicht mit einer eigenen Sprache ausgewiesen, sondern erscheinen unter den Polnisch Sprechenden. Der Vergleich einer von Ramult für das Jahr 1892 erarbeiteten detaillierten Statistik der kaschubischen Bevölkerung mit der offiziellen Zählung von 1890 erbringt für diese Zeit einen Anteil der Kaschubisch sprechenden Bevölkerung an der gesamten Polnisch sprechenden Bevölkerung Westpreußens von ca. 32 %. — *Ramult,* S. 188 (Zusammenfassung für Westpreußen). Die Juden werden stets als Deutsch Sprechende ausgewiesen.

7 *Aschkewitz,* Umvolkung, S. 313 f.

8 *Böckh,* Sprachverhältnisse, S. 428. Diese Arbeit bezieht sich wie die von Aschkewitz auf die Entwicklung im letzten Jahrhundertviertel. Es fragt sich aber, ob Böckh, der sich der Mängel und Unterschiede der einzelnen Erhebungen durchaus bewußt ist, nicht zu großzügig verfährt, wenn er die Ergebnisse trotzdem für uneingeschränkt vergleichbar hält.

9 Vgl. die Konfessionsstatistiken im Anhang B, Tabellen III–V. Nach der Zählung von 1890 betrug der Anteil der Polnisch sprechenden Protestanten im Regierungsbezirk Danzig lediglich 0,4 %, so daß er hier unberücksichtigt bleiben kann. — *Böckh,* Sprachverhältnisse, S. 428.
Auf polnischer Seite wird von jeher die Auffassung vertreten, die Zahl der deutschen Katholiken sei in Westpreußen ebenso verschwindend gering gewesen wie die der polnischen Protestanten und man könne deshalb die Konfessionsstatistik ohne wesentliche Abstriche zur Grundlage der Nationalitätenstatistik machen; so schon *Łyskowski,* Beiträge, S. 10, und auch noch *Bukowski* in der Einleitung zur Quellensammlung Pomorze Gdańskie, S. LVI ff. Dieser Auffassung kann ich im Hinblick auf das vorliegende Material nicht beipflichten. Zu berücksichtigen bleibt natürlich, daß z. B. 1837 allein 15 000 Katholiken

Sprechenden + 50 % der Zweisprachigen; eine Aufteilung, die auch Böckh für seine Statistik gewählt hat [10].

Die Regierung Marienwerder hat dagegen stets nur zwischen Deutsch und Polnisch Sprechenden unterschieden. Hier wäre jedoch zu klären, ob sie wie 1834 die Danziger Regierung alle Zweisprachigen den Deutsch Sprechenden zugerechnet oder sie auf beide Gruppen verteilt hat. Nach einer nicht veröffentlichten Erhebung von 1872, die nach dem Verhältnis von Katholiken polnischer und deutscher Abkunft fragt, machten die Katholiken deutscher Abkunft ca. 25 % aller Katholiken im Regierungsbezirk Marienwerder aus [11]. Entsprechend diesem Verhältnis hätte es 1837 im Regierungsbezirk Marienwerder rund 182 000 Katholiken polnischer Abkunft gegeben. Rechnet man entsprechend den Relationen von 1890 1,4 % Protestanten polnischer Abkunft hinzu [12], so kommt man auf eine Zahl von rund 186 000. Die Polnisch Sprechenden werden für dieses Jahr mit ca. 187 000 beziffert; unter den zugrunde gelegten Voraussetzungen muß man daher annehmen, daß in den Sprachstatistiken des Regierungsbezirks Marienwerder die Zweisprachigen bereits anteilmäßig auf die Deutsch und Polnisch Sprechenden verteilt worden sind.

Infolge der zahlreichen Unsicherheitsfaktoren kann eine quantitative Bestimmung der deutschen und polnischen (inclusive kaschubischen) Bevölkerung aufgrund der Sprachstatistik nur Annäherungswert haben. Die Tabellen geben jedoch immerhin einen Eindruck von der schwerpunktmäßigen Verteilung der Nationalitäten [13]. So entfallen z. B. 1837 von den ca. 248 000 Deutsch Sprechenden im Regierungsbezirk Danzig allein rund 197 000 (ca. 80 %) auf die beinahe rein deutschen Kreise Danzig, Elbing und Marienburg, während die Polnisch oder Kaschubisch sprechende Bevölkerung in den Kreisen Carthaus, Neustadt und Stargard ein deutliches Übergewicht hat. Im Regierungsbezirk Marienwerder konzentrieren sich rund 44 % der Deutsch sprechenden Bevölkerung auf die Kreise Deutsch Crone und Schlochau und das Gebiet der ehemals ostpreußischen Ämter (Kreise Marienburg und Rosenberg).

Will man versuchen, Entwicklungstendenzen abzulesen, so müßten dazu Stichjahre gewählt werden, in denen die Erhebungen unter ähnlichen Voraussetzungen und in der gleichen Form durchgeführt worden sind. Für den Untersuchungszeitraum kommen die Statistiken der Jahre 1837 und 1855 in Frage [14], deren Ergebnisse in der folgenden Aufstellung zusammengefaßt werden.

---

im rein deutsch besiedelten Kreis Deutsch Crone lebten und von den deutschen Katholiken des Danziger Regierungsbezirks 17 500 (also über 11 % aller Katholiken) auf die Städte Danzig und Elbing entfielen. Eine Zusammenfassung der wichtigsten polnischen Arbeiten über bevölkerungsstatistische Fragen gibt *Winklewski*, Ludność Pomorza Gdańskiego.

10 *Böckh*, Der Deutschen Volkszahl, S. 236/37.

11 Vgl. Anhang B, Tabelle V; siehe außerdem unten S. 36 f.

12 *Böckh*, Sprachverhältnisse, S. 428.

13 Vgl. die Tabellen I–IV im Anhang B und die Zusammenstellung auf S. 18. Zur unterschiedlichen Verteilung der Sprachgruppen auf Stadt und Land siehe unten S. 24.

14 Für diese beiden Einschnitte stehen mir die Sprachenstatistiken vollständig — d. h. mit Zählung der Zweisprachigen im Regierungsbezirk Danzig — zur Verfügung.

Die Bevölkerung der Regierungsbezirke Danzig und Marienwerder nach der Muttersprache, 1837 und 1855 [1]

Muttersprache	Reg.Bez. Danzig 1837 absolut	in %	Reg.Bez. Danzig 1855 absolut	in %	Reg.Bez. Marienwerder 1837 absolut	in %	Reg.Bez. Marienwerder 1855 absolut	in %
Deutsch	217 582		270 152		304 482		404 972	
+ 50 % zweisprachig	30 306		32 803		—		—	
Deutsch insgesamt	247 888	72,5	302 955	71,2	304 482	61,9	404 972	62,0
Polnisch	63 781		90 009		187 144		248 162	
+ 50 % zweisprachig	30 306		32 803		—		—	
Polnisch insgesamt	94 087	27,5	122 812	28,8	187 144	38,1	248 162	38,0
zusammen	341 975	100,0	425 767	100,0	491 626	100,0	653 134	100,0

Muttersprache	Westpreußen insgesamt 1837 absolut	in %	Westpreußen insgesamt 1855 absolut	in %
Deutsch	522 064		675 124	
+ 50 % zweisprachig	30 306		32 803	
Deutsch insgesamt	552 370	66,3	707 927	65,6
Polnisch	250 925		338 171	
+ 50 % zweisprachig	30 306		32 803	
Polnisch insgesamt	281 231	33,7	370 974	34,4
zusammen	833 601	100,0	1 078 901	100,0

1 Quelle: eigene Berechnung und Zusammenstellung nach den Angaben in den Tabellen I u. II, Anhang B.

Hiernach ist das Verhältnis der beiden Sprachgruppen zueinander im Regierungsbezirk Marienwerder annähernd gleich geblieben, während der prozentuale Anteil der Polnisch sprechenden Bevölkerung im Regierungsbezirk Danzig leicht gestiegen ist. Das mag damit zusammenhängen, daß sich die Landbevölkerung in diesem Zeitraum insgesamt stärker vermehrt hat als die Stadtbevölkerung und die Polnisch Sprechenden im Regierungsbezirk Danzig beinahe ausschließlich auf dem Lande lebten[15]. Die

15 Nach Böckhs Untersuchung ist dagegen in der Zeitspanne zwischen 1861 und 1890 im Regierungsbezirk Marienwerder die Zuwachsrate der Polnisch Sprechenden beträchtlich höher als die der Deutsch Sprechenden, während umgekehrt im Regierungsbezirk Danzig die Zuwachsrate der Deutsch Sprechenden geringfügig höher liegt. — *Böckh*, Sprachverhältnisse, S. 426 ff.

Frage wird für die zweite Jahrhunderthälfte besonders kompliziert durch die starke Abwanderung westpreußischer Bevölkerungsteile in die Westgebiete des Reiches oder nach Übersee. Zwischen 1840 und 1910 haben allein 663 000 Personen die Provinz als Auswanderer verlassen [16]. Da die Statistiken zur Bevölkerungsbewegung — ebenso wie die Angaben zur Altersschichtung, die Geborenen- und Sterbeziffern, die Gewerbe- und Wirtschaftsstatistiken — nicht nach Nationalitäten oder Sprachzugehörigkeit differenziert sind, kann nur aufgrund von Einzelangaben auf den Anteil der deutschen und polnischen Bevölkerung geschlossen werden. Nach Wajda, der sich hier auf Landratsberichte stützt, lag der Anteil der deutschen Auswanderer aus dem Regierungsbezirk Marienwerder zwischen 1884 und 1895 bei 66 % [17]. Auch an der Westwanderung dürfte die deutsche Bevölkerung stärker als die polnische und kaschubische beteiligt gewesen sein [18]. Die zahlreichen Unsicherheitsfaktoren lassen eine genaue statistische Darstellung der Bevölkerungsentwicklung unter dem Gesichtspunkt der Sprachzugehörigkeit oder der Nationalität also nicht zu. Man darf aber wohl feststellen, daß bis zum Jahrhundertende trotz der rigoroser werdenden staatlichen Maßnahmen keine bemerkenswerte sprachliche Assimilierung polnischer oder kaschubischer Bevölkerungsanteile stattgefunden hat.

Bei der Zählung von 1890 wurden die Angaben zum ersten Mal von den Betroffenen selbst gemacht, während zuvor die Eintragungen durch die Zähler oder die Ortsbehörden erfolgt waren. Bei der Intensität des Nationalitätenkampfes zu diesem Zeitpunkt kann man daher annehmen, daß das Bekenntnis zur Muttersprache weitgehend mit einem Bekenntnis zur Nationalität identisch war. Für die Zeit vor der Jahrhundertmitte kann von einer derartigen Koinzidenz noch nicht die Rede sein. Dennoch soll im Folgenden, wenn es der Zusammenhang nicht anders erfordert, der Einfachheit halber von ‚polnischer' und ‚deutscher' Bevölkerung (anstatt Polnisch und Deutsch sprechender) die Rede sein. Der Zeitpunkt, von dem an diese Attribute das Bekenntnis zur Nationalität einschlossen, könnte ohnehin nicht generell bestimmt werden, da die nationale Bewußtwerdung in der Realität über mehrere Jahrzehnte hin immer größere Teile der Bevölkerung ergriff. Für die erste Jahrhunderthälfte soll der statistische Hintergrund vor allem Kriterien zur Beurteilung der preußischen Sprachenpolitik — und hier besonders der Maßnahmen auf dem Schulsektor — liefern; darüber hinaus kann er eine Vorstellung von dem potentiellen Reservoir schaffen, das der aktiven polnischen Bewegung zur Verfügung stand.

Die preußischen Behörden haben das Kaschubische als Dialekt dem Polnischen subsumiert. Es ist ein Problem der Ethnographie und Sprachwissenschaft, ob den Kaschuben als Resten der Pomoranen mit einer eigenen, dem Polnischen nur nahe verwandten Sprache eine Sonderstellung zukommt. Für die Fragestellung der vorliegenden Arbeit ist entscheidend, daß sie kein eigenes Nationalbewußtsein, sondern nur einen auf kulturelle Autonomie zielenden Regionalismus entwickelt haben. Auch der polnischen Agitation gelang, begünstigt durch den Kulturkampf, erst im letzten Jahrhundertviertel ein wirklicher Einbruch in diesen Bereich. Das kaschubische Pro-

16 *Winklewski,* S. 124.
17 *Wajda,* S. 103.
18 *Wajda,* S. 50–53.

blem wird deshalb im Rahmen dieser Untersuchung nur am Rande behandelt werden. Es soll aber geprüft werden, ob die erarbeiteten Ergebnisse eine Antwort auf die Frage zulassen, weshalb die kaschubische Bewegung nicht über einen Regionalismus hinausgekommen ist.

II. DIE ZEIT DER ÄUSSEREN RUHE. KONSTELLATIONEN UND ENTWICKLUNGSTENDENZEN VOR DEM VÖLKERFRÜHLING

II.1 Die Rechtsstellung der polnischen und kaschubischen Bevölkerung in Westpreußen aufgrund der preußischen Auslegung der Wiener Verträge

Die Schlußakte des Wiener Kongresses bestimmte in Artikel 2, daß diejenigen Teile des Herzogtums Warschau, die unter die Souveränität des Königs von Preußen fielen, unter dem Titel ‚Großherzogtum Posen‘ vereinigt werden sollten[1]. Zu diesem Gebiet gehörten auch die ehemaligen westpreußischen Kreise Culm und Michelau, die dem preußischen Staat im Tilsiter Frieden zusammen mit der Provinz Südpreußen wieder verlorengegangen waren. Entgegen dem Wortlaut der Schlußakte wurde jenes überwiegend von Polen bewohnte Territorium der Provinz Westpreußen einverleibt[2]. Dagegen unterblieb der geplante Anschluß der 1807 großenteils bei Westpreußen gebliebenen Kreise Camin und Deutsch Crone ans Großherzogtum auf Bitten der eingesessenen, beinahe rein deutschen Bevölkerung[3]. Für die Polen waren diese Maßnahmen insofern bedeutungsvoll, als die preußische Auslegung der Wiener Bestimmungen eine unterschiedliche Rechtsstellung der polnischen Bevölkerung im Großherzogtum Posen und in der Provinz Westpreußen herbeiführte. Artikel 1 der Schlußakte hatte postuliert: „Les Polonois, sujets respectifs de la Russie, de l'Autriche et de la Prusse, obtiendront une représentation et des institutions nationales, réglées d'après le mode d'existence politique que chacon des gouvernments, auxquels ils appartiennent, jugera utile et convenable de leur accorder“ [4]. Nach polnischem Sprachgebrauch wurden unter ‚Polen‘ „noch bis nach 1815 alle Einwohner der Republik unbeschadet ihrer ethnischen Zugehörigkeit verstanden“ [5]. Eine solche Auffassung mußte durch andere Bestimmungen des Vertragswerkes bestärkt werden, indem z. B. im russisch-preußischen Vertrag vom 21. April / 3. Mai 1815 freie Schiffahrt und freier Transithandel für alle Teile der alten Republik garantiert wurden[6]. Die preußische Regierung ließ indes schnell erkennen, daß nur die Bewohner des Großherzogtums auf eine ‚nationale Repräsentation‘ und sprachliche Gleichberechtigung

---

1 Acten des Wiener Congresses, Bd. 6, S. 20.

2 *Laubert,* Die Ziehung. Nach Laubert war auch die überwiegend polnische Ritterschaft der Kreise bis auf wenige Ausnahmen mit dieser Maßnahme einverstanden. — Ebd., S. 32 f. und S. 38. *Mańkowski,* Pod rządami, S. 257, behauptet dagegen, die polnischen Gutsbesitzer hätten um Anschluß ans Großherzogtum Posen gebeten. Beiden Behauptungen fehlt leider ein direkter Beleg.

3 *Laubert,* Die Ziehung, S. 30 ff. — Der Kreis Camin deckte sich weitgehend mit dem späteren Kreis Flatow.

4 Acten des Wiener Congresses, Bd. 6, S. 19.

5 *Roos,* S. 392. — Vgl. außerdem *Mańkowski,* Pod rządami, S. 256 f.; *Laubert,* Die Ziehung, bes. S. 49 ff.; *Kutrzeba,* Bd. 4, S. 3 ff.; *Willaume,* Stanowisko Prus.

6 Artikel 22 des Vertrages lautet: „La navigation de tous les fleuves et canaux de toutes les parties de l'ancienne Pologne (année 1772) dans toute leur étendue . . . sera libre.“ Acten des Wiener Congresses, Bd. 6, S. 106.
Ähnlich Artikel 14 der Schlußakte, ebd., S. 25.

hoffen konnten. Während Friedrich Wilhelm III. ihnen diese Rechte nach der Besitznahme mit seinem ‚Zuruf' in Aussicht stellte[7], wurde zugleich kein Zweifel daran gelassen, daß die Regierung Westpreußen als ‚deutsche' Provinz betrachtete, in der die polnische und kaschubische Bevölkerung kein Anrecht auf nationale Gleichberechtigung habe. Für die polnischen Patrioten war das eine illegale Entscheidung. Soweit es bei ihrer späteren Aktivität um die nationale Gleichstellung mit der deutschen Bevölkerung innerhalb des preußischen Staatsverbandes ging, muß bei der Einschätzung und Beurteilung dieser Tätigkeit gegenwärtig sein, daß die Polen im Bewußtsein einer vertraglich garantierten Rechtmäßigkeit handelten. Freilich kann andererseits nicht ohne weiteres unterstellt werden, daß die umstrittene Formulierung der Schlußakte von preußischer Seite bewußt und gewaltsam uminterpretiert wurde. Zu einem Gutachten des Staatsrates Hoffmann machte Innenminister Schuckmann die fragende Anmerkung, ob denn die Deutschen im Großherzogtum Posen ‚des Polonais' seien[8]. Tatsächlich war eine eindeutige Lösung zu diesem Zeitpunkt wahrscheinlich schon nicht mehr möglich, da die alten Kriterien einer etatistischen Kabinettspolitik bereits allenthalben durch nationale Argumente in Frage gestellt wurden.

Die preußische Haltung, die später wiederholt bekräftigt wurde[9], determinierte die Entwicklung der gesamten polnischen und kaschubischen Bevölkerung in Westpreußen ebenso wie die Formen der allmählich stärker werdenden nationalpolnischen Arbeit und Agitation. Bei den im internationalen Rahmen zunächst im Vordergrund stehenden Bemühungen der Polen, auf diplomatischer Ebene die Einhaltung und Durchführung der Wiener Bestimmungen zu erreichen, stand das westpreußische Polentum nach der preußischen Interpretation überhaupt außerhalb des Argumentationsraumes. Andererseits aber lagen die Polen der Provinz zunächst nicht einmal im Blickfeld ihrer Landsleute. So ließ z. B. das Organisationsschema des ‚Narodowe Towarzystwo Patriotyczne', das sich im übrigen auf alle Gebiete der

---

7 „... Auch Ihr habt ein Vaterland, und mit ihm einen Beweis Meiner Achtung für Eure Anhänglichkeit an dasselbe erhalten. Ihr werdet Meiner Monarchie einverleibt, ohne Eure Nationalität verleugnen zu dürfen ...
Eure Sprache soll neben der deutschen in allen öffentlichen Verhandlungen gebraucht werden, und jedem unter Euch soll nach Massgabe seiner Fähigkeiten der Zutritt zu den öffentlichen Ämtern des Grossherzogthums, so wie zu allen Ämtern, Ehren und Würden Meines Reichs offen stehen ...
Mein unter Euch geborner Statthalter wird bei Euch residieren. Er wird Mich mit Euren Wünschen und Bedürfnissen, und Euch mit den Absichten Meiner Regierung bekannt machen ..." Vollständiger Text bei *Meyer,* S. 356 f.

8 *Laubert,* Die Ziehung, S. 50.

9 1866 erklärte der Innenminister Graf Eulenburg zu einem Antrag des polnischen Abgeordneten Tokarski auf Gleichberechtigung der polnischen Sprache in Westpreußen: „Ich kann dem Herrn Abgeordneten keine Aussicht drauf machen, daß seine Wünsche erfüllt werden. Die ganze Frage ist bereits gesetzlich reguliert. Die Sprachenfrage ist eine wichtige politische Frage gerade in den Polnischen Landestheilen und ist so reguliert, daß im Großherzogthum Posen die Gleichberechtigung der Sprachen eingeführt ist, in Westpreußen aber keineswegs." Stenographische Berichte, Abg.Haus 1866, II, S. 901.
Besonders deutlich wurde die preußische Position bei den Auseinandersetzungen um eine nationale Reorganisation der ehemals polnischen Gebiete im Jahre 1848 sichtbar. Vgl. unten S. 71 ff.

alten Adelsrepublik erstreckte, das ehemals Königliche Preußen unberücksichtigt[10]. Selbst das Polentum im Großherzogtum Posen nahm die einsetzende nationale Eigenbewegung in der Nachbarprovinz nur allmählich zur Kenntnis. Noch in den Berliner Parlamentsdebatten der Revolutionsjahre 1848/49 mußten die westpreußisch-polnischen Abgeordneten die schmerzliche Erfahrung machen, daß die Posener Polen sich ausschließlich für ihre eigenen Belange einsetzten[11].

II.2 Die wirtschaftlichen und sozialen Verhältnisse in der Provinz nach 1815

Preußens östliche Provinzen waren um 1815 rein agrarisch strukturiert. Lediglich das Textilgewerbe hatte im Großherzogtum Posen und in der Provinz Preußen bereits einige Bedeutung erlangt. Die mit den Wiener Verträgen geschaffenen Bedingungen und Konstellationen erschwerten jedoch auf lange Zeit eine fortschreitende Entwicklung. Im russisch-preußischen Vertrag vom 21. 4. / 3. 5. 1815 war vorgesehen, den wirtschaftlichen Verkehr zwischen allen Teilen der alten Republik durch Schaffung einer Art Freihandelszone zu erleichtern und zu fördern[1]. Im Hinblick auf die gleichzeitig intendierte politische Lösung mußte der Plan eine Fiktion bleiben. Zwar wurden zwischen Rußland und Preußen 1816 und 1819 zunächst Zollvereinbarungen getroffen, die den Warentransit von Preußen ins Königreich Polen und weiter nach Rußland tatsächlich sehr erleichterten; da die aufkeimende russisch-polnische Industrie auf diese Weise jedoch unter starken Konkurrenzdruck geriet, schlug man russischerseits bald den entgegengesetzten Weg ein und schirmte 1822 das gesamte Staatsgebiet einschließlich des Königreichs Polen durch hohe Schutzzölle ab[2]. In den angrenzenden preußischen Provinzen, die damit ihr wirtschaftliches Hinterland einbüßten, wurde besonders das Textilgewerbe schwer getroffen. Die Kommunen verarmten zusehends und hatten teilweise sogar einen Bevölkerungsrückgang zu verzeichnen[3]. Das preußische Zollgesetz von 1818 und die Schaffung des Zollvereins konnten die Situation in keiner Weise verbessern; vielmehr waren die rückständigen Gebiete jetzt erst vollends dem Konkurrenzdruck der industriell stärker entwickelten westlichen Territorien ausgesetzt, die eine Neueroberung von Absatzmärkten nicht zuließen. Die Ausgangssituation war zudem ungünstig genug. Die napoleonischen Kriege, in Westpreußen besonders die zweimalige Belagerung Danzigs, hatten unübersehbaren Schaden hinterlassen. Viele Kommunen trugen noch jahrzehntelang an ihren Kriegsschulden. Schon wenige Daten illustrieren die Rückständigkeit und Stagnation der wirtschaftlichen Entwicklung. Ende 1843 standen im ganzen Regierungsbezirk Marienwerder 2 Dampf-

---

10 Nationale Patriotische Gesellschaft. — Diese erste umfassende Geheimorganisation existierte von 1821–1826. Historia Polski, II,2, S. 298.

11 Vgl. unten S. 83 f.

1 Artikel 22 ff. — Acten des Wiener Congresses, Bd. 6, S. 106 ff.

2 *Pintner*, S. 45; *Treue*, S. 13 ff.

3 Ebd., S. 21; Pomorze Gdańskie, Wstęp, S. VIII ff.; *Meyer*, S. 367 ff.; *Plehn*, Geschichte des Kreises, S. 302 ff.

maschinen, im Regierungsbezirk Danzig 15 [4]. Insgesamt waren im Jahre 1843 in der Provinz Preußen 0,44 % der Bevölkerung in Fabrikanstalten (Betriebe, die für den Großhandel und über den lokalen Bedarf hinaus produzierten) und 9,07 % als Handwerker (einschließlich Tuchproduktion) beschäftigt [5]. Die Steuereinnahmen der Stadt Danzig gingen von 362 407 Tlr. im Jahre 1819 auf 243 355 Tlr. im Jahre 1825 zurück [6]. Danzigs Getreidehandel hatte 1819 mit 37 305 Lasten Ausfuhr und 24 333 Lasten Einfuhr nur noch ca. 35 % des Umfanges von 1802 (Einfuhr: 87 134 Lasten — Ausfuhr: 85 183 Lasten); er ging bis 1825 unter dem Druck der großen Agrarkrise sogar auf 23 183 Lasten Einfuhr und 6 545 Lasten Ausfuhr zurück [7]. Es ist daher erklärlich, daß in Westpreußen entgegen der allgemeinen Tendenz in Deutschland bis über die Jahrhundertmitte hinaus die Landbevölkerung prozentual stärker zunahm als die Bevölkerung in den Städten.

Auch die Landwirtschaft, die ebenfalls schwer unter den napoleonischen Kriegen gelitten hatte, mußte anfangs mit beträchtlichen Entwicklungsstörungen kämpfen. Nachdem 1816/17 Mißernten zu Hungersnöten geführt hatten, war eine Reihe überdurchschnittlich guter Ernten in den folgenden Jahren der Anlaß zu einer tiefgreifenden Agrarkrise. Da nämlich die Ausfuhr durch die Abschließung der bisherigen Exportmärkte England, Niederlande und Skandinavien ständig zurückging und eine Verteilung innerhalb Deutschlands bei dem kaum entwickelten Verkehrsnetz außerordentlich schwierig war [8], führte das Überangebot zu einem radikalen Preisverfall. Der Zentnerpreis des Weizens sank von 94 1/4 Sgr. im Jahre 1818 auf 29 1/2 Sgr. im Jahre 1825. Hunderte von Subhastationen und ein ständiger Rückgang der Bodenpreise waren die Folge [9]. Gegen Ende der zwanziger Jahre setzte dann ein Umschwung ein, der besonders den Mittel- und Großbetrieben zugute kam, die auf agrarkapitalistischer Basis zu arbeiten begannen und moderne Anbau- und Wirtschaftsmethoden rezipierten.

Die Wirtschafts- und Sozialstruktur der Provinz schrieben der nationalpolnischen Bewegung ebenso ihre Richtung und Tätigkeitsbereiche vor wie die fortwirkende politische und soziale Tradition der Adelsrepublik. Ein polnisches Großbürgertum war in Westpreußen zunächst nicht vorhanden. Über 90 % der polnischen und kaschubischen Bevölkerung lebten auf dem Lande (abgesehen davon, daß auch die Mehrzahl der Einwohner in den kleinen Städten Ackerbürger waren), und das ohnehin nur schwache Handwerk und Kleingewerbe lagen weitgehend in deutschen oder jüdischen Händen. Mit dem Bürgertum fehlte eine Schicht, die allgemein eine bedeutende Rolle

---

4 Zum Vergleich: zur selben Zeit liefen im Regierungsbezirk Magdeburg 128, im Regierungsbezirk Aachen 134 und im Regierungsbezirk Düsseldorf 172 Dampfmaschinen. *Dieterici*, Die statistischen Tabellen, S. 159.

5 In Brandenburg waren es zur selben Zeit 5,05 % bzw. 21,29 %, in der Provinz Sachsen 3,54 % bzw. 16,18 % und in der Rheinprovinz 5,45 % bzw. 17,12 %. — Ebd., S. 157.

6 *Treue*, S. 172.

7 Ebd., S. 25 und 173.

8 1816 gab es in Westpreußen 1,2 Meilen Chaussee (Straßen mit fester Unterlage). Ende 1842 waren es 37,08 Meilen im Regierungsbezirk Danzig und 46,46 Meilen im Regierungsbezirk Marienwerder. — *Lengerke*, S. 6; *Letkemann*, S. 227.

9 *Treue*, S. 161 ff.; *Lütge*, Sozial- und Wirtschaftsgeschichte, S. 456 ff.
Zu den Subhastationen und der politischen Seite des Vorganges siehe unten S. 53 ff.

bei der Ausbildung des nationalen Bewußtseins spielte[10]. Richtungweisende Impulse konnten vorerst nur vom grundbesitzenden Adel ausgehen als der sozial und ökonomisch weiterhin führenden Schicht, in der allein auch die politischen Traditionen und die Nationsvorstellung der alten Republik fortlebten.

Die ökonomische und soziale Struktur in den agrarischen Ostprovinzen Preußens wurde mit der Durchführung der sogenannten Bauernbefreiung[11] einem entscheidenden Wandlungsprozeß unterworfen. Erste Nachrichten über den Beginn der Regulierungen in Westpreußen liegen schon aus dem Jahre 1811 für den Kreis Schwetz vor[12]. Durch die Wirren der napoleonischen Kriege und die Verschleppungstaktik der Gutsbesitzer, die auf vorteilhaftere Bedingungen hinarbeiteten, als sie das Edikt von 1811 bot, wurden bis 1817 keine wesentlichen Fortschritte erzielt. Nach 1820 beschleunigte sich der Prozeß zwar ein wenig, aber erst 1866 waren in Westpreußen alle in Frage kommenden Regulierungen durchgeführt. Im Regierungsbezirk Marienwerder sind insgesamt 7 581, im Regierungsbezirk Danzig 1 391 neue Eigentümer reguliert worden. Ablösungen bei Dienst- und Abgabepflichtigen zu besserem Recht gab es im Regierungsbezirk Marienwerder 22 286 und im Regierungsbezirk Danzig 9 827[13]. Eine Spezialuntersuchung zur Durchführung der Bauernbefreiung in Westpreußen steht noch aus. Es wird aber auch dort nicht möglich sein, den Anteil der deutschen, polnischen und kaschubischen Bevölkerung an diesem Vorgang im einzelnen nachzuweisen, da die Akten keine Spezifizierung nach Nationalitäten kennen. Aufgrund eines groben Vergleichs einer von Meitzen per 1848 gelieferten, nach Kreisen differenzierenden Aufstellung mit der Sprachstatistik kann man sagen, daß alle drei Gruppen mehr oder weniger stark beteiligt waren. Von den bis 1848 im Regierungsbezirk Marienwerder durchgeführten 6 629 Regulierungen und 3 946 Ablösungen entfallen 895 bzw. 476 auf den rein deutschen Kreis Deutsch Crone und insgesamt 930 bzw. 535 auf die ganz überwiegend von Deutschen bewohnten Kreise Rosenberg und Schlochau. Auf die Kreise Löbau und Strasburg, die eine überwiegend polnische Landbevölkerung hatten, kommen 745 Regulierungen und 50 Ablösungen, und die entsprechenden Zahlen für die kaschubischen Kreise Neustadt, Berent und Carthaus lauten 473 bzw. 741[14]. Soweit die neu geschaffenen oder gänzlich abgelösten Wirtschaften die schwierigen Anfangsjahre und besonders die große Agrarkrise überstanden, kann man daher an-

---

10 *Lemberg,* Nationalismus I, S. 100 f., 107 f., 136; II, S. 121.

11 Gemeint ist die auf die persönliche Befreiung folgende Ablösung der Dienste und Abgaben und die Überführung eines Teiles des Bauernlandes in Privateigentum durch Entschädigung der Gutsbesitzer mit Geldrenten oder Landabtretungen. *Knapp,* Die Bauernbefreiung und der Ursprung der Landarbeiter; *Lütge,* Über die Auswirkungen der Bauernbefreiung in Deutschland; *ders.,* Geschichte der deutschen Agrarverfassung; *Conze,* Die Wirkungen der liberalen Agrarreformen; *Langelüddecke,* Die Veränderung der ländlichen Eigentumsverhältnisse; *Dessin,* Ursprung und Bedeutung der Regulierungs- und Separationsrezesse.

12 Pomorze Gdańskie, Wstęp, S. XXVII ff.

13 Vgl. dazu die Tabellen bei *Meitzen,* Bd. IV, S. 310 f. und *Martiny,* S. 170 f.
Mit Eigentümern zu besserem Recht (gegenüber den Lassiten) sind in erster Linie Eigentums-, Erbzins- und Erbpachtbauern mit geringen Zinslasten gemeint. In Westpreußen treffen diese Kriterien insbesondere für die Kölmischen Bauern zu — *Lütge,* Agrarverfassung, S. 197 ff.

14 *Meitzen,* Bd. IV (Tabellen), S. 310 f.

nehmen, daß das Bauerntum aller drei ethnischen Gruppen eine Stärkung und Verbreiterung erfuhr. Für die Zukunft war der Vorgang insofern von Bedeutung, als dem bäuerlichen Mittelstand bei der Entfaltung des Nationalitätengegensatzes die besondere Rolle eines tragenden und stabilisierenden Elements innerhalb der polnischen Gesellschaft zufiel. Dieser politische Aspekt der Bauernbefreiung ist zuerst von preußischer Seite erkannt worden. Hohe Politiker und Beamte hofften, die Regulierungen und die dadurch erwartete Verbesserung der bäuerlichen Existenzbedingungen würden auch die polnischen Bauern stärker an den preußischen Staat binden und sie ihren ehemaligen Gutsherren entfremden[15]. Bekanntlich glaubte noch Bismarck, uneingeschränkt mit der Königstreue der polnischen Bauern rechnen zu können. Daher kann andererseits die Haltung der polnischen Gutsbesitzer als Indiz für das Entwicklungsstadium des nationalpolnischen Gedankens und den Integrationsgrad der polnischen Gesellschaft[16] gelten. Alle Anzeichen deuten darauf hin, daß die überwältigende Mehrzahl der polnischen Gutsbesitzer wie ihre deutschen Standesgenossen darauf bedacht war, die Situation ohne Einschränkung für den eigenen ökonomischen Vorteil auszunutzen — das eigene Wirtschaftsinteresse also allen nationalen Ambitionen auf breiterer sozialer Basis überordnete[17]. Wenn durch die Einziehung und den Aufkauf von Bauernland mehr Boden in deutsche Hände gelangt ist, wie von polnischer Seite behauptet wurde, so vor allem wohl deswegen, weil die Zahl der deutschen Gutsbesitzer die der polnischen seit den dreißiger Jahren immer deutlicher übertraf. Julian Kraziewicz, der Schöpfer des bäuerlichen Vereinswesens in Westpreußen, wies 1868 in einer Rückschau darauf hin, daß die polnischen Bauern, die völlig unvorbereitet in die Situation der selbständigen Wirtschaftsführung gestellt worden waren, keinerlei Hilfe und Unterstützung bei der Szlachta fanden[18]. Wenn der nationalpolnischen

---

15 Eines der bekanntesten Zeugnisse für diese Haltung ist die Denkschrift des Posener Oberpräsidenten Flottwell, die er im März 1841 unmittelbar nach seiner Entlassung verfaßt hat. Zur Bauernbefreiung bemerkt Flottwell: „... Die Entfesselung der Bauern und der kleinen Städte von der Gutsherrlichen Gewalt, die frei gegebene Entwicklung des Gewerbfleißes und die Erleichterung und Vermehrung eines allseitigen Verkehrs werden von den verschiedensten Klassen der Einwohner als Wohltaten der Preußischen Regierung, zum Theil sehr dankbar erkannt ...". — Noch deutlicher war die erste Fassung: „... man darf ferner dem Erfolge einer, die Fesseln der Polnisch-Gutsherrlichen Gewalt lösenden ... Gesetzgebung ... vertrauen, weil dadurch in allen Klassen der Einwohner zunächst das Bewußtsein eines behaglichen Zustandes, und mit diesem eine der Regierung sich anschließende, ihrem Wesen nach also deutsche Gesinnung erweckt und gesichert wird." — Beide Fassungen bei *Laubert*, Flottwell, S. 107 ff.

16 Zur Anwendung des Gesellschaftsbegriffes auf die polnische Bevölkerung im preußischen Staat siehe unten S. 64, Anm. 2.

17 Vgl. dazu etwa die Dokumente in Pomorze Gdańskie, Wybór Źródeł, Nr. 53a ff. Wie weit klassenegoistische Motive auch später noch die Politik der Gutsbesitzer bestimmen sollten, wird in den späteren Abschnitten zu untersuchen sein.

18 „... Seit Jahrhunderten hat unser Bauer auf Befehl gearbeitet, auf Befehl kann er auch heute noch besser als die Bauern anderer Nationen arbeiten; als er aber auf sich gestellt und für sich arbeiten sollte, zeigte es sich, daß er dazu nicht imstande war. Und wie hätte er auch für sich arbeiten können, da er dazu keinerlei Hinweis, keine Belehrung erhalten hatte? ... Hätten aber nicht diejenigen, die seit Jahrhunderten die aufgeklärte Schicht der Nation darstellten, die Bauern aufklären und belehren können? Ach, diese Leute blieben,

Partei später dennoch der Einbruch in die bäuerliche Schicht gelang, so unter anderem dadurch, daß auch der preußische Staat entsprechend dem liberalen Grundsatz des freien Wettbewerbs die Bauern weitgehend ihrem Schicksal überließ. Geringfügige Maßnahmen auf regionaler Ebene, wie z. B. die Gründung landwirtschaftlicher Vereine, konnten zudem die polnische und kaschubische Bevölkerung schon allein wegen der Sprachbarriere nicht erreichen, so daß in späteren Jahren gerade das polnische Vereinswesen zu einem wichtigen gesellschaftlichen Integrationsfaktor werden konnte[19].

Die Bauernbefreiung hat überall in den preußischen Ostprovinzen zu einer starken Zunahme der besitzlosen Landarbeiter geführt. Wenn sich auch viele der ehemals kleinen Laßbauern, die jetzt zu Instleuten herabsanken, materiell sogar verbesserten, so bedeutete der Vorgang für sie doch einen sozialen Abstieg[20]. Aber auch hier konnten sich durch die Priorität der Klassenstruktur zunächst keine besonderen antipreußischen oder antideutschen Ressentiments entwickeln. Die Haltung der polnischen Führungsschicht zur Landarbeiterschaft blieb übrigens ambivalent und schwankte noch in den achtziger Jahren zwischen dem Wunsch, sie national zu mobilisieren, und der Furcht vor ihrer sozialen Revolutionierung.

II.3 Erste Impulse von außen. Der Novemberaufstand im Königreich Polen

II.3,1 Die Reaktion des westpreußischen Polentums auf den Aufstand

Die Reaktion auf den am 29. November 1830 im Königreich Polen ausgebrochenen Aufstand kann als Indiz für die derzeitige Bewußtseinslage des Polentums in Westpreußen gewertet werden. Nur wenige unterstützten bei diesem ersten Appell an nationalpolnische Ambitionen ihre kämpfenden Landsleute durch die Tat. Polnische Historiker versuchen, diese Tatsache bis zu einem gewissen Grade durch den engmaschigen preußischen Militärkordon zu erklären, der einen Übertritt ins Königreich sehr erschwerte[1], z. T. auch mit der Weigerung des Diktators Chłopicki, Freiwillige aus Preußen aufzunehmen, um die preußische Regierung nicht zu reizen[2]. Beide Begründungen sind nicht stichhaltig. Einmal reagierte das Polentum im Großherzogtum Posen bei gleichen äußeren Bedingungen wesentlich aktiver, und zum anderen macht die viel kräftigere Resonanz, die der Aufstand von 1863/64 bei noch intensiveren staatlichen Gegenmaßnahmen auch in Westpreußen fand[3], deutlich, daß der Grad

---

von wenigen edlen Ausnahmen abgesehen, im eigenen Hause oder im Ausland ...". Roczniki Sejmików Gospodarskich, S. 64 f.
Die Culmer Zeitung ‚Nadwiślanin' beklagte Anfang 1860, die Bauernemanzipation habe das Verhältnis zwischen Gutsbesitzern und Bauern auf lange Zeit verwirrt. „Der Bauer ist dadurch, daß er mit der gebildeten polnischen Klasse in keine Berührung kommt, von jedem belebenden Lichtstrahl abgeschnitten ..." — Nadwiślanin Nr. 9/1860.

19 Dazu im Einzelnen unten S. 111 ff.

20 *Lütge*, Bauernbefreiung, S. 393 f.

1 Pomorze Gdańskie, Wstęp, S. LXIV f.

2 *Mańkowski*, Pod rządami, S. 273 ff.; *ders.*, Odrodzenie narodowe, S. 45 ff.

3 Vgl. unten S. 165 ff.

des jeweiligen Engagements in erster Linie Ausdruck des Entwicklungsstadiums eines allgemeinen nationalen Bewußtseins war.

Die preußische Regierung nahm gegenüber den kämpfenden Parteien formal eine neutrale Haltung ein. Innerhalb dieses Rahmens freilich wurden die russischen Truppen so weitgehend wie möglich unterstützt. Während man einerseits streng darauf achtete, daß alle Nachschublieferungen für die Insurgenten über preußisches Territorium unterblieben [4], wurde z. B. den im unteren Weichselgebiet nahe der preußischen Grenze konzentrierten russischen Truppen die Möglichkeit gegeben, ihre Verpflegung durch umfangreiche Ankäufe von Getreide, Mehl und Zwieback in Westpreußen sicherzustellen [5]. Auch die Brücke, mit der die russische Armee am 17. Juli 1831 bei Osiek nahe der preußischen Grenze die Weichsel überquerte, wurde mit in Preußen gekauftem Material von preußischen Arbeitern in Thorn angefertigt [6]. Diese Haltung der Berliner Regierung — bei einer gleichzeitig über ganz Deutschland hinrollenden Sympathiewoge für die kämpfenden Polen — ist im Sinne der preußischen Staatsraison folgerichtig und verständlich. Solange der Staat die von Friedrich II. eingeschlagene Richtung der Politik weiterverfolgen und das Erbe der Teilungszeit ungeschmälert erhalten wollte, mußte er jeder Bewegung, die in irgendeiner Weise die Ergebnisse der Teilungspolitik in Frage stellen und revidieren wollte, mißtrauisch und ablehnend gegenüberstehen. Gewiß war der Novemberaufstand vorerst nur gegen das Zarenreich gerichtet, doch ließ zum Beispiel die polnische Publizistik jener Tage durchblicken, daß man nach einem siegreichen Ausgang auch Preußen und Österreich gegenüber Forderungen erheben würde [7].

Von innen her, d. h. aus den eigenen, ehemals polnischen Gebieten, drohte der Monarchie freilich vorerst keine Gefahr. War im Großherzogtum noch eine gewisse Gärung, vor allem unter dem Adel, zu spüren, so zeigte das Polentum Westpreußens, wie oben schon angedeutet, kaum eine Reaktion. Selbstverständlich waren die Regierungen in Danzig und Marienwerder darum bemüht, alle Einflüsse aus den angrenzenden Gebieten so weitgehend wie möglich fernzuhalten und auch im Innern der Provinz alles zu vermeiden, was Unruhe unter der polnischen Bevölkerung hervorrufen würde [8]; in ihren monatlichen Berichten konnten sie aber auch gleichbleibend ver-

---

4 *Neyfeld*, S. 372 ff. — In Thorn wurden im März 1831 auf Antrag des russischen Generalkonsuls in Danzig 7500 Dukaten, 3274 Friedrichsd'or und 34 300 Taler in Kassenanweisungen beschlagnahmt, die von dort nach Warschau befördert werden sollten. — Rep. 2 Tit. 40 Nr. 2 Vol. 5 Bl. 345 ff.

5 Ebd., Bl. 342 ff.; *Neyfeld*, S. 372 f.; Preußen und Polen, S. 21 f.

6 *Neyfeld*, S. 377 ff.

7 Zieliński kommt zu dem Ergebnis, man habe in dieser Hinsicht offen seine Karten gezeigt: „Die Presse der Aufständischen nannte, wenn sie über die zukünftigen Grenzen Polens schrieb, die Ostsee und die Oder." — *Zieliński*, S. 305.

8 Im Königreich ordinierte Geistliche, die in dieser Zeit um Anstellungen in der Provinz nachsuchten, wurden auf Anordnung des Oberpräsidenten sofort aus den Grenzkreisen entfernt und meist nach Polen zurückgewiesen. — Rep. A 181 Nr. 4115 passim; Nr. 10 089 S. 15.
Bei einer im April 1831 im Kreise Schlochau vorgefallenen Schändung eines katholischen Friedhofes ordnete der Regierungspräsident von Nordenflycht sogleich strenge Untersuchungen an, „damit der gekränkte Theil des Publikums die Überzeugung gewinnt, daß

sichern, der Aufstand habe keinerlei Bewegung ausgelöst[9]. Die breite Masse der ländlichen und städtischen Bevölkerung blieb stumm. Nur wenige Gutsbesitzer oder deren Söhne eilten den Insurgenten zur Hilfe. Natalis Sulerzyski, der selbst wegen einer Krankheit zurückgeblieben sein will, nennt überhaupt nur vier Namen[10]. Damit sind zwar nicht alle erfaßt, doch spricht wenig dafür, daß tatsächlich 100 bis 200 Polen aus Westpreußen in den Reihen der Aufständischen gekämpft haben, wie Mańkowski veranschlagt[11]. Namentlich zu fassen sind nur gut zwanzig Personen: die zwei Thorner Gymnasiasten Kucharski; zwei Brüder Paliszewski, die zu der Zeit eine Posener Schule besuchten; ein Kamiński aus Mroczno / Krs. Schwetz; Franciszek Malinowski, Sohn des Bürgermeisters von Gollub / Krs. Strasburg[12]; die Conitzer Gymnasiasten Leonard Droszewski, Józef Płachecki, Medard Borowski, Aleksander Kliński, Pikulski, Lewinski und Speers[13]; Konstanty Jezierski, Sohn des Besitzers von Komorowo / Krs. Strasburg; Nepomucen Wollschläger aus Golloschütz / Krs. Schwetz; Ziemiecki aus Chełmonie / Krs. Thorn; Paliszewski, Sohn des Besitzers von Chełmonie; Stanisław Seidler aus Thorn; Kossowski, Sohn des Besitzers von Gajewo / Krs. Strasburg; Antoni Melchor Nowicki (Herkunftsort nicht bekannt, ein Bruder war Lehrer in Thorn); Stanisław Biesiekierski, Gutsbesitzer auf Grabia / Krs. Thorn; Hiacenty Kossowski, Gutsbesitzer auf Groß Klonia / Krs. Conitz[14].

Die Behörden machten, anders als in späteren Jahren, von der Rückkehr dieser meist noch blutjungen Leute wenig Aufhebens; sie bemühten sich sogar in einigen Fällen erfolgreich um die Freilassung polnischer Untertanen der Monarchie aus russischer Gefangenschaft, die schon vor Ausbruch des Aufstandes im Königreich Polen gewesen waren und sich dann den Insurgenten angeschlossen hatten[15]. Lediglich bei dem ehemaligen Landrat des Conitzer Kreises, Hiacenty Kossowski, dachte man zunächst daran, ein Exempel zu statuieren, da es von politischem Interesse sei, „daß das tadelnswerthe Benehmen des p. von Kossowski nicht ungerügt bleibe, und daß die Bestrafung eines ohne Scheu vor den Augen des Publikums begangenen Vergehens demnächst auch zur Öffentlichkeit gelange, um so mehr da der Kossowski gleichsam als habe er nur seine Schuldigkeit gethan, anscheinend ohne alle Reue oder Scham in die Preußischen Staaten zurückgekehrt ist ...“[16]. Kossowski hatte als Landrat im April 1831 ‚wegen geschwächter Gesundheit‘ um seinen Abschied gebeten und war anschließend vom Großherzogtum Posen aus nach Polen gegangen, wo er als Leutnant

---

es der Verwaltung Ernst ist, den Frevel zu entdecken ...“. Es sei in der augenblicklichen Situation besonders gefährlich, Spannungen durch Kränkungen der katholischen und polnischen Einwohner hervorzurufen. Rep. A 181 Nr. 5091 S. 169 ff.

9 Rep. 2 Tit. 40 Nr. 2 Vol. 5 Bl. 321–376.

10 *Sulerzyski,* Bd. I, Kap. 4.

11 *Mańkowski,* Odrodzenie narodowe, S. 46.

12 Ebd.; *Sulerzyski,* Bd. I, Kap. 4.

13 Pomorze Gdańskie, Wstęp, S. LXIV f.

14 Rep. A 181 Nr. 4105 S. 432 ff. u. 540 ff.; Nr. 4106 S. 15 ff., S. 39 ff., S. 57 ff.; Nr. 4107 S. 141 ff.; Rep. A 207 Nr. 218 Bl. 177 ff.; Rep. 2 Tit. 40 Nr. 2 Vol. 5 Bl. 327 ff.; Anklageschrift 1847, Stanisław von Biesiekierski.

15 Rep. A 181 Nr. 4107 S. 167 ff.

16 Rep. A 181 Nr. 4035 S. 98 f. — Das Folgende ebenfalls nach Rep. A 181 Nr. 4035.

der Aufstandsarmee an den Kämpfen um Warschau beteiligt gewesen war[17]. Oberpräsident von Schön und Regierungspräsident von Nordenflycht glaubten, ihn zur Rechenschaft ziehen zu können, da er nach Polen übergetreten sei, bevor er die förmliche Nachricht von seiner Entlassung erhalten habe. Da das Oberlandesgericht in Marienwerder jedoch der Ansicht war, daß „die Sache zur Einleitung einer Untersuchung gegen den p. von Kossowski nicht geeignet" erscheine, wurde auch dieser Fall ad acta gelegt[18].

II.3,2 Das Flüchtlingsproblem

Bald nach Beginn des Aufstandes erschienen in den preußischen Grenzgebieten Menschen aus dem Königreich Polen, die ihre Wohnungen entweder aus Furcht vor den drohenden Kampfhandlungen verlassen hatten oder sich den Aushebungen sowohl durch die Russen als auch durch die Insurgenten entziehen wollten[1]. Der Oberpräsident bestimmte daher im Dezember 1830, die Flüchtlinge höherer Stände könnten Westpreußen passieren, um sich an den von ihnen gewünschten Aufenthaltsort zu begeben, die Arbeiter und Tagelöhner aber seien in die Provinzen Brandenburg, Pommern und Sachsen weiterzuleiten, wo sie beim Straßenbau eingesetzt werden könnten[2]. Ergaben sich bei der Ausführung dieser Anordnung auch schon mannigfaltige Schwierigkeiten, so wurden die Flüchtlinge für die preußischen Behörden erst ein wirkliches Problem mit dem Zusammenbruch des Aufstandes. Um den von allen Seiten nachrückenden Russen zu entgehen, trat am 5. Oktober 1831 die letzte große Einheit der Insurrektionsarmee, das Corps des Generals Rybiński, nach einer vorher abgeschlossenen Konvention bei Gurzno / Krs. Strasburg auf preußisches Gebiet über. Rund 20 000 Mann streckten die Waffen[3]. Den westpreußischen Behörden erwuchs damit

17 „... les contrôles de l'armée polonaise rebelle font foi qu'un certain Kossowski (Jacinthe) a été effectivement nommé par ordre du jour du 30. Juin 1831 Sous-Lieutenant dans ... ladite armée et c'est en cette qualité qu'il a fait la campagne de l'insurrection." — Warschau, 27. 8. / 8. 9. 1832, Graf Paskevič an v. Knobelsdorff in Marienwerder. Rep. A 181 Nr. 4035 S. 106.

18 Ebd., S. 136 ff. Das OLG wies darauf hin, daß die Kabinettsorder vom 6. Februar 1831, mit der die nach Polen übergetretenen Bewohner des Großherzogtums Posen innerhalb vier Wochen zur Rückkehr aufgefordert wurden, für Westpreußen keine Gültigkeit habe, da sie nicht publiziert worden sei.

1 Bericht der Regierung Marienwerder an das Oberpräsidium vom 1. April 1831. Rep. 2 Tit. 40 Nr. 2 Vol. 5 Bl. 345.

2 Rep. A 191 Nr. 562 Bl. 1 und 9.

3 Nach dem Bericht eines beteiligten preußischen Offiziers waren es 19 357 Gemeine und Unteroffiziere, 368 Subaltern- und 64 Stabsoffiziere sowie 9 Generale. — *Brandt,* Aus dem Leben, Bd. 2, S. 159. Kleinere Differenzen zu anderen Angaben (vgl. *Mikos,* Powstańcy) erklären sich dadurch, daß zusammen mit dem geschlossenen Armeecorps sowie kurz zuvor und danach auch Soldaten und Offiziere in kleineren Gruppen oder einzeln übergetreten sind. Ein weiterer Truppenteil mit ca. 8600 Mann wurde in Ostpreußen interniert. Vgl. *Janusz Jasiński,* Odgłosy powstania listopadowego w Prusach wschodnich, Komunikaty Mazursko-Warmińskie, Nr. 1/1957, S. 99–104.
Terminologisch unterschieden die preußischen Behörden prinzipiell zwischen „Flüchtlingen" und „Überläufern". Als Flüchtlinge galten alle, die das Zarenreich aus politischen Gründen verlassen mußten und in Preußen Asyl suchten, also auch die Mitglieder der Insurrektions-

ein doppeltes Problem. Einmal war die Unterbringung so vieler Menschen in einer Provinz, die zu dieser Zeit insgesamt nur ca. 780 000 Einwohner zählte, eine technisch nicht leicht zu lösende Aufgabe, zumal der Winter bevorstand und außerdem zu befürchten war, daß die gesunkene allgemeine Moral und Disziplin einer geschlagenen Armee zu einer Gefahr für die öffentliche Ruhe und Sicherheit werden könnten. Derartige Bedenken erwiesen sich schnell als unbegründet, denn nach einigen durch die allgemeine Verwirrung beim Übertritt hervorgerufenen Schwierigkeiten wurde den Polen bald von allen Seiten ein vorbildliches Verhalten bescheinigt[4].

Schwerwiegender war die politische Seite des Problems. Wenn die Regierung Marienwerder im Februar 1832 erklärte, die polnischen Soldaten „befreunden sich leicht und einig mit den Einwohnern polnischer Abkunft und verderben, wie nicht zu zweifeln ist, die Stimmung der letzteren“[5], so stand hinter einer solchen Befürchtung die Tatsache, daß diese Leute noch kurz zuvor für die Erneuerung Polens gekämpft hatten. Alle Versuche der preußischen Regierung, sich von der Masse der polnischen Soldaten so schnell wie möglich zu befreien, gehen daher nicht so sehr von materiellen Überlegungen aus, sondern sind in erster Linie Bemühungen, mögliche Herde nationalpolnischer Bewegung und Unruhe zu beseitigen.

Vorerst mußte man sich allerdings damit behelfen, die Truppen in überwiegend von Deutschen bewohnten Gebieten einzuquartieren, um auf diese Weise den unerwünschten Kontakt mit den polnischen Landsleuten so weitgehend wie möglich zu unterbinden. Nach einer wegen der noch grassierenden Cholera erforderlichen mehrtägigen Quarantäne wurde daher das Gros des Rybińskischen Corps aus der Strasburger Gegend in die Kreise Danzig, Marienburg, Elbing und Stuhm verlegt und

---

armee. In der massiven Konfrontation mit diesem Problem während des Novemberaufstandes wurden Richtlinien über die Behandlung dieser Personen entwickelt, die im großen und ganzen für die folgenden zwei Jahrzehnte maßgeblich blieben. Der Kategorie der Überläufer wurden solche Personen zugeordnet, die sich nach Preußen abgesetzt hatten, um den Aushebungen zum Militärdienst zu entgehen oder einfach, um in den westpreußischen Grenzgebieten Arbeit zu suchen. In den Akten wird die terminologische Unterscheidung allerdings nicht konsequent durchgeführt, zumal die ursprünglich als Flüchtlinge eingestuften aufständischen Soldaten äußerlich den gleichen Status erhielten wie die späteren Überläufer, während andererseits diejenigen, die 1830/31 vorübergehend nach Preußen übertraten, um sich den Aushebungen während des Aufstandes zu entziehen, als Flüchtlinge eingestuft wurden.
In der vorliegenden Arbeit sollen die beiden Gruppen so genau wie möglich auseinandergehalten werden. Wesentliche Bedeutung kommt bei den Flüchtlingen allerdings nur den Angehörigen der sogenannten „höheren Stände“ zu, d. h. allen, die ein Adelsprädikat beanspruchten und sich nicht von einfacher Handarbeit ernährten.

4 Preußen und Polen, S. 35 f.; Bericht der Regierung Marienwerder an das Oberpräsidium in Königsberg vom 1. Dez. 1831. Rep. 2 Tit. 40 Nr. 2 Vol. 5 Bl. 400 ff. Derartige Zeugnisse, die auf entsprechenden Berichten der Landräte beruhen, widersprechen der Behauptung, die preußische Regierung habe sich bemüht, die Polen in der Öffentlichkeit als Verschwörer, Diebe und Trinker hinzustellen, um ihre geplante Abschiebung zu rechtfertigen. — *Mikos,* Powstańcy, S. 41. (Mikos führt als einzigen Beleg übrigens die nicht offizielle Darstellung von *H. Brandt,* Die Polen in und bei Elbing, Halle 1932, an.) Einzelbeispiele guten Einvernehmens zwischen den Polen und der einheimischen Bevölkerung in Ost- und Westpreußen bei *Gerecke,* S. 127 ff.

5 Rep. 2 Tit. 40 Nr. 2 Vol. 6 Bl. 22 ff.

der Rest, d. h. 841 Offiziere und Unteroffiziere, in den Kreisen Marienwerder, Rosenberg und Mohrungen untergebracht. Schon im Winter 1831/32 wurden die Polen zur Rückkehr aufgefordert, nachdem der Zar für den größten Teil der Aufständischen völlige Amnestie in Aussicht gestellt hatte. Tatsächlich verließen bis März 1832 schon über 15 000 Mann die Provinz, teilweise freilich nur unter preußischem Druck[6]. Die meisten kehrten in ihre Heimat zurück; wer durch seine Tätigkeit während des Aufstandes zu sehr kompromittiert war, um volle Amnestie erwarten zu können, oder sich nicht wieder der Zarenherrschaft unterwerfen wollte, emigrierte nach Frankreich. Diese Möglichkeit stand indes nur Offizieren offen; Unteroffizieren und Gemeinen war die Reise nach Frankreich, selbst wenn sie die nötigen Geldmittel besaßen, grundsätzlich untersagt[7]. Auf diese Weise waren Ende 1832 noch rund 2000 Mann in Westpreußen zurückgeblieben, die keine Möglichkeit hatten, nach Westeuropa auszureisen, sich andererseits aber auch hartnäckig weigerten, ins Königreich zurückzukehren. Diejenigen von ihnen, die privat noch keinen Arbeitsplatz gefunden hatten, wurden auf den Festungen Graudenz (rund 300 Mann) und Bischofsberg bei Danzig (rund 350 Mann) in sogenannten Arbeitsabteilungen zusammengezogen. Oberpräsident von Schön versicherte zwar, diese polnischen Arbeitsabteilungen seien keine Strafabteilungen, sondern „eine aus Gnade Sr. Majestät des Königs bestehende Einrichtung, um denjenigen polnischen Flüchtlingen, welche nach ihrem Vaterlande entweder nicht zurückkehren dürfen oder wollen, den nöthigen Unterhalt darzubieten“[8]; de facto aber waren die Polen hier doch inhaftiert und mußten bei geringer Entlohnung unter ungünstigsten Bedingungen Schwerarbeit leisten[9]. Kein Wunder daher, daß die Mehrzahl von ihnen die durch Kabinettsorder vom 29. September 1833 gebotene Möglichkeit ergriff, auf Kosten des preußischen Staates in die Vereinigten Staaten verschifft zu werden[10], während sich von ihren in Privatdiensten stehenden Landsleuten kaum

6 Ein blutiger Zwischenfall in Fischau bei Marienburg, bei dem neun Polen getötet wurden, war die schwerste Entladung der aufgetretenen Spannungen. Das Ereignis, von der liberalen deutschen und westeuropäischen Presse in extenso dargestellt, erregte über längere Zeit die öffentliche Meinung. — *Brandt,* Aus dem Leben, Bd. 2, S. 173 f.; Preußen und Polen, S. 46 ff.; *Gerecke,* S. 129; *Mikos,* Powstańcy, S. 42 f.

7 Rep. A 181 Nr. 4105 S. 572 f.

8 Rep. A 181 Nr. 4107 S. 503 f. — Schön an Regierung Marienwerder, Königsberg, d. 29. 12. 1834.

9 Entlassungsgesuche wurden in der Regel selbst dann nicht bewilligt, wenn sich Privatleute bereitfanden, die Einstellung der Betreffenden als Arbeitsleute vorher zu garantieren. Man begründete die Ablehnung meist mit dem Hinweis darauf, daß die Entlassenen ihre Beschäftigung ja wieder verlieren könnten und dann die „mit losen Leuten und heimatlosem Gesindel ohnehin überfüllten ... Kreise“ noch stärker belastet würden. — Rep. A 181 Nr. 4107 S. 197, Regierung Marienwerder an das Landratsamt Graudenz, 8. Aug. 1834. Eine ganze Reihe derartiger Entscheidungen finden sich in den Bänden Rep. A 181 Nr. 4107/08. Von den Lebensbedingungen in den Arbeitsabteilungen zeugen einige in der Emigrantenpresse veröffentlichte anonyme Briefe der dort Untergebrachten. — Abgedruckt bei *Mikos,* Powstańcy, Anhang.

10 *Mikos,* Powstańcy, S. 43 ff. Die auf drei Schiffen transportierten Auswanderer gelangten übrigens nicht nach Amerika, sondern nach Algerien bzw. Frankreich, da sie bei Zwischenlandungen in Harwich und Le Havre die Weiterfahrt verweigerten. Ebd.

jemand dazu bereit erklärte[11]. Die Graudenzer Arbeitsabteilung bestand noch bis zum Jahre 1836. Mit Kabinettsorder vom 29. Nov. 1833 wurde den Flüchtlingen die bedingte Wahl eines Aufenthaltsortes innerhalb der preußischen Monarchie zugestanden. Daraufhin entschieden sich 13 Personen für den Regierungsbezirk Königsberg, 15 für den Regierungsbezirk Marienwerder, 23 für Schlesien und 20 für Pommern. Sie wurden im Oktober 1836 in die gewünschten Gebiete gebracht; 19 Mann mußten wegen Krankheit oder ‚übler Führung' zurückbleiben[12].

Kurz nach dem Übertritt des Rybińskischen Corps im Oktober 1831 setzten sich kleinere Gruppen von der geschlossenen Truppe ab und versuchten, bei den polnischen Gutsbesitzern des Culmer Landes Dienste zu nehmen. Zustatten kam ihnen dabei der in den Grenzkreisen beinahe permanente und durch die Unruhen und das Wüten der Cholera zu dieser Zeit besonders fühlbare Mangel an Arbeitskräften, so daß nach einer Aufstellung der Landratsämter Ende 1832 1415 Personen in den Kreisen rechts der Weichsel eine private Arbeitsstelle gefunden hatten. Dieser Zustand wurde durch Erlaß des Innenministers vom 8. Juli 1832 zunächst gebilligt[13]. Da man die Flüchtlinge in den polnisch besiedelten Gebieten aber immer noch als politischen Zündstoff fürchtete, wurde in der zweiten Hälfte des Jahres 1833 der Versuch unternommen, sie nach Pommern zu schaffen. Die Polen versuchten indes mit allen Mitteln, dem Schicksal einer Ansiedlung in rein deutscher Umgebung zu entgehen. So kam zwar ein Transport zustande, aber viele dieser Leute kehrten einfach wieder zurück, und der Plan wurde daher nicht weiter verfolgt, zumal sich die Gutsbesitzer zum Ärger des Oberpräsidenten lautstark für ihre Arbeitskräfte einsetzten und sich sogar mit Immediateingaben an den König wandten[14]. Im übrigen wurde immer deutlicher, daß diese ehemaligen Insurgenten politisch tatsächlich völlig ungefährlich waren. Stets der

11 Laut Bericht der Regierung Marienwerder vom November 1833 fanden sich von rund 2400 Flüchtlingen (in dieser Zahl sind nicht nur die Angehörigen des Rybińskischen Corps enthalten) nur 30 zur Auswanderung bereit. — Rep. 2 Tit. 40 Nr. 2 Vol. 6 Bl. 273 ff.

12 Rep. A 181 Nr. 4108 Bl. 87 ff.

13 Rep. A 181 Nr. 4105 S. 1–170, 177, 294, 500, 564. Im einzelnen verteilten sich die Leute folgendermaßen:

Kreis	Flüchtlinge, die bis zum 15. 3. 32 in Privatdienste getreten sind	Flüchtlinge, die nach dem 15. 3. 32 in Privatdienste getreten sind
Culm	25	—
Graudenz	72	18
Löbau	184	—
Marienwerder	168	27
Rosenberg	202	27
Strasburg	316	11
Stuhm	293	—
Thorn	65	7
gesamt	1325	90

Die wirkliche Zahl dürfte allerdings, wie auch spätere Aufstellungen vermuten lassen, wesentlich höher gelegen haben, da viele Flüchtlinge von den Behörden noch gar nicht erfaßt waren.

14 Rep. A 181 Nr. 4105 S. 173 f.; Nr. 4106 S. 79 ff.; Nr. 4107 S. 1–9.

Gefahr ausgesetzt, bei Unregelmäßigkeiten oder Arbeitslosigkeit nach Rußland abgeschoben oder der Arbeitsabteilung in Graudenz einverleibt zu werden, führten sie ein zurückgezogenes Leben und erwiesen sich als vorzügliche Arbeitskräfte. Als daher das Innenministerium im Dezember 1835 bei weiterer guter Führung die Aufnahme in den preußischen Untertanenstand in Aussicht stellte, bezeichneten die Landräte im Regierungsbezirk Marienwerder von insgesamt 994 Flüchtlingen nur 4 als dafür ungeeignet [15]. Eine Aufnahme, die für die Polen vor allem größere Rechtssicherheit bedeutet hätte, kam indes in toto doch nicht zustande. Anträge mußten weiterhin einzeln gestellt werden, wurden aber z. B. bei Handwerkern (insgesamt 84 von 990), die sich als Selbständige niederlassen wollten, in der Regel positiv entschieden.

Gefährlicher für die preußischen Behörden waren die in den folgenden Jahrzehnten immer wieder einzeln erscheinenden politischen Flüchtlinge der höheren Stände. Sie verdingten sich bei den polnischen Gutsbesitzern als Wirtschafter, Hauslehrer oder sonstiges höheres Hauspersonal. Von den zuständigen Behörden oft gar nicht registriert, bildeten sie ein gewisses Ferment der nationalen Bewegung, zumal der ansässige Adel sich ihrer in prekären Situationen gern als Ausführende bediente [16]. Aber selbst wenn sie als Agenten der Exilgruppen tätig wurden, blieb ihre Wirkung gering. Sie waren in der Regel völlig mittellos und daher von ihren Brotherren abhängig. Auf die politische und gesellschaftliche Entwicklung des westpreußischen Polentums haben sie bis 1871 kaum Einfluß ausgeübt [17]. Zu den wenigen Ausnahmen in dieser Hinsicht zählte Stanisław Radkiewicz, der 1831 als Major der Insurrektionsarmee nach Westpreußen kam. Da er schon seit 1826 mit der im Schwetzer und Graudenzer Kreise begüterten Familie Tucholka verschwägert war, gelang es ihm mit Unterstützung seiner Verwandten, in der Provinz festen Fuß zu fassen. Seit 1833 bewirtschaftete er das Gut Briesen im Kreis Schwetz, das kurz darauf in den Besitz seiner Frau überging. Trotz einiger Bedenken wegen seiner bereits erkennbaren nationalpolnischen Aktivität erhielt Radkiewicz 1842 die preußische Staatsbürgerschaft. Er wurde, nachdem er 1845/46 noch an den Aufstandsvorbereitungen des ‚Towarzystwo Demokratczne' beteiligt gewesen war, seit 1848 eine der aktivsten und einflußreichsten Persönlichkeiten der ‚organischen Arbeit' in Westpreußen [18]. Die ‚Szkółka Narodowa' bestätigte ihm 1849 in einer Würdigung, daß er zu den ersten gehörte, die nach 1830 „in unserer Provinz öffentlich als Polen auftraten und bei anderen Landsleuten die Vaterlandsliebe weckten" [19]. Dennoch kann man Radkiewicz's Tätigkeit nicht den äußeren Einflüssen zurechnen. Er war voll in die Schicht des grundbesitzenden Adels integriert worden, der die polnisch-nationale Entwicklung in Westpreußen entsprechend seiner eigenen Interessenlage weitgehend bestimmen sollte.

---

15 Rep. A 181 Nr. 4108 S. 611, 613, 619.

16 Das geht aus den Berichten der preußischen Polizeibehörden hervor, die sich ständig mit diesem Problem auseinandersetzen mußten, wird aber auch deutlich durch die anteilsmäßig starke Beteiligung der Flüchtlinge an den Unternehmungen von 1846, 1848 und am Januaraufstand. — Anklageschriften 1847 und 1864; *Knaack,* S. 129 ff.

17 *Böhning,* S. 84–89.

18 Vgl. dazu besonders den biographischen Anhang und die Abschnitte IV.2–IV.4.

19 Szkółka Narodowa Nr. 12/1849.

II.4 Die Position der katholischen Kirche und Geistlichkeit in der Nationalitätenfrage und ihr Verhältnis zur Staatsgewalt

Die 1772 von Preußen okkupierten Gebiete verteilten sich in ihrer kirchlich-administrativen Gliederung auf sechs verschiedene Diözesen. Schon Friedrich II. war, vor allem aus politischen Erwägungen, darauf bedacht, die auf diese Weise fortbestehenden Bindungen an die unter polnischer Herrschaft verbleibenden Bistümer durch eine neue Diözeseneinteilung zu beseitigen; aber weder ihm noch seinem Nachfolger gelang eine entsprechende Übereinkunft mit dem Heiligen Stuhl. Die Friedensregelungen von Tilsit und Wien brachten nach den vorangegangenen Teilungen erneut territoriale Veränderungen; eine Einigung mit Rom indessen wurde noch erschwert durch die mit dem Reichsdeputationshauptschluß eingeleitete Säkularisation der Kirchengüter, die das Verhältnis von Kirche und Staat auch in Preußen lange belastete. So verteilte sich 1816 das neugeschaffene westpreußische Verwaltungsgebiet immer noch auf die kujawische und Gnesener Erzdiözese und auf die Bistümer Posen, Culm, Ermland und Płock. Eine definitive Regelung für den ganzen preußischen Staat erfolgte nach schwierigen Verhandlungen schließlich durch die Zirkumskriptionsbulle „De salute animarum" vom 16. Juli 1821 [1]. In Westpreußen wurde eine weitgehende Kongruenz von Verwaltungsterritorium und Jurisdiktionsbereich des Bischofs von Culm, der dem Erzbischof von Posen/Gnesen als einziger Suffragan unterstellt war, herbeigeführt. Lediglich das Fürstbistum Ermland ragte mit den Dekanaten Elbing, Marienburg und Neuteich in die Provinz hinein; außerdem gehörten der Kreis Deutsch Crone und als einzelnes Dekanat der Gebietszipfel südlich Thorns zur Erzdiözese Posen [2]. Insgesamt also eine Regelung, die der Provinzialregierung und den zuständigen Ministerien die Einwirkung auf die katholische Kirche bei der beginnenden Auseinandersetzung mit dem Polentum zumindest in technischer Hinsicht sehr erleichterte.

Ein polnischer Nationalismus konnte für den preußischen Staat nur gefährlich werden, wenn er in der breiten Masse der nichtadeligen Bevölkerung Eingang fand. Die scharfe Trennung zwischen der Adelsnation, die als corpus politicum identisch gewesen war mit der alten ‚Rzeczpospolita', und allen anderen sozialen Schichten war in Westpreußen noch besonders manifest; denn indem das Königliche Preußen bereits 1772 aus dem polnischen Staatsverband gelöst worden war, blieb seine Gesellschaft weitgehend unberührt von den Reformen und Wandlungen im staatlichen und sozialen Leben der Republik in den folgenden zwanzig Jahren. Eine stärkere Integration der polnisch und kaschubisch sprechenden Bevölkerung als Vorstufe einer allgemeinen nationalen Bewußtseinsbildung konnte daher zunächst nur über die Eigenart des

---

1 Publiziert durch Kabinettsorder vom 23. 8. 21. — *Bär,* Behördenverfassung, S. 310; *H. Stephan / H. Leube,* Handbuch der Kirchengeschichte, Teil 4, 2. Aufl., Tübingen 1931, S. 242 ff.; Geschichte der Kirche, hrg. v. *J. Rogier, R. Aubert, M. D. Knowles,* Bd. IV, Einsiedeln–Zürich–Köln 1966, S. 261 ff.
Zur Vorgeschichte vgl. *Jürgen-Peter Ravens,* Staat und Katholische Kirche in Preußens polnischen Teilungsgebieten (1772—1807), Wiesbaden 1963.

2 Diecezja Chełmińska, S. 28.

religiösen Bekenntnisses erfolgen. Das Nebeneinander verschiedener Konfessionen reichte tief in die Zeiten der Adelsrepublik zurück und hatte auch dort zumindest in der späten Phase einige scharfe Akzentuierungen erfahren [3]. Die gruppenintegrierende Kraft des Katholizismus wurde in diesem Gebiet jedoch erst eigentlich freigesetzt, als die polnisch und kaschubisch sprechende Bevölkerung durch den Herrschaftswechsel in die Rolle einer Minderheit geriet. Daran änderte auch die Tatsache nichts, daß schon seit der Eroberung Schlesiens der Katholizismus als dritte gleichberechtigte Konfession in Brandenburg-Preußen anerkannt war und durch den Wiener Kongreß im Westen weitere Gebiete mit katholischer Bevölkerung an Preußen fielen. Entscheidend für Westpreußen und das Großherzogtum wurde, daß man jetzt in den Protestanten Angehörige des Staatsvolkes sah und vor allem auch das Beamtentum weitgehend protestantisch war.

Der Anteil der Katholiken an der Gesamtbevölkerung Westpreußens betrug zwischen 1830 und 1870 rund 47 %, wobei aber wiederum der Unterschied zwischen Stadt und Land zu beachten ist; auf dem platten Lande überwog in beiden Regierungsbezirken das katholische Element, und die Konzentration tritt noch deutlicher hervor, wenn man in der Gesamtstatistik etwa den beinahe ausschließlich von Protestanten bewohnten Kreis Rosenberg unberücksichtigt läßt [4].

Über den Anteil der Polnisch sprechenden Bevölkerung an der Gesamtzahl der Katholiken bestehen, wie oben schon angedeutet wurde [5], zwischen deutschen und polnischen Forschern stark divergierende Ansichten [6]. Als grober Maßstab, der sich für den hier untersuchten Zeitraum anwenden läßt, kann eine Aufstellung herangezogen werden, die im Jahre 1872 von der Regierung Marienwerder für das Ministerium der geistlichen und Unterrichtsangelegenheiten angefertigt wurde, um die Notwendigkeit deutschsprachiger katholischer Gottesdienste festzustellen [7]. Unter Hinzurechnung der nicht mit aufgeführten Katholiken des Kreises Deutsch Crone, die nach der Sprachstatistik sämtlich deutscher Abkunft waren, ergibt sich für den Regierungsbezirk Marienwerder ein Anteil von rund 25 % Deutsch sprechenden Katholiken. Natürlich ist auch diese Statistik mit den oben näher gekennzeichneten Mängeln behaftet [8]; als

---

3 Zu nennen wäre etwa das sogen. Thorner Blutgericht von 1724, dessen Bedeutung zwar vielfach übertrieben wird, das aber trotzdem ein Beispiel für die zunehmende Schärfe des konfessionellen Gegensatzes im 18. Jahrhundert darstellt.

4 Detaillierte Angaben finden sich in den Tabellen III u. IV im Anhang B.

5 Siehe oben Seite 16, Anm. 9.

6 Nach *Laubert* entfielen 1858 von 531 621 Katholiken rund 186 000 (also ca. 35 %) auf die deutsche Seite. Der Verfasser macht jedoch keine näheren Angaben über seine Quellen. — Westpreußen im 19. Jahrhundert, S. 129 ff.
Auf deutscher Seite hat sich zuletzt Aschkewitz mit diesem Problem auseinandergesetzt. — *Aschkewitz*, Umvolkung. — Er kommt per 1861 auf einen Anteil von ca. 30 % Deutsch sprechender Katholiken. Leider wird auch bei Aschkewitz nicht deutlich, welche genauen Zahlen er seinen Berechnungen zugrunde legt. Immerhin weisen die von mir für den Reg.Bez. Marienwerder ermittelten 25 % in die gleiche Richtung, da der Anteil der Deutsch sprechenden Katholiken im Reg.Bez. Danzig wahrscheinlich noch wesentlich höher war. — Vgl. oben S. 17.

7 Rep. 2 II Nr. 2146 Vol. 4 und 5; Anhang B, Tabelle V.

8 Nach Ansicht der Regierung bestand bei den in der Mehrzahl polnischen Ortsvorstehern, „welche offenbar stets bemüht gewesen sind, die Zahl der nur polnisch sprechenden Katho-

Orientierungsziffer darf aber doch wohl ein Anteil von ungefähr 25 % Katholiken deutscher Abkunft allein im Regierungsbezirk Marienwerder angenommen werden. Dem objektiven Befund nach konnte also von einer vollständigen Identität von Polentum und Katholizismus nicht die Rede sein; dennoch sind die preußischen Akten voll von Klagen der Behörden über dieses ‚Mißverständnis'. Die Tatsache, daß „durch jesuitische Umtriebe Katholizismus und Polonismus ... von der großen Menge für gleichbedeutend gehalten wird" und sich die polnisch-katholische Geistlichkeit alle Mühe gibt, „diese Täuschung zu erhalten", ist nach Ansicht des Oberpräsidenten von Schön „der übelste Umstand welcher der Germanisierung der Provinz entgegensteht" [9]. Läßt man die Rolle der Geistlichkeit vorerst einmal dahingestellt [10], so bleibt die Identifikation im Bewußtsein breiterer Schichten der Bevölkerung doch als ein Faktum bestehen. Dabei muß natürlich berücksichtigt werden, daß der Gegensatz vor allem im engen Bereich des eigenen Lebensraumes registriert wurde und in weiten Gebieten tatsächlich eine beinahe rein polnisch-katholische Bevölkerung saß.

Die Möglichkeit, das katholische Bekenntnis als Medium zur Ausformung eines Gruppenbewußtseins zu benutzen, wurde von polnischer Seite früh erkannt, zumal dies in Westpreußen neben dem einsetzenden Kampf um die Gleichberechtigung der polnischen Sprache für lange Zeit das einzig wirksame Integrationsinstrument blieb. Noch 1861 vertrat der ‚Nadwiślanin' die Auffassung, die Landbevölkerung könne durch den Adel, dem sie mißtrauisch gegenüberstehe, nicht gewonnen werden, sondern nur, wenn man sie über die Religion anspreche [11], und schon die Organisatoren des Aufstandes von 1846 waren sich darüber im klaren, daß man mit der Mehrheit der

---

liken viel höher, als sie in Wirklichkeit ist anzugeben", auch diesmal die Neigung, die Proportionen zugunsten der polnischen Nationalität zu verschieben. — Begleitschreiben zur Statistik an den Oberpräsidenten von Horn vom 22. 2. 1873. Rep. 2 II Nr. 2146 Vol. 5 Bl. 15 ff.

9 Bericht an den Kronprinzen und das Staatsministerium vom 10. 7. 1833 (Entwurf). — Rep. 2 II Nr. 1969 Bl. 70 ff.

10 *Laubert* ist der Meinung, unter den Bischöfen Mathy und Sedlag sei auch der polnische Klerus „vielfach ganz deutsch gesinnt" gewesen. — Westpreußen im 19. Jahrhundert, S. 135. Selbst wenn man hier kräftige Abstriche vornimmt, muß der Behauptung Schöns schon entgegengehalten werden, daß die Gleichsetzung von Katholizismus und Polonismus auch oft genug von deutscher Seite vorgenommen wurde. So klagte etwa der Briesener Probst Neumann beim Culmer Bischof, die Erfahrung habe gelehrt, daß die Deutschen, von wenigen Ausnahmen abgesehen, „jeden katholischen Geistlichen als Landesverräther wähnen und ihm gar was an das Unmögliche grenzt zumuten". — Brief vom 13. 4. 1848, Rep. 2 Tit. 30 Nr. 30 Vol. 1 Bl. 396 ff. Über die latenten Spannungen zwischen beiden Konfessionen, die immer wieder in grotesken Gerüchten ihren Ausdruck fanden, ließe sich aus den Akten ein umfangreicher Bericht herstellen. So verwahrt sich z. B. die gesamte katholische Geistlichkeit des Dekanats Strasburg 1838 bei der Regierung Marienwerder gegen das nicht nur die katholische Religion, sondern auch den gesunden Menschenverstand beleidigende Gerücht, sie habe die Gläubigen in den Beichtstühlen angestiftet, zwei evangelische Schulen in Brand zu stecken. Besonders empörend sei, daß dieses Geschwätz sogar von amtlicher Seite ernst genommen werde und „Männer, die wenigstens den Schild der Aufklärung äußerlich zur Schau stellen, sich über uns als über ruchlose Verbrecher unterhalten". Rep. A 181 Nr. 5091 S. 339 ff.

11 Nadwiślanin Nr. 92/1861.

Polnisch sprechenden Bevölkerung nur rechnen könne, wenn sie ihren Glauben gefährdet sehe [12].

Die Interessen des Klerus waren im alten Polen aufgrund der Sozialordnung eng mit denen des Adels verknüpft gewesen. Er stellte daher neben der Adelsgesellschaft das zweite große Kontinuitätselement dar, durch das die alte Nationsvorstellung in die Epoche der Staatslosigkeit hineinreichte [13]. Da sich durch die Aufhebung der Erbuntertänigkeit die persönlichen Bande zwischen Gutsherren und bäuerlicher Bevölkerung gelockert hatten, fiel dem polnisch-katholischen Klerus eine Schlüsselstellung zu. Mit Entsetzen hatte Theodor von Schön 1816 bei seinem Amtsantritt als Oberpräsident von Westpreußen festgestellt, daß „am 15. Juli jeden Jahres wegen der Schlacht von Tannenberg in allen katholischen Kirchen ein Dankfest dafür gefeyert wurde, daß die Deutschen von den Polen aus dem Lande geschlagen wären; sogar in der ehemaligen Haupt-Kirche des deutschen Ordens zu Marienburg wurde dieses Fest gefeiert“ [14].

In Theodor von Schön erwuchs dem westpreußischen Polentum für die erste Jahrhunderthälfte einer der kompromißlosesten und mächtigsten Gegner. Von schroffer, leicht erregbarer Art, mit Beharrlichkeit und Energie seinen gesteckten Zielen zustrebend und oft nach vielen Seiten gleichzeitig im Streite liegend, bestimmte dieser Mann, besonders nach seiner Berufung auf den Posten des Oberpräsidenten von Preußen, weitgehend die Richtung der Polenpolitik in seiner Provinz. Er war kein engbrüstiger Nationalist, wie man sie in der Folgezeit so häufig auf beiden Seiten findet. Durch und durch Rationalist, gleichermaßen tief beeinflußt von der kantischen Pflichtlehre und den neuen, aus England kommenden Wirtschaftstheorien des Liberalismus, wurde ihm der Staat zum obersten Prinzip, auf das alles Handeln zu orientieren sei. Allem Irrationalen und aus dem Gemüt Schöpfenden stand er fremd oder gar feindselig gegenüber. An der katholischen Kirche bekämpfte er nicht nur den Polonismus, sondern ebenso vehement die strenggläubig-aktiven, nach Erneuerung aus der Tiefe des Glaubens strebenden Elemente wie etwa die Gruppe um den Ermländer Fürstbischof von Hohenzollern [15]. Den Polen warf er Rohheit, Unwissenheit und Unbildung vor, und es war ihm geradezu unverständlich, daß sich ihre Sehnsucht auf einen Staat richten konnte, dem seiner Meinung nach diese Eigenschaften, gepaart mit Unordnung, das Gepräge gegeben hatten. Nationalismus überhaupt galt ihm als rückschrittlich und überholt.

Über die Frage, von welchem Zeitpunkt an und wie weit überhaupt man von Germanisierungsabsichten auf preußischer Seite sprechen könne, bestehen erhebliche Meinungsverschiedenheiten zwischen polnischen und deutschen Historikern. Theodor von Schön gebraucht den Terminus ‚germanisieren‘ wiederholt und verbindet ein

---

12 Anklageschrift 1847, Julius von Trojanowski.

13 Diese Zusammenhänge sind nach den Untersuchungen von Hroch typisch auch für die kleinen Völker, soweit eine alte feudale Oberschicht Bewahrer eines eigenen Patriotismus war. — *Hroch,* S. 129 ff.

14 Jahresbericht pro 1828 vom 20. Januar 1829 für den Kronprinzen und das Staatsministerium (Entwurf). — Rep. 2 II Nr. 1969 Bl. 48 ff. Hervorhebung im Original.

15 *Bork,* S. 126.

konkretes Programm damit: vollständige soziale und kulturelle Assimilierung der nichtdeutschen Bevölkerung. Seine vielzitierte Bemerkung, er habe es bei seinem Amtsantritt als Oberpräsident von Westpreußen als seine Aufgabe angesehen, „aus den ehemaligen Sklaven und Slaven, Menschen und Deutsche zu machen“, spiegelt diese Tendenz deutlich genug [16]. Es dürfte daher eine der wichtigsten Aufgaben der noch ausstehenden Schön-Biographie sein, hier einmal exemplarisch zu untersuchen, wie sich zusammen mit einem von aufklärerischem Ideengut getragenen Etatismus die besondere Spielart eines Kulturnationalismus entfaltet. Wenn es darum ging, die Germanisierungsabsichten zu begründen, schob Schön jede Billigkeit und Objektivität dem Gegner gegenüber beiseite. Weder berücksichtigte er, daß gerade im südlichen, überwiegend polnisch besiedelten Teil der Provinz die jahrzehntelangen Kriegswirren schwere Entwicklungsstörungen hervorgerufen hatten und das polnische Bildungswesen seit Friedrich II. planmäßig reduziert worden war, noch dachte er daran, den Befund durch einen vergleichenden Blick auf das ebenfalls äußerst dürftige deutsche Bildungswesen [17] dieser Regionen zu relativieren. Sein Urteil über die polnisch-katholische Geistlichkeit stand unumstößlich fest. Sie war für ihn ein Hort der Unbildung und Ignoranz. Die westpreußischen Klöster galten ihm überhaupt nur als ‚Stätten der Barbarei‘ [18] und ‚Schlupfwinkel der Trägheit‘, bewohnt von Invaliden oder moralisch unwürdigen Mönchen [19] — eine Behauptung, der von bischöflicher Seite lebhaft widersprochen wurde [20].

Bei der starken Position des Staates gegenüber der katholischen Kirche stand eine ganze Reihe von Eingriffsmöglichkeiten zur Verfügung, um das polnische Element zu paralysieren und zurückzudrängen. Schon die Verlegung der bischöflichen Residenz und des Domkapitels von Culm bzw. Culmsee in das entfernte Pelplin [21] muß in erster Linie als ein politischer Akt gedeutet werden, indem so eine größere räumliche Distanz zum Großherzogtum Posen und zum Königreich Polen geschaffen wurde und Bischof und Kapitel dem direkten Einfluß des im Culmer Lande noch besonders starken und aktiven Polentums entzogen waren.

Entscheidend war weiterhin, welche Persönlichkeit auf dem bischöflichen Stuhl saß. Der erste nach der langen Sedisvakanz im Juli 1821 auf Befürworten Schöns gewählte Oberhirte, der Culmer Domprobst von Mathy, der allerdings erst 1824 seine Amtsgeschäfte aufnahm, erfüllte zwar, was seine administrative und fürsorgerische Tätigkeit betraf, keineswegs die Erwartungen seines ehemaligen Gönners und Förderers, zeigte sich aber in der nationalen Frage als treuer Staatsdiener. Seine eindeutig ablehnende Stellungnahme zum Novemberaufstand im Königreich Polen mit

---

16 *Schön,* Bd. I, S. 103. Einige Schön-Interpreten geben diesen Worten freilich eine ins Gegenteil weisende Bedeutung. Vgl. unten S. 50 und außerdem S. 52 ff.

17 Vgl. unten S. 44 ff.

18 Rep. 2 II Nr. 1969 Bl. 70 ff.

19 Ebd., Bl. 25 ff.

20 Der Domherr und Generalvikar Krieger hielt Schöns Behauptung im März 1827 entgegen, außer von einem Trinker und einem Ruhestörer sei bei den Bettelmönchen — die Schön besonders angegriffen hatte — von Sittenlosigkeit und Barbarei nichts zu spüren, und auch Bischof Mathy protestierte gegen die Verunglimpfungen. — *Bork,* S. 36 ff.

21 Ein Dorf mit einigen hundert Einwohnern in der Nähe von Preußisch Stargard.

einem Hirtenbrief vom 6. Dezember 1830 erfüllte den preußischen König mit spontaner Dankbarkeit, so daß er kurz darauf die vom Bischof dringend gewünschte Errichtung eines zweiten katholischen Gymnasiums in Aussischt stellte[22].

Mathy starb 1832 nach längerer Krankheit. Die darniederliegende Verwaltung und Organisation der Diözese verlangte eine energische und geschickte Hand; gleichzeitig aber konnte der preußischen Regierung im noch drohenden Schatten des eben erst niedergeschlagenen polnischen Aufstandes nichts unerwünschter sein als ein der polnischen Nationalität geneigtes Oberhaupt des Culmer Bistums. In Berlin faßte man den Schlesier Anastasius Sedlag ins Auge, der als Schulinspektor des Kreises Oppeln und als Schulrat bei der dortigen Regierung auf sich aufmerksam gemacht hatte und sich außerdem durch geläufige Kenntnis der polnischen Sprache empfahl[23]. Der Oberpräsident unterstützte den Plan aufs lebhafteste. Nachdem die Breslauer theologische Fakultät zur Verleihung der Ehrendoktorwürde veranlaßt worden war und Sedlag ein kurz zuvor vakant gewordenes Ehrenkanonikat erhalten hatte, wurde er gegen anfänglichen Widerstand des Kapitels schon am 28. März 1833 zum Bischof gewählt und am 8. Juli dieses Jahres installiert[24]. Während einer langen Amtszeit vertrat er mit Geschick und Energie die Anliegen und Interessen der katholischen Kirche und wurde zu einer der profiliertesten Persönlichkeiten auf dem Culmer Bischofsstuhl nach den Teilungen. Aus seiner negativen Einstellung nationalpolnischen Tendenzen gegenüber machte er kein Hehl. Von einem Mann, der bei einer Visitation des Culmer Gymnasiums 1839 öffentlich den Toast „pereat Polonia“ ausbrachte und Polentum als ‚List, Verrat, Spitzbüberei‘ definierte[25], war für die polnische Partei keine Unterstützung zu erwarten. Dementsprechend wurde bei den organisatorischen Vorbereitungen des mißlungenen Aufstandes von 1845/46 die Einsetzung eines Koadjutors an Stelle des Bischofs geplant[26], und dieser wiederum zeigte durch seine geharnischten Stellungnahmen und Aufrufe an die Gläubigen und den Klerus der Diözese, daß man ihn richtig eingeschätzt hatte. Dennoch war Sedlag durchaus kein bloßes Instrument preußischer Germanisierungsbestrebungen[27]. Ging er schon — wie übrigens auch sein Ermländischer Kollege — in der Sprachenfrage eigene Wege[28], so

---

22 *Bork,* S. 55 f.

23 Siehe biographischer Anhang.

24 *Diecezja Chełmińska,* S. 49 ff.; *Mańkowski,* Anastazy Sedlag, S. 34 ff.; *Panske,* S. 325 ff. Der Widerstand aus dem Kapitel richtete sich vor allem gegen Sedlags schlesische Herkunft und seine an der Breslauer Universität rezipierte Lehrmeinung. — *Mańkowski,* Anastazy Sedlag, S. 34 f. Wie sehr auf preußischer Seite diese Wahl gewünscht wurde, geht aus einer kleinen Episode hervor: Der als Wahlkommissar fungierende Regierungspräsident von Marienwerder, von Nordenflycht, war über den erfolgreichen Ausgang so erleichtert und erfreut, daß er seiner Tochter, die kurz darauf getauft wurde, den Namen Anastasia gab. — *Panske,* S. 327.

25 *Mańkowski,* Anastazy Sedlag, S. 67.

26 Ebd., S. 59 f.; Anklageschrift 1847, Sewerin Elżanowski. Zum Aufstandsversuch von 1845/46 siehe unten S. 64 ff.

27 Diese Ansicht wird auch von seinem über den Verdacht der Preußenfreundlichkeit gewiß erhabenen Biographen Mańkowski gegenüber einseitigen polnischen Verdammungsurteilen vertreten.

28 Dazu unten S. 55 ff.

hatte die Kooperation mit den weltlichen Behörden überall dort ein Ende, wo die Priorität der Glaubensdinge und der kirchlichen Interessen nicht gewährleistet war. Während des 1838 aufflammenden Mischehenstreites, als die westpreußischen Behörden vor allem im Hinblick auf die polnischen Katholiken ängstlich bemüht waren, ein Übergreifen der Auseinandersetzung auf die Culmer Diözese zu verhindern, erließen die Bischöfe von Culm und Ermland zum großen Unwillen Schöns einen Hirtenbrief, mit dem sie sich eindeutig auf die Seite des Posener Erzbischofs stellten. Der Oberpräsident setzte es in Berlin durch, daß die Hirtenbriefe für nichtig erklärt und ihre Verbreitung verboten wurde, und glaubte sogar, Sedlag in einem Mahnschreiben die „Achtung vor dem Gesetz" empfehlen zu müssen als dem „Fundament, auf welchem allein das irdische wie das ewige Heil gewonnen werden kann" [29].

Konnte bei einem in der Nationalitätenfrage loyalen Bischof damit gerechnet werden, daß er seine ganze Autorität gegenüber dem Diözesanklerus in einer von der Regierung gewünschten Richtung geltend machte, so hing die Effektivität einer derartigen Politik und damit auch die Endwirkung auf die polnisch-katholische Bevölkerung letztlich doch von der Zusammensetzung und Einstellung des Klerus ab. Für die Besetzung der Kanonikerstellen des Culmer Domkapitels [30] und der Lehrerstellen am geistlichen Seminar in Pelplin erwartete man preußischerseits in besonderem Maße die Heranziehung Deutscher, nötigenfalls auch aus anderen Diözesen. Das werde der polnisch-katholischen Geistlichkeit nicht eben erfreulich sein, schrieb Regierungspräsident von Nordenflycht an den Bischof, doch besitze wohl „die Mehrzahl derselben nicht Dünkel oder Selbstvertrauen zu ihrem dürftigen Wissen in hinreichendem Grade, um sich dadurch wirklich zurückgesetzt zu fühlen" [31]. Im selben Sinne hielt Schön die Besetzung der Domherrenstellen in Pelplin und Frauenburg durch ‚deutsche, ausgezeichnet gebildete Männer' für erforderlich, die durch ihr leuchtendes Vorbild dem niederen Klerus höhere Impulse geben könnten [32]. Objektive Kriterien und subjektive, auf persönlichem Vorurteil beruhende Argumente fließen hier ineinander. Die Meinung, aus der polnischen Bildungstradition stammende Männer seien nicht in der Lage, als Vorbilder und Wegweiser zu wirken, wurde in der Folgezeit oft genug widerlegt, abgesehen davon, daß auch Anfang der dreißiger Jahre schon einige hervorragende polnische Persönlichkeiten in Pelplin wirkten [33]. Andererseits aber herrschte tatsächlich ein empfindlicher Mangel an einheimischen Priestern, so daß der bischöfliche Stuhl sich genötigt sah, „Leute ex omni gente" — in der Regel Deutsche — aufzunehmen, wobei man sich aber durchweg mit Kandidaten begnügen

---

29 *Bork,* S. 93

30 Nach den Bestimmungen der Bulle „De salute animarum" setzte sich das Culmer Kapitel aus zwei Prälaten, acht residierenden und vier Ehren-Kanonikern zusammen. — Diecezja Chełmińska, S. 55 f.

31 Brief Nordenflychts an Bischof Sedlag vom 16. Juni 1833, zitiert nach *Panske,* S. 329.

32 Rep. 2 II Nr. 1969 Bl. 25 ff.

33 Der Generaladministrator Krieger wies in einem Situationsbericht für den neugewählten Bischof vom 27. 4. 33 besonders auf die beiden Professoren Dąbrowski und Pomieczyński am geistlichen Seminar hin. Der drohende Fortgang Dąbrowskis wäre seiner Meinung nach für das Seminar ein unersetzlicher Verlust. — Text des Briefes bei *Panske,* S. 331.

mußte, die in anderen Diözesen ihre Examina nicht bestanden oder keine Anstellung gefunden hatten [34].

Die Gründe für diese Mißstände liegen einigermaßen klar auf der Hand. Bei Amtsantritt des Bischofs Sedlag, also 18 Jahre nach den Wiener Verträgen, gab es in ganz Westpreußen nur ein einziges katholisches Gymnasium und auch nur e i n Priesterseminar, das überdies lange Zeit hindurch völlig unzureichend dotiert war [35]. Der besonders im Culmer Lande geübten Praxis, die jungen Leute im benachbarten Polen ausbilden zu lassen, wurde aus politischen Gründen 1832 mit einem Ministerialreskript entgegengetreten, wonach in der Provinz kein auswärts ordinierter Priester mehr angestellt werden sollte; eine Maßnahme allerdings, die bis weit in die vierziger Jahre immer wieder durchbrochen werden mußte [36]. Erschwerend kam hinzu, daß die Klöster, deren Insassen bisher in nicht unbedeutendem Maße Funktionen weltlicher Priester übernommen hatten, wie in den übrigen Diözesen der preußischen Monarchie durch die Säkularisationsbestimmungen von 1810 und 1815 entweder bereits aufgehoben oder doch zum Aussterben verurteilt waren [37].

Den Klöstern gegenüber entwickelte Schön eine besonders ausgeprägte Animosität, und er lag mit dem Kultusministerium wegen ihrer beschleunigten Aufhebung fortwährend im Streit. Der Protestant und Rationalist stand dem Mönchswesen ohnehin verständnislos und ablehnend gegenüber und sah vor allem in den polnischen Klöstern nur Sammelpunkte und Refugien von Liederlichkeit und Unbildung; überdies erregten diese polnischen Klöster besonderes Mißtrauen, indem viele von ihnen einem Ordensgeneral unterstellt waren, der seinen Sitz im Königreich Polen hatte, und zudem zwischen den dortigen und den westpreußischen Klöstern ein ständiger Austausch der Insassen stattfand. Ganz unbegründet war Schöns Argwohn übrigens nicht, denn die wenigen von der Auflösung verschont gebliebenen Häuser spielten in späterer Zeit tatsächlich eine gewisse Rolle als Brennpunkte national-religiösen Lebens [38].

---

34 Ebd. — Im gleichen Sinne äußerte sich auch Kultusminister Altenstein gegenüber Schön, als dieser dem Administrator vorwarf, er habe den Zudrang junger schlesischer Theologen nicht genug gefördert. — *Bork*, S. 57.

35 Man hatte das Seminar, weil es 1772 unter dem Namen Missionarienkonvent bestand, irrtümlicherweise für ein Kloster gehalten und ihm seine Kompetenzen abgenommen. — Zeitungsbericht der Regierung Marienwerder vom 1. 5. 1821. — Rep. 2 II Nr. 2269 Vol. 1 Bl. 201 f.

36 Die Aufnahme im Auslande geweihter Priester wurde durch Kabinettsorder vom 28. 4. 1841 und 23. 12. 1845 noch einmal grundsätzlich untersagt und nur in genau umschriebenen Ausnahmefällen gestattet. Am 21. 12. 1846 aber gestand Friedrich Wilhelm IV. dem Kultusminister Eichhorn auf dessen Vorschlag hin immer noch zu, Priester, die ihre Weihe im Ausland vor Publikation der Order vom 23. 12. 1845 erhalten hatten, in den inländischen Klerus aufzunehmen, wenn ihre Beschäftigung zunächst unter Aufsicht eines einheimischen Pfarrers geschehen könne. Die Aufnahme in die Geistlichkeit der Diözese könne dann nach zwei Jahren untadeligen Verhaltens erfolgen. — Rep. 2 II Nr. 2146 Vol. 4 Bl. 65.

37 Von den 1815 in Westpreußen noch besetzten 29 Mönchs- und Nonnenklöstern existierten 1835 noch insgesamt 8 mit durchschnittlich 6–8 Insassen, nämlich: Dominikaner (Mönche) in Danzig und Culm; Franziskaner-Reformaten in Lonk / Kreis Löbau; Brigitten in Danzig; Prämonstratenser (Nonnen) in Zuckau bei Danzig; Barmherzige Schwestern in Culm; Benediktiner-Reformaten (Nonnen) in Bislawek / Kreise Conitz und Graudenz. — *Jacobson*, S. 47 ff.; *Bork*, S. 27 ff.

38 Siehe unten Seite 178 ff.

Die geschilderten Bedingungen dürften wesentlich dazu beigetragen haben, daß der katholische Klerus in Westpreußen bis über die Jahrhundertmitte hinaus in der Nationalitätenauseinandersetzung kaum als aktives Element hervorgetreten ist. Gewiß konnten die polnischen Priester Wahrer und Pfleger ihrer Muttersprache sein, und ihr Einfluß auf die in religiösen Dingen leicht erregbare Bevölkerung war nicht zu unterschätzen [39], gezielte politische Agitation aber ging vorerst nicht von ihnen aus. Hinzu kommt, daß der Anteil deutscher Kleriker in dieser Phase merklich anstieg; ungefähr 100 Nichtdiözesanen wurden während der Amtszeit Sedlags (1833 - 56) ins Culmer Bistum geholt, darunter ein großer Teil schlesischer Landsleute des Bischofs [40]. Als daher im Völkerfrühling der aktive Teil des Polentums bei der Organisation des nationalen Lebens auch die Geistlichkeit rief, fand er nicht überall das erwartete Echo; und es waren nicht nur deutsche Priester, die ihre Mitwirkung verweigerten. Auch nach dem Völkerfrühling — das sei schon hier vermerkt — hat die Geistlichkeit in Westpreußen nicht die Bedeutung erlangt, die es erlaubte, ihr eine Führungsrolle im Nationalitätenkonflikt zuzusprechen [41].

II.5 Prinzipien und Praxis preußischer Sprachenpolitik in Westpreußen

Seit dem Jahre 1848 gewann für die polnische Bevölkerung im preußischen Anteil die Muttersprache zunehmende Bedeutung als Integrationsfaktor [1]. Die Formen der Auseinandersetzung um die polnische Sprache und die entsprechende Programmatik der nationalen Agitation waren jedoch präformiert durch Inhalt und Tendenz der preußischen Sprachenpolitik seit 1815.

Nach der zugrunde gelegten Statistik waren für rund 34 % der westpreußischen Bevölkerung das Polnische oder Kaschubische die Muttersprache; der weitaus größte Teil dieser Menschen beherrschte ausschließlich dieses eine Idiom. Außerdem gilt zu beachten, daß sich die polnische und kaschubische Bevölkerung auf bestimmte Gebiete konzentrierte und verhältnismäßig wenig Umgang mit den deutschen Bewohnern der Provinz hatte. Die preußische Auslegung der Wiener Verträge, die davon ausging, daß Westpreußen eine ‚deutsche' Provinz sei und die dort lebenden Polen nicht die gleichen Sonderrechte wie ihre Landsleute im benachbarten Großherzogtum Posen

---

39 Bei der Auflösung des Bernhardiner-Klosters Löbau im November 1820 z. B. machte der Widerstand der Gläubigen den Einsatz von Militär notwendig. — *Bork*, S. 33. Die Regierungen schärften den Unterbehörden immer wieder ein, Spannungen zwischen Protestanten und Katholiken entgegenzuwirken und Anlässe für mögliche Unruhen der katholischen Bevölkerung zu beseitigen.

40 *Mańkowski*, Anastazy Sedlag, S. 51.

41 *Laubert*, Westpreußen im 19. Jahrhundert, S. 141. — Die Ablehnung dieser These wird in den entsprechenden späteren Kapiteln noch näher begründet werden.

1 Dieser Prozeß, stark beeinflußt durch Herder und die Romantik, ist bekanntlich bei allen Nationalitäten des ost- und südosteuropäischen Raumes zu beobachten. Es ist im einzelnen jedoch nicht möglich und auch wohl unnötig, die Ursprünge und vor allem die Vermittler des Ideengutes aufzuspüren, wie es sich schließlich in der tagespolitischen Auseinandersetzung und Argumentation niedergeschlagen hat.

beanspruchen könnten[2], mußte sich besonders im Bereich der Sprachenpolitik auswirken. Einschränkend sei allerdings darauf hingewiesen, daß von einer preußischen, d. h. von einer durch die Staatsregierung und die Zentralbehörden konzipierten und betriebenen Sprachenpolitik nur bedingt die Rede sein kann. Der „Entwurf eines allgemeinen Gesetzes über die Verfassung des Schulwesens im Preußischen Staate" vom 27. 6. 1819 bestimmte, daß die „nähere auf die Sprach- und Namensverschiedenheit zu nehmende Rücksicht ... den Schulordnungen der Provinzen, in welchen Menschen verschiedener Stämme und Sprachen zusammenwohnen, überlassen" bleibe[3]. Da bis zur Reichsgründung trotz wiederholter Anläufe kein allgemeines Schulgesetz für den preußischen Staat zustande kam, blieb der Einfluß der Provinzialbehörden auf die Sprachen- und Schulpolitik dominierend, besonders wenn dem Kultusminister eine so überragende Persönlichkeit wie Theodor von Schön als Oberpräsident gegenüberstand[4]. Es wurde oben schon darauf hingewiesen, daß es Schöns erklärtes Ziel war, Westpreußen zu einer vollständig ‚deutschen' Provinz zu machen, auf längere Sicht also die fremdsprachige Bevölkerung sprachlich und kulturell zu assimilieren[5]. In diesem Zusammenhang hatte das Schulwesen eine zentrale Bedeutung. Es empfiehlt sich daher, bevor nach der Stellung der polnischen Sprache in diesem Bereich gefragt wird, die allgemeine Situation des Schulwesens in Westpreußen vor der Jahrhundertmitte kurz zu beleuchten[6].

Theodor von Schön hat wiederholt voll Stolz darauf hingewiesen, er habe nach der Übernahme des Oberpräsidiums in Westpreußen innerhalb weniger Jahre rund

---

2 Vgl. oben S. 21 ff.

3 Die Gesetzgebung auf dem Gebiet des Unterrichtswesens, S. 17.

4 Einen umfassenden Eindruck von der Auseinandersetzung Schöns mit Altenstein auf dem Gebiet der Kirchenpolitik vermittelt *Bork,* Die Kirchenpolitik Theodors von Schön. Vgl. außerdem unten S. 50 f.
Die Position des Kultusministers, der jede gewaltsame Assimilation ablehnte und seine Prinzipien in dem bekannten Reskript vom 23. 12. 1822 formuliert hatte, konnte aber noch von anderer Seite durchlöchert werden. So wurde 1824 z. B. das Posener Mariengymnasium gegen den Willen Altensteins zu einer deutschen Schule umgestaltet, indem der König ihn durch Einsetzung einer Immediatkommission ausschaltete. — *Truchim,* I, S. 48 ff.
Buzek weist darauf hin, daß die Polenpolitik in Preußen selbst um die Jahrhundertwende trotz aller Zentralisierungstendenzen noch nicht völlig einheitlich war. — *Buzek,* Wstęp.

5 Siehe oben S. 38 f. — In einem Bericht an den Kronprinzen und das Staatsministerium vom 10. 7. 1833 berief Schön sich ausdrücklich auf die Überzeugung Friedrichs II., „daß um Westpreußen wieder ganz deutsch zu machen, der Auskauf der polnischen Gutsbesitzer und die Errichtung deutscher Schulen die einzigen Mittel wären". — Rep. 2 II Nr. 1969 Bl. 70 ff. (Entwurf).

6 Eine Gesamtdarstellung der preußischen Schulwirklichkeit fehlt. Die noch immer nicht ersetzten größeren Werke aus dem 19. Jahrhundert beschränken sich auf Entwicklung und Inhalt der Gesetzgebung und Administration; z. B. *Laacke,* Die Schulaufsicht in ihrer rechtlichen Stellung, Prenzlau 1887; Das Volksschulwesen im preußischen Staate, Berlin 1886/87. Speziell für Westpreußen ist die Forschungssituation zwar etwas günstiger, aber auch die 1965 erschienene Arbeit *Hoffmanns,* Theodor von Schön und die Gestaltung der Schule in Westpreußen, berührt den materiellen Zustand des Schulwesens nur am Rande. Heranzuziehen sind auch Pomorze Gdańskie, Wstęp, S. XL ff. und *Letkemann* S. 219 ff. — Für das Großherzogtum Posen liegt inzwischen die in Anm. 4 genannte, m. E. sehr ausgewogene zweibändige Monographie von *Truchim* vor.

400 neue Elementarschulen geschaffen [7]. Abgesehen davon, daß den Angaben vielleicht doch einige Skepsis entgegengebracht werden muß [8], ist bei aller Anerkennung der Verdienste Schöns auf dem Sektor der Volksbildung zu bedenken, daß die allgemeine Situation des westpreußischen Schulwesens effektiv nur wenig verbessert wurde. Gerade in dem Augenblick nämlich, als die Schulgründungen erheblich zurückgingen, entstand durch das rapide Anwachsen der Bevölkerung und durch die mit Kabinettsorder vom 14. Mai 1825 endgültig proklamierte allgemeine Schulpflicht [9] eine sprunghafte Zunahme der schulpflichtigen Kinder, so daß die durchschnittliche Schülerzahl je Lehrer bis zur Mitte des Jahrhunderts sogar anwuchs [10]:

Situation des Elementarschulwesens im Jahre 1816

Regierung	Zahl d. Schulen	Zahl d. Lehrer	Zahl d. Schüler	Schüler auf 1 Lehrer	Kinder von 7 bis 14	Kinder außerhalb d. Schule
Danzig	308	320	14 902	46	33 173	55 %
Marienwerder	615	613	24 372	40	47 980	49 %
gesamt	923	933	39 274	42	81 153	52 %
		im Jahre 1849				
Danzig	634	802	53 529	67	59 190	10 %
Marienwerder	1042	1125	81 009	72	91 787	12 %
gesamt	1676	1927	134 538	70	150 977	11 %

Gesetzliche Grundlage für das preußische Schulwesen waren im 19. Jahrhundert die Bestimmungen des Allgemeinen Landrechts von 1794 (Teil 2, Tit. 12) [11], nach denen

7 *Schön*, Papiere 1, S. 200, Brief an W. v. Humboldt v. 25. 8. 1819; ebd., S. 103 f., erste Selbstbiographie.

8 Hoffmann führt zwei Statistiken an, nach denen der Zuwachs wesentlich geringer gewesen ist, obwohl auch hier die zugrundeliegenden Zahlen wahrscheinlich nicht exakt sind. „Schön hat bei seinen Darlegungen, abweichend von der Schulstatistik, neben den öffentlichen anscheinend auch die privaten Lehranstalten ins Auge gefaßt und zudem außer erstmalig eingerichteten Schulen auch solche, die ersetzten, was während der Kriegsjahre zugrunde gegangen war.“ — *Hoffmann*, S. 41, Anm. 51.

9 Das Volksschulwesen III,12. Die allgemeine Schulpflicht bestand zwar de jure schon für die Gebiete der Monarchie, in denen das Allgem. Landrecht Gültigkeit hatte, wurde jetzt jedoch auf den ganzen preußischen Staat ausgedehnt und sollte vor allem mit schärferen Maßnahmen auch tatsächlich überall durchgesetzt werden.

10 Nach Pomorze Gdańskie, S. L. Die Rubrik ‚Kinder außerhalb der Schule‘ erfaßt nur diejenigen Kinder, welche die Schule überhaupt nicht besuchten; damit kommt noch nicht zum Ausdruck, wieviel Kinder unregelmäßig und zum Teil nur sporadisch am Unterricht teilnahmen.
Der preußische Provinziallandtag wies mit einer Denkschrift vom 12. 2. 1829 auf den starken Anstieg der Schülerzahlen hin, durch den alle bisherigen Maßnahmen ihre Wirkung verloren, und bat den König um Einrichtung eines neuen Fonds zur Unterstützung der Schulsozietäten. — Landtags-Verhandlungen, 6. Folge, S. 328.
Nach einer Statistik für die gesamte Provinz Preußen entfielen 1822 489,37 Einwohner auf einen fest angestellten Lehrer; 1843 waren es 530,01 und 1864 560,96. — *Martiny*, S. 121.

11 *Laacke*, Schulaufsicht.

die Besoldung der Lehrer und der Bau und die Unterhaltung der Schulgebäude und Lehrerwohnungen den Mitgliedern der Schulgemeinde, d. h. den Einwohnern des betreffenden Schulbezirks und dem Grundherrn oblagen. Damit hingen Stand und Entwicklung des Schulwesens weitgehend von der Prosperität der einzelnen Gemeinden ab — staatliche Zuschüsse wurden nur sehr zögernd und in geringem Umfange gewährt —, so daß innerhalb der Provinz bei einer allgemein ungünstigen Situation doch noch erhebliche Niveauunterschiede vorhanden waren. Ausgesprochen traurige Zustände herrschten in der Kaschubei und in den südöstlichen Kreisen des Regierungsbezirks Marienwerder. Im Kreis Carthaus kamen um 1830 auf einen Lehrer bis zu 200 Schüler, und der Lehrer mußte „fast froh" sein, „wenn ein Drittheil davon die Schule versäumt, weil eine größere Zahl in den Schulstuben nicht Raum hat" [12]. In Gollub, Kreis Strasburg, wurde 1828 der Lehrsaal der katholischen Stadtschule durch einen Bretterverschlag geteilt, wonach der jeweilige Raum, in dem das Unterrichten „unerträglich" war, noch nicht einmal die Hälfte der Schüler faßte; die evangelische Stadtschule in Briesen war noch 1858 bei einer Revision „bis zur Thürschwelle mit Kindern vollgestopft", so daß der Revisor den Raum überhaupt nicht mehr betreten konnte, und nachdem dieses Gebäude 1861 einem Brande zum Opfer gefallen war, fristete die Schule 22 Jahre lang ihr Dasein in den Räumen einer Konditorei und in anderen Privathäusern [13]. Um den seit 1845 in Ost- und Westpreußen verstärkt auftretenden wirtschaftlichen Notständen begegnen zu können, wurde auf Bitte des Provinziallandtages vom König eine Untersuchungskommission eingesetzt, die in ihrem am 15. 1. 1847 vorgelegten Bericht das äußerst mangelhafte Landschulwesen als eine der Ursachen für die ungenügende gewerbewirtschaftliche und soziale Entwicklung der Provinz anführte. Die bisherigen Erfolge stünden in keinem Verhältnis zu den gebrachten Opfern. „Dieses Mißverhältnis macht sich ganz besonders in den polnischen Theilen und in den Schulen gemischter Zunge bemerklich ... Allgemein darf ... angenommen werden, daß die Grundlage jeder späteren Fortbildung, die Fähigkeit des fertigen Lesens, nur in seltenen Fällen erworben wird" [14]. Man beklagte besonders, daß immer noch viele Kinder für lange Zeit der Schule ferngehalten wurden, räumte aber zugleich ein, daß die herrschende Armut den Eltern oft gar keine andere Wahl ließ. Da die mit den Regulierungen der bäuerlichen Verhältnisse einhergehenden Separationen noch kaum zu Koppelwirtschaft und Stallfütterung geführt hatten, durch den Fortfall der Gemeinheiten aber praktisch jeder Betrieb gezwungen war, einen eigenen Hirten zu halten, mußte ein großer Teil der Dorfkinder die Hütedienste übernehmen. Blieben sie auf diese Weise im Sommer oft wochenlang der Schule fern, so konnten sie im Winter häufig nicht geschickt werden, weil die Eltern nicht in der Lage waren, die notwendige Kleidung für die langen Schulwege bei rauher Witterung zu beschaffen [15].

12 *Tennstädt,* S. 443.
13 *Heym,* S. 130 ff.
14 Rep. 2 Tit. 23 Nr. 520 Bl. 474 ff.
15 Ebd. und *Tennstädt,* S. 444 f.; *Schulz,* Volksschulwesen im Regierungsbezirk Marienwerder. — Noch 1869 wurde von polnischer Seite zur Bildung eines Komitees aufgerufen, das sich um Bücher und Tafeln und um Stiefel für die Kinder bemühen sollte, damit diese im Winter zur Schule gehen könnten. — Roczniki Sejmików Gospodarskich, S. 140 ff.

Eine vergleichende Untersuchung würde wahrscheinlich feststellen, daß die Situation in vielen ländlichen Gebieten anderer europäischer Staaten zu dieser Zeit nicht günstiger war. Der schlechte Zustand muß hier nur besonders betont werden, weil sich seine negative Wirkung für die fremdsprachigen Kinder potenzieren konnte, wenn zu solchen Unvollkommenheiten des Erziehungswesens auch noch unangemessene Sprachbestimmungen traten.

Mit Reskript des Kultusministeriums vom 25. Februar 1843 wurde die 1842 vom Provinzialschulkollegium in Königsberg für den Regierungsbezirk Gumbinnen erlassene Regelung über den Gebrauch der polnischen und litauischen Sprache in den Elementarschulen auch für Westpreußen als verbindlich erklärt. Hiernach sollte der Religionsunterricht stets in der Muttersprache erteilt werden. Von den 12 wöchentlichen Lesestunden waren 3 bis 6 Stunden dem Lesen polnischer Schrift zu widmen, während man für den Rechenunterricht wie auch für alle anderen Unterrichtsgegenstände den Gebrauch der deutschen Sprache anordnete [16]. Mit dieser Regelung wurden die für Westpreußen geltenden Vorschriften einer Verordnung aus dem Jahre 1834 außer Kraft gesetzt, die den Gebrauch des Polnischen noch stärker eingeschränkt hatten [17]. Geht man davon aus, daß die meisten polnischen und kaschubischen Kinder bei ihrer Einschulung kein Wort Deutsch sprachen und auch in ihrer häuslichen Umgebung nur ihre Muttersprache hörten, so kann auch diese Regelung bei dem oben angedeuteten allgemeinen Stand des Elementarschulwesens nur zur Folge gehabt haben, daß für die nicht Deutsch sprechenden Schüler ein großer Teil des Unterrichts nutzlos blieb. Die von der Ständekommission festgestellte Wirkungslosigkeit des Schulunterrichts, die noch 20 Jahre später statistisch greifbar ist [18], kann nicht ausschließlich auf äußere Unzulänglichkeiten zurückgeführt werden; darauf deutet schon der Umstand hin, daß die Verhältnisse in den polnischen und kaschubischen Gegenden besonders ungünstig waren. Da die Effektivität des Unterrichts durch überfüllte Klassen und unregelmäßigen Schulbesuch ohnehin stark gemindert wurde und die ältere, überwiegend noch analphabetische Generation allen Bildungsmaßnahmen mißtrauisch oder

---

16 Text der Verordnung bei *Gisevius,* S. 111 ff. und 229 f. Die Behauptung, mit dieser Verordnung sei in der Kaschubei das Polnische als ‚Hauptunterrichtssprache' eingeführt worden (*Hoffmann,* S. 112), geht also viel zu weit. Allerdings wurde jetzt auch im kaschubischen Sprachgebiet das Polnische für den Religionsunterricht und die der Muttersprache vorbehaltenen Lesestunden vorgesehen, da die Kaschuben keine eigene Literatursprache entwickelt hatten.

17 Nach polnischen Darstellungen war bis dahin ausschließlich in deutscher Sprache unterrichtet worden. — *Bukowski,* Pomorze w dobie narastania, S. 148 f.; *Dąbrowski,* S. 29 f. — Leider ist es mir nicht möglich gewesen, den Text der Verordnung von 1834 oder vorhergehender Bestimmungen zu eruieren; den polnischen Darstellungen fehlt jeder Quellenhinweis. Allerdings bemerkte schon Gisevius, der für Ostpreußen reichhaltiges Aktenmaterial zusammenstellen konnte, bei der lautlosen Stille, die über Westpreußen lagere, „und in betreff der Art, wie dort der Germanismus an der Erstickung und Auflösung alles polnischen Lebens ... fortarbeitet, nichts Sicheres zur Kunde der entfernter Stehenden gelangen läßt", sei es nicht möglich, bedeutendes Material vorzuführen. — *Gisevius,* S. 222.

18 Bei der Einstellung der Ersatzmannschaften zum Militärdienst wurde 1864/65 in den Regierungsbezirken Danzig und Marienwerder festgestellt, daß 19,09 bzw. 19,58 % aller Gemusterten weder lesen noch schreiben konnten. 1869/70 waren es 13,34 bzw. 15,01 %. — *Martiny,* S. 120.

gar feindselig gegenüberstand, mußte es für die Kinder verhängnisvolle Folgen haben, wenn ihnen der größte Teil der Elementarbildung durch eine fremde Sprache erschlossen werden sollte. Diese Situation wurde z. B. in einem Zeitungsartikel des Dirschauer Dekans Mettenmeyer im Oktober 1843 angesprochen. Im ‚Katholischen Wochenblatt aus Ost- und Westpreußen' stellte Mettenmeyer die Frage, wie es möglich sei, daß der Pfarrer in Dirschau gegenwärtig 60 Kinder aus den zur Parochie gehörenden Ortschaften zur ersten Kommunion vorbereiten müsse, die kein Wort lesen könnten. Den Grund dafür sah er in dem „sehr beklagenswerten Zustande und der sonderbaren Behandlung des dasigen Schulwesens. Das Volk und die Kinder sprechen polnisch, und die Lehrer verstehen nur deutsch und dürfen beim Unterricht sich nur der deutschen Sprache bedienen, die Kinder hören den Lehrer reden, verstehen aber nicht der Wörter Sinn und Bedeutung"[19]. Der Danziger Regierungspräsident antwortete auf die Vorwürfe im April 1844 mit einem Artikel im ‚Danziger Dampfboot'[20]. Daraus geht zwar hervor, daß in den Schulen mit überwiegend katholischen Kindern die Bestimmungen des Erlasses vom 25. 2. 1843 über den Religionsunterricht inzwischen teilweise verwirklicht waren; die Behauptung, in den meisten Schulen werde Deutsch unterrichtet, weil es sich bei den Revisionen herausgestellt habe, daß die Kinder diese Sprache durchaus verstünden, dürfte indes mehr auf das Wunschdenken der überwiegend deutschen Revisoren gegründet gewesen sein, zumal der Begriff des ‚Verstehens' sehr weit gefaßt werden konnte. Der Regierungspräsident machte geltend, wenn die katholische Schule in Rokittken einen evangelischen Lehrer habe, so liege das daran, daß es „an katholischen, der polnischen Sprache kundigen Lehrern zur Zeit gänzlich mangelt, weshalb gegenwärtig im diesseitigen Regierungsbezirk 15 dergleichen Stellen unbesetzt sind"[21]. Die Regierung Marienwerder hatte den Oberpräsidenten bereits 1833 darauf hingewiesen, daß Fortschritte im Unterrichtswesen besonders durch den „Mangel an qualifizierten Lehrern katholischer Konfession und polnischer Zunge zur Besetzung der katholischen Schulstellen in polnischen Gegenden" verhindert würden. Seit einer Reihe von Jahren seien in diesen Bezirken stets 20 - 30 Stellen unbesetzt; auf vielen weiteren Stellen säßen zudem völlig unqualifizierte Lehrer. Die Regierung hielt die Errichtung einer zusätzlichen Seminaranstalt für polnisch-katholische Präparanden für dringend erforderlich, glaubte aber selbst, in näherer Zukunft sei damit nicht zu rechnen[22]. Damit ist die Frage nach der Rolle der polnischen Sprache im höheren Bildungswesen gestellt.

Für die Lehrerbildung standen in Westpreußen vor der Jahrhundertmitte die drei Seminare in Marienburg, Jenkau bei Danzig (1819 bis 43) und Graudenz zur Verfü-

---

19 *Gisevius,* S. 278. — Mettenmeyer war übrigens durchaus kein Anhänger der nationalpolnischen Bewegung und wurde in späteren Jahren wegen seiner propreußischen Haltung bei den Wahlen zum Abgeordnetenhaus von der polnischen Presse scharf angegriffen. — Vgl. unten S. 150, Anm. 12.

20 *Gisevius,* S. 280.

21 Ebd., S. 283.

22 Jahresbericht der Regierung vom 31. März 1833 pro 1832. — Rep. 2 Tit. 40 Nr. 10 Vol. 7 Bl. 210 ff. — Die Regierung wiederholte ihre Klagen auch im folgenden Jahr. — Rep. 2 Tit. 40 Nr. 2 Vol. 7 Bl. 6 ff., Zeitungsbericht pro Jan. 1834.

gung[23]. Während in den beiden Anstalten des Danziger Regierungsbezirkes die polnische Sprache überhaupt keine Berücksichtigung fand, war sie in Graudenz lediglich für drei Wochenstunden Lehrgegenstand, wobei diese Einrichtung noch dadurch an Wert verlor, daß den Zöglingen die Teilnahme freistand und in der Prüfung von der Kenntnis der polnischen Sprache abgesehen wurde[24]. Auch in den beiden katholischen Gymnasien der Provinz in Conitz und Culm (seit 1837), die überwiegend von polnisch redenden Katholiken besucht wurden, fand die polnische Sprache bis 1840 überhaupt keine Berücksichtigung; seit Michaelis 1840 war sie in den drei Oberklassen Unterrichtsgegenstand mit wöchentlich zwei Stunden[25]. Damit waren auch die polnischen Seminaristen und Gymnasiasten einer außerordentlichen Belastung ausgesetzt, indem der gesamte Wissensstoff in einer ihnen nicht geläufigen und in der Regel nur unvollkommen beherrschten Sprache vermittelt wurde. Viele mußten ihren Ausbildungsweg unvollständig abbrechen[26]. Eine weitere Konsequenz war dann wiederum der fühlbare Mangel an polnisch sprechenden Lehrern und Geistlichen. Klagen wurden von preußischer Seite vor allem mit dem Argument zurückgewiesen, in einem deutschen Staatswesen sei es auch für fremdsprachige Bürger notwendig und nur zum Vorteil, wenn sie neben ihrer Muttersprache auch die Hauptlandessprache beherrschen lernten. Abgesehen davon, daß man dieses Ziel sinnvoller angestrebt hätte, wenn das Deutsche für die fremdsprachigen Schüler umfangreicher Unterrichtsgegenstand, aber nicht Unterrichtssprache gewesen wäre, wurde das offizielle Postulat wieder dadurch gestützt, daß allein das Deutsche Amts- und Geschäftssprache in der Provinz war. Nicht einmal Erlasse, Verordnungen und amtliche Bekanntmachungen von allgemeinem Interesse wurden zweisprachig publiziert[27], obwohl schon 1831 auf dem preußischen Provinziallandtag von deutscher (!) Seite eine entsprechende Bitte an den König herangetragen worden war[28].

---

23 *Hoffmann,* S. 40 ff. u. ö.; *Bukowski,* Pomorze Gdańskie, Wstęp, S. LIII.

24 *Łyskowski,* Beiträge, S. 17.

25 *Łożyński,* S. 43.

26 Łyskowski, der selbst Schüler des Conitzer Gymnasiums gewesen ist, berichtet, viele Schüler hätten wegen mangelnder Sprachkenntnisse den Stoff einfach nicht bewältigen können und jahrelang ohne Nutzen in derselben Klasse sitzen müssen. „Zwanzigjährige Quintaner mit vernagelten Köpfen und siechem Körper gehörten in Conitz zu den allgemeinsten Erscheinungen." — *Łyskowski,* Beiträge, S. 13. — Die Behauptung ist bei dem starken Engagement des Verfassers wahrscheinlich übertrieben, nicht aber gegenstandslos.

27 Nur in der explosiven Situation der Jahre 1848/49 hielt es die Regierung Marienwerder offensichtlich für angebracht, ihre warnenden Proklamationen auch in der Sprache zu publizieren, die von den Adressaten verstanden wurde.

28 Landtags-Verhandlungen, 9. Folge, S. 68. — Derselbe Landtag bat um die Einführung der polnischen Sprache an den Gymnasien in Conitz und Thorn: „In denjenigen Theilen Westpreußens, wo die polnische Sprache noch üblich ist, fehlt es an Officianten, Lehrern und Geschäftsmännern, welche neben der deutschen Sprache auch die polnische Sprache in dem Maaße in ihrer Gewalt haben, um sich in derselben vollkommen verständlich zu machen. Die dadurch entstehenden Mißverhältnisse und die Schwerfälligkeit des Geschäftsganges wird in jenen Gegenden häufig bemerkt und dürfte einigermaßen dadurch abgeholfen werden können, wenn in den Gymnasien zu Conitz und Thorn die polnische Sprache gelehrt und in den Lehrplan mit aufgenommen würde. Alsdann würde der zum Geschäftsmann, Lehrer oder zum Militär sich bildende Jüngling eine Gelegenheit erhalten, diese Sprache

Die von den preußischen Behörden in der Sprachenfrage geübte Praxis läßt trotz aller gegenteiligen Beteuerungen nur den Schluß zu, daß nicht Einstaatlichung der polnischen Bevölkerung, sondern Eindeutschung das Ziel war[29]. Ein mit der Untersuchung des Schulwesens und der Konfessionsverhältnisse im Kreise Flatow beauftragter Regierungsrat berichtete unter dem 25. 12. 1830 an das Kultusministerium: „Daß ungeachtet der Vermischung deutscher und polnischer Einwohner die letzteren noch immer die polnische Sprache beibehalten und deshalb noch immer Polen bleiben, hat seinen Grund lediglich in dem Umstande, daß die katholischen Geistlichen den Gottesdienst immer in polnischer Sprache abhalten. Wird nicht mit Nachdruck dahin gewirkt, daß nur deutsch-katholische Geistliche angestellt und diese angewiesen werden, wenigstens allmählich den Gottesdienst deutsch abzuhalten, so wird die Mehrzahl der polnischen Westpreußen noch immer Polen bleiben" [30]. Diese Worte stellen nicht nur die Meinung eines einzelnen Beamten dar, sondern entsprechen einem verbreiteten Consensus, dem z. B. auch Theodor von Schön verhaftet war. Daß der Oberpräsident seinem Germanisierungsziel auch pädagogische und schulpolitische Gesichtspunkte unterordnete und auf diesem sonst so hochgeschätzten und geförderten Gebiet nötigenfalls auch Einschränkungen zu machen bereit war, bewies er in der Auseinandersetzung um ein zweites katholisches Gymnasium. Die Notwendigkeit einer weiteren Gymnasialgründung war früh erkannt worden, und schon im April 1821 hatte die Regierung Marienwerder auf die günstigen Bedingungen, die Culm dafür bot, hingewiesen[31]. Auch der Oberpräsident setzte sich zunächst für die Errichtung einer zweiten höheren Lehranstalt ein. Er wollte sie in Strasburg ansiedeln, da dieses Gebiet der finsterste Teil beider Provinzen sei und einer Hebung des Bildungswesens dringend bedürfe. Die Funktion des geplanten Gymnasiums, das Schön als konfessionelle Simultanschule wünschte, definierte er in einem Bericht für den Kronprinzen und das Staatsministerium dahingehend, daß gerade in den Grenzprovinzen die deutsche Bildung „Wall und Waffe gegen das benachbarte Slaventum" sein müsse[32]. Demzufolge ließ sein Eifer in dieser Angelegenheit beträchtlich nach, als Bischof Mathy Anfang 1831 nach längeren Bemühungen die königliche Zusage für die Errichtung eines Gymnasiums in Culm

---

zu erlernen, um dadurch künftig sich persönlich mit dem Volke in Verbindung zu setzen, Zutrauen zu gewinnen und eigene Kenntnisse und Erfahrungen mitzutheilen." Ebd., S. 85. — Lauberts Anmerkung, der König habe sich ablehnend verhalten, „weil keine Ursache vorlag, um von der bisherigen Einrichtung abzuweichen" (ein indirektes Zitat der königlichen Antwort), ist nur eines von vielen Beispielen für seine weitgehende Identifikation mit der offiziellen preußisch-deutschen Politik. — *Laubert*, Westpreußen im 19. Jahrhundert, S. 137.

29 In einem Teil der deutschen Literatur wird bis in die jüngste Zeit das Gegenteil dieser These vertreten, ohne daß die Beweislast übernommen wird. Auch *Hoffmann* z. B. bleibt für seine Behauptung „Einstaatlichen wollte er [Theodor von Schön, P. B.] nicht volks-, sondern gesinnungsmäßig. Ähnlich wie Friedrich dem Großen ging es ihm nicht um Germanisierung, sondern um Kultivierung" (S. 30) den Beweis schuldig, indem er die Sprachenfrage im westpreußischen Schulwesen überhaupt nicht behandelt und höchstens beiläufig polnische Bemühungen auf diesem Gebiet als „gegenfüßlerische nationalpolnische Bewegung" abtut, die einer Aufwärtsentwicklung des Schulwesens hemmend im Wege gestanden habe. Ebd., S. 53.

30 Rep. A 181 Nr. 5091 S. 193 ff.

31 Zeitungsbericht vom 1. 5. 1821. — Rep. 2 II Nr. 2269 Vol. 1 Bl. 261 f.

32 Bericht vom 20. 6. 1829 (Entwurf). — Rep. 2 II Nr. 1969 Bl. 48 ff.; ähnlich Bl. 25 ff.

erhielt; denn damit war entschieden, daß es eine katholische Anstalt sein sollte, die entsprechend dem Bevölkerungsverhältnis im südöstlichen Regierungsbezirk Marienwerder überwiegend von polnischen Schülern besucht werden würde. Die Eröffnung zog sich bis 1837 hinaus, und obwohl in diesen Jahren ein weiteres Gymnasium immer dringender gebraucht wurde, schlug Schöns Haltung in direkte Ablehnung um, und er widersetzte sich dem Plan bis zum Schluß [33].

Diese Haltung, gestützt auf das 1815 von der Staatsregierung geschaffene Präjudiz, klammerte andere Lösungsmodelle, die dem Polentum etwa größeres kulturelles Eigengewicht und mehr Bewegungsfreiheit auf diesem Sektor zugestanden hätten, von vornherein aus. In die Richtung eines solchen Modells zielten z. B. die Vorstellungen des aus Westdeutschland stammenden, bei der Regierung Marienwerder tätigen Schulrates Kellner; man solle versuchen, Deutsche und Polen nicht als Gegensätze aufzufassen, „sondern nur polnischredende Preußen von deutschredenden zu unterscheiden" [34]. Die zunehmende Verschärfung des Nationalitätengegensatzes ließ solche Lösungsversuche dann auch immer aussichtsloser werden [35].

Die Vertreter der katholischen Kirche, d. h. in erster Linie die Bischöfe vom Ermland und Culm, nahmen zumindest bis zur Reichsgründung in der Sprachenfrage eine Haltung ein, die stärker an den tatsächlichen Verhältnissen und Notwendigkeiten orientiert war und andere Lösungsmöglichkeiten erkennen ließ. Die für Westpreußen bedeutendste Rolle spielte der Culmer Bischof Dr. Sedlag, der während einer mehr als zwanzigjährigen Amtszeit das Gesicht seiner Diözese entscheidend formte. Konnten sich die weltlichen Behörden bei der Auseinandersetzung mit der nationalpolnischen Partei auch unbedingt auf seine Loyalität verlassen, so verfocht der Prälat doch unbeirrbar den Gebrauch der polnischen Sprache im kirchlichen Leben, soweit dies nach den jeweiligen örtlichen Verhältnissen erforderlich war. Bei einem seiner Vorgänger, dem Weihbischof Wilkxycki, konnte der beharrliche Widerstand gegen die Einführung deutschsprachiger Gottesdienste noch mit dessen glühendem polnischen Patriotismus erklärt werden [36]; doch auch Sedlag verweigerte der Regierung Danzig 1836 eine allgemeine Verordnung über die Abhaltung deutschsprachiger Predigten in der Diözese. Dazu bestehe keine Veranlassung, da die meisten Katholiken und auch ein großer Teil der Pfarrer nur Polnisch verstünden [37]. Weil Sedlag die geistigen und staatsformenden Kräfte des Polentums sehr gering einschätzte [38], befürwortete auch er selbstverständlich die Ausbreitung deutscher Sprache und Kultur in seiner Diözese; es bestand für ihn

---

33 *Bork*, S. 55 ff.

34 Zitat nach *Hahn*, Sprachenpolitik, S. 10.

35 Es handelt sich um eine Scheinargumentation, wenn aus der innerpreußischen Regelung von 1815 abgeleitet wird, eine eigentliche Sprachenfrage wie im Großherzogtum Posen habe es in Westpreußen nicht gegeben, sondern es habe sich um „eine volkserzieherische Aufgabe" gehandelt, bei der es im wesentlichen darum gegangen sei, „die beste Methode ausfindig zu machen, um das Land endgültig mit dem übrigen Staate zu verschmelzen". — *Hahn*, Sprachenpolitik, S. 5.

36 Bericht von Schöns an Staatskanzler v. Hardenberg vom 3. Juni 1821 (Entwurf). — Rep. 2 II Nr. 2269 Vol. 1 Bl. 207 f. — Wilkxycki war von 1814 bis 1824 Administrator der Diözese Culm. Vgl. den biographischen Anhang.

37 Rep. 2 II Nr. 2146 Vol. 5 Bl. 13.

38 Siehe oben S. 39 ff.

jedoch kein Widerspruch darin, gleichzeitig im Hinblick auf die tatsächlichen Sprachenverhältnisse von seinen Klerikern die Kenntnis des Polnischen als unumgänglich notwendig zu fordern [39]. Mitteilungen und Veröffentlichungen für die Geistlichkeit und die Gläubigen wurden in den Bistümern Culm und Ermland von Anfang an zweisprachig publiziert. Nach Vorarbeiten seines Vorgängers Mathy führte Sedlag 1835 einen neuen polnischsprachigen Katechismus ein, nachdem die älteren Auflagen längst vergriffen waren [40], und 1840 konnte er dem Kultusministerium das Manuskript eines neuen polnischsprachigen Gesang- und Gebetbuches vorlegen [41]. Verständlicherweise wurden bei derartigen Neuredaktionen Lieder und Gebete für die polnische Nation und das Waffenglück der polnischen Krone eliminiert; zum großen Mißvergnügen nationalpolnischer Kreise, die gegen eine derartige ‚Kosmopolitisierung', wie sie es nannten, häufig polemisierten [42].

Bemühungen um die Förderung des Nachwuchses Polnisch sprechender katholischer Geistlicher stand der Bischof nicht nur wohlwollend gegenüber, sondern er ergriff auf diesem Gebiet auch selbst die Initiative. Seit 1852 wurden jährlich durchschnittlich sieben Schüler des Culmer Gymnasiums, die sich dem geistlichen Stand widmen wollten, durch Stipendien des bischöflichen Stuhls unterstützt. Außerdem aber hatte Sedlag schon 1836 in Pelplin eine Schule mit privatem Charakter ins Leben gerufen, die als Kathedral- und Singschule zunächst Knaben für die Meßdienste heranbilden sollte. Im Religionsunterricht und beim Kirchengesang wurde das Polnische von Anfang an mitbenutzt, später war es auch Lehrgegenstand und zum Teil Unterrichtssprache. Die inzwischen zum Progymnasium erweiterte Anstalt wurde 1864 durch Bischof von der Marwitz in „Collegium Marianum" umbenannt; es war die einzige Schule in Westpreußen, wo bis 1919 ohne Unterbrechung polnisch unterrichtet wurde [43].

Ähnlich wie in Westpreußen verhielt sich die Kirche in dieser Hinsicht im benachbarten Ostpreußen. In den litauischen Bezirken wandte sich der Klerus von Anfang an gegen alle Versuche, die Volkssprache zurückzudrängen [44]. Der polnische Forscher Obląk kommt sogar zu dem Schluß, die wohlwollende Haltung der ermländischen Bischöfe in der Sprachenfrage, die insgesamt der ihrer Culmer Amtsbrüder weitgehend entsprach, habe die Germanisierungsmaßnahmen der preußischen Regierung in hohem Grade paralysiert [45]. Beabsichtigt wurde ein derartiger Effekt von den Culmer Bischöfen gewiß nicht, wenn man auch den Einfluß des polnischen Teils der hohen Geistlichkeit in Pelplin auf die Entscheidungen der bischöflichen Curie nicht unberücksichtigt lassen darf; keinesfalls wollten die Prälaten nationalpolnischen Bestrebungen, unter welchem Vorzeichen auch immer, entgegenkommen. Da sie jedoch das Interesse der Kirche und ihre seelsorgerischen Pflichten allen kulturpolitischen Gesichtspunkten kompromißlos überordneten, konnte ihre Einstellung eigentlich nur auf die Schaffung

39 *Mańkowski,* Anastazy Sedlag, S. 52.
40 Ebd., S. 54.
41 Rep. 2 Tit. 20 Nr. 48 Vol. 3 Bl. 137; Rep. 2 II Nr. 2269 Vol. 1 Bl. 367 und 369.
42 z. B. Nadwiślanin Nr. 100/1861.
43 *Dąbrowski,* S. 44 ff.
44 *Forstreuter,* S. 331 f.
45 *Obląk,* S. 96.

Polnisch redender Preußen hinarbeiten, ein Ziel, das wegen der anders orientierten Regierungspolitik kaum zu erreichen war.

Die Benachteiligung der polnischen Sprache war seit 1848 ein wichtiges Argument der nationalpolnischen Agitation in Westpreußen, die in zunehmendem Maße nicht nur auf Gleichberechtigung, sondern auch auf Dissimilation der Sprachgruppen hinarbeitete[46]. Unzweifelhaft sind die Formen und Inhalte dieser Auseinandersetzung durch die preußische Sprachenpolitik hervorgerufen und gefördert worden. Andererseits dürfte jedoch sicher sein, daß sich der Nationalitätenkonflikt — soweit ein Kausalnexus überhaupt zu rekonstruieren ist — nicht an der Sprachenfrage entzündet hat. Entscheidender war hier der ökonomische Druck, dem die alte Oberschicht der nationalen Minderheit in zunehmendem Maße ausgesetzt war[47]. Folgenreich für die spätere Entwicklung dürfte die Sprachenpolitik vor allem insofern gewesen sein, als durch ihre Auswirkungen eine Hebung des wirtschaftlichen Niveaus und die soziale Integration des polnischen und kaschubischen Bevölkerungsteils erheblich erschwert wurden, obwohl doch die sozio-ökonomische Integration besonders der Bauern ein erklärtes Ziel der preußischen Politik war.

II.6 Die Dissimilation der Nationalitäten in der Adelsschicht. Adelsfamilien als Kristallisationskerne der nationalpolnischen Opposition

Im Juli 1833 bezeichnete Theodor von Schön in einem Bericht an den Kronprinzen die polnischen Gutsbesitzer als die einzige Schicht, die einer Germanisierung Westpreußens ernsthaft im Wege stehe. „... Friedrich der Zweite suchte durch überaus gnädiges Benehmen, durch Geschenke, durch große Meliorationen, die Zuneigung dieser polnischen Gutsbesitzer zu gewinnen, er kam aber noch vor seinem Tode zu der Überzeugung, daß, um Westpreußen wieder ganz deutsch zu machen, der Auskauf der polnischen Gutsbesitzer und die Errichtung deutscher Schulen die einzigen Mittel wären." Wenn in der Gegend um Conitz und Culm 1807 noch Insurrektionen ausgebrochen seien, folgerte Schön, so müsse man das wohl vor allem darauf zurückführen, daß nach dem Tode Friedrichs „jene beiden einzigen Radikalmittel" vernachlässigt wurden[1]. Tatsächlich hat Friedrich II. besonders in seinen letzten Regierungsjahren versucht, vor allem diejenigen polnischen Besitzer zu verdrängen, die nicht selbst in Preußen ansässig waren. Dabei hatten fiskalische Gesichtspunkte besonderes Gewicht[2].

46 Vgl. unten S. 151 ff.

47 Dazu das folgende Kapitel und unten S. 102 ff.

1 Rep. 2 II Nr. 1969 Bl. 70 ff. — Bericht vom 10. 7. 1833 (Entwurf).

2 Der König wollte v. a. verhindern, daß die Gütererträge ins Ausland abflossen. Am 7. Juni 1784 schrieb er an den Regierungspräsidenten von Schrötter in Marienwerder: „Und da hier im Lande noch sehr viele Gutsbesitzer sind, die ihre Revenues in Polen verzehren und die Ich deshalben gerne möchte los sein, so muß man sehen, wie das zu machen, daß sie ihre Possessiones hieselbst nach und nach verkaufen, damit wir sie ganz und gar los werden." — *Bär,* Westpreußen, Bd. II, Nr. 621; ähnlich Nr. 578 (KO vom 27. 10. 1782); Nr. 591 (KO vom 26. 2. 1783) u. ö.

Die von Schön unterstellte Motivation gilt dagegen nur bedingt. Sie entspricht schon der Situation des heraufziehenden Nationalitätenkonflikts und trifft in vollem Umfang für den Oberpräsidenten selbst zu. Eine Regierungspolitik nämlich, deren Ziel die vollständige Assimilation des fremdstämmigen Bevölkerungsanteils war, mußte konsequenterweise ihre besondere Stoßkraft gegen jene Gesellschaftsschicht richten, die nicht nur die politische Tradition der polnischen Adelsrepublik bewahrte, sondern auch das wirtschaftliche Rückgrat des Polentums bildete: den grundbesitzenden Adel.

Der Oberpräsident resumierte in dem oben zitierten Bericht seine eigene Tätigkeit mit dem Hinweis, der Auskauf der polnischen Gutsbesitzer habe zwar, solange er der Provinz vorstehe, noch nicht stattfinden können, „aber mit Beförderung des Schulwesens und mit Einführung einer durchaus geregelten Administration scheint den Polen bang und unheimlich zu Muthe geworden zu seyn, denn es haben vielleicht mehr als die Hälfte der polnischen Gutsbesitzer in dieser Zeit freiwillig (!) Westpreußen verlassen“ [3]. In Wirklichkeit war die starke Schrumpfung des polnischen Grundbesitzes in den zwanziger Jahren darauf zurückzuführen, daß die polnischen Besitzer besonders unter der großen Agrarkrise zu leiden hatten und viele ihre Güter zur Subhastation geben mußten. Eingesessene Polen machten später in erster Linie Theodor von Schön für das Ausmaß dieser Entwicklung verantwortlich. Indem er zu Beginn der Krise plötzlich die gesamten seit 1807 aufgelaufenen Zinsrückstände der Westpreußischen Landschaft eingetrieben habe, sei ein großer Teil der Gutsbesitzer im Culmer und Michelauer Land zahlungsunfähig geworden [4]. Das südliche Einzugsgebiet der Westpreußischen Landschaft — d. h. das Culmer und Michelauer Land und Teile des Netzedistrikts — war durch den Tilsiter Frieden mit insgesamt 5,75 Millionen Taler Pfandbriefschulden an das Herzogtum Warschau gefallen. Da die Regierung des Herzogtums am 20. 6. 1807 den Untertanen alle Zahlungen an Ausländer bei Strafe der Konfiskation untersagt hatte, wurden von den verschuldeten, überwiegend polnischen Besitzern bis 1815 überhaupt keine Zinsen abgeführt [5]. Die Kriegsfolgen und die bald darauf einsetzende Agrarkrise, bei der die Preise für landwirtschaftliche Produkte ins Bodenlose sanken [6], brachten dann viele in eine ausweglose Situation. Es ist nicht direkt nachzuweisen, ob der Oberpräsident diese Gelegenheit tatsächlich gezielt genutzt hat. Aber abgesehen von seinen selbst formulierten Maximen weist eine Reihe von Indizien darauf hin, daß die Entwicklungstendenz durch Schön zumindest gefördert und beeinflußt worden ist. Immerhin wurde seine Haltung nicht nur von nationalpolnischer Seite angegriffen. Der germanisierte und durchaus preußentreue Kgl. Kammerherr Graf Leibitz-Piwnicki klagt z. B. in seinen Erinnerungen, Theodor von Schön habe sich „als ein absoluter Gegner der polnisch-preußischen Geschlechter und der römisch-katholischen Religion ... schlagend bewährt ...“; durch „diplomatisch-staatsökonomische etc. Künsteleien“ habe er „zahlreichen polnischen Preußen ...

---

3 Bericht vom 10. 7. 1833, a. a. O.

4 *Sulerzyski,* I, Kap. IV; Teodor Donimirski, Eröffnungsreden zum 8. und 9. ‚Sejmik Gospodarski‘ in Thorn. — Roczniki Sejmików Gospodarskich, S. 271 ff. und 313 ff.

5 *Goeldel,* S. 46.

6 Vgl. oben S. 24 f.

unberechenbaren Schaden zugefügt" [7]. Die Mobilität des Grundbesitzes war zwar im gesamten preußischen Staat infolge der liberalen Agrarreformen erheblich gestiegen, während aber im benachbarten Ostpreußen von 1823 bis 1826 nur insgesamt 28 landschaftlich beliehene Güter zur Subhastation kamen [8], waren es in Westpreußen allein im Jahre 1826 immerhin 138 [9]. Staatliche Hilfsmaßnahmen kamen ganz überwiegend den deutschen Gutsbesitzern zugute. Mit Kabinettsorder vom 12. Januar 1828 bewilligte der König außerordentliche Stützungskredite für die Provinz Preußen in Höhe von rund 1 430 000 Talern. Davon flossen allein knapp 1 200 000 Taler nach Ostpreußen. Von den 230 000 Talern, die auf Westpreußen entfielen, erhielten polnische Gutsbesitzer insgesamt rund 45 000 Taler, obwohl sie Anfang der zwanziger Jahre der Zahl nach noch mindestens 50 % aller Gutsbesitzer ausmachten [10].

Die vorhandenen Unterlagen gestatten es nicht, die Besitzveränderungen während der zwanziger Jahre im einzelnen zu verfolgen, lassen jedoch über einen längeren Zeitraum einen ständigen Rückgang des polnischen Grundbesitzes in Westpreußen erkennen. Während sich um das Jahr 1800 364 Rittergüter in polnischen Händen befunden hatten [11], waren es 1858 — einschließlich der kaschubischen Anteilsgüter — noch 217 derartige Betriebe [12]; 10 Jahre später war die Zahl nach einer polnischen Bestandsaufnahme sogar auf 134 abgesunken [13]. Der Anteil der polnischen Besitzer an der Gesamtzahl der westpreußischen Rittergüter hatte sich demnach zwischen 1800

---

7 *Leibitz-Piwnicki,* S. 6. — Piwnicki stammte aus altem pommerellischen Geschlecht. Schon seine Eltern hatten ein gutes Verhältnis zum preußischen Königshaus. Er selbst war kgl. Page Friedrich Wilhelms II. gewesen. 1843 wurde er in den Grafenstand erhoben und stand seit dieser Zeit in persönlicher Korrespondenz mit dem preußischen Kronprinzen. In einem persönlichen Schreiben lobte der Prinz 1852 die loyale politische Haltung, die Leibitz-Piwnicki während der Revolutionszeit gezeigt hatte.

8 *Treue,* S. 162.

9 *Goeldel,* S. 47 f.; der Höhepunkt war 1827 mit 147 Subhastationen erreicht, aber noch 1835 wechselten immerhin 35 Güter auf diese Weise ihren Besitzer. — Ebd.

10 Außerdem gilt zu berücksichtigen, daß von der Summe allein ca. 26 000 Taler an die beiden national völlig indifferenten Besitzer Łyskowski/Bruch und Nostiz-Jackowski/Bielitz gingen. — Rep. 2 Tit. 22 Nr. 24 Bl. 18 ff. Die Aufstellung ist von Schön unter dem Datum des 4. 4. 1828 abgezeichnet worden. Die vollständige Zusammenstellung befindet sich im Anhang B, Tabelle VI.

11 *Ölrichs,* S. 205. Die Angaben beziehen sich allerdings auf den Umfang des damaligen Westpreußen, erfassen also nicht die 1815 vom Netzedistrikt abgetrennten und der Provinz zugeschlagenen Gebiete.

12 Errechnet nach den Ritterschaftsmatrikeln von 1858. — Rep. 2 II Nr. 1917 Vol. 4. — Die Zahlen haben ebenso wie die Ergebnisse der anderen Berechnungen nur Annäherungswert. Da bei einem großen Teil der infrage kommenden Familien die nationale Position nicht ausgemacht werden kann, wurden alle Besitzer mit polnischen oder kaschubischen Namen dem polnischen Grundbesitz zugerechnet. Dabei muß einkalkuliert werden, daß eine Reihe dieser Familien sprachlich bereits germanisiert war und sich dem Staat gegenüber loyal verhielt.

13 Roczniki Sejmików Gospodarskich, S. 143 ff.
Der Unterschied zu der für 1858 genannten Zahl wird weniger unwahrscheinlich, wenn man annimmt, daß Sierakowski die rund 45 kaschubischen Anteilsgüter und evtl. auch die voll germanisierten Besitzer nicht mit berücksichtigt hat.

und 1860 von ca. 65 % auf ca. 27 % verringert[14]. Die Daten lassen erkennen, daß sich die Exterminierung des polnischen Grundbesitzes nicht auf die Amtszeit Theodors von Schön beschränkte, sondern daß es sich dabei um einen mehr oder weniger kontinuierlichen Prozeß in der Epoche der preußischen Herrschaft handelte. Die Besitzveränderungen mußten freilich durchaus nicht immer durch direkte staatliche Eingriffe herbeigeführt werden. Im benachbarten Großherzogtum Posen erreichte es der Oberpräsident von Flottwell — übrigens ein Schüler und langjähriger vertrauter Mitarbeiter Schöns — durch eine geschickte Politik, daß der Gesamtanteil des polnischen Grundbesitzes zwischen 1832 und 1841 von ca. 79 % auf ca. 68 % sank[15]. Nur der geringere Teil des Besitzwechsels wurde über den 1833 eingerichteten staatlichen Güterbetriebsfond abgewickelt; größeren Erfolg hatte Flottwell, indem er „durch unermüdliches Werben für die Provinz in ihm bekannten Kreisen des finanzkräftigen Agrariertums und städtischer Kapitalisten und durch sein energisches Eintreten für die deutsche Sache überhaupt ... deutschen Käufern in dem polnischen Neuland eine erträgliche Existenz" verschaffte[16]. Auch in Westpreußen waren die Bodenverluste zu einem Teil darauf zurückzuführen, daß die polnischen Gutsbesitzer ihrer deutschen Konkurrenz ökonomisch unterlegen waren, weil ihnen die Umstellung von der feudalen auf die moderne agrarkapitalistische Wirtschaftsweise nur unter großen Schwierigkeiten gelang; das wurde auch von polnischer Seite durchaus eingestanden[17]. Aber auch hier waren die Gewichte insofern ungleich verteilt, als die Polen kaum auf auswärtige Kapitalhilfe rechnen konnten. Die Bewußtseinslage der Betroffenen wurde daher vor allem durch das Gefühl einer ständig wachsenden ökonomischen Bedrohung geprägt, die unwillkürlich zu einem Germanisierungssystem in Beziehung gesetzt wurde, das den Polen, wie es einer ihrer Führer formulierte, nur die Alternative ließ, „entweder deutsch zu werden oder zu verdummen, zu verarmen und verdrängt zu werden"[18]. Die Folge war, daß die Integration der gesellschaftlichen Oberschicht, die in Westpreußen über die Grenzen der Nationalität hinweg verhältnismäßig weit fortgeschritten war, allmählich wieder zurückging. Noch während des Novemberaufstandes hatten nur wenige Familien ein lebhaftes Interesse für die nationalpolnische Sache gezeigt, und umgekehrt hatten die deutschen Stände 1831 keinen Anstoß daran ge-

---

14 Auch für diese Angaben gelten die in Anmerkung 12 gemachten Vorbehalte.
Den weitesten Zeitraum umgreift die Untersuchung von *Kazimiera Jeżowa,* Der Grundbesitz in Weichselpommern zur Zeit der Teilungen Polens und vor dem Weltkriege (Weichselpommern bezeichnet ungefähr die Landschaft Pommerellen und das Culmer und Michelauer Land, also die Provinz Westpreußen ohne die Kreise Danzig, Elbing, Marienburg, Marienwerder, Stuhm, Rosenberg, Flatow, Deutsch Crone, Schlochau); danach waren 1772 von insgesamt 326 848 ha adligem Boden in diesem Gebiet nur 8 040 ha in deutschem Besitz. Bis 1894 ist der polnische Gutsbesitz auf 77 734 ha zurückgegangen, der deutsche Gutsbesitz auf 431 008 ha angewachsen. — Ebd., tabellarischer Anhang [Der Unterschied der Gesamtsummen erklärt sich dadurch, daß in der Zwischenzeit fiskalischer Besitz in private (deutsche) Hand übergegangen ist].

15 *Laubert,* Die nationale Zusammensetzung, S. 318 f.

16 Ebd., S. 316.

17 Vgl. unten S. 104.

18 *Łyskowski,* Curriculum vitae, S. 6.

nommen, für eine stärkere Berücksichtigung der polnischen Sprache einzutreten[19]. Unter dem Eindruck der schweren Bodenverluste und des gezielten Vorgehens von Flottwell in der Nachbarprovinz begann der polnische Gutsadel sich in den dreißiger Jahren unter dem Vorzeichen der Nationalität zu gruppieren. Die verstärkte nationale Bewußtseinsbildung erreichte dabei nicht nur bisher indifferente Kreise, sondern erstreckte sich sogar auf Familien, die schon germanisiert waren. Ein markantes Beispiel bieten die im Kreise Stuhm begüterten, sprachlich und kulturell bereits weitgehend vom Deutschtum assimilierten Donimirskis. Teodor Donimirski, seit 1848 eine der bedeutendsten Führerpersönlichkeiten des westpreußischen Polentums, hatte nach dem Besuch des Braunsberger Gymnasiums in Breslau, Bonn und Berlin Jura und Verwaltungswissenschaften studiert. Anschließend war er als Referendar im Verwaltungs- und Gerichtswesen in Marienwerder tätig. Seine Repolonisierung, stark gefördert durch seine zweite Frau Sofia Ślaska und deren Familie, setzte ein, als er 1833 die Familiengüter in Buchwalde übernommen hatte[20].

Auch im gesellschaftlichen Leben machte sich die zunehmende Dissimilation der Oberschicht bemerkbar. Im Winter 1836 fand ein von Karol Kalkstein/Pluskowens ausgerichteter Ball zum erstenmal ohne Beteiligung deutscher Gutsbesitzer statt, dafür aber — und das war ebenfalls ein Novum — mit polnischen Gästen aus dem benachbarten Königreich und dem Großherzogtum Posen. Das gleiche Bild bot eine Veranstaltung, zu der Natalis Sulerzyski 1840 nach Graudenz eingeladen hatte; die Bälle wurden zum Treffpunkt des polnisch gesinnten Adels[21].

Zahlenmäßig war diese Gruppe relativ schwach, und ihre Güter verteilten sich zudem in recht unterschiedlicher Dichte über die Provinz. Das Besitzgeflecht der nationalpolnisch orientierten Familien[22], das im Südosten des Regierungsbezirks

---

19 Siehe oben S. 49.

20 Vgl. die Biographien der Donimirskis im Anhang.
Auch Natalis Sulerzyski berichtet in seinen Erinnerungen, daß sein Vater noch persönlichen Verkehr mit dem Regierungspräsidenten von Hippel gehabt habe und sogar mit dem Roten Adlerorden 3. Klasse ausgezeichnet wurde, weil er drei Söhne zur Universität geschickt hatte, „was damals bei den polnischen Bürgern (obywatele) in Westpreußen nicht üblich war". *Sulerzyski,* Bd. I, Kap. II.

21 Ebd., Kap. VII. Daß diese Einrichtung beibehalten wurde, bekundet ein Artikel des ‚Nadwiślanin' aus dem Jahre 1861, in dem es u. a. heißt: „Auf euren Festen sind die Landsleute aus Kongreßpolen notwendige Gäste und umgekehrt . . .". Nadwiślanin Nr. 60/1861.

22 Es ist in einzelnen Fällen schwer zu entscheiden, ob man eine Familie der nationalpolnischen Bewegung zuordnen soll oder nicht. Nach Hroch sind alle Individuen, die sich bewußt, aus eigenem Antrieb und dauernd der Tätigkeit zur Unterstützung nationaler Interessen widmen und die Verbreitung des Nationalbewußtseins effektiv unterstützen, als aktive Teilnehmer der Nationalbewegung anzusehen. — *Hroch,* S. 22 f. In der Praxis läuft es jedoch bei Hroch stellenweise darauf hinaus, daß die Zugehörigkeit zu einem nationalen Stipendienverein oder das Abonnement einer nationalen Zeitung als ausreichende Bestimmungskriterien angesehen werden.
Es wird im Folgenden deutlich werden, daß für Westpreußen eine Gruppe ständig aktiver Nationalpolen ziemlich scharf abgegrenzt werden kann. Für die Zuordnung derjenigen, welche die nationalen Bemühungen nur durch zeitweiliges Engagement oder durch gelegentliche finanzielle Zuwendungen und Beherbergung von Emissären unterstützt haben, muß eine gewisse Flexibilität vorbehalten bleiben.

Marienwerder am stärksten war, kann durch eine Zusammenstellung der wichtigsten Güter verdeutlicht werden[23]:

Kreis Conitz	
Gr. Chelm	(Lewald-Jezierski)
Dombrowka	(Półczyński)
Kl. Komorze	(Półczyński)
Gr. Klonia	(Kossowski)
Lesno	(Lewald-Jezierski)
Schönfeld	(Wollschläger)
Kreis Schwetz	
Bellno	(Wollschläger)
Briesen	(Tucholka, seit 1834 bewirtschaftet von Stanisław Radkiewicz, Ehemann der Leokadia Tucholka)
Bukowiec	(Grafen Czapski)
Golluschütz	(Sadowski)
Kozlowo	(Zboiński)
Laszewo	(Lebiński)
Stonsk	(Lebiński)
Topollno	(Jezierski)
Kreis Culm	
Działowo	(Działowski)
Mgowo	(Działowski)
Kiewo	(Kobyliński)
Orłowo	(Mellin, seit 1835 Slaski)
Ostrowo	(Chrzanowski)
Gr. Trzebcz	(Slaski)
Uszcz	(Suffczyński)
Wabcz	(Wilkxycki)
Gr. und Kl. Wallicz	(Działowski)
Kreis Thorn	
Grabia	(Grafen Sumiński, seit 1834 Gräfin Gaschin, geb. Sumińska)
Kuczwalli	(Kalkstein)
Nawra	(Kruszyński)
Pluskowens	(Kalkstein)
Rynsk	(Wilkxycki)
Turzno	(Działowski)
Zakrzewko	(Mazowiecki)
Kreis Strasburg	
Bobrowo	(Lewald-Jezierski, seit 1843 Czapski)
Brynsk	(Czapski)
Czekanowo	(Karwatt, seit 1846 Narzymski)
Ciborz	(Mieczkowski)
Dzisno	(Wybicki)

23 Die folgende Aufstellung (nach Rep. A 181 Nr. 946 und Rep. 2 II Nr. 1917 Vol. 3 und 4 — Auszüge aus den Ritterschaftsmatrikeln) gibt den Besitzstand um 1840 wider. Sie stellt im Hinblick auf die Ausführungen in Anmerkung 22 kein vollständiges Verzeichnis des polnischen Grundbesitzes in Westpreußen dar. Die Namen der besitzenden Familien sind in Klammern zugefügt.

Gajewo	(Kossowski)
Komorowo	(Lewald-Jezierski, seit 1848 Sulerzyski)
Konojad	(Wybicki, 1838 in deutschen Besitz übergegangen)
Miliszewo	(Łyskowski)
Najmowo	(Ossowski)
Niewierz	(Wybicki)
Kl. Pulkowo	(Wysocki)
Piontkowo	(Sulerzyski)
Kl. Radowisk	(Rzepnikowski, seit 1852 Sulerzyski)
Swierczyn	(Lewald-Jezierski, seit 1839 Wybicki, seit 1854 Sulerzyski)
Sumowo	(Czapski)
Wlewsk	(Brzozowski)
Kreis Graudenz	
Bialoblott	(Karwatt, seit 1848 Narzymski)
Debenz	(Rybiński)
Nogath	(Kalkstein)
Sarnowken	(Kaweczyński)
Kreis Löbau	
Bielitz	(Nostiz-Jackowski)
Grzyslin	(Chrzanowski)
Linowiec	(Kaweczyński)
Zajonckowo	(Różycki)
Kreis Stuhm	
Buchwalde	(Donimirski)
Brosowken	(Donimirski)
Kl. Baumgart	(Łyskowski)
Hintersee	(Donimirski)
Hohendorf	(Donimirski)
Telkwitz	(Donimirski)
Gr. Waplitz	(Grafen Sierakowski)
Wilczewo	(Łyskowski)
Zyguss	(Donimirski)

Ein ganz anderes Bild bot der Regierungsbezirk Danzig. In den Kreisen der Weichselniederung war bei einer starken bäuerlichen, überwiegend mennonitischen Bevölkerung der ohnehin nur schwach vertretene adlige Grundbesitz nahezu ausschließlich in deutscher Hand. Der kaschubische Kleinadel andererseits kam in dieser Zeit als politisch aktives Element noch nicht in Frage. Seit der Errichtung des Culmer Kadettenhauses durch Friedrich II. versuchte der preußische Staat hier mit einigem Erfolg, einen Teil der jungen Männer für die Offizierslaufbahn im Heer zu gewinnen. Die durch Realteilung begünstigte Besitzzersplitterung konnte damit allerdings nicht aufgehalten werden, so daß gleichzeitig anderen, die völlig besitzlos geworden waren und landwirtschaftliche Lohnarbeit verrichten mußten, das Adelsprädikat aberkannt wurde[24]. Der kaschubische Adel stand dem preußischen Staat im großen und ganzen bis in die siebziger Jahre loyal gegenüber und zeigte kaum politische Aktivität im Sinne der nationalpolnischen Partei[25]. Für den Danziger Regierungsbezirk sind daher

---

24 In den Amtsblättern der Regierungen stößt man immer wieder auf Mitteilungen, einem Knecht oder einer Magd sei das Adelsprädikat aberkannt worden.

25 Noch 1862 beklagte der ‚Nadwiślanin' den Mangel an führenden Persönlichkeiten in den kaschubischen Kreisen Berent, Carthaus und Neustadt. Nadwiślanin Nr. 59/1862.

zunächst nur wenige Güter anzuführen; etwa Chwarznau (Schedlin-Czarliński), Gr. Klincz (Lewald-Jezierski) und Reknitz (Lewald-Jezierski) im Kreis Berent, Ober-Brodnitz (Lniski, später Tokarski) und Grabowo (Anteile Pawlowski und Grabowski) im Kreis Carthaus. Außergewöhnliche Bedeutung hatten aber vor allem die Güter der Familien Jackowski (Jablau und Lippinken) und Kalkstein (Klonowken) im Kreis Preußisch Stargard, von denen für lange Zeit beinahe ausschließlich die nationalen Impulse im nördlichen Teil der Provinz ausgingen; sie waren Mittelpunkte für das Polentum dieser Gebiete, unterhielten aber auch enge Kontakte zu den Zentren im Regierungsbezirk Marienwerder.

Der gesellschaftliche Verkehr mit dem Adel in den angrenzenden Gebieten des Königreichs Polen konnte in den dreißiger Jahren um so leichter intensiviert werden, als die Beziehungen dorthin nie ganz abgebrochen waren. Die vom preußischen Staat seit Friedrich II. erstrebte Auflösung der Besitzverbindungen[26] war noch immer nicht volle Wirklichkeit geworden; nach wie vor besaßen angesehene polnische Familien, vor allem im Culmer und Michelauer Land, Güter beiderseits der Grenze. Darüber hinaus entstanden neue Zusammenhänge durch die ebenfalls fortbestehenden oder durch Heiraten neu geknüpften Familienverbindungen[27]. Andere Kontakte resultierten be-

26 „... und was hiernächst die polnischen Edelleute sind, die bei uns Güter haben, so müssen sie sich nun erklären, was sie sein wollen, Polen oder Preußen. Und wollen sie Polen bleiben, so müssen sie ihre Güter bei uns verkaufen ...", Kabinettsorder vom 17. 1. 1781 an Kammerdirektor von Korckwitz in Marienwerder. — *Bär*, Westpreußen, Bd. II, Nr. 497.

27 Die vielfältigen bestehenden und neu entstehenden Verflechtungen können schon durch einige repräsentative Beispiele sichtbar gemacht werden:
Der Eigentümer der Nawraschen Güter im Kreis Thorn, Staatsrat Kruszyński, übersiedelte 1828 auf seine Besitzungen im Königreich, erhielt aber 1832 durch Oberpräsident von Schön die Erlaubnis, sich in Nawra wieder als preußischer Untertan niederzulassen, sobald er die Auswanderungsgenehmigung der polnischen Behörden vorweisen könne. — Rep. A 181 Nr. 4105 S. 185 ff. und 508. Das Gut Brynsk im Kreise Strasburg wurde 1826 durch Subhastation von dem polnischen Untertanen Franciszek Czapski erworben und von 1831—1836 durch dessen Sohn Alfons verwaltet. — Rep. A 181 Nr. 4107 S. 433 und 465, Nr. 4108 S. 207. Klein Pulkowo im Kreis Strasburg gehörte dem auf Dulsk, Gouvernement Płock, ansässigen Feliks Wysocki; es wurde 1845 von seinem Sohn Aleksander in Pacht genommen und bildete 1845/46 bei den Aufstandsvorbereitungen einen wichtigen Verbindungspunkt zwischen Westpreußen und dem Königreich. — Anklageschrift 1847. Mateusz Wilczewski, Angehöriger einer im Kreise Stuhm begüterten Familie, übernahm nach dem Tode seines Vaters das Gut Jastrzembie bei Lipno. Er mußte das Königreich 1831 verlassen, lebte bis 1848 in London und Paris und bemühte sich dann in Westpreußen mit Unterstützung seines Schwagers Jan Wybicki um Neuerwerbung des inzwischen verlorengegangenen Heimatrechtes. — Rep. 2 Tit. 30 Nr. 30 Vol. 5 Bl. 3 ff. Teodor Jackowski, Sohn des Landschaftsrates J. auf Jablau und Lipinken, Kreis Stargard, 1863/64 Beauftragter der Warschauer Nationalregierung, war seit 1857 Pächter des einem Onkel gehörenden Gutes Łapinóżek im Kreise Lipno. — Anklageschrift 1864. Von vier Brüdern der im Königreiche ansässigen Familie Benth waren zwei mit Töchtern des Gutsbesitzers Chrzanowski auf Ostrowo, Kreis Culm, verheiratet. Da eine der beiden Eheschließungen ohne ministerielle Erlaubnis erfolgt war, verweigerten die Behörden die gewünschte Naturalisation des Mannes, zumal ihnen die Etablierung einer neuen ‚spezifisch polnischen Familie' nicht wünschenswert erschien. — Rep. 2 Tit. 30 Nr. 30 Vol. 16 Bl. 461 ff.; Vol. 17 Bl. 233 ff.

sonders in den beiden ersten Dezennien nach dem Wiener Kongreß aus der schwierigen Situation des höheren Schulwesens. Bis 1837 existierte für die gesamte Provinz nur ein katholisches Gymnasium in Conitz. Wie die Regierung Marienwerder zugab, wuchs „aus diesem Mangel die Neigung der Gutsbesitzer des Culmer Landes, ihre Kinder in Polen erziehen zu lassen“ [28]. War für die jungen Männer die geistliche Laufbahn vorgesehen, so erhielten sie in der Regel auch ihre weitere Ausbildung und die Ordination in Seminaren des Königreiches [29].

Der gesellschaftliche Verkehr innerhalb des Adels bildete in dieser ersten Integrationsphase des westpreußischen Polentums die einzige Kommunikationsform auf überlokaler Ebene. Dieses noch nicht institutionalisierte Kommunikationssystem stellte die preußischen Polizeibehörden, die sich um eine Kontrolle der wachsenden nationalpolnischen Opposition bemühten, vor eine kaum zu lösende Aufgabe. Indem die Gutsbesitzer in der Regel nur polnisches Personal und polnische Arbeiter einstellten, konnten sie sich nach außen weitgehend abschirmen und eine polizeiliche Beobachtung sehr erschweren. „Bei der völligen Abgeschlossenheit von allem deutschen Umgange und Wesen, in welcher sich die größeren Gutsbesitzer polnischer Zunge, wie die zu Rynsk, Turzno, Pluskowens usw. mit ihrer gesamten ausschließlich polnischen Umgebung und Bedienung zu erhalten wissen, ist es schwer ... zu erfahren, was unter ihnen vorgeht, selbst wer bei ihnen aus und eingeht ...“ [30].

Den örtlichen Behörden waren zwar die zentralen und bedeutenden Adelsgüter wie z. B. Piontkowo, Rynsk, Pluskowens oder Jablau [31] durchaus bekannt, aber immer wieder klagten sie über mangelnde Überwachungsmöglichkeiten. Als ein Relikt der Feudalverfassung, das durch die preußischen Reformen nicht beseitigt worden war, lag nämlich die ländliche Polizeiaufsicht außerhalb der Domänen noch bei den Gutsherren, das heißt in diesem speziellen Falle „in den Händen derer, die selbst über-

---

28 Zeitungsbericht der Regierung Marienwerder vom 1. Mai 1821. Rep. 2 II Nr. 2269 Vol. 1 Bl. 201.

29 Bericht des Kapitularvikars Krieger an den neu gewählten Culmer Bischof Sedlag vom 18. 6. 1833. — *Panske*, S. 330. — Über das Verhältnis der westpreußischen Polen zu ihren Landsleuten jenseits der Grenzen s. *Böhning*, Westpreußisches Polentum und polnische Nation.

30 Landrat von Besser an Regierungspräsident von Nordenflycht, Bericht vom 22. 8. 1844. — Rep. A 207 Nr. 218 Bl. 155.

31 Rynsk, der Sitz des ‚Patriarchen‘ Jakób Wilkxycki, war lange Zeit das Zentrum des Polentums im Culmer und Michelauer Lande. Nahe der Grenze zum Königreich Polen gelegen, diente es zugleich als Verbindungsglied zu den dortigen Gutsbesitzern und war eine erste, stets offene Zufluchtsstätte für politische Flüchtlinge. Nach dem Tode Wilkxyckis ging der Besitz in die Hände seiner Tochter, der Gräfin Mielżyńska über, deren Pächter aber die besondere Stellung des Gutes für das Polentum wahrten.
Von ähnlicher Bedeutung waren Piontkowo, das Zentrum des ausgedehnten Güterkomplexes Natalis Sulerzyskis und Pluskowens, dessen Besitzer Karol Kalkstein nach dem Tode Wilkxyckis die Rolle des ‚Patriarchen‘, d. h. einer allgemein anerkannten Ältestenautorität des westpreußischen Polentums, übernahm. — *Sulerzyski*, Bd. I, Kap. VIII und XI.
Jablau im Kreise Stargard war besonders zu Lebzeiten des Landschaftsrates Hiacenty Jackowski (1805—77) der Koordinationspunkt aller Aktionen des Polentums im nördlichen Teil der Provinz.

wacht werden müssen"[32]. Aber selbst wenn zu außerordentlichen Mitteln gegriffen und etwa ein Polizeiposten direkt auf einem Gute stationiert wurde, war oft die „Überwachung des Gendarmen seitens der Gutsbewohner ... eine regere und gewandtere als jene, welche der Gendarm übte"[33]. Als daher in der zweiten Hälfte des Jahres 1848 der erste Versuch gemacht wurde, das Kommunikationswesen durch den Aufbau eines Organisationssystems zu versachlichen, konnten die bestehenden Besitz- und Personalverbindungen des Adels die notwendige Basis abgeben.

Will man die soziale Position der Adelsschicht, von der hier die Rede ist, genauer fixieren, so muß man sie insgesamt der mittleren Szlachta zuordnen. Ausgesprochener Latifundienbesitz war in Westpreußen nicht vertreten. Der größte zusammenhängende Güterkomplex, die ca. 80 000 ha umfassende Herrschaft Flatow, war 1819 vom preußischen Staat erworben und teilweise parzelliert worden[34]. In der Regel lag die Größe der Güter zwischen 500 und 5000 magdeburgischen Morgen. Ein Mann wie Natalis Sulerzyski, dessen Besitz auf dem Höhepunkt seiner wirtschaftlichen Erfolge rund 20 000 Morgen umfaßte, konnte sich zu den Vermögendsten zählen. Ausgeprägter Kleinadel dagegen war außerhalb der Kaschubei, wo bis zu zehn Familien ein mittelgroßes Gut anteilig bewirtschafteten, kaum zu finden.

Der polnische Forscher Bukowski vertritt die These, zwischen revolutionärem Proletariat und Landaristokratie (arystokracja ziemiańska) habe sich in Westpreußen um 1848 eine Art Mittelstand aus reichen Bauern, Kleinbürgertum, Teilen des Klerus, Bürgertum (Bourgeoisie) und der mittleren Szlachta gebildet, von dem in erster Linie die Losung der nationalen Solidarität ausgegangen sei[35]. Abgesehen davon, daß die sogenannte Landaristokratie, wie Bukowski selbst einräumt, in Westpreußen so gut wie nicht vorhanden war und auch der andere Pol im Spannungsfeld der Klassenkampfsituation, ein klassenbewußtes ländliches Proletariat, das ein revolutionäres Programm hätte verwirklichen können, sich zumindest vor der Reichsgründung kaum entwickelt hatte[36], läßt eine derartige Mittelstandskonstruktion m. E. die Proportionen im gesellschaftlichen Kräftefeld nicht deutlich genug hervortreten. Gewiß richteten sich die sozialpolitischen Vorstellungen der tonangebenden liberalen Kreise innerhalb der Szlachta auf den Aufbau einer bürgerlichen Gesellschaftsordnung. Unter

---

32 Der Strasburger Landrat von Young an Oberpräsident Eichmann am 2. 2. 1863. — Rep. 2 Tit. 30 Nr. 30 Vol. 12 Bl. 155 ff. Die durch die Verfassung von 1850 vorübergehend aufgehobene gutsherrliche Polizeiverwaltung wurde durch Gesetze vom 24. 5. 1853 und 14. 4. 1856 wiederhergestellt. — *Knaack,* S. 1 ff.

33 Landrat von Young an Regierung Marienwerder, März 1864. Rep. A 205 Nr. 153 Bl. 369 ff.

34 *Wurzbacher,* S. 197 ff.

35 Pomorze Gdańskie, Wstęp, S. XCVII ff. — Ähnlich *Pietrzak-Pawlowska,* passim.

36 Bezeichnenderweise führt Bukowski in dem Abschnitt ‚Der Klassenkampf auf dem Lande' (walka klasowa na wsi) nur Fälle an, in denen sich Landbewohner gegen wirtschaftliche Benachteiligungen und Schwierigkeiten wandten, die für sie vor allem im Zuge der Agrarreformen entstanden waren — jedoch auf legalem Wege, unter Anrufung der königlichen Gerichte oder der Abwicklungskommission. Pomorze Gdańskie, Wstęp, S. XXXVIII ff. und Dokumente Nr. 45 ff.
Zeitweilig auftretende Arbeiterunruhen blieben auf die Städte Danzig und Elbing mit ihrer rein deutschen Arbeiterschaft beschränkt.

der Losung der nationalen Solidarität, die soziale Spannungen innerhalb des Polentums neutralisieren sollte, zielte ihre Tätigkeit jedoch immer zugleich auf die Festigung und Neubegründung der ökonomischen und sozialen Führungsrolle des grundbesitzenden Adels.

Die Bemühungen um gesellschaftliche Exklusivität können deutlich an der gezielten Heiratspolitik beobachtet werden. Schon der Blick auf die genealogische Tafel einer einzigen Familie läßt die weitreichenden verwandtschaftlichen Beziehungen des nationalpolnischen Adels erkennen[37]. Die unangefochtene soziale und ökonomische Position, die innerhalb der preußischen Gesellschaftsstruktur nur noch gefestigt wurde, und das besondere, durch Tradition und Kommunikationsformen garantierte politische Gewicht boten der Szlachta weitgehende Möglichkeiten, ihre Führungsrolle für die Zukunft zu erhalten oder neu zu begründen.

---

37 Vgl. die Auszüge aus der genealogischen Tafel des westpreußischen Zweiges der Familie Kalkstein — Anhang B, Tabelle XII — und außerdem die vielfachen Hinweise im biographischen Anhang.

III. DAS POLENTUM WESTPREUSSENS IM VÖLKERFRÜHLING

III.1 Vorspiel — Der Aufstandsversuch der ‚Polnisch-Demokratischen Gesellschaft'[1]

Die revolutionären Ereignisse der Jahre 1848/49 bildeten für die nationalpolnische Bewegung im gesamten preußischen Anteil eine tiefe Zäsur. Einerseits ging die bürgerliche Revolution auch an der polnischen Gesellschaft[2] nicht spurlos vorüber. Sie machte einen bis dahin mehr oder weniger latent gebliebenen ökonomischen und sozialen Wandlungsprozeß sichtbar und gab verstärkte Impulse für eine Weiterentwicklung zur bürgerlich-kapitalistischen Gesellschaft. Andererseits wurden die revolutionären Errungenschaften der Presse-, Versammlungs- und Koalitionsfreiheit von der adlig-polnischen Führungsschicht genutzt, um die Nationalisierung der nichtadligen Bevölkerung einzuleiten. Der Prozeß vollzog sich innerhalb eines allgemeinen, mit der sozialen Revolution unlösbar verbundenen Anwachsens des Nationalismus in Europa.

Dieser Aspekt des nationalen Erwachens breiter Volksschichten wird besonders durch den — in der deutschen Historiographie wenig gebräuchlichen — Terminus ‚Völkerfrühling' betont, der daher auch als Leitwort über dem folgenden Abschnitt stehen soll. Damit wird zugleich eine Zeiteinheit gesetzt, deren Ende zwar mit dem endgültigen Scheitern der Revolution zusammenfällt, die es aber andererseits erlaubt, den Aufstandsversuch des ‚Towarzystwo Demokratyczne Polskie'[3] im Winter 1845/46 noch mit einzubeziehen. Zwischen diesen Vorgängen und den Aktionen des preußischen Polentums im März und April 1848 bestanden durchaus Verbindungslinien, wenn

---

1 Die ‚Polnisch-Demokratische Gesellschaft' (Towarzystwo Demokratyczne Polskie) ging nach dem Novemberaufstand aus der demokratischen Emigration in Frankreich hervor. Das Gründungsstatut datiert vom 17. März 1832. Mit dem Statut vom 5. Juli 1835 wurde die innere Organisation des Vereins endgültig geregelt. Die Gesamtgesellschaft gliederte sich in einzelne Sektionen; die laufenden Geschäfte und die Herausgabe einer Zeitschrift wurden von einem neun, später fünf Mitglieder umfassenden Gremium, der sogenannten Zentralisation (Centralizacja) erledigt. Sitz der Zentralisation war seit 1837 Poitiers, seit 1840 Versailles. Die Verbindung zu den Polen in der Heimat wurde durch ein gut funktionierendes Agenten- und Emissärsystem aufrechterhalten.

2 Wenn hier und im Folgenden von einer polnischen ‚Gesellschaft' im preußischen Staat die Rede ist, so wird damit der Sprachgebrauch in der polnischen Publizistik und in wirtschaftstheoretischen Schriften aufgenommen, in denen ‚społeczeństwo polskie' spätestens seit 1848 ein geläufiger Terminus ist. Definiert man Gesellschaft etwa grob als ‚System der sozialen und ökonomischen Beziehungen und Interaktionen einer Gruppe' und konfrontiert diesen Begriff mit der Realität, so stellt sein Gebrauch im hier gegebenen Zusammenhang eher ein Programm dar als die terminologische Fixierung eines tatsächlichen Zustandes; ein Programm, das auf absolute Dissimilation der Nationalitäten zielte, die als zwei selbständige Sozialsysteme nebeneinander existieren sollten und an dessen Ende natürlich die Eigenstaatlichkeit der polnischen Nation stand. Diese Einschränkung gilt durchgehend für den Gebrauch des Gesellschaftsbegriffes in der vorliegenden Arbeit, wenn auch Anfang der siebziger Jahre die Ansätze eines eigenen Kommunikations- und Wirtschaftssystems des Polentums deutlich zu erkennen sind.

3 Im folgenden abgekürzt TDP.

auch die hier hervortretenden bürgerlich-demokratischen Tendenzen bald darauf wieder verdeckt wurden.

Die Zentralisation des TDP arbeitete seit Anfang der vierziger Jahre auf eine Erhebung in allen drei Teilungsgebieten hin. Im preußischen Anteil konzentrierten sich die Bemühungen zwar auf das Großherzogtum Posen, aber auch die Provinz Preußen wurde in den Aktionsplan einbezogen. Am 20. November 1845 wurde Seweryn Elżanowski[4] zum obersten Agenten von Westpreußen ernannt mit dem speziellen Auftrag, dort den Aufstand organisatorisch vorzubereiten. Elżanowski hatte sich im Januar 1844 aus dem Königreich Polen nach Preußen abgesetzt, um dem Zugriff der russischen Polizei zu entgehen. Bald nach seinem Übertritt war er bei einem Aufenthalt in Posen für das TDP gewonnen worden, und er hatte sich seitdem in Ost- und Westpreußen als Werber betätigt. Bis Juni 1845 hielt er sich in Topollno (Kreis Schwetz) bei Frau Jeżewska auf, einer Verwandten seiner Mutter; anschließend beherbergte ihn Stanisław Radkiewicz auf Briesen (Kreis Schwetz). Entsprechend den Vorschriften der Zentralisation organisierte Elżanowski das für den Aufstand vorgesehene Gebiet in zehn Distrikten, in denen jeweils ein Kommissar die weiteren Vorbereitungen und die Durchführung des Aufstandes leiten sollte[5]:

1. Thorner Bezirk. Bestehend aus dem ganzen Kreis Thorn.
2. Schwetzer Bezirk. Bestehend aus den Kreisen Schwetz und Culm.
3. Stargarder Bezirk. Bestehend aus dem Kreis Stargard und der Gegend östlich bis zur Weichsel sowie der Kaschubei.
4. Graudenzer Bezirk. Bestehend aus dem ganzen Kreis Graudenz.
5. Conitz-Flatower Bezirk. Hauptsächlich die Tucheler Heide umfassend.
6. Strasburger Bezirk. Bestehend aus dem Kreis Strasburg und den angrenzenden Gebieten der Kreise Löbau, Rosenberg und Neidenburg.
7. Marienburger Bezirk. Bestehend aus dem ganzen Kreis Marienburg.
8. Johannisburger Bezirk. Hauptsächlich die Johannisburger Heide umfassend.
9. Bezirk der Gegend um Lyck.
10. Bezirk Ermland.

Aus der Instruktion für Elżanowski geht hervor, daß man in der Zentrale nicht damit rechnete, die gesamte Provinz Westpreußen insurgieren zu können, und der nationalen Lösung hier insgesamt nur geringe Werbekraft zubilligte[6]. Der durch die

---

4 Vgl. den biographischen Anhang.

5 Anklageschrift 1847, Severin von Elżanowski. — In der weiteren Durchführung sollten einzelne Aktions- und Sammelzentren für die von den Emissären gewonnenen Mannschaften geschaffen werden. Im Kreis Löbau wurde von der preußischen Polizei ein Emissär festgenommen, der eine genaue Aufstellung über die Zahl der Mannschaften und Pferde, die einzelne Güter des Strasburger Bezirks innerhalb 48 Stunden stellen könnten, bei sich trug. — Rep. A 207 Nr. 389 Bl. 126/27.

6 Die schriftliche Instruktion wurde von Elżanowski verbrannt. Ihr bei den gerichtlichen Untersuchungen rekonstruierter Anfang lautet etwa folgendermaßen: „Westpreußen, schon seit 1772 mit Preußen verbunden, kann aus Mangel an polnisch patriotischer Gesinnung der Bewohner im Ganzen für den Aufstand nicht vorbereitet werden. An demselben sollen diejenigen Theile der Provinz, in denen sich Deutsche in der Mehrzahl befinden, nicht Theil nehmen. Die Agitation kann in Ansehung des gemeinen Mannes nicht, wie es in den übrigen polnischen Landestheilen geschieht, durch die größtentheils der polnischen Nationalität entarteten Gutsbesitzer geschehen ...“. Anklageschrift 1847, Severin von Elżanowski.

Distrikteinteilung umrissene potentielle Agitationsraum bietet daher einige Aufschlüsse für die Einschätzung der Provinz durch das auswärtige Polentum und deutet auch schon auf die Schwerpunkte der Agitationstätigkeit späterer Jahre hin. Die tatsächlichen Aufstandsvorbereitungen sind schließlich nur in der Thorner Gegend und in den Kreisen Schwetz und Stargard zu einem gewissen Abschluß gelangt. Als jedoch die Polizei aufgrund gezielter Hinweise von polnischer Seite Anfang Januar 1846 eine Reihe der wichtigsten Personen verhaftete — Elżanowski wurde am 4. Januar festgenommen — und wie im Großherzogtum Gegenmaßnahmen einleitete, war auch hier der Aufstand schon vor seinem Ausbruch gescheitert. Lediglich im Kreise Stargard konnte der aus Königsberg herbeigeeilte Medizinstudent Florian Ceynowa, der spätere Führer der Kaschuben, zusammen mit dem jungen Józef Puttkamer-Kleszczyński in der Nacht vom 21. zum 22. Februar einen Trupp von rund hundert Mann vor die Stadt Stargard führen. Stadt und Garnison sollten im Handstreich genommen werden. Aber auch dieses Unternehmen schlug fehl, da die versammelten Bauern und Tagelöhner im letzten Augenblick die Gefolgschaft verweigerten [7].

Der Stellenwert dieser Vorgänge im Entwicklungsprozeß des Nationalitätengegensatzes in Westpreußen ist nicht so leicht zu bestimmen wie die Bedeutung des Geschehens der beiden Revolutionsjahre 1848/49. Immerhin zeichnen sich hier schon Konstellationen, Möglichkeiten und Schwächen der nationalpolnischen Bewegung ab, die in den kommenden Jahrzehnten bestimmend bleiben.

Nach dem Untersuchungsergebnis und dem Urteilsspruch des Berliner Kammergerichts ist der eingesessene Adel in Westpreußen kaum unmittelbar am Aufstand beteiligt gewesen [8]. Ernsthaft kompromittiert waren nur Jan Lebiński auf Stonsk (Kreis Schwetz) und dessen Sohn Ignacy, der einundzwanzigjährige Józef Puttkamer-Kleszczyński und der erst 1842 naturalisierte Stanisław Radkiewicz auf Briesen. Dennoch vertrat der mit der Untersuchung in den Grenzkreisen beauftragte Polizeipräsident Lauterbach die Ansicht, „daß sämtliche Gutsbesitzer des hiesigen Landestheils ... polnischer Abkunft“ zur Verschwörung gehörten oder zumindest von ihr wußten [9]. Die Gründung eines landwirtschaftlichen Vereins im Städtchen Briesen (Kreis Culm) nach Posener Vorbild, wo derartige Verbindungen Schnittpunkte der Aufstandsvorbereitungen waren [10], die Beherbergung reisender Emissäre sowie starke Reisetätigkeit und häufige Zusammenkünfte der eingesessenen Gutsbesitzer waren der Grund für derartige Vermutungen. Innerhalb kurzer Zeit wurden über hundert Personen in

7 Der äußere Ablauf des Geschehens ist wiederholt und ausführlich dargestellt worden; als Quelle standen und stehen jedoch nur die preußischen Polizeiakten und die Anklageschrift des Staatsanwalts zur Verfügung. — *Laubert,* Das Übergreifen der Posener polnischen Aufstandsversuche; *ders.,* Westpreußen und die polnischen Aufstandsversuche; *Kieniewicz,* Wielkopolska i Prusy Zachodnie; Pomorze Gdańskie, Wstęp, S. LXVII ff.; *Cieślak,* Walka chłopów pomorskich, passim.

8 *Laubert,* Das Übergreifen, S. 261 f.

9 Ebd., Seite 248. — Bericht vom 8. 1. 1846 an den Innenminister von Bodelschwingh.

10 Die Gründungsversammlung fand am 9. 12. 1845 statt. Am 27. 1. 1846 teilte die Regierung Marienwerder dem vorläufigen Vorstand jedoch mit, bei der augenblicklichen Unruhe unter der polnischen Bevölkerung könne die Gründung eines Vereins, an der „ausschließlich polnische Gutsbesitzer Theil genommen haben“, nicht genehmigt werden. — Rep. A 181 Nr. 1294 Bl. 3.

Graudenz inhaftiert; unter ihnen so angesehene Männer wie der Generallandschaftsrat Tomasz Czapski auf Bobrowo und dessen Sohn Józef, Landschaftsrat Franciszek Donimirski auf Hohendorf, Ksawery Działowski auf Mgowo und Natalis Sulerzyski auf Piontkowo. Die meisten der Verhafteten mußten indes wegen völligen Mangels an Beweisen bald wieder freigelassen werden. Es kann zwar mit gutem Grunde angenommen werden, daß die Mehrzahl der Gutsbesitzer von den Aufstandsvorbereitungen wußte, offen bleibt jedoch, wie stark sie tatsächlich direkt daran beteiligt waren. Ein aktives Engagement konnte einmal durch die Einschaltung der in der Provinz weilenden politischen Flüchtlinge vermieden werden, deren prozentualer Anteil an dem Unternehmen auch tatsächlich hoch war; außerdem ist fraglich, ob sich der grundbesitzende Adel überhaupt mit dem sozialpolitischen Programm des ‚Towarzystwo Demokratyczne' identifizierte.

Die neuere polnische Forschung neigt dazu, diese sozialpolitischen Forderungen als Scheinprogramm abzutun, das im Grunde nur die Aufgabe gehabt habe, die bäuerlichen Massen für die Ziele eines eigentlich vom Adel gesteuerten Unternehmens zu mobilisieren [11]. Gewiß war es ein bürgerlich-demokratisches Programm, das die politische Ungleichheit beseitigen, nicht aber die Klassenstruktur der Gesellschaft aufheben wollte — darauf hat Marx bereits zwei Jahre später hingewiesen [12]. Dessen ungeachtet galt der Aufstand in den konservativen Kreisen Europas aber durchweg als ‚kommunistisch' [13], und man kann daher mit einiger Sicherheit annehmen, daß die Forderungen nach „Verleihung des ihm [dem Volke] entrissenen Landes zum unbedingten Eigenthum" und nach „Zulassung Aller, ohne Rücksicht auf Herkunft oder Glauben, zur Theilung aller Vortheile" [14] vom polnischen Adel Westpreußens als direkte Bedrohung der eigenen Position angesehen wurden. Sulerzyski, dem bei seiner Festnahme 1846 zur Last gelegt wurde, er habe Elżanowski und andere Emissäre in seinem Hause beherbergt, war einer der wenigen, die sich zu den Zielen des TDP bekannten; er geriet dadurch in zunehmende Isolierung von seinen Standesgenossen und schuf sich selbst in den Reihen der nationalpolnischen Partei erbitterte Gegner [15]. Wahrscheinlich ist das geringe Engagement des westpreußisch-polnischen Adels nur bedingt mit einer Zurückhaltung aus taktischen Gesichtspunkten zu erklären. Paralysierend wirkte vor allem der von jetzt an immer wieder auftretende Zwiespalt zwischen dem Streben nach nationaler Erneuerung mit Hilfe aller Bevölkerungsschichten und der Furcht vor tiefgreifenden sozialen Veränderungen, die bei einer derartigen Mobilisierung drohten. Über die Stärke oder Schwäche der nationalpolnischen Bewegung bei der westpreußischen Szlachta sagt die Zurückhaltung der Gutsbesitzer bei diesem Unternehmen daher kaum etwas aus [16].

---

11 *Cieślak*, Walka chłopów, Seite 37 ff.; *ders.*, O niektórych konfliktach, S. 376 f.

12 Rede zum Jahrestag des Krakauer Aufstandes am 22. Februar 1848.

13 *Jablónski*, S. 92.

14 Aus dem Manifest des ‚Towarzystwo Demokratyczne Polskie' vom 4. 12. 1836. — *Knorr*, Anlage 1.

15 *Sulerzyski*, Bd. I, Vorrede, Kap. VIII u. ö. Vgl. außerdem unten S. 113.

16 Laubert wertet dieses Faktum als direktes Indiz für das zu diesem Zeitpunkt erst sehr schwach entwickelte nationalpolnische Bewußtsein aller Gesellschaftskreise in Westpreußen. — *Laubert*, Das Übergreifen, S. 263 ff.

Leider gibt das verfügbare Quellenmaterial keine Aufschlüsse darüber, ob die geringe Beteiligung der Geistlichkeit ebenfalls mit auf die Tatsache zurückzuführen ist, daß der Aufstand von der Demokratischen Gesellschaft organisiert wurde. Insgesamt waren nur sechs Kleriker auf irgendeine Weise belastet. Die Pfarrer Pomieczyński, Bojanowski und der Vikar Kandyba wurden von der Anklage wieder entbunden, und von den anderen drei Pfarrern Cielsdorf, Tułodziecki und Łobodzki hatte sich zumindest der erste nur durch Mitwisserschaft schuldig gemacht. Allerdings dürften auch die entschiedenen Äußerungen des Bischofs von Culm viel zur allgemeinen Zurückhaltung des Klerus beigetragen haben. Nach einer ersten Mahnung mit einem Zirkular vom 4. Januar 1846 wandte Sedlag sich am 3. Februar erneut an die Geistlichkeit seiner Diözese. Er habe leider feststellen müssen, „daß ... nicht bloß katholische Gemeindeglieder bereits verführt worden" seien, sondern daß auch Geistliche „uneingedenk ihrer hohen und heiligen Verpflichtung ... sich soweit vergessen haben, dergleichen Umtriebe zu begünstigen und zu befördern" [17]. Der Bischof verlangte unbedingte Loyalität gegenüber dem Staat und forderte folgerichtig dazu auf, alles, was man über Umsturzvorbereitungen erfahre, dem Polizeipräsidenten zu melden [18].

Den interessantesten Aspekt der Vorgänge in Westpreußen bietet das Verhalten der Landbevölkerung. Daß mit nationalpolnischen Parolen allein nichts ausgerichtet werden konnte, war z. B. in der Instruktion für Elżanowski deutlich genug formuliert worden. Hier mußte das Argument einer Bedrohung des katholischen Elementes zur Hilfe genommen werden; außerdem aber versuchte man, die notleidenden landlosen Einlieger und Arbeitsleute mit dem sozialreformerischen Programm des ‚Towarzystwo Demokratyczne' zu gewinnen. Wenn auch die Resonanz in dieser Hinsicht relativ schwach blieb, so wurde doch deutlich, daß sich für die Zukunft Ansatzpunkte einer gezielten Agitation boten. In der Tucheler Heide z. B., die 1846 von den Emissären und Werbern nicht mehr erreicht worden war, brachte Elżanowski im Frühjahr 1848 immerhin einen Trupp von 300 Sensenmännern, 100 Schützen und 60 Reitern zusammen, mit dem er ins Großherzogtum Posen einrückte [19]; vor allem aber zeigt das Unternehmen gegen Stargard, daß die düstere wirtschaftliche Lage der Landbevölkerung dem Entwurf eines demokratischen, bauernfreundlichen Polens eine gewisse Werbekraft verlieh. War es doch gelungen, eine Gruppe von rund hundert Leuten zusammenzubringen [20], die sich erst im letzten Augenblick von dem Unternehmen

---

17 Rep. A 207 Nr. 389 Bl. 106 f. — Am 5. März folgte ein deutsch-polnischer Hirtenbrief an die Gläubigen — ebd., Bl. 151 f. — und am 12. März ein weiteres Zirkular an den Diözesanklerus — ebd., Bl. 177 f.

18 Mańkowski vertritt die Auffassung, Sedlag sei mit dieser Forderung zu weit gegangen — Anastazy Sedlag, S. 60; m. E. war es jedoch nur konsequent, wenn der Bischof, indem er ein echtes Loyalitätsverhältnis seines Klerus zum preußischen Staat voraussetzte, auch verlangte, bei einer Gefährdung des Staates aktiv für ihn tätig zu werden, soweit sich Möglichkeiten dazu boten.

19 *Cieślak*, Walka chłopów, S. 65.

20 Bukowski will aus einem Zeitungsartikel der ‚Allgemeinen Politischen Zeitung für die Provinz Preußen' sogar auf die Existenz zweier weiterer Trupps von mehreren hundert Mann schließen, die aus den Kreisen Berent/Carthaus bzw. Bütow auf dem Marsch nach Stargard gewesen sein sollen — Pomorze Gdańskie, Wstęp, S. LXXII. Diese Hypothese wird schon von Cieślak angezweifelt, der darauf hinweist, daß derartige Bewegungen der

zurückzogen, weil ihnen keine konkreten Zusagen für zukünftigen Landbesitz gemacht wurden. Bemerkenswert ist dabei besonders, daß dieser Einbruch in die Landbevölkerung ausgerechnet in der Kaschubei gelang, wo eine national-polnische Bewußtseinsbildung sicher am wenigsten fortgeschritten war[21].

Obwohl der Aufstand an keinem Punkte der Provinz wirklich zum Ausbruch kam und eigentlich auch an den von der Zentralisation gesetzten Schwerpunkten nur rudimentär organisiert war, führten die Vorgänge doch zu einer merklichen Verschärfung des Nationalitätengegensatzes. Besonders das Stargarder Attentat, wie das Unternehmen von deutscher Seite genannt wurde, senkte sich tief ins allgemeine Bewußtsein. Nach einem landrätlichen Bericht war noch 1863 allenthalben die Erinnerung daran wach. Einer der Anführer, der junge Puttkamer-Kleszczyński, war Neffe und Mündel des Landschaftsrates Jackowski auf Jablau, des engagiertesten Polen im Danziger Regierungsbezirk, und der ebenfalls stark kompromittierte Geistliche Łobodzki war Ortspfarrer in Klonowken, einem Gute der Kalksteins, der zweiten ausgesprochen nationalpolnisch orientierten Familie im Stargarder Kreis. Trotz der Zurückhaltung des Adels trieben daher auch diese Vorgänge die Dissimilation in der oberen Gesellschaftsschicht voran, zumal die entstandenen Spannungen durch die Entwicklung im Revolutionsjahr 1848 schnell verstärkt wurden. Nach Meinung des Stargarder Landrates wurde schon 1846 „zwischen den polnischen größeren Grundbesitzern ... und den deutschen Besitzern und Beamten“ eine Kluft aufgerissen, die sich im Laufe der Jahre so erweiterte, „daß jeder gesellige Verkehr abgeschnitten“ wurde[22].

III.2 Erste Reaktionen auf den Ausbruch der Märzrevolution

Die Impulse, durch die das westpreußische Polentum im März 1848 in Bewegung geriet, gingen von Berlin und Posen aus. Am 20. März erhielten die im Polenprozeß Verurteilten durch königliche Amnestie ihre Freiheit zurück. Sogleich beauftragte Mierosławski Seweryn Elżanowski, in Westpreußen die Vorbereitungen zur militärischen Aktion gegen Rußland einzuleiten[1]. Elżanowski traf nach wenigen Tagen, zusammen mit den ebenfalls befreiten Tułodziecki, Radkiewicz und Puttkamer-

---

preußischen Polizei unmöglich verborgen geblieben und damit auch sicher erwähnt worden wären — *Cieślak*, Walka chłopów, S. 60 f. Außerdem bliebe es völlig unverständlich, daß sich ein Zug von über hundert zum Aufstand entschlossener Männer von einem preußischen Wegebeamten hätte zurückweisen lassen, wie Bukowski ihr Ausbleiben motiviert.

21 Allerdings dürfte das Moment der religiösen Bedrohung bei der Mobilisierung doch eine größere Rolle gespielt haben, als es die polnisch-marxistischen Forscher wahr haben wollen, die m. E. den sozialrevolutionären Charakter des Unternehmens über Gebühr hervorheben; die vorhandenen Quellen lassen eine derartige Eindeutigkeit jedenfalls nicht erkennen. Über die Entwicklung in der Kaschubei siehe unten Seite 188 ff.

22 Rep. A 180 Nr. 2087 S. 19 ff. — Bericht des Stargarder Landrates an die Regierung Danzig vom 11. 2. 1863.

1 *Kieniewicz*, Społeczeństwo Polskie, S. 195 ff.; *ders.*, Wielkopolska, S. 86 ff. Soweit die Ausführungen dieses Kapitels sich nicht auf schon vorhandene, durchgehend aber sehr summarische Darstellungen stützen, liegen ihnen v. a. folgende Akten zugrunde: Rep. A 181 Nr. 1456, 1458, 4154; Rep. 2 Tit. 30 Nr. 30 Vol. 1 und 2.

Kleszczyński, in der Provinz ein. Besonders durch die Tätigkeit Elżanowskis, Sulerzyskis und Tołodzieckis entstand zunächst ein gewisser Zusammenhang mit den Vorgängen im Frühjahr 1846, zumal Mierosławski in seinen strategischen Plänen den westpreußischen Grenzgebieten wiederum die Rolle einer Sammel- und Aufmarschbasis gegen Rußland zugedacht hatte. Darüber hinaus ist allerdings eine direkte Einflußnahme des ‚Towarzystwo Demokratyczne' diesmal nirgendwo nachzuweisen. Erfuhren dessen Forderungen nach Aufhebung bäuerlicher Lasten und allgemeiner Landverteilung schon im Großherzogtum beträchtliche Einschränkungen in den Proklamationen des Nationalkomitees[2], so ließ die polnische Partei in Westpreußen diese Frage zunächst ganz aus dem Spiel[3].

Diesmal nämlich ergriff der einheimische landbesitzende Adel, den sein ökonomisches Interesse daran hinderte, die Bauernfrage im Nationalitätenkonflikt auszuspielen, die Initiative. Am 25. März formierte sich unter der Führung Sulerzyskis und A. Wysockis nach Posener Vorbild ein ‚Provisorisches National-Komitee für Westpreußen' (Tymczasowy Komitet Narodowy Prus Zachodnich). Kas Komitee trat alsbald mit einem Aufruf „an die polnischen Brüder polnischen Landes unter dem Namen Westpreußen" hervor[4]. Bei der relativ großen Unaufgeschlossenheit der polnischen Bevölkerung dürfte diese Proklamation auf die deutschen Einwohner und die preußischen Behörden eine stärkere — allerdings negative — Wirkung ausgeübt haben als auf die eigentlichen Adressaten. Schon die einleitende Feststellung, das Großherzogtum Posen sei den Polen ohne Blutvergießen durch Billigkeit und Sympathie des deutschen Volkes bereits zurückgegeben worden, war eine allzu weit gehende, wahrscheinlich vom Enthusiasmus des Augenblicks inspirierte Auslegung des königlichen Reorganisationsversprechens vom 24. März. Noch hinderlicher für eine weitere Zusammenarbeit mit der deutschen Bevölkerung mußten aber trotz aller Brüderlichkeitsparolen die Feststellungen über den polnischen Charakter der Provinz und das hiermit verbundene politische Programm sein. „. . . was Westpreußen betrifft, so ist noch nichts bestimmt worden, obwohl auch dieses zu unserem gemeinsamen Vaterland Polen gehört . . . In unserer Provinz überwiegt nämlich die polnische Nationalität mit Ausnahme einiger Städte und einem kleinen Anteil ländlicher Bevölkerung, die deutsch spricht." Ignacy Łyskowski sei als Abgesandter des westpreußischen Polentums beauftragt worden, die Frankfurter Nationalversammlung darauf hinzuweisen, „daß hier Polen leben und beinahe ausschließlich Polen, die ihr Vaterland und ihre Nationalität ebenso lieben wie ihre Brüder im Großherzogtum Posen". Das Nationalkomitee hatte seine Aktionsbasis hauptsächlich in den südöstlichen Kreisen des Regierungsbezirks Marienwerder, und es mag sein, daß den Verfassern des Aufrufes vor allem die dortigen Bevölkerungsverhältnisse vor Augen standen[5]. Nichtsdestoweniger argu-

2 *Kieniewicz,* Wielkopolska, S. 98.

3 Es kam auch in Westpreußen verschiedentlich zu Unruhen unter der bäuerlichen Bevölkerung und zu Versuchen, die Abgaben und Steuerzahlungen einzustellen. — Vgl. Pomorze Gdańskie, Wstęp, S. LXXV f. — Diese Bewegungen trugen jedoch keine nationalpolnischen Züge und erfaßten polnische, kaschubische und deutsche Teile der Landbevölkerung.

4 Originaltext in Rep. 2 Tit. 30 Nr. 30 Vol. 1 Bl. 57.

5 Ein deutsches Gegenstück zu dieser Proklamation bildet ein am 14. April erlassener Aufruf des Deutsch Croner Landrates, der für den Verbleib des Kreises und des übrigen Netze-

mentierte und forderte man für die ganze Provinz. Auch in der ersten überschäumenden Begeisterung des Völkerfrühlings erwies sich das historisch-etatistische Denken, das trotz aller Forderungen nach Selbstbestimmung der Völker und Nationalitäten auf die Wiederherstellung eines polnischen Staates in den Grenzen von 1771 gerichtet blieb, als vorherrschend. In einer direkten Reaktion machte daher schon am 30. März der in Thorn veröffentlichte Aufruf eines ‚Deutschen Komitees in Westpreußen' „An die deutschen und polnischen Brüder der preußischen Lande" die Polen auf ihre widersprüchliche Haltung aufmerksam und forderte sie auf, auch den deutschen Bewohnern Westpreußens gegenüber nach dem Grundsatz der nationalen Selbstbestimmung zu handeln[6]. Die proklamierte deutsch-polnische Einigkeit als Grundlage eines gemeinsamen Feldzuges gegen den moskowitischen Erbfeind stand dadurch von Anfang an auf schwachen Füßen, denn der Gedanke einer Abtretung Westpreußens oder auch nur von Teilen desselben fand — abgesehen von der revolutionären Linken — auch bei den deutschen Demokraten und Liberalen wenig Raum[7]. Von der deutschen Bevölkerung der Provinz selbst konnte, wie im benachbarten Großherzogtum, nur entschiedener Widerstand erwartet werden.

Am 28. März fand eine von Karol Kalkstein einberufene Volksversammlung in Briesen statt, deren Verlauf als typisch für die damalige Situation angesehen werden kann[8]. Der Einladung waren rund hundert Gutsbesitzer sowie einige hundert Beamte, Bürger, Bauern, Tagelöhner und Dienstleute beider Nationalitäten gefolgt. Zur Beratung standen ein deutsch-polnischer Bruderbund und die allgemeine Volksbewaffnung. Es kam jedoch schnell zu Unstimmigkeiten, und der größte Teil der Deutschen verließ die Versammlung. Nach Darstellung Sulerzyskis zogen sie sich zurück, als der Regierungsrat Anz aus Marienwerder eintraf und Bedenken gegen die Kompetenzen der Versammlung für eine allgemeine Volksversammlung vorbrachte; Anz selbst berichtet in seinem Pro memoria für die Regierung, die deutschen Teilnehmer hätten ursprünglich geglaubt, es sei an eine Volksbewaffnung zur Aufrechterhaltung von Ruhe und Ordnung gedacht, hätten aber von einer Rüstung gegen Rußland nichts wissen wollen[9].

---

gebietes bei Preußen eintritt. Die Forderung wird u. a. mit der Behauptung begründet, die westpreußische Bevölkerung bestehe zu $^7/_8$ aus Deutschen und nur zu $^1/_8$ aus Polen; ein Anspruch auf das Land aber könne nicht aus früherem Besitz abgeleitet werden, sondern gründe sich auf Sitte, Gewohnheiten, Sprache und soziale Verhältnisse. — Rep. A 181 Nr. 1456 Bl. 96 f. Ähnlich der Aufruf der Danziger Bürgerschaft „an die deutschen und polnischen Einwohner Westpreußens" vom 8. April. — Pomorze Gdańskie, Dokument Nr. 126.

6 Rep. A 145 Nr. 37 Bl. 26 f.; abgedruckt auch in Pomorze Gdańskie, Dokument Nr. 124.

7 Dazu unten S. 79 f.

8 Über den Verlauf der Versammlung und die darauf folgenden Ereignisse liegen Berichte von polnischer und deutscher Seite vor: *Sulerzyski*, Bd. I, Kap. VIII; Pro memoria des Regierungsrates Anz, der sich im Auftrage des Regierungspräsidenten von Nordenflycht als Beobachter im Culmer Lande aufhielt. — Rep. A 181 Nr. 1456 Bl. 102 ff.

9 Der einzige, mir bekannt gewordene Fall einer gewissen Bereitschaft, die Polen gegen Rußland zu unterstützen, stammt für die Provinz Preußen aus Königsberg. Ein deutschsprachiger Aufruf der beiden Demokraten Carl Passarge und Julius Pisarski vom 6. April fand schon am nächsten Tage lebhaften Widerhall, indem sich mehrere hundert Personen in die ausliegenden Listen eintrugen. Wirklichkeit ist das Projekt einer Freischar indes nicht geworden. — Rep. 2 Tit. 30 Nr. 30 Vol. 1 Bl. 248 ff.

Obwohl das Posener Nationalkomitee, mit dem Sulerzyski in Verbindung stand, zumindest vorläufig eine Zusammenarbeit mit der deutschen Bevölkerung wünschte, sahen sich die Polen daher bereits jetzt auf sich selbst verwiesen. Das von der Briesener Versammlung gewählte Komitee zur Organisation der Volksbewaffnung in Westpreußen setzte sich dementsprechend nur aus Polen zusammen, nämlich Elżanowski, Tułodziecki, Sulerzyski, dem ehemaligen Major in polnischen Diensten Korewa und dem Graudenzer Schiffer Zakrocki. Da Sulerzyski vom Posener Komitee zum Generalorganisator für die Bewaffnung Westpreußens ernannt worden war, lag die weitere Planung vor allem in seinen Händen. Er blieb indes erfolglos. Schon seine Versuche, an den folgenden Tagen die Bewaffnungspläne in Gollub und Strasburg zu verwirklichen, scheiterten am Widerstand der Behörden und am Unwillen der polnischen Bevölkerung. Wenn man den Berichten preußischer Beamter glauben darf, mußte Sulerzyski sogar — ebenso wie Zakrocki in Graudenz — vor einer wütenden Volksmenge geschützt werden.

Dennoch waren die Mobilisierungsversuche zunächst nicht völlig ergebnislos, da sich ein großer Teil der polnischen Gutsbesitzer des Culmer und Michelauer Landes an der Aktion beteiligte. Für ein geringes Handgeld wurden allenthalben Mannschaften geworben; meist arbeitslose Tagelöhner, die besonders schwer unter der allgemeinen wirtschaftlichen Depression litten. Hinzu kam die täglich wachsende Zahl der aus dem Königreich Polen Übertretenden, die sich den polnischen Truppen in Westpreußen oder Posen anschließen wollten [10]. Das Provisorische Nationalkomitee hatte schon in seiner ersten Proklamation eine weitere Volksversammlung nach Culm für den 5. April einberufen. Hier wären nach Schätzung des Regierungsrates Anz, der sich seit dem 24. März, mit besonderen Vollmachten des Regierungspräsidenten versehen, im Culmer Land aufhielt, wahrscheinlich schon mehrere tausend bewaffneter Polen zusammengeströmt. Das abschreckende Beispiel des Großherzogtums Posen vor Augen, wo den deutschen Behörden zu diesem Zeitpunkt die Macht bereits aus den Händen glitt, war der Regierungspräsident indes fest entschlossen, eine ähnliche Entwicklung mit allen Mitteln zu verhindern. Schon am 21. März wurde der Königsberger Polizeipräsident Lauterbach beauftragt, die Bewegungen der Polen in den Grenzkreisen zu beobachten; am 24. März reiste der Regierungsrat Anz ins Culmer Land, und gleichzeitig verlangte von Nordenflycht vom Oberpräsidenten die Einberufung der Landwehr in den deutschen Kreisen und die Verfügungsgewalt über Militäreinheiten. Angesichts der Ausmaße, welche die für Culm geplante Versammlung anzunehmen schien, forderte er einen ‚Achtung gebietenden Truppenteil' an, denn es gehe jetzt nicht mehr bloß um den Schutz von Eigentum und Personen, sondern „zugleich darum, der Krone und dem Staate einen ganzen Landestheil zu erhalten, welcher von der Preußischen Monarchie abgetrennt zu werden in Gefahr steht" [11]. Eine zweisprachige Bekanntmachung der Regierung Marienwerder vom 2. April wies die Be-

10 Die in der Regel noch sehr jungen Leute erklärten den preußischen Beamten bei ihrer Vernehmung fast durchweg, sie hätten im Königreich von der Aufstellung eines Heeres gegen Rußland gehört und glaubten, daß ihr Eintritt nicht nur geduldet würde, sondern sogar erwünscht sei. — Über die Behandlung dieser Überläufer siehe unten Seite 73 f.

11 v. Nordenflycht an den kommandierenden General v. Dohna am 29. März 1848. — Rep. 2 Tit. 30 Nr. 30 Vol. 1 Bl. 61.

völkerung darauf hin, daß niemand autorisiert sei, im Auftrage eines sogenannten polnischen Nationalkomitees irgendwelche Anordnungen zu treffen, und alle Versuche zur Volksbewaffnung als Landesverrat geahndet würden [12]. Zwei Tage später wurden die Mitglieder des Organisationsausschusses wegen Übertretung dieses Verbotes verhaftet. Nur Elżanowski konnte sich dem Zugriff der Polizei vorläufig entziehen und sammelte in der Tucheler Heide einige hundert Sensenmänner, Reiter und Schützen, die er ins Großherzogtum führte [13]. Bei Sulerzyski und Tułodziecki, die zusammen in Culm festgenommen wurden, fanden sich Pläne zur Reorganisation ganz Westpreußens und eines Teiles von Ostpreußen [14]. Da die Polen gleichzeitig durch Gegenveranstaltungen der deutschen Bevölkerung und durch Truppendemonstrationen eingeschüchtert wurden [15], kam die Culmer Versammlung nicht mehr zustande. Zwar befürchteten die Behörden bei der verschärften Lage im Großherzogtum noch wiederholt ein Übergreifen der Unruhen auf die Provinz, doch kam es seit dem 4. April nirgendwo — auch nicht in Ansätzen — zu bewaffneten Aktionen. Selbst wenn man unterstellt, daß die unter Sulerzyskis und Elżanowskis Leitung geplante Volksbewaffnung, koordiniert mit den polnischen Maßnahmen im Großherzogtum, tatsächlich und ausschließlich gegen Rußland gerichtet war [16], deuteten die Ansprüche der polnischen Proklamationen und die Reorganisationspläne, die für Westpreußen laut wurden, doch darauf hin, daß weiterreichende Forderungen im Hintergrund standen; v. Nordenflycht konnte daher mit einem gewissen Recht erklären, es gehe um die Erhaltung einer ganzen Provinz.

Der Zuzug bewaffneter Polen aus dem benachbarten Königreich, die sich russischen Aushebungen entziehen und den neuen polnischen Heeresabteilungen in Preußen anschließen wollten, dauerte vorerst noch an und bereitete den westpreußischen Behörden einige Schwierigkeiten. Mitte April hielten sich allein in Strasburg und Gollub ungefähr 800 dieser jungen Leute auf. Bei der explosiven Situation im Großherzogtum konnte man ihnen unmöglich den Weg dorthin freigeben; die Bestimmungen der geltenden Kartell-Konvention mit Rußland wollte man aber ebenfalls nicht gern anwenden: „Diese jungen Leute dem russischen Gouvernement ausliefern, hieße so ziemlich, ihr Todesurteil aussprechen; sie frei ziehen lassen dürfen wir nicht, wollen wir nicht die bewaffnete Macht im Großherzogtum Posen in bedenklicher Weise

---

12 Ebd., Bl. 177. Die Regierung betonte, was auch im Großherzogtum geschehen möge, „hier in Westpreußen sind wir fest entschlossen, die Gesetze mit aller Kraft aufrecht zu erhalten".

13 Vgl. unten S. 75, Anm. 25.

14 Rep. A 181 Nr. 1456 Bl. 102 ff. — Pro memoria des Regierungsrates Anz. Die Organisationspläne selbst liegen der Akte nicht bei. Laut Bericht v. Nordenflychts an den Innenminister v. Auerswald vom 7. 4. 1848 ging aus den gefundenen Papieren etwa folgendes hervor: Für die einzelnen Kreise Westpreußens waren Zivil- und Militärkommissare bestellt. Die Militärkommissare sollten Truppen werben und ausrüsten. Die Zivilkommissare sollten eventuell Widerstand leistende Behörden ausschalten und für die erforderlichen Geldmittel sorgen. In einzelnen Orten des Culmer Landes wurden bereits Steuerzahlungen an den preußischen Staat untersagt. — Rep. 2 Tit. 30 Nr. 30 Vol. 1 Bl. 299 f.

15 Gegenveranstaltungen der deutschen Bevölkerung fanden unter anderem in Graudenz, Marienwerder, Culm und Stuhm statt.

16 Vgl. aber unten S. 78, Brief Ignacy Łyskowskis vom 2. 4. 1848 aus Frankfurt an Sulerzyski.

vermehren"[17]. Nach bereits bewährter Methode wurden sie daher zunächst aus den Grenzkreisen entfernt und in überwiegend von Deutschen bewohnten Gebieten zusammengezogen: in Marienwerder und später in der Festung Weichselmünde, in Rosenberg, Riesenburg sowie in den ostpreußischen Orten Braunsberg, Frauenburg, Heiligenbeil und Insterburg. Nicht immer gelang es, die Übergetretenen auf diese Weise rechtzeitig zu neutralisieren. Kleinere Trupps wurden wiederholt erst auf dem Marsche ins Großherzogtum abgefangen oder gelangten auch tatsächlich an ihr Ziel. Beträchtliche Aufregung unter der polnischen Bevölkerung rief der Zusammenstoß einer solchen von Aleksander Wysocki geführten Gruppe[18] mit preußischen Husaren am 5. April bei Labischin (südlich Bromberg) hervor, bei dem neun Polen z. T. schwer verwundet wurden[19].

Nur grob läßt sich abschätzen, welches Echo nationalpolnische Losungen in den ersten Wochen der deutschen Revolution bei der großen Masse der polnischen Bevölkerung Westpreußens gefunden haben. Die Berichte der preußischen Beamten sind stark vom Augenblick geprägt und z. T. widersprüchlich. Landräte und andere Beobachter betonten wiederholt, daß auch diesmal nur der Adel aktiv sei und der gemeine Mann, vor allem der landbesitzende Bauer, keine Sympathien für dessen Pläne zeige. Auch Regierungspräsident v. Nordenflycht erklärte dem Innenminister von Auerswald zunächst, der Gedanke einer Volksbewaffnung habe wenig Anklang gefunden; die polnische Bevölkerung wäre nur gezwungenermaßen für einen Aufstand zu gewinnen[20]. Fünf Wochen später vertrat er in einem Resumé dagegen die Ansicht, seit der Besitzergreifung von 1772 habe die Unruhe der polnischen Bevölke-

17 Regierungsrat Anz an v. Nordenflycht, Graudenz, d. 18. 4. 48. Rep. A 181 Nr. 1456 Bl. 98 ff.
In einer Instruktion vom 27. April empfahl Innenminister v. Auerswald dem preußischen Oberpräsidenten die schonende Anwendung der Kartell-Konvention. — Rep. 2 Tit. 30 Nr. 30 Vol. 2 Bl. 28. Diese Haltung hatte natürlich nicht nur humanitäre Beweggründe. Man mußte in der derzeitigen Phase der Revolution noch auf die sehr starke antirussische Stimmung in breiten Schichten der Bevölkerung Rücksicht nehmen. „Wir sind aber darüber zweifelhaft, ob bei den gegenwärtigen politischen Verhältnissen, bei der in Deutschland vorherrschenden Antipathie gegen Rußland und der Mißstimmung, welche es erregen würde, wenn jene Personen der rücksichtslosen Härte der Russischen Behörden ... preisgegeben werden sollten, streng nach der Cartel-Convention verfahren werden kann." — Regierung Marienwerder an Innenminister v. Auerswald (Entwurf). 17. 4. 48. Rep. A 181 Nr. 10379 S. 11 ff.

18 Außer den beiden Wysockis aus Pulkowo gehörten dem Trupp noch neun Dienstleute aus dem Kreise Strasburg und 14 Mann aus dem Płocker Gouvernement an. — Rep. 2 Tit. 30 Nr. 30 Vol. 1 Bl. 333; Rep. A 181 Nr. 10379 S. 3.

19 Von polnischer Seite wurde immer wieder betont, man habe das Militär in keiner Weise provoziert, d. h. die Polen seien bereits abgesessen, als die Husaren über sie herfielen. — z. B. Rep. A 181 Nr. 1458 Bl. 164, Petition von Einwohnern der Kreise Culm, Thorn, Strasburg und Löbau an das Innenministerium. Nach Darstellung der Bromberger Regierung ergab der „gerichtlich festgestellte Thatbestand", daß „die ... Spitze des Husaren-Commandos ... mit Pistolenfeuer empfangen wurde, daß das Militär darauf wieder schoß und von der blanken Waffe Gebrauch machte ...". — Rep. A 181 Nr. 1458 Bl. 163. Angesichts der Tatsache, daß nur Polen verwundet wurden, eine nicht sehr glaubwürdige Deutung. Die polnische Partei in Westpreußen hat den Vorfall in späteren Polemiken wiederholt aufgegriffen.

20 Bericht vom 7. 4. 48. — Rep. 2 Tit. 30 Nr. 30 Vol. 1 Bl. 299 f.

rung noch nie eine derartige Intensität erreicht. „Während bis dahin die Sympathie für Wiederherstellung eines Polenreiches fast ausschließlich nur auf den Adel und auf die unmittelbar von diesem abhängenden Personen, sowie auf einen Teil der Bürgerschaft der kleinen Städte sich beschränkte, die große Masse der ländlichen Besitzer sich hingegen davon fern hielt, kann man heute annehmen, daß alles was sich zum polnischen Stamme zählt, von der Idee des Polenthumes durchdrungen und die Erreichung dieses Ziels mit Gut und Blut zu erringen entschlossen ist“ [21]. Bedenkt man, welche Resonanz wenig später die ‚Liga Polska‘ fand, so dürfte diese Analyse tatsächlich nicht allzu weit von der Wirklichkeit entfernt gewesen sein. Daß es möglich war, innerhalb weniger Tage einige tausend Mann anzuwerben [22], ist auch nur durch ein gewisses Engagement der polnischen Landbewohner zu erklären; kam es doch sogar vor, daß gefangen genommene Zuzügler für das Großherzogtum von der Bevölkerung wieder befreit wurden [23]. Dabei gilt es allerdings stets zu beachten, daß die Bewegung sich vorerst beinahe ausschließlich auf den Regierungsbezirk Marienwerder beschränkte und auch dort nur in den südöstlichen Kreisen sehr intensiv war.

Obwohl das Provisorische Nationalkomitee seine Tätigkeit unter dem Eindruck der revolutionären Berliner Ereignisse begann, lassen seine Proklamationen [24] und sein Programm einen inneren Zusammenhang mit der Revolution vermissen. Die politischen Forderungen des deutschen liberalen Bürgertums wurden nicht aufgegriffen, und es fehlte an jedem Versuch, die soziale Frage mit ins Spiel zu bringen. Vielleicht hätte auch in Westpreußen dieses Problem zumindest vorübergehend mehr Gewicht bekommen, wenn die nationalen Antagonismen hier einen ähnlichen Reifegrad wie im benachbarten Posen erreicht hätten. Gewiß hatten die Werbungen für eine Volksbewaffnung vor allem bei den wirtschaftlich und sozial besonders benachteiligten Schichten der Landbevölkerung Erfolg [25], die in dieser agrarisch strukturierten Provinz

---

21 Bericht vom 13. Mai 1848 an Innenminister v. Auerswald. — Rep. 2 Tit. 30 Nr. 30 Vol. 2 Bl. 436 ff.

22 Siehe oben Seite 72.

23 Der Vorfall ereignete sich am 17. April im Dorfe Benczkau, Kreis Thorn. — Schreiben des Landrates an den Generalmajor v. Trützschler vom 19. 4. 1848. Der Landrat forderte Militär an, da sich im Westen des Kreises „mehr oder weniger ein unruhiger Geist zu regen“ beginne. — Rep. A 181 Nr. 1456 Bl. 88 f.

24 Auf die hier bereits besprochene Proklamation (siehe oben S. 70) folgten weitere Aufrufe im gleichen Tenor am 29. März (Pomorze Gdańskie, Dokument Nr. 122) und 1. April (abgedruckt bei *Plehn,* Geschichte des Kreises, S. 318 f.).

25 Es handelte sich in erster Linie um beschäftigungslose Landarbeiter; die preußischen Beamten versuchten z. T., diese Leute als „Gesindel und Straßenräuber“, als „Faulenzer aller Gattung, Polizeiobservanten etc.“ zu disqualifizieren — Rep. A 181 Nr. 1456 Bl. 5/6; ebd., Bl. 72 ff. — eine Methode der Bewältigung sozialer und ökonomischer Probleme, die auch schon bei den Hungerunruhen der vorangegangenen Jahre angewandt worden war.
Unter welchen Losungen der schon erwähnte Trupp von Sensenmännern, Schützen und Reitern geworben wurde, den Elżanowski aus der Tucheler Gegend ins Großherzogtum führte, ist nicht festzustellen. Es liegt aber nahe, einen den Werbungen im Culmer Gebiet ähnlichen Vorgang zu vermuten. Für Cieślaks Auffassung, mit dieser Aktion sei die sozialrevolutionäre Seite der polnischen Bewegung in Westpreußen hervorgetreten, gibt es keine Belege. — *Cieślak,* Walka chłopów, S. 79. Im übrigen steht das Unternehmen völlig vereinzelt da.

auch als einziges revolutionäres Potential angesehen werden konnten; aber auch diese Elemente sollten ja bezeichnenderweise nicht mit revolutionären, sondern mit polnisch-nationalen Losungen gewonnen werden. Die Reduzierung der im Frühjahr 1848 in Europa aufbrechenden Spannungen und Konflikte allein auf die nationale Frage — und dies nicht einmal in Übereinstimmung mit dem Prinzip des Selbstbestimmungsrechtes der Völker — war die große Schwäche der gesamten polnischen Bewegung; sie tritt in Westpreußen besonders deutlich hervor, denn die vom Provisorischen Nationalkomitee eingeschlagene Richtung erfuhr praktisch keine Korrektur durch andere Komponenten, sondern fand ihre direkte Fortsetzung in der späteren, besonders durch die ‚Liga Polska' getragenen Politik der nationalen Solidarität. Vereinzelt aufflackernde und lokal eng begrenzte Unruhen der notleidenden Bevölkerung trugen auch in rein polnischen Gegenden nicht die Merkmale des nationalen Gegensatzes, sondern waren Ausfluß der anhaltenden katastrophalen Ernährungslage in den preußischen Ostprovinzen. Derartige Bewegungen wurden bereits seit 1846 registriert; spontan, ohne Anstoß von außen auftretend und in der Regel ebenso schnell zusammenfallend, können sie m. E. nicht in kausalen Zusammenhang mit den revolutionären Vorgängen gebracht werden[26].

III.3 Der Übergang zur legalen Aktion

III.3,1 Die Polen und die Frankfurter Nationalversammlung

Das königliche Patent vom 18. März ‚wegen beschleunigter Einberufung des Vereinigten Landtages' drückte den Wunsch aus, die bisher nicht dem Bunde angehörenden Provinzen der Monarchie diesem Bunde einzuverleiben[1]. Für die deutsche Bevölkerung des Großherzogtums Posen und der Provinz Preußen bedeutete das die Möglichkeit, direkt und aktiv an den Bemühungen um eine politische Einigung Deutschlands teilzunehmen; die liberalen Kräfte dieser Gebiete konnten erst dann ihre Vorstellungen auf dem Forum der geplanten deutschen Nationalversammlung formulieren. Den Polen hingegen erwuchs umgekehrt — gleichzeitig mit der soeben erwachenden Hoffnung auf eine Wiedergeburt ihres Staates — die Gefahr, daß die von ihnen mitbewohnten Gebiete als ‚deutsche Provinzen' integrierende Bestandteile eines deutschen Einheitsstaates würden. Eine spätere Herauslösung dieser Provinzen oder auch nur Teile

---

26 Vgl. *Stadelmann*, S. 5 ff.
Polnische Forscher neigen dazu, diese Unruhen im Zusammenhang mit den übrigen Aktionen der polnischen Bewegung in Westpreußen zu sehen, lassen es jedoch an Belegen für diese These fehlen. — *Kieniewicz*, Społeczeństwo Polskie, S. 195 ff.; *ders.*, Wielkopolska, S. 97; Pomorze Gdańskie, Wstęp, S. LXXIII ff.
Die preußischen Beamten betonten in ihren Berichten über lokale Unruhen wiederholt, daß das nationale Moment dabei keine Rolle spiele, oder erwähnten diesen Punkt überhaupt nicht. — Rep. 2 Tit. 30 Nr. 30 Vol. 1 Bl. 9 ff.; ebd., Bl. 383 ff.; ebd., Vol. 2 Bl. 193 ff.; Rep. A 191 Nr. 283 Bl. 15 und 20.
Der Zusammenhang mit den Unruhen im Jahre 1847 tritt für den ganzen Regierungsbezirk Danzig besonders deutlich in der Akte Rep. A 180 Nr. 2088 hervor.

1 Text bei *Wolff*, Bd. I, S. 110.

derselben wäre dadurch so gut wie unmöglich geworden, und der polnische Bevölkerungsteil hätte sich innerhalb eines gesamtdeutschen Einheitsstaates in die hoffnungslose Rolle einer kleinen nationalen Minderheit verwiesen gesehen. Wie in Posen versuchte die polnische Partei daher auch in Westpreußen, die Aufnahme der Provinz in den Deutschen Bund zu verhindern. Das Provisorische Nationalkomitee entsandte einen Vertreter nach Frankfurt, der den dort zusammenkommenden Abgeordneten des Vorparlaments den Standpunkt des westpreußischen Polentums erläutern sollte[2]. Ignacy Łyskowski traf am 1. April in Frankfurt ein. Am 3. April erhielt er Gelegenheit, dem Vorparlament seinen Protest gegen die vollständige Eingliederung Westpreußens in den Deutschen Bund vorzutragen; er forderte, das Prinzip der Nationalität als Grundlage einer gerechten Abgrenzung anzuerkennen[3].

Inzwischen war jedoch auch die deutsche Bevölkerung der Provinz aktiv geworden. Am frühesten drängte man in den ans Großherzogtum grenzenden Kreisen angesichts der dortigen Entwicklung auf die Aufnahme in den Deutschen Bund. Schon am 28. März richteten „Einwohner Westpreußens und der deutschen Teile des Großherzogtums Posen" eine entsprechende Eingabe an den zweiten Vereinigten Landtag[4]. Auch in anderen Teilen des Landes, vor allem natürlich in den deutsch besiedelten Gebieten, wurden rasch solche Forderungen laut. Die Danziger Kreisstände veröffentlichten am 5. April eine Erklärung, in der sie ihr Befremden über das Wirken polnischer Emissäre ausdrückten, die eine Rückführung Westpreußens in den polnischen Staat verkündeten. Sie verlangten eine baldige und definitive Eingliederung in den Deutschen Bund[5]. Der Hinweis auf agitierende Emissäre läßt vermuten, daß die Vorstellungen und Forderungen des Provisorischen Nationalkomitees schnell Verbreitung fanden, und man darf annehmen, daß gerade dadurch die Reaktion der deutschen Bevölkerung verstärkt und beschleunigt wurde.

Wenn Łyskowski im Vorparlament auch beachtliche Resonanz gefunden hatte, so beschloß der Bundesrat doch bereits am 11. April die Aufnahme Ost- und Westpreußens in den Deutschen Bund. Das bedeutete zugleich, daß sich die Provinz an den Wahlen zur deutschen Nationalversammlung beteiligen würde. Da man polnischerseits den Beschluß des Bundesrates nicht anerkennen wollte, boykottierte man auch die Wahlen. Dieser Boykott wurde vielerorts beinahe vollständig durchgeführt, indem ein Teil der polnischen Geistlichkeit jetzt, trotz eines bischöflichen Zirkulars im entgegengesetzten Sinne, in die Auseinandersetzung eingriff und den Pfarrkindern verkündete, ein Aufgehen in Deutschland könne zu einer Gefahr für ihren Glauben

---

2 Siehe oben, Seite 70.

3 *Łyskowski*, Curriculum vitae, S. 21 f.

4 *Kothe*, S. 31. Kothe weist noch eine Fülle weiterer Adressen und Petitionen der deutschen Bewohner in den südlichen Kreisen des Regierungsbezirkes Marienwerder nach. Ebd., S. 32 ff.

5 Rep. 2 Tit. 30 Nr. 30 Vol. 1 Bl. 206.
Zur selben Zeit erhob der konstitutionelle Verein in Danzig in einer Petition ‚an die Abgeordneten des deutschen Volkes' die gleiche Forderung. — *Schaumann*, S. 73.
Angesichts dieser Vorgänge ist Bukowskis These, einer Lostrennung Westpreußens von der Monarchie hätten sich nur die preußischen Junker und Beamten widersetzt, unhaltbar. Pomorze Gdańskie, Wstęp, S. LXXVII f.

werden[6]. Aufrufe der Regierungen, die solchen Darstellungen mit dem Hinweis auf 21 Millionen Katholiken in Deutschland entgegentreten wollten, hatten kaum Erfolg[7].

Gestützt auf Petitionen der polnischen Bevölkerung[8] reiste Ignacy Łyskowski nach dem Zusammentritt der Nationalversammlung erneut nach Frankfurt und protestierte am 22. Mai mit einer flammenden Rede in der Paulskirche gegen die Einverleibung Westpreußens in den Deutschen Bund[9]. Bemerkenswert ist, daß Łyskowski — wie schon am 3. April — das Nationalitätenprinzip als Grundlage einer Abgrenzung forderte und betonte, die Polen verzichteten bewußt auf die Grenzen von 1771: „... nur die Landesstrecken des zerrissenen Polen, wo das empörende Germanisierungssystem noch nicht durchdrang, und die Einwohnerschaft durchweg oder in der Mehrzahl polnisch blieb, wollten sie in dem neuen Polenlande vereinigt wissen"[10]. Es muß dahingestellt bleiben, ob damit eine andere politische Konzeption in Erscheinung tritt oder ob dieses Zugeständnis nur als taktische Wendung zu verstehen ist. Diese letzte Vermutung wird immerhin durch einen Brief gestützt, den Łyskowski am 2. April, also kurz vor seinem Auftritt im Vorparlament, aus Frankfurt an Sulerzyski schrieb: Eine Abordnung müsse beim König um schleunige Reorganisation bitten. Sei sie erfolglos, so solle man nicht länger zögern: „... nur vorwärts und mutig ans Werk! in ganz Europa brodelt es, es ist also leicht, im trüben Wasser zu fischen." Zwar müsse man der preußischen Regierung vorläufig noch versichern, maß man sich gegen Rußland bewaffne, sei man jedoch erst militärisch organisiert, so brauche man den Nacken nicht mehr zu beugen[11]. Auch konnten die Polen vor der Nationalversammlung füglich nicht im Namen des Nationalitätenprinzips gegen eine Inkorporation Westpreußens

---

6 Rep. 2 II Nr. 2883 Bl. 187 ff.; Rep. 2 Tit. 30 Nr. 30 Vol. 2 Bl. 182 und 189; Rep. A 181 Nr. 1458 Bl. 38 und 151 ff. Das bischöfliche Generalvikariat forderte den Klerus mit einem Zirkular vom 9. Mai auf, der Meinung entgegenzutreten, die Wahlen zur Frankfurter Nationalversammlung könnten dem katholischen Glauben in irgendeiner Weise nachteilig sein. Die Gläubigen sollten darüber aufgeklärt werden, daß der Grundsatz völliger Religionsfreiheit verkündet worden sei. — Rep. 2 Tit. 30 Nr. 30 Vol. 2 Bl. 489. — Im Gegensatz dazu rief der Posener Erzbischof Przyłuski den Klerus seiner Diözese auf, allen Versuchen, die Gläubigen für Petitionen zu gewinnen, die einen Anschluß des Großherzogtums an den Deutschen Bund erstrebten, entgegenzutreten. — Text bei *Hepke,* S. 64.

7 Zweisprachiger Aufruf der Regierung Marienwerder vom 6. Mai. — Rep. 2 Tit. 30 Nr. 30 Vol. 2 Bl. 357.

8 79 Wahlmänner der Kreise Löbau und Strasburg z. B. legten eine mit 1500 Unterschriften versehene Petition vor. — Rep. A 181 Nr. 1458 Bl. 154. Vgl. auch Pomorze Gdańskie, Wstęp, S. LXXXV; *Łyskowski,* Curriculum vitae, S. 23 f.

9 Rep. A 181 Nr. 1458 Bl. 155.

10 Ebd. — In der in Anm. 8 angeführten Petition aus dem Löbauer und Strasburger Kreise vom 10. Mai 1848 wird eine neutrale, aus Polen und Deutschen zusammengesetzte Kommission gefordert, die eine neue Nationalitätenstatistik für Westpreußen herstellen soll, da die preußischen Statistiken falsch seien. Nur so sei eine gerechte Abgrenzung der Nationalitäten möglich.

11 Das Schreiben gelangte nicht an den Empfänger; es wurde von der preußischen Polizei abgefangen und in die Öffentlichkeit lanciert. In der großen Polendebatte der Paulskirche spielte der Posener Abgeordnete Löw den Brief gegen die Polen aus. — Sitzung vom 27. 7. 1848, Stenographischer Bericht Bd. 2, S. 1189. — Text in Rep. A 181 Nr. 1456 Bl. 70 f.

in einen deutschen Gesamtstaat protestieren, wenn sie ihrerseits mit der Forderung nach den Grenzen von 1772 die gesamte Provinz für einen polnischen Staat beansprucht hätten.

Łyskowskis Protest blieb auch diesmal trotz Unterstützung durch die Linke erfolglos, wenn man ihm nicht einen gewissen Einfluß auf das Zustandekommen der Erklärung vom 31. Mai über die Rechte nationaler Minderheiten auf deutschem Bundesboden zumessen will[12]. Dieser Beschluß wurde auf Weisung des Culmer Bischofs Sedlag, der als Abgeordneter in der Paulskirche saß, am 9. Juni durch das bischöfliche Generalvikariat an alle Dekane der Diözese „zur Beruhigung der Gemüther" versandt[13]. Der größte Teil des westpreußischen Polentums begrüßte die Erklärung und berief sich wiederholt auf sie, obwohl sie von einem Gremium ausging, dem man konsequenterweise, dem eigenen Standpunkt entsprechend, jede Entscheidungsbefugnis über Angelegenheiten des Polentums in Posen und der Provinz Preußen hätte absprechen müssen.

Das Verhältnis zur deutschen Nationalversammlung klärte sich endgültig durch die große Polendebatte vom 24. bis 27. Juli 1848. Was sich im Vorparlament und Fünfzigerausschuß und in der Publizistik der vorangegangenen Monate schon angedeutet hatte, trat nun in aller Schärfe hervor: Verständnis und Unterstützung für ihre Bemühungen um staatliche Erneuerung fanden die Polen nur bei der demokratischen Linken um Robert Blum und Arnold Ruge[14]. Darüber hinaus mußten die von Łyskowski vertretenen westpreußischen Polen die Erfahrung machen, daß gerade ihre Forderung, an der geplanten Reorganisation im Großherzogtum zumindest teilweise zu partizipieren, von den Reorganisationsgegnern als sicherer Beweis für das Streben der Polen nach den Grenzen von 1771 ausgelegt wurde[15]. Der Vorschlag des völkerrechtlichen Ausschusses, alle polnischen Petitionen aus Westpreußen mit dem Hinweis auf die Erklärung vom 31. Mai zu beantworten[16], wurde von Anfang an stillschweigend akzeptiert, so daß die Versammlung bei der Schlußabstimmung auf Antrag des Thorner Abgeordneten Henning an diesem Punkt ohne weiteres zur Tagesordnung überging[17].

Der zunehmende Autoritätsverlust der Nationalversammlung und ihre völlige politische Ohnmacht ließen indessen Proklamationen und Entschließungen zur polni-

---

12 Die Nationalversammlung garantierte allen nichtdeutschen Volksstämmen auf deutschem Bundesboden die ungestörte volkstümliche Entwicklung sowie Gleichberechtigung der Sprache im Kirchenwesen, in Unterricht, Literatur, innerer Verwaltung und Rechtspflege. — Stenographischer Bericht Bd. 1, S. 183.

13 Rep. A 181 Nr. 1458 Bl. 72. Sedlag stellte wegen dringender Amtsgeschäfte sein Mandat übrigens schon im Juli zur Verfügung. — Rep. 2 II Nr. 2883 Bl. 397.

14 Hierzu ist immer noch die Arbeit von *Hallgarten,* Studien über die deutsche Polenfreundschaft, bes. S. 76 ff., heranzuziehen.

15 „Denn Polen wird vor allen Dingen suchen, sich bis zum Meere auszudehnen; das haben die Polen schon selbst ausgesprochen; es wird auch Ost- und Westpreußen nimmermehr in unseren Händen lassen wollen." — Rede des Abg. Ostendorf aus Soest, Stenographischer Bericht Bd. 2, S. 1175. Ähnlich Fürst Lichnowski/Ratibor, ebd., S. 1181; Löw/Posen, ebd., S. 1189; Giskra/Mährisch-Trübau, ebd., S. 1203.

16 Ebd., S. 1128.

17 Ebd., S. 1240.

schen Frage oder das Problem der Zugehörigkeit Westpreußens zum Deutschen Bund — aus dem die gesamte Provinz Preußen und das Großherzogtum am 3. Oktober 1851 übrigens wieder ausschieden — schnell bedeutungslos werden. Die Entscheidungen über das Schicksal der Polen im preußischen Staate fielen weiterhin allein innerhalb dieses Staates.

III.3,2 Die Anfänge der parlamentarischen Tätigkeit im preußischen Abgeordnetenhaus

Wahlen für eine verfassunggebende Nationalversammlung gehörten auch in Preußen zu den unmittelbaren Folgen der Märzereignisse. Sie fanden im Mai 1848 statt, also zeitlich beinahe gleichlaufend mit den Wahlen zur Paulskirche. Für die Polen im preußischen Anteil stand fest, daß sie die Möglichkeit nützen würden, innerhalb des Staates die parlamentarische Bühne zu betreten. Dieser Entschluß schuf kein völkerrechtliches Präjudiz, denn — so formulierte es wenig später die ‚Szkółka Narodowa' — „obgleich wir Polen sind, gehören wir doch zu Preußen, und deshalb müssen wir alles, was für uns gut ist, vom Berliner Parlament fordern" [1]. Da dem westpreußischen Polentum im Mai noch keine publizistischen Organe zur Verfügung standen, hing der Wahlausgang weitgehend vom Einfluß katholischer Geistlicher ab. Dieser Umstand spiegelt sich deutlich im Ergebnis wider, denn die Abgeordneten, die als Vertreter polnischer Interessen gelten konnten, setzten sich aus den vier Pfarrern Klingenberg, Andrzej Pomieczyński, Richter und Skiba sowie dem bischöflichen Syndikus Pokrzywnicki zusammen [2].

Die speziellen Interessen und Forderungen des westpreußischen Polentums wurden im Frühjahr 1848 zum erstenmal in einer breiteren Öffentlichkeit diskutiert und vorgetragen. Schon das Provisorische Nationalkomitee hatte im Zusammenhang mit den für das Großherzogtum erwarteten Maßnahmen einen Plan zur Reorganisation weiter Teile der Provinz entworfen [3]. Dieser Reorganisationsanspruch wurde auch in der Folgezeit in Proklamationen und umlaufenden Petitionen weiter vertreten, wenn er sich jetzt auch unter Berufung auf die Wiener Verträge auf diejenigen Teile der Provinz beschränkte, die dem Herzogtum Warschau angehört hatten [4]. Daneben arti-

---

1 Szkółka Narodowa Nr. 4/1848 (21. Juli); ähnlich Nr. 7/1848.

2 Vgl. die Zusammenstellung der polnischen Abgeordneten, Anhang B, Tabelle X. Zu der besonderen Rolle, die der Westfale Karl Richter für das westpreußische Polentum gespielt hat, vgl. u. a. den biographischen Anhang.
Da sich in der ersten Phase des preußischen Parlamentarismus eine polnische Fraktion noch nicht ausdrücklich konstituiert hatte, wurden die oben genannten Personen in amtlichen Veröffentlichungen übrigens noch der katholischen Fraktion, der Linken oder äußersten Linken zugerechnet. — Vgl. *Lauter,* S. 122 ff. — Der Einfachheit halber soll aber im Folgenden durchgehend von ‚polnischen' Abgeordneten gesprochen werden, wenn es sich um Vertreter der polnischen Interessen handelt.

3 Siehe oben S. 72.

4 Eine entsprechende Petition überreichten z. B. die polnischen Wahlmänner des Michelauer Landes dem Löbauer Landrat, der als Kommissar für die Wahlen zur Paulskirche fungierte.

kulierte sich das nationale Interesse vornehmlich in Forderungen nach Gleichberechtigung der polnischen Sprache in Schule, Gerichtswesen und Verwaltung; Forderungen, die Bemühungen um soziale und ökonomische Gleichstellung implizierten[5]. Es war selbstverständlich, daß die westpreußischen Deputierten in der preußischen Konstituante dieses Programm bei ihrer Tätigkeit berücksichtigen würden. Ihr Handeln wurde jedoch noch von zwei anderen starken Komponenten bestimmt, die ihren Bemühungen im oben umschriebenen Bereich zum Teil entgegenwirkten. Es war ein Gebot der inneren Logik, wenn die westpreußischen Abgeordneten sich gleichzeitig als Vertreter des polnischen Interesses im gesamten preußischen Anteil verstanden, sich also vor allem in der Posener Frage vorbehaltlos den Abgeordneten des Großherzogtums anschlossen. Damit liefen sie indes Gefahr, ihr spezielles Anliegen zu desavouieren, denn auf preußischer Seite war man auch diesmal hartnäckig darauf bedacht, den Rechtsstatus der beiden Provinzen deutlich voneinander abzusetzen, und selbst die Posener polnischen Deputierten ließen sich von solchen Vorstellungen leiten. Die Gesamtzahl der polnischen Abgeordneten war natürlich viel zu gering, als daß diese allein irgendeine parlamentarische Aktion mit Aussischt auf Erfolg hätten durchführen können. Da sich die deutschen Liberalen, wie es in der Paulskirche endgültig offenbar wurde, mit großer Mehrheit dem nationalen Lager zuwandten, kam auch in der preußischen Konstituante für eine Zusammenarbeit nur noch die demokratische Linke in Frage[6]. Deren eigene Ziele waren durch den bisherigen Revolutions-

---

— Rep. 2 II Nr. 2883 Bl. 187.
Die ‚Szkółka Narodowa' griff dieses Thema immer wieder auf — z. B. Nr. 2/1848; Nr. 4/1848; Nr. 5/1848 (Artikel Ign. Łyskowskis unter dem Titel „Westpreußen war von jeher polnisches Land"); Nr. 17/1848 (Text einer entsprechenden Petition); Nr. 23/1848 u. ö. Im ‚Culmer Wochenblatt', das seine Spalten beiden Parteien zur Verfügung stellte, wurde eine heftige deutsch-polnische Kontroverse um die Reorganisation ausgetragen. — Culmer Wochenblatt, Nr. 69, 73, 75, 76/1848. Eine Revision der polnischen Position wurde auf der ersten Versammlung des Provinzialrates der ‚Liga Polska' sichtbar, als eine entsprechende Petition zurückgestellt wurde, da die Vertreter der anderen Kreise Nachteile für die außerhalb des Reorganisationsbereiches lebenden Polen befürchteten. — Szkółka Narodowa Nr. 10/1849; vgl. auch unten S. 92 f.

5 Dazu unten S. 151 ff.

6 Schon vor 1848 bestanden, besonders durch Kontakte mit der Emigration, zahlreiche Verbindungen zwischen deutschen Demokraten und dem polnischen Lager. — Vgl. *Hallgarten*, Studien über die deutsche Polenfreundschaft; *Schmidt*, Robert Blum und die vormärzliche deutsche Polenfreundschaft (mit Forschungsbericht); über die parlamentarische Zusammenarbeit in Preußen zwischen 1848 und 1850 informiert sehr ausführlich *Grot*, Działalność posłów polskich.
Obwohl die deutschen Kommunisten, d. h. in erster Linie Marx, Engels und andere Mitarbeiter der ‚Neuen Rheinischen Zeitung', sich am kompromißlosesten für eine Wiederherstellung Polens in den Grenzen von 1771 einsetzten — allerdings aus revolutionstaktischen Gründen —, können ihre publizistischen Bemühungen hier unberücksichtigt bleiben, da zumindest beim westpreußischen Polentum keinerlei Reaktion darauf festzustellen ist. Aus der sehr umfangreichen Literatur zu diesem Komplex seien genannt: *Celina Bobińska*, Marx und Engels über polnische Probleme, Berlin 1958; *Roman Rosdolsky*, Friedrich Engels und das Problem der ‚geschichtslosen' Völker, Arch. f. Soz.Gesch., Bd. 4/1964; *Emanuel Halicz*, Międzynarodowe Towarzystwo Demokratyczne w latach 1847—48 i udział w nim Marksa, Engelsa i Lelewela, Z pola walki, R. 4/1961; *H. U. Wehler*, Sozialdemokratie und Nationalstaat, Würzburg 1962.

verlauf nicht verwirklicht worden, und sie vertrat weiterhin die These, mit der Realisierung des demokratischen Prinzips in Deutschland müsse die Konstituierung eines polnischen demokratischen Staates Hand in Hand gehen. Dennoch war eine umfassende Kooperation von Anfang an durch die Tatsache in Frage gestellt, daß im polnischen Lager spätestens Mitte Mai wieder die antirevolutionären, konservativen Kräfte in den Vordergrund rückten, und tatsächlich war für die meisten polnischen Abgeordneten ausschließlich die Unterstützung ihrer nationalen Ambitionen durch die Demokraten Basis der Zusammenarbeit. Während im Großherzogtum der ultramontane ‚Przegląd Poznański' sogleich grundsätzlich gegen eine derartige Koalition polemisierte[7], unterstützten die westpreußischen Blätter — wie auch die ‚Gazeta Polska' und der ‚Dziennik Poznański' — durchaus diesen Kurs, aber auch ihre Beiträge lassen deutlich den Zweckcharakter erkennen, den man dem Bündnis beimaß. „Die Demokraten verteidigen die Allgewalt [wszechwładztwo] der Nation, oder sie bemühen sich darum, daß die nationalen Rechte gesichert werden", verkündete die ‚Szkółka Narodowa' im September 1848, „sie sind die Freunde der Polen und wollen eine Wiederkehr des polnischen Staates"[8]. Noch einseitiger formulierte es der ‚Biedaczek'; „Die Deutschen, die es mit den Polen halten, nennen sich Demokraten. Das Wort Demokrat ist also heilig ..."[9]. Gesellschaftspolitische Probleme dagegen, die etwa im Zusammenhang mit der Verfassungsarbeit zu bewältigen waren, ließen das ambivalente Verhältnis zum Partner auch in den Presseartikeln hervortreten. Es liegt auf der Hand, daß zum Beispiel das demokratische Modell einer Neuordnung des Verhältnisses Staat-Kirche von der polnisch-klerikalen Partei, die in Westpreußen sehr stark war, nicht akzeptiert wurde und besonders die geistlichen Abgeordneten hier keine Möglichkeit zur Zusammenarbeit hatten[10].

Immerhin war die fraktionelle Bindung der polnischen Deputierten in diesem ersten preußischen Parlament noch so locker, daß sie sich auf das Spektrum vom linken Zentrum bis zur äußersten Linken verteilen und dabei von Fall zu Fall ihre Position wechseln konnten[11]. Von den westpreußischen Abgeordneten agierten Antoni Skiba und Karl Richter ständig auf der äußersten Linken, während Klingenberg und Pokrzywnicki mehr zur katholischen Fraktion tendierten[12]. Skiba brachte als Re-

7 *Grot*, S. 69; *Szmańda*, S. 186 ff.; *Jakóbczyk*, Studia I, S. 125 f. — Auch die ‚Gazeta Polska' und der ‚Dziennik Poznański' wollten übrigens die Zusammenarbeit auf polnische Probleme beschränkt wissen. — *Grot*, S. 135 ff.

8 Szkółka Narodowa Nr. 10/1848.

9 Biedaczek Nr. 7/1849, zitiert nach *Cieślak*, Z dziejów prasy, S. 41.

10 Einer der westpreußischen Abgeordneten nahm in einem ungezeichneten — also von der Redaktion gestützten — Artikel ausführlich zu diesem Problem Stellung. Es gehe nicht an, die demokratischen Prinzipien so weit zu treiben, daß die gesellschaftlichen Verhältnisse auf den Kopf gestellt würden. Das an sich verdienstvolle Eintreten für das Wohl des Volkes werde verderblich, wenn man damit sein ewiges Heil aufs Spiel setze. — Szkółka Narodowa Nr. 4/1848. Weitere Auseinandersetzungen und Stellungnahmen ebd. Nr. 7, 8, 9, 11/1848.

11 Den folgenden Passagen über die Tätigkeit der westpreußisch-polnischen Abgeordneten liegt in erster Linie die auf umfangreichen Quellenstudien basierende Arbeit von *Grot* zugrunde.

12 Von der deutschen Linken wurden die Polen übrigens geschlossen dem eigenen Block zugezählt, und die Rechte beurteilte die Situation ähnlich. — *Grot*, S. 139.

präsentant der kaschubischen Bevölkerung wiederholt Anträge zur Verbesserung der materiellen Situation ein, Anträge auf Erhöhung der Lehrerbesoldung und des Arbeitslohnes und auf Stützung des Roggen- und Kartoffelpreises; er blieb jedoch erfolglos. Für die nationalpolnischen Belange setzte sich gerade der Westfale Karl Richter sehr intensiv ein. Allerdings befanden sich die westpreußischen Abgeordneten hier in einer schwierigen Situation, da die Aufnahme der gesamten Provinz in den Deutschen Bund als fait accompli allen Forderungen nach Teilreorganisation von vornherein im Wege stand. Es ist aber bemerkenswert, daß Richters Antrag vom 23. 10. 48, „Die polnischen Distrikte Westpreußens werden an der besonderen Repräsentation und den nationalen Institutionen des Großherzogtums Posen teilnehmen“ [13], nicht einmal von den Posener Polen unterstützt wurde, da diese nachteilige Folgen für ihre eigenen Ziele befürchteten. Auch Richters westpreußische Kollegen zeigten in dieser Hinsicht wenig Einsatzfreudigkeit; freilich hätte größere Aktivität angesichts der Dominanz der Posener Frage während der gesamten Session kaum zu anderen Ergebnissen führen können.

Die Wahlen nach dem Staatsstreich zur ersten Legislative fanden für das westpreußische Polentum unter besonders günstigen Voraussetzungen statt, da die ‚Liga Polska‘ im Januar 1849 den Kulminationspunkt ihres Einflusses erreicht hatte und zusammen mit der ‚Szkółka Narodowa‘ intensiv auf die Bevölkerung einwirken konnte [14]. Tatsächlich wurde das Ergebnis — 7 von 22 westpreußischen Abgeordneten waren Vertreter der polnischen Interessen — in keiner preußischen Parlamentswahl wieder erreicht. Unter den Deputierten waren neben den 4 Geistlichen Skiba, Richter, Klingenberg und Bartoszkiewicz diesmal auch die drei Gutsbesitzer Kliński/Klukowahuta, Hiacenty Jackowski und Natalis Sulerzyski [15]. In den folgenden wenigen Wochen parlamentarischer Tätigkeit blieben die speziellen westpreußischen Probleme indes völlig unbeachtet. Richters Antrag, amtliche Verlautbarungen in Westpreußen auch in polnischer Sprache zu publizieren, wurde wiederum nicht einmal von den

---

13 Stenographischer Bericht v. 23. 10. 48, S. 1736 f.

14 Zur ‚Liga Polska‘ vgl. den folgenden Abschnitt, S. 85 ff.

15 Vgl. die Liste der westpreußisch-polnischen Deputierten im preußischen Abgeordnetenhaus, Anhang B, Tabelle X. Daß die Polen dagegen in die erste Kammer, deren Mitglieder zu diesem Zeitpunkt ja ebenfalls noch gewählt wurden, keinen einzigen Deputierten entsenden konnten, geht zu einem Gutteil auf Wahlgeometrie zurück. Innenminister v. Manteuffel bestand gegenüber dem Danziger Regierungspräsidenten v. Blumenthal auf einer Änderung der Wahlkreiseinteilung des Regierungsbezirkes, die ursprünglich die Kreise Danzig-Stadt, Marienburg und Elbing mit allen Niederungen auf der einen und die Kreise Neustadt, Carthaus, Berent und Stargard auf der anderen Seite zu je einem Wahlbezirk zusammengefaßt hatte. Manteuffel befürchtete, daß in diesem zweiten Bezirk „die überwiegend polnische Bevölkerung mit Hülfe der katholischen Geistlichkeit die Oberhand gewinnen“ könne. Obwohl v. Blumenthal auf die geographische Logik der ersten Einteilung verwies und außerdem erklärte, die Regierung glaube, „daß sie auch bei der Bildung der Wahlbezirke für die erste Kammer nicht sowohl auf die Besitzverhältnisse, als vielmehr auf die Bevölkerungs- und confessionellen Verhältnisse Rücksicht zu nehmen hat“, setzte der Innenminister eine neue Einteilung durch, die jeweils die Gebiete Danzig-Stadt + Niederungsgebiet + Kreise Neustadt und Carthaus sowie die Kreise Berent, Stargard, Elbing, Marienburg zusammenfaßte. — Rep. A 180 Nr. 2098 S. 25 f. und 47 f. (Manteuffel an Blumenthal, am 31. 12. 48 und 8. 1. 49), S. 27 ff. (Blumenthal an Manteuffel, Entwurf, am 3. 1. 49).

Posener Abgeordneten unterstützt. „Man degradierte ihn also auf den Rang lokaler, nicht allgemeinpolnischer Angelegenheiten“ [16].

Wenn die westpreußischen Polen nach der Auflösung des Frühjahrsparlaments bei den Wahlen zur zweiten Legislative nur noch drei Vertreter durchbrachten (Klingenberg, Pokrzywnicki und Elminowski) [17], so war hierfür ein ganzes Bündel von Faktoren ausschlaggebend. Besonders nachteilig wirkte sich das neu eingeführte Dreiklassenwahlrecht aus. Der weitaus größte Teil der polnischen Bevölkerung Westpreußens gehörte den armen und ärmsten sozialen Schichten an; außerdem begriffen diese Leute vielfach gar nicht den komplizierten Mechanismus des neuen Wahlrechts, so daß die ‚Szkoła Narodowa‘ z. B. in einem ausführlichen Artikel erklären mußte, warum die polnischen Herren trotz ihrer Brüderlichkeitsbeteuerungen plötzlich wieder gesondert wählten [18]. Darüber hinaus hatte im Juli 1849 die ‚Liga Polska‘ bereits stark an Anziehungskraft und damit auch an Einflußmöglichkeit verloren; das wird durch die Massenaustritte im August und September nach Bekanntwerden der ungarischen Niederlage eindringlich illustriert [19]. Nicht zuletzt wirkte sich auch das Erstarken der Reaktion und ihr zunehmender Einfluß auf die Wahlergebnisse aus, und die bischöfliche Curie in Pelplin bemühte sich wieder in wachsendem Maße, den Klerus auf eine prodeutsche Richtung festzulegen [20].

Schon in der ersten Legislative hatte sich eine zunehmende Entfernung der polnischen Abgeordneten von den deutschen Demokraten bemerkbar gemacht, indem erstere bei wichtigen Sitzungen oder Abstimmungen fehlten oder gar die Rechte unterstützten; auch mehrten sich die Stimmen, die einen engeren Zusammenschluß zu einer polnischen Fraktion und die ausschließliche Konzentrierung auf polnische Angelegenheiten forderten [21]. Eine Vorentscheidung in dieser Richtung wurde durch eine Versammlung der polnischen Deputierten am 25. 2. 49 getroffen, die als Embryo des späteren ‚Koło Polskie‘ angesehen werden kann [22], wenn sich diesmal auch noch die Gruppe durchsetzte, die eine Zusammenarbeit mit deutschen Abgeordneten in nicht vitalen Fragen befürwortete, und das Prinzip der individuellen Entscheidung aufrechterhalten wurde. Da sich in der zweiten Legislative auch bei den Polen die konservativen Kräfte endgültig den maßgeblichen Einfluß gesichert hatten, konnte am 16. 8. 1849 eine Satzung verabschiedet werden, die das eigentliche ‚Koło Polskie‘ konstituierte und die Richtlinien des Handelns für lange Zeit fixierte. Eine Schlüsselstellung kam

---

16 *Grot*, S. 212. Sulerzyski, ebenfalls Abgeordneter im Frühjahrsparlament, berichtet, er habe sich in dieser Zeit davon überzeugen müssen, daß Westpreußen bei den Posener Polen, welche die Solidarität der westpreußischen Polen bezweifelten, noch nichts galt. — Pamiętniki, Bd. II, Kap. VII.

17 Elminowski war ein Einsasse aus dem Kreis Strasburg. Nach Sulerzyski wurde er gewählt, damit er durch die Diäten aus seinen Schulden herauskommen konnte. — Ebd.

18 Szkoła Narodowa Nr. 13/1849.

19 Vgl. unten S. 97.

20 *Grot*, S. 215 f.

21 Ebd., S. 194 ff.

22 ‚Koło Polskie‘ (wörtlich: polnischer Zirkel) war eigentlich eine private Organisation aller im preußischen Parlament (erste und zweite Kammer) sitzenden polnischen Vertreter; der Terminus wird jedoch auch zur Bezeichnung der polnischen Fraktion im Abgeordnetenhaus gebraucht.

dabei einer dreiköpfigen Kommission zu, die jeden Antrag, der in beiden Kammern eingebracht werden sollte, vorher gutzuheißen hatte[23].

Die westpreußischen Vertreter gerieten in dieser Session in zunehmende Isolierung. Sie mußten feststellen, daß die Posener Abgeordneten die polnische Sache mit der des Großherzogtums beinahe identifizierten, und zeigten daher ihrerseits immer weniger Bereitschaft zur Zusammenarbeit. Sie stimmten zum Beispiel in der Agrardebatte gegen das ‚Koło', das sich unter dem Einfluß der Gutsbesitzer den Anträgen der preußischen Konservativen angeschlossen hatte. Den stärksten Ausdruck fand diese Dissonanz in der Verfassungsfrage. Während die Posener Abgeordneten sich weigerten, der revidierten Verfassung vom 31. Januar 1850 ihre Zustimmung zu geben, da die nationalen Rechte der Polen unberücksichtigt geblieben waren, und geschlossen ihre Mandate niederlegten, leisteten die drei westpreußischen Deputierten am 6. Februar den Eid auf die Konstitution, indem sie gleichzeitig ihren Schritt in einer besonderen Deklaration begründeten[24].

Diese Auspizien behielten Gültigkeit bis ans Ende der Reaktionszeit. Drei Legislaturperioden hindurch wurde das westpreußische Polentum von nur einem oder zwei Abgeordneten vertreten. Erst 1861 machte sich im Zuge der allgemeinen Liberalisierung der politischen Verhältnisse ein leichter Aufschwung bemerkbar, zumal Westpreußen für die Gesamtheit des preußischen Polentums gleichzeitig an Bedeutung gewann[25]; 1863 gelang es noch einmal, sechs Deputierte nach Berlin zu entsenden. Dennoch zeichnet sich in der Reaktionszeit in besonderer Schärfe das Gesetz ab, unter dessen Bedingungen auch in der Folgezeit die parlamentarische Tätigkeit der polnischen Abgeordneten stand. Die zunehmende Distanzierung von der demokratischen Linken und der unüberbrückbare nationalpolitische Gegensatz zu den Liberalen und Konservativen, deren Klasseninteresse man letztlich teilte, verurteilten jede parlamentarische Aktion der polnischen Fraktion zur Aussichtslosigkeit. Wenn trotzdem bei jeder Wahl um jedes Mandat hartnäckig gerungen wurde, so konnten derartige Auseinandersetzungen nur in anderen Aktionsfeldern ihre Funktion haben.

III.3,3 Die ‚Liga Narodowa Polska' — der erste Versuch einer systematischen Organisation

Der im Frühjahr 1848 erneut fehlgeschlagene Versuch, die nationale Frage gewaltsam zu lösen, verwies die Polen des preußischen Anteils gebieterisch auf den Weg einer legalen Opposition. Die Bedingungen dafür waren um die Mitte des Jahres 1848 so günstig wie nie zuvor, weil die im März erkämpften Grundrechte der Versammlungs-, Vereins- und Pressefreiheit noch keinerlei Einschränkung erfahren hatten und damit wichtige Voraussetzungen für eine feste Organisation der nationalen Bewegung geschaffen waren. Am 25. Juni 1848 gründeten polnische Deputierte des preußischen

23 *Grot*, S. 262 f.
24 Ebd., S. 276 f.
25 Siehe unten S. 161 ff.

Abgeordnetenhauses in Berlin die ‚Liga Narodowa Polska‘ [Polnische Nationalliga]. Der Hauptorganisator und geistige Führer, August Cieszkowski, hatte schon Anfang Mai, als Versuche einer die Staatsgrenzen übergreifenden Lösung wegen zu großer Meinungsverschiedenheiten mit den Vertretern des österreichischen Anteils erfolglos geblieben waren, für den preußischen Anteil den Aufbau einer Organisation nach dem Muster der englischen ‚Anti-Corn-Law-Leage‘ vorgeschlagen [1]. Er gründete die Liga, wie er noch 30 Jahre später erklärte, mit dem ausdrücklichen Ziel, „allen, aber auch allen geheimen Umtrieben und Verschwörungen ein Ende zu machen“, weil sie für das Land nur immer größeres Verderben bedeuteten [2]. Positiv wurde dieses Ziel in dem von der provisorischen Direktion vorgelegten Satzungsentwurf als Aufgabe formuliert, „das nationale Interesse auf dem Wege der Öffentlichkeit und Legalität zu bewahren, zu vertreten, zu unterstützen und zu entfalten“ [3]. Aufschlußreich für die Tendenz des Vereins und die in ihm vorherrschenden Kräfte sind die auf den einleitenden Paragraphen folgende Definition des ‚Nationalinteresses‘ und die Umschreibung des zukünftigen Aufgabenbereiches:

„...

§ 2. Unter dem Ausdruck des polnischen Nationalinteresses sind zu verstehen: die Zivilrechte, die politischen und nationalen Rechte der Polen, die polnische Sprache, Aufklärung und Sitten des polnischen Volkes, die natürliche Vereinigung der Polen untereinander, ihre absolute Verbindung mit der Vergangenheit und mit der Geschichte der Nation, die normale Entfaltung aller Nationalelemente und endlich ihr materielles Dasein.

§ 3. Der Zweck der Liga Polska besteht zunächst:

a) im Verteidigen der Rechte und Freiheiten der Nation gegenüber den Regierungen, der Reichsversammlung und der öffentlichen Meinung im In- und Auslande.

b) in der Ausbreitung der Nationalaufklärung durch Bücher, Schulen, Bewahranstalten und dergleichen.

c) in der Stärkung des öffentlichen Geistes unter den Polen durch Bildung von Maximen und durch Schriften.

d) in der Erhaltung der moralischen Gemeinschaft untereinander durch Verbrüderung und moralischen gegenseitigen Einfluß.

e) in der Förderung des materiellen Wohlstandes auf dem Wege der gegenseitigen Hilfe durch organische Institutionen aller Art“ [4].

Die Ausbildung des nationalen Bewußtseins durch intensive Bemühung um die hierfür konstitutiven Werte hatte damit schon programmatisch deutlich den Vorrang gegenüber der Aufgabe einer Verbesserung der materiellen Verhältnisse. Das Organisationsschema strebte an, auch die entlegensten von Polen bewohnten Landesteile der preußischen Monarchie zu erreichen. Unter einer Zentraldirektion mit Sitz in Posen sollte sich eine Liga in Schlesien, in Posen und in der Provinz Preußen konstituieren [5]. Jeder dieser Teilbereiche setzte sich aus einer im großen und ganzen der preußischen

---

1 *Jakóbczyk*, Studia I, S. 108 f.

2 Brief an Kraszewski vom 27. 5. 1878. Zitiert nach *Jakóbczyk*, Studia I, S. 110.

3 Organisation der ‚Liga Polska‘ als Entwurf der interimistischen Direktion, Tit. I, § 1. — Nach ‚Gazeta Polska‘ Nr. 233/1848.

4 Ebd.

5 Die schlesische Liga kam nicht zustande. Im übrigen jedoch entsprach die sich entwickelnde Organisation weitgehend dem projektierten Schema.

Verwaltungseinteilung angepaßten Anzahl von Kreisvereinen zusammen, denen wiederum Bezirks- oder Ortsvereine untergeordnet waren[6].

War die nationalpolitische Arbeit im Rahmen der Landesgesetze nach der militärischen Niederlage schon für das Großherzogtum Posen vorerst der einzige erfolgversprechende Weg, so mußte das Polentum Westpreußens, angesichts seiner durch die historische Entwicklung und ein anderes Bevölkerungsverhältnis weit ungünstigeren Lage, hierin beinahe ausschließlich die Möglichkeit sehen, seine Ansprüche und Forderungen zur Geltung zu bringen und zu verwirklichen. An der Gründungsversammlung der Liga in Berlin hatten auch vier westpreußische Abgeordnete teilgenommen: die Geistlichen A. Pomieczyński, Klingenberg und Richter und der Pelpliner Syndikus Pokrzywnicki[7]; nach Abschluß der organisatorischen Vorarbeiten begann im Herbst 1848 auch in Westpreußen eine rege Gründungstätigkeit auf Kreis- und Bezirksebene, durch die in wenigen Monaten große Teile der Provinz erfaßt wurden. Die Kreisliga Culm z. B. konstituierte sich am 23. September[8]; schon im März 1849 meldete der Landrat an die Regierung Marienwerder, der Verein könne an Umfang nicht mehr zunehmen, „da es im Kreise wol nicht einen einzigen Polen giebt, welcher nicht zu dieser Verbindung gehört“[9]. Ähnlich verlief die Entwicklung in den Kreisen Conitz, Schwetz, Strasburg und Löbau[10]. Im Dezember 1848 setzte die Gründungstätigkeit auch im Regierungsbezirk Danzig ein, wo sich Schwerpunkte in den Kreisen Berent und Stargard und in der Stadt Danzig entwickelten. Das Maximum ihrer räumlichen Ausdehnung und zugleich den Höhepunkt ihrer Aktivität und Wirksamkeit dürfte die ‚Liga Polska‘ in Westpreußen um die Mitte des Jahres 1849 erreicht haben. Die äußeren Dimensionen lassen sich ungefähr an einer Zusammenstellung aller Orte, in denen sich ein Zweigverein der Liga befand, ablesen[11]:

---

6 Die Ortsvereine bildeten die kleinste Einheit in diesem Organisationsnetz. Wenn es die Verhältnisse ratsam erscheinen ließen, wurden indes gleich mehrere Orte zu einer Bezirksliga (Liga obwodowa) zusammengefaßt, deren Einzugsbereich sich gewöhnlich mit dem des entsprechenden Kirchspiels deckte.

7 *Mańkowski,* Liga Narodowa, S. 20.

8 Szkółka Narodowa Nr. 14/1848.

9 Rep. A 181 Nr. 14 662 Bl. 18.

10 Die landrätlichen Berichte darüber befinden sich v. a. in den Akten Rep. A 181 Nr. 14 663 bis 14 666.

11 Die Zusammenstellung beruht vor allem auf Angaben der ‚Szkółka‘ und ‚Szkoła Narodowa‘ und auf den Daten eines Gesamtverzeichnisses, das die Regierung Marienwerder aufgrund der von allen Kreis- und Ortsvereinen vorzulegenden Berichte über ihren Umfang und die personellen Verhältnisse im August 1849 angefertigt hat. — Rep. 2 Tit. 30 Nr. 29 Vol. 1 Bl. 37 ff. Eine ähnliche detaillierte Aufstellung für den Regierungsbezirk Danzig liegt leider nicht vor. Angaben über die Mitgliederzahlen sind, soweit sie zu ermitteln waren, in Klammern hinzugefügt. Oft erklärten die Vorstände oder die preußischen Beamten, die über die Entwicklung zu berichten hatten, allerdings nur, sämtliche oder beinahe sämtliche Einwohner seien Mitglieder; z. T. sind die Zahlen von den Berichterstattern nur geschätzt worden. Da die verwerteten Nachrichten zudem nicht alle auf denselben Zeitpunkt fallen, sondern das gesamte Jahr 1849 umgreifen, darf die vorliegende Statistik nicht absolut genommen werden. Sie kann m. E. jedoch durchaus eine Vorstellung von den Dimensionen vermitteln, welche die ‚Liga Polska‘ in Westpreußen erreicht hat.

Regierungsbezirk Danzig

Kreis Berent (Der Einzugsbereich erstreckt sich auch auf die von Kaschuben bewohnten Gebiete der Kreise Neustadt und Carthaus)
Berent (Kreisliga), Czarlin, Alt Kischau, Liptschin (40), Lubianen (26), Pogutken (287), Szatarpi (29), Schridlau (28), Wischin (30).
(Laut Bericht des Vorstandes soll die Zahl der Ortsvereine im März 1849 insgesamt 17 betragen haben; der Rest ist jedoch nicht näher nachzuweisen. — Rep. 2 Tit. 30 Nr. 30 Vol. 4 Bl. 354 ff.)

Kreis Carthaus
Carthaus (Kreisliga), Chmelno.

Kreis Danzig
Danzig Stadt (Kreis- und Ortsliga – 228 –).

Kreis Neustadt
Kielno (Bezirksliga).

Kreis Stargard
Stargard (Kreisliga), Klonowken (53), Pelplin, Raikau, Reczenzin.

Regierungsbezirk Marienwerder

Kreis Conitz (Das Einzugsgebiet umfaßt auch Teile des Kreises Schlochau)
Dombrowken (Kreisliga), Gr. Bislaw (80), Bruss (30), Cekzyn (115), Czersk (200 - 300), Gostozin, Lesno, Lonk, Prust, Reetz, Gr. Schliewitz (70), Stobno (80), Stadt Tuchel, Wielle (100).

Kreis Culm (Einzugsgebiet ist das ganze Culmer und Michelauer Land)
Culm (Kreisliga), Bahrendorf, Kl. Bolumin, Briesen (132), Culm (220), Gr. Czyste, Kijewo (88), Lissewo, Neudorff, Plusnitz, Neu Radziniewo, Sarnowo (29), Scharnsee (26), Neu Stabelewicz, Trzebcz, Unislaw, Wapcz (126).

Kreis Graudenz
Rehden (Kreisliga), Graudenz (150), Grutta (20), Lessen (20), Okonin (30), Rehden (60), Schönwalde (113).

Kreis Flatow
Zempelburg (Kreisliga, soll ca. 1000 Mitglieder haben).

Kreis Löbau
Löbau (Kreisliga, tagt auch in Zajonczkowo und Neumark), Lippinken, Neuhoff, Rosenthal, Skarlin, Tillitz.

Kreis Marienwerder (Einzugsbereich sind auch Teile des Kreises Stargard)
Mewe (Kreisliga), Außenteich (30), Dzierdzonzno (40), Glucha, Gogolewo (35), Grunau (39), Grünhoff, Liebenau (453), Mewe (169), Pehsken (132), Thiemau (65), Unterschloß (in der Mitgliederzahl von Mewe enthalten), Wielbrandowo (41), Münsterwalde (57), Pienonskowo (113).

Kreis Schwetz
Schwetz (Kreisliga), Bukowitz, Driczmin (80), Dubielno (gehört eigentlich zum Kreis Culm), Gruczno (200), Jeszewo (230), Kommorsk (159), Lubiewo (180), Neuenburg (180), Osche (30), Przysiersk (100), Schwekatowo (140), Schwetz (120), Sibsau (25), Szierotzken (150), Topollno (150), Warlubien (25), Wiersch (40).

Kreis Strasburg (gegliedert in drei Bezirke mit den Zentren Strasburg, Gollub, Jablonowo)
Strasburg (Kreisliga), Cieszyn (47), Gollub (100), Gurzno (40), Jablonowo, Kurkoczyn, Lemberg (60), Lobdowo, Niezywienz (120), Gr. Pulkowo, Gr. Radowisk, Strasburg, Swierczyn (465), Wrock;
(insgesamt soll es im Kreis 1112 Mitglieder geben).

Kreis Stuhm
Pestlin (Kreisliga), Honigfelde, Nikolaiken, Portschweiten, Straschewo (116), Trzciano (126 — gehört eigentlich zum Kreis Löbau), Weißenberg;
(insgesamt soll es im Kreis ca. 300 Mitglieder geben).

Kreis Thorn
Culmsee (Kreisliga), Biskupitz, Culmsee (80), Elgiszewo, Folgowo, Grzywno, Kowalewo (20), Bischöfl. Papau (63), Pluskowens, Podgurz (70), Siemon (26), Skompe, Staw, Thorn (300).

Die Schwerpunkte der Bewegung entsprachen demnach wieder weitgehend der Bevölkerungssituation; die Zahl der Orts- und Bezirksligen und die Intensität der Ligatätigkeit innerhalb eines Kreises hingen aber auch davon ab, wieweit einzelne, angesehene Personen sich engagierten. Im Kreise Schwetz etwa verdankten die 17 Ortsvereine ihr Entstehen beinahe ausnahmslos der unermüdlichen Tätigkeit Stanisław Radkiewicz's und des Grafen Czapski [12]; die gesamte Organisation im Bereich Marienwerder-Mewe, in dem es keine polnischen Gutsbesitzer gab, war ein Werk des Pfarrers Antoni Pomieczyński [13].

Während die bürgerliche polnische Geschichtsschreibung den Wert der ‚Liga Polska' für die weitere Entwicklung des Polentums außerordentlich hoch veranschlagt [14], melden die marxistischen Historiker einige wesentliche Vorbehalte an. Die Hauptaufgabe der Liga sei es gewesen, drohende soziale Konflikte zu verhindern; im Grunde habe es sich um eine konterrevolutionäre Einrichtung gehandelt [15]. Dieses Urteil muß m. E. vor allem für Westpreußen modifiziert werden. Soziale Gegensätze hatten sich besonders auf dem Lande bis dahin wenig artikuliert. Die polnischen Führer brauchten sich nicht einmal wie im Großherzogtum Posen mit unruhigen Sensenmännern auseinanderzusetzen, denen bei der Mobilmachung im März und April Land versprochen worden war. Die Ableitung akuter sozialer Spannungen kann daher kaum die wesentliche Funktion der Liga gewesen sein. Ihre Entstehung ist in erster Linie auf die Verschärfung des nationalen Gegensatzes und das zunehmende Unterlegenheitsgefühl des grundbesitzenden Adels im ökonomischen Bereich zurückzuführen. Allerdings war die alte Führungsschicht darauf bedacht, bei diesem ersten Versuch einer nationalen Mobilisierung der gesamten polnischen Bevölkerung, der eine Objektivierung und Systematisierung des Kommunikationssystems voraussetzte, ihre Standesinteressen so weitgehend wie möglich zu wahren und revolutionäre Tendenzen zu eliminieren. Die Initiative lag daher zunächst ganz überwiegend bei Angehörigen der Szlachta, die besonders in den ersten Monaten eine beachtliche Aktivität entwickelten [16] und sich in den Direktionen der Kreisligen fast überall ein entscheidendes Mitspracherecht sicherten. Mit Ausnahme von Marienwerder-Mewe, wo es überhaupt keinen polnischen Grundbesitz gab [17], und Culm, wo der sehr angesehene Dekan Bartoszkiewicz bald an die Spitze trat, waren sämtliche Direktorenstellen der Kreisligen im Regierungsbezirk Marienwerder von Gutsbesitzern besetzt, und zwar: Conitz mit Półczyński/Dombrowken, Graudenz mit Rybiński/Debenz, Flatow mit Graf Grabowski/Radawnitz,

12 Rep. A 181 Nr. 14 663 Bl. 21 ff. — Bericht des Landrates an die Regierung Marienwerder vom 9. Januar 1849.

13 Hierzu v. a. *Mańkowski,* Liga narodowa, passim.

14 z. B. *Szmańda,* S. 178; *Mańkowski,* Odrodzenie narodowe, S. 49.

15 *Jakóbczyk,* Studia I, S. 113. An Jakóbczyks Urteil haben sich alle späteren Arbeiten mehr oder weniger orientiert. Zur westpreußischen Liga vgl. *Cieślak,* O niektórych konfliktach; *ders.,* Z dziejów prasy, Teil I; Pomorze Gdańskie, Wstęp, S. LXXXVII ff.

16 Vgl. oben S. 87 f.

17 Hier wurde die Liga vom Pfarrer Antoni Pomieczyński organisiert und geleitet.

Löbau mit Zagorowski/Trzczyn, Schwetz mit Radkiewicz/Briesen und Czapski/Bukowitz, Strasburg mit Wybicki/Swierczyn, Stuhm mit Donimirski/Telkwitz und Thorn mit Kruszyński/Nawra. Um die breite Masse der Bevölkerung zu erreichen, war die relativ kleine Gruppe des nationalpolnisch gesinnten Adels allerdings viel zu schwach. Als unentbehrliche Helfer und Mitarbeiter, die beim einfachen Manne durchweg auch mehr Vertrauen und Einfluß als die Gutsbesitzer hatten, mußten die katholischen Geistlichen und Lehrer gewonnen werden.

Die Geistlichkeit hatte bei der Auseinandersetzung um die Wahlen zur Paulskirche zwar einige Aktivität im Sinne der polnischen Vorstellungen erkennen lassen, jetzt zeigte sich jedoch schnell wieder, daß die nationalpolnische Bewegung — anders als im Großherzogtum — keineswegs auf den katholischen Klerus in seiner Gesamtheit rechnen konnte. Gewiß stellte sich eine Reihe angesehener und einflußreicher Kleriker sogleich in den Dienst der Liga — einige von ihnen gehörten ja sogar zu den Gründern in Berlin [18] —, und aus mehreren Kreisen wurde bald gemeldet, fast alle katholischen Pfarrer hätten sich dem Verein angeschlossen [19]; auf der anderen Seite war jedoch auch viel Zurückhaltung und Feindschaft zu spüren. Der Schwetzer Landrat merkte Ende November 1848 als sehr bedeutsam an, „daß fast alle katholische Geistliche ihren Beitritt versagt haben" [20]. Kommentare von polnischer Seite bestätigen, daß derartige Feststellungen nicht dem Wunschdenken preußischer Beamter entsprungen sind. Die Spalten der in Culm erscheinenden ‚Szkółka Narodowa', die so etwas wie ein halboffizielles Organ der Liga war [21], sind voll von Klagen über mangelnde Einsatzbereitschaft der Geistlichkeit. Es gibt beinahe keine Nummer, in der nicht über Interesselosigkeit geklagt wird oder einzelne Priester wegen ihrer Gegnerschaft sogar direkt angegriffen werden [22]. Die Gründe für ihre ablehnende Haltung waren verschieden. Von der deutsch-katholischen Geistlichkeit konnte, abgesehen von einigen Ausnahmen [23], selbstverständlich keine Unterstützung erwartet werden. Ein Teil des polnischen Klerus scheint in der Liga eine Fortsetzung der demokratisch-revolutionären Bewegung von 1845/46 gesehen zu haben, die ja noch frisch in Erinnerung war, und lehnte sie schon deshalb ab [24]. Besondere Bedeutung kam der Haltung des Culmer Bischofs zu. Zwar versuchten die Polen, seine Unterstützung zu gewinnen, indem sie ihn wie den Posener Erzbischof zum Ehrenpräsidenten ernannten, doch hatte ein solcher Versuch

---

18 Siehe oben Seite 87.

19 Bericht des Löbauer Landrates an die Regierung Marienwerder vom 17. 1. 1849 — Rep. A 181 Nr. 14 664 Bl. 32; im gleichen Sinne der Strasburger Landrat an Regierung Marienwerder am 30. 4. 1849, ebd. Nr. 14 665 Bl. 78.

20 Ebd. Nr. 14 663 Bl. 4.

21 Vgl. unten S. 94 f.

22 Zum Beispiel Nr. 16, 21, 23 von 1848; Nr. 3 und 10 von 1849; Szkoła Narodowa Nr. 19, 21 von 1849.

23 Zu diesen Ausnahmen ist vor allem der Westfale Karl Richter, damals Domherr in Pelplin, zu rechnen, der sich unermüdlich für die polnische Sache einsetzte; vgl. biograph. Anhang. Auch die ‚Szkółka Narodowa' erwähnt einige Male lobend die Mitarbeit deutscher Priester. — Dekan Klingenberg, der ja auch zu den Gründern zählte, war übrigens trotz seines deutschen Namens ein überzeugter Pole.

24 Ein Hinweis auf eine derartige Einschätzung der Liga findet sich etwa in einem Korrespondentenbericht der ‚Szkółka Narodowa' aus Trzebcz. — Nr. 19/1848.

bei Sedlags bekannter Abneigung gegenüber allen nationalpolnischen Bemühungen[25] von vornherein keine Aussicht auf Erfolg. Die Bitte polnischer Geistlicher und Gutsbesitzer im September 1848, sich für die von der Frankfurter Nationalversammlung am 31. Mai garantierten nationalen Rechte der Polen einzusetzen, lehnte der Prälat ziemlich brüsk mit der Bemerkung ab, er wisse nicht, was am katholischen Glauben zu reorganisieren sei, und im übrigen werde in allen Kirchen in der Sprache gepredigt, die der Gemeinde bekannt sei. Hieraus entwickelte sich eine scharfe Auseinandersetzung, die von beiden Seiten nicht ‚sine ira et studio' geführt wurde und sogar zum Austritt von sechs Priesterschülern aus dem Pelpliner Seminar führte[26]. Der Streit hatte zur Folge, daß ein großer Teil der Geistlichkeit, der sich eindeutig auf die Seite des Bischofs stellte, nun endgültig von der Liga abrückte[27]. Auf Drängen der Regierungen verbot Sedlag außerdem am 4. 1. 1849 in einem Rundschreiben an den Diözesanklerus, Versammlungen der ‚Liga Polska' in den Kirchen abzuhalten und sie mit feierlichen Gottesdiensten zu verbinden[28], womit auch der Spielraum der kooperationswilligen Priester erstmals eingeschränkt wurde.

Es war daher besonders wichtig, daß sich die Elementarschullehrer wesentlich stärker und einhelliger in der Liga engagierten. Auch aus den Gebieten, wo die Geistlichen große Zurückhaltung übten, wurde eine rege Tätigkeit der Lehrer gemeldet[29]. Bedenkt man, daß in den Dörfern außer den Geistlichen meist nur noch die Lehrer lesen und schreiben konnten, so tritt die Bedeutung dieser Gruppe für die Arbeit auf lokaler Ebene erst ins rechte Licht. In den rund 120 erfaßbaren Ortsvereinen Westpreußens saßen immerhin 63 Lehrer in den Vorständen, meist als Sekretär oder Kassierer. Wenn sie in den übrigen Orten nicht vertreten waren, so z. T. deshalb, weil es dort keine Schule gab oder aber Deutsche unterrichteten. Da bei dem preußischen Schulsystem die Gutsbesitzer als wichtigste und maßgebende Person im Schulvorstand ihres Bezirkes eine dominierende Position innehatten, liegt zunächst die Vermutung nahe, daß viele Lehrer schon durch ihre Patrone zur Mitarbeit gedrängt wurden, wenn diese selbst Anhänger der Liga waren. Eine Überprüfung der Angaben ergibt jedoch, daß weit über die Hälfte der namentlich erfaßbaren Lehrer an Schulen in

---

25 Siehe oben Seite 40.

26 Der Vorgang wurde ausführlich und wiederholt in der ‚Szkoła Narodowa' dargestellt und kommentiert (Nr. 1/1849 ff.), wobei aber nur die Gegner des Bischofs zu Wort kamen.

27 Der Culmer Landrat berichtete der Regierung am 18. 5. 1849, ein großer Teil der Geistlichkeit habe sich zurückgezogen, weil er sich durch die Angriffe auf den Bischof in Zeitschriften und Flugblättern verletzt fühle. — Rep. A 204 Nr. 164 Bl. 75; ähnlich Rep. A 181 Nr. 14 662 Bl. 19.

28 Schon am 19. September 1848 hatte Regierungspräsident von Nordenflycht vom Bischof gefordert, die Kanzel dürfe nicht zur Agitation benutzt werden. — Rep. A 181 Nr. 1455 Bl. 47. Am 7. Dezember bat er den Oberpräsidenten, an Sedlag, der nocht nicht reagiert habe, noch einmal heranzutreten. Man könne die Teilnahme von Geistlichen an der ‚Liga Polska' kaum verbieten, wohl aber alle politischen Aktionen im Gottesdienst. — Ebd., Bl. 157. Das bischöfliche Schreiben an den Klerus vom 4. Januar 1849 befindet sich in derselben Akte, Bl. 295 f.

29 Der Schwetzer Landrat weist in demselben Bericht, mit dem er die Passivität der Geistlichen hervorhebt, auf die besondere Aktivität der Lehrer hin, stellt aber beinahe bedauernd fest, daß man ihnen „den Vorwurf einer Vernachlässigung ihrer Amtsgeschäfte" nicht machen könne (s. o., Anm. 19).

königlichen Ortschaften oder Städten angestellt waren[30]. Es darf eben nicht übersehen werden, daß die Volksschullehrer in allen deutschen Staaten ein unruhiges Element während der Revolutionsjahre darstellten, da sie im sozialen Gefüge einen ähnlich unglücklichen Platz einnahmen wie die Gesellen[31]. Waren sie Angehörige einer nationalen Minderheit, so lag auch bei ihnen nahe, daß ihre gesellschaftliche Konfliktsituation durch den nationalen Affekt überdeckt wurde, wobei sie allerdings viel weniger als andere Gesellschaftsschichten damit rechnen konnten, den Nationalitätenkampf ihren eigenen materiellen Interessen dienstbar zu machen[32].

Auf der ersten Generalversammlung aller Delegierten der ‚Liga Polska' in Kórnik bei Posen vom 10. bis 12. Januar 1849 wurde die endgültige Satzung verabschiedet. Da es nur e i n e Hauptdirektion für Posen und Westpreußen geben sollte, setzten die westpreußischen Delegierten die Bildung eines Provinzialrates durch, der die Aufgabe haben sollte, „diejenigen Anträge herauszufinden, zu bearbeiten und vorzubereiten, welche die speziellen geistigen und materiellen Bedürfnisse der Provinz betreffen, und insofern von denen des Großherzogthums Posen gesondert sind"[33].

Der Provinzialrat, der sich aus Vertretern der Kreisligen zusammensetzte, trat am 28. 2. 1849 zu seiner ersten Beratung zusammen. Vorsitzender wurde der unermüdliche Radkiewicz, Sekretär Ign. Łyskowski. Da die Beratungsgegenstände und Beschlüsse dieses Gremiums für die gesamte Ligaarbeit in Westpreußen richtungweisend waren, empfiehlt es sich, die Ergebnisse dieser ersten Versammlung in extenso darzustellen[34]:

1. Die Nationalversammlung in Berlin soll in einer Petition aufgefordert werden, in der Verfassung den Polen Westpreußens ausdrücklich ihre Nationalität zu garantieren. Außerdem soll die Gleichberechtigung der polnischen Sprache in Schule, Kirche, Behörden- und Gerichtswesen gefordert werden.
2. Der Antrag auf eine Petition, die entsprechend dem Wiener Traktat zu Posen gehörenden Kreise dem Großherzogtum zuzuschlagen, wird zurückgestellt, da die Vertreter der anderen Kreise befürchten, ihnen könnten dadurch Nachteile hinsichtlich der Nationalität erwachsen.
3. Die Regierungen sollen aufgefordert werden, Kreis- und Amtsblätter auch in polnischer Sprache erscheinen zu lassen.
4. In einer Petition an das Kultusministerium soll die Einführung der polnischen Sprache als Unterrichtssprache am Conitzer Gymnasium gefordert werden.

---

30 Die Auswertung beruht wieder auf den personellen Angaben von Rep. 2 Tit. 30 Nr. 29 Vol. 1 Bl. 37 ff. und der ‚Szkółka' bzw. ‚Szkoła Narodowa'. Der Status der Ortschaften wurde festgestellt nach *Krug-Mützell*, Neues topographisch-geographisch-statistisches Wörterbuch.

31 Über die Rolle der Gesellen in der Revolution von 1848, über ihre Position zwischen Zunfthandwerk und Fabrikproletariat mit der Furcht vor sozialem Abstieg bei gleichzeitig geringer Aussicht auf Aufstieg ins Kleinbürgertum, siehe vor allem *Stadelmann*, S. 13 ff.

32 Aufforderungen zum Boykott deutscher Handwerker und Kaufleute, die in Westpreußen ebenfalls um 1848 laut wurden, bedeuteten dagegen eine direkte Unterstützung des polnischen Kleinbürgertums gegen die deutsche Konkurrenz.

33 Projekt der Liga Polska, Posen 1849. Zusatz zu § 74. — Rep. A 209 Nr. 4 Bl. 2 ff. Auch enthalten in den „Statuten des Provinzialrates der Liga Polska für Westpreußen" — Szkółka Narodowa Nr. 7/1849.

34 Nach ‚Szkółka Narodowa' Nr. 10/1849.

5. Ebenfalls in einer Petition soll um die Einsetzung polnisch-katholischer Lehrer in den Volksschulen ersucht werden, wo die Mehrzahl der Schüler polnisch ist.
6. In einem Antrag soll vom Kultusministerium die Einführung des Polnischen als Unterrichtsgegenstand in den Lehrerseminaren gefordert werden.
7. Der Culmer Bischof soll aufgefordert werden, die Unterdrückung der polnischen Nationalität durch das Herbeiholen deutscher Priester zu unterbinden.
8. Es wurde über die Gründung einer landwirtschaftlichen Gesellschaft für ganz Westpreußen beraten, die sich hauptsächlich um die Verbesserung der kleineren bäuerlichen Wirtschaften bemühen soll. Um dieses Ziel zu erreichen, wird gleichzeitig die periodische Herausgabe einer landwirtschaftlichen Zeitschrift beschlossen, deren Redaktion Ślaski/Trzebcz übernehmen wird.
9. Die in Thorn bereits existierende Gesellschaft für gegenseitige Hilfe soll ihre Statuten veröffentlichen und zum Zusammenschluß aller derartigen Gesellschaften auffordern.
10. Da polnische Instleute, die bei den Wahlen nicht für ihre deutschen Herren gestimmt haben, von diesen entlassen worden sind, soll die ‚Szkółka Narodowa' die Kreisdirektionen darauf aufmerksam machen, damit die Instleute bei polnischen Herren untergebracht werden können.
11. Die Pläne zur Gründung eines Knabenseminars in Pelplin sollen unterstützt werden.

Die Bemühungen um die Durchsetzung der nationalen Rechte innerhalb des preußischen Staates, ausgehend von der Gleichberechtigung der polnischen Sprache, hatten hiernach eindeutig den Vorrang gegenüber allen Projekten, die auf eine Verbesserung der materiellen Situation der polnischen Bevölkerung zielten. Diese Tendenz, die allenthalben von den Gründungsversammlungen an beobachtet werden kann[35], ist nur eine Umsetzung der in den Statuten aufgestellten Rangordnung in die Praxis; sie bleibt bis zum Ende bestimmend für die tägliche Arbeit der Liga. Abgesehen davon, daß die Versammlungen der Ortsvereine in der Regel nichts anderes waren als Zusammenkünfte, bei denen aus polnischen Zeitungen und Büchern vorgelesen wurde, bestand die Tätigkeit auf Kreis- und Bezirksebene zu einem großen Teil in der Zusammenstellung von Petitionen, verbunden mit Unterschriftensammlungen; im Frühjahr kam eine intensive Vorbereitung der Bevölkerung auf die Wahlen zum preußischen Parlament hinzu[36].

---

35 Bericht preußischer Beamter über Versammlungen in Culmsee (5. 10. 48), Gollub (7. 10. 48), Strasburg (25. 10. 48), Neumark (11. 11. 48). — Rep. A 181 Nr. 14 662 Bl. 3 ff., Nr. 14 664 Bl. 30 ff., Nr. 14 665 Bl. 17 ff. und 47 ff. Überall wurden die Forderungen nach Gewährung der nationalen Rechte in den Mittelpunkt der Reden gestellt und Petitionen für die Gleichberechtigung der polnischen Sprache vorgelegt. Die Versammlung in Strasburg hatte z. B. folgende Tagesordnung: 1. Einschreibung neuer Mitglieder; 2. Sammlung von Unterschriften für eine Petition zur Reorganisation aller Schulen in Westpreußen; 3. Wahl eines Kassierers; 4. Wahl eines Delegierten zur Vollversammlung; 5. Verlesung eines Briefes an den Domherrn Richter, in dem ihm für seine Unterstützung der polnischen Nationalität gedankt wird; 6. Bestellung einer Deputation, die sich in Berlin um die Freilassung der im April festgenommenen Polen bemühen soll. — Szkółka Narodowa Nr. 20/1848.

36 Einen Eindruck von der Tätigkeit eines Kreisvereins und seiner Ortsvereine geben die von Mańkowski und Bukowski veröffentlichten Tätigkeitsberichte der Liga Marienwerder/Mewe, obwohl sich gerade dieser Verein durch seine besondere Zusammensetzung — es gab keine polnischen Gutsbesitzer in diesem Raum — und durch die aufopfernde Tätigkeit des Pfarrers Pomieczyński wahrscheinlich nicht unerheblich von den anderen Kreisligen unterschied. — *Mańkowski,* Liga narodowa, S. 26 ff.; Pomorze Gdańskie, Dokument Nr. 134 d. — Leider sind ähnliche Berichte von anderen Kreisvereinen in Westpreußen nicht erhalten.

Die Kreis- und Ortsvereine hatten allerdings mit ihren geringen finanziellen Mitteln, die hauptsächlich aus den bescheidenen Beiträgen der einfachen Mitglieder stammten und von denen ein erheblicher Anteil sogar noch an die Hauptdirektion abgeführt werden mußte, kaum eine Möglichkeit, umfangreichere Maßnahmen zur Verbesserung der materiellen Situation vor allem der Landbewohner einzuleiten [37]. Um so folgenschwerer mußte es sein, wenn auch die Organisationsspitzen, wie es am Beispiel des Provinzialrates deutlich wird, keinen anderen Weg wiesen. Unter der Losung einer gesamtgesellschaftlichen Solidarität beschränkte sich die Szlachta praktisch auf eine nationale Agitation, die für die bäuerliche und kleinbürgerliche Bevölkerung inhaltslos blieb. Materielle Verbesserungen für die unteren sozialen Schichten wurden letzten Endes stets von einer tiefgreifenden Veränderung der politischen Verhältnisse abhängig gemacht; dafür schwand jedoch bereits gegen Ende des Jahres 1848 die Aussicht. Wenn trotzdem kurzfristig ein beachtlicher Teil der polnischen und kaschubischen Bevölkerung Westpreußens aktiviert werden konnte und ein relativ hoher Integrationsgrad erreicht wurde, so ist das unter anderem darauf zurückzuführen, daß der nationalpolnischen Partei zum ersten Mal eine eigene Presse zur Verfügung stand. Am 30. Juni 1848 hatte der Geistliche Antoni Knast [38] dem Oberpräsidium mitgeteilt, er werde „eine Schrift rein didaktischen Inhalts“ unter dem Namen ‚Szkółka Narodowa‘ [Kleine Nationalschule] als verantwortlicher Redakteur betreuen; ihr Ziel sei „die Hebung der sozialen und politischen Bildung der polnischen Bewohner“ [39]. Zweiter Redakteur wurde Dekan Bartoszkiewicz; als Verleger fungierte Józef Gółkowski [40], ein ehemaliger kleiner Gutsbesitzer, der kurz zuvor nach Culm übergesiedelt war. Er hatte dort eine Buchhandlung gekauft und später auf Rat Ignacy Łyskowskis noch eine Druckerei hinzuerworben, in der die ‚Szkółka‘ seit dem 4. Januar 1849 hergestellt wurde. Zu den Mitarbeitern zählten von Anfang an Ignacy Łyskowski und Julian Prejs, der bald darauf auch eine eigene Zeitung herausgab; außerdem wirkten in der Provinz eine Reihe von Lehrern und Geistlichen als Korrespondenten [41].

Die erste Nummer der neuen Wochenzeitung erschien in Culm am 2. Juli 1848. Der programmatische Einführungsartikel stellte heraus, daß sich das Blatt um die Weckung und Stärkung der polnischen Nationalität in Westpreußen und um die politische Bildung der Bevölkerung vor dem Hintergrund des europäisch-revolutionären Geschehens bemühen werde; es wolle ein „Mittel nationaler und politischer Bildung für das gemeine Volk“ (lud pospolity) sein [42]. Dementsprechend wurde dem Problem der

37 Nur ganz vereinzelt gibt es Hinweise auf Aktionen zur Unterstützung Hilfsbedürftiger.

38 Vgl. biographischer Anhang.

39 Rep. 2 Tit. 39 Nr. 9 Vol. 9 Bl. 125. — Vom 5. April 1849 an erschien die Zeitung als ‚Szkoła Narodowa‘ [Nationalschule]. Zur Geschichte der polnischen Presse in Westpreußen nach den Teilungen liegt eine umfassende Darstellung von Tad. Cieślak vor, in die auch die älteren, sich im wesentlichen auf Faktenaddition beschränkenden Arbeiten Mańkowskis eingegangen sind: *Cieślak*, Z dziejów prasy polskiej na Pomorzu Gdańskim. Zur ‚Szkółka Narodowa‘ ebd., S. 20 ff.; außerdem *Cieślak*, O niektórych konfliktach, S. 380 ff.

40 Vgl. biographischer Anhang.

41 In der ersten Nummer wurden „Bürger, Geistliche und Lehrer, die durch Bildung aus dem Volke hervorragen“ zur Mitarbeit aufgefordert. — Szkółka Narodowa, Nr. 1/1848.

42 Ebd.

Nationalität sowohl in leichtverständlichen theoretischen Artikeln als auch in Berichten und Kommentaren zu den praktisch-politischen Bemühungen des westpreußischen Polentums um größere nationale Rechte viel Raum gewidmet; man veröffentlichte die Texte entsprechender, in der Bevölkerung umlaufender Petitionen und forderte dazu auf, sie durch Unterschriften zu unterstützen. Hinzu kamen besonders in den ersten Monaten Berichte von der Tätigkeit der polnischen Abgeordneten in Berlin und Frankfurt, sowie erläuternde Darstellungen zu den europäischen Ereignissen und den neu errungenen liberalen Freiheiten und Rechten.

Schon die Identität von Mitarbeitern der ‚Szkółka Narodowa' mit führenden Persönlichkeiten der Liga (Łyskowski, Knast, Bartoszkiewicz, Radkiewicz) deutet darauf hin, daß die Zeitung im Rahmen der nationalen Solidarität besonders die Interessen der gesellschaftlichen Oberschicht vertrat. Sie entwickelte sich zu einem Korrespondenz- und Mitteilungsblatt der beinahe gleichzeitig gegründeten Liga. Ihre Wirkung und damit auch die nationale Werbekraft wurde seit dem Herbst beträchtlich gesteigert, da sie in den entstehenden Ortsvereinen der ständigen Lektüre diente und auf jeder Versammlung vorgelesen wurde.

Zu Jahresbeginn 1849 trat eine zweite polnischsprachige Zeitung an die Seite der ‚Szkółka Narodowa'. Julian Prejs[43], bisher Mitarbeiter bei der ‚Szkółka', wollte sich mit seinem ‚Biedaczek', den er anfangs in Thorn, dann in Culmsee herausgab, besonders an den ganz armen, ungebildeten Teil der Bevölkerung wenden[44]. Dementsprechend waren die Beiträge, die sich ebenfalls vornehmlich mit nationalen Belangen des Polentums befaßten, leicht verständlich und in einer sehr einfachen Sprache gehalten. Obwohl auch der ‚Biedaczek' von der Liga durch Abonnements unterstützt wurde, litt er durchgehend unter akuten finanziellen Schwierigkeiten. Es fehlte an Mitarbeitern, so daß Prejs sich schließlich — abgesehen von seinen eigenen Beiträgen — weitgehend auf den Abdruck von Artikeln anderer Zeitungen beschränken mußte. Das Blatt wurde, wie übrigens auch die ‚Szkoła Narodowa', ein Opfer des Pressegesetzes vom 5. Juni 1850.

Als Organ der ‚Liga Polska' hatten die ‚Szkółka' und ‚Szkoła Narodowa' natürlich nicht nur die Funktion eines Korrespondenz- und Mitteilungsblattes; im Sinne der Liga formulierten und vertraten sie gleichzeitig in zahlreichen Artikeln das Programm

---

43 Vgl. biographischer Anhang.

44 ‚Biedaczek' kann ungefähr mit ‚armer kleiner Mann' oder ‚armer Teufel' übersetzt werden. Der programmatische Gehalt des Titels wird durch den Zusatz ‚kleine Zeitschrift für das arme Volk' noch unterstützt. Prejs hatte dem Oberpräsidenten schon am 25. 10. 1848 mitgeteilt, er werde eine Zeitung herausgeben, deren Tendenz „die Aufklärung der untersten Schichten des Volkes wie auch die Wahrnehmung seiner Interessen" sein werde. — Rep. 2 Tit. 39 Nr. 9 Vol. 9 Bl. 144. — Zu Geschichte und Inhalt des Blattes im einzelnen s. *Cieślak*, Z dziejów prasy, S. 39 ff.
Als dritte polnischsprachige Zeitung in Westpreußen erschien von August 1849 bis September 1851 in Culm bei Gółkowski der ‚Katolik Diecezji Chełmińskiej', der zwar auch die Pflege der polnischen Sprache zu seinen Aufgaben zählte, sich im wesentlichen aber auf kirchliche Dinge beschränkte. — *Cieślak*, Z dziejów prasy, S. 57 f.
Der kurze Zeit in Ortelsburg erscheinende ‚Kurek Mazurski' [Der masurische Hahn] fand in Westpreußen kein Echo. — *Chojnacki*, Kurek Mazurski.

der gesamtgesellschaftlichen Solidarität[45]: „Wenn wir uns alle die Hände reichen und uns Mühe geben, werden wir etwas Gutes schaffen können, und spätere Generationen werden uns segnen“[46]. Ein Vokabular, das vielfach die religiöse Sphäre assoziierte, sollte die Atmosphäre emotionaler Gleichgestimmtheit schaffen. ‚Bractwo‘ (Bruderschaft) verdrängte als Synonym für ‚Liga Polska‘ weitgehend die eigentliche Bezeichnung: „Diese Bruderschaft ist die Bruderschaft über allen Bruderschaften, und deshalb verbinden wir uns mit ihr“[47]. Unter der Losung „alle für einen, einer für alle“ wurde die Bevölkerung zum materiellen Opfer aufgefordert[48]. Um das Los der Armen verbessern zu können, müsse jeder den geringen Jahresbeitrag zahlen, denn „mit leerer Hand läßt sich nichts machen ... Dafür habt ihr das Recht, drei Direktoren der Kreisliga zu wählen, die eure Interessen vertreten werden ...“[49]. Zur Unterstützung derartiger Forderungen wurden leicht sentimentale Berichte von der Opferbereitschaft der Armen am Altar des Vaterlandes eingeflochten[50]. Der mit dem Gleichheitsgrundsatz nominell aufgegebene Führungsanspruch des Adels kraft gesellschaftlicher Rangordnung wurde mit Hinweisen auf seine Verdienste um die polnische Nation in den vergangenen Jahrzehnten und auf seine geistigen Führerqualitäten praktisch neu begründet[51].

In der Realität des Alltags erschöpfte sich die proklamierte Gleichheit übrigens in Äußerlichkeiten, indem etwa alle Mitglieder gleichmäßig mit ‚obywatel‘ angeredet wurden[52].

---

45 Es hat daher m. E. wenig Sinn, die Tendenz des Blattes nach den gängigen parteiprogrammatischen Kategorien zu bestimmen, wie Cieślak es versucht (Z dziejów prasy, S. 24 f., 38 f.). So konnte die Zeitung z. B. trotz ihrer adelsfreundlichen Haltung durchaus gegen feudale Relikte wie das Jagdrecht zu Felde ziehen, da sich derartige Erscheinungen nicht mit dem moralischen Führungsanspruch des Adels vereinbaren ließen. Auch die Haltung gegenüber den deutschen Demokraten mußte ambivalent sein, je nachdem sie sich für die polnischen Belange einsetzten oder als „radikale Leute ohne Glauben“ für die Trennung von Kirche und Schule eintraten. S. bes. Szkółka Narodowa Nr. 6/1848, Szkoła Narodowa Nr. 2/1849, Nr. 3/1849, Nr. 5/1849.

46 Szkółka Narodowa, Nr. 1/1848.

47 Ebd., Nr. 9/1849 — Wiedergabe einer Rede des Dekans Bartoszkiewicz in Culm. — ‚Bractwo‘ bedeutet in erster Linie Ordensbrüderschaft, kann aber auch zur Bezeichnung anderer Verbindungen und Korporationen dienen.

48 Szkółka Narodowa Nr. 14/1848 und Nr. 18/1848.

49 Ebd.

50 Ebd. Nr. 21/1848. Ähnlich Szkoła Narodowa Nr. 21/1850.

51 z. B. Szkółka Narodowa Nr. 8/1848, Artikel über den Adel; ähnlich Nr. 9/1848.

52 ‚Obywatel‘ [Der politische Bürger] stammt wie der ebenfalls häufig gebrauchte Terminus ‚działacz‘ [Der führende Mann im politischen und gesellschaftlichen Leben] aus dem politischen Vokabular der Adelsrepublik. — Vgl. *Hans Roos*, Ständewesen und parlamentarische Verfassung in Polen, in: Ständische Vertretungen in Europa im 17. und 18. Jahrhundert, Göttingen 1969, bes. S. 322 ff.
Eine ähnliche Geste machten Strasburger Gutsbesitzer, indem sie Instleute und Tagelöhner mit persönlichen Einladungsschreiben für eine Ligaversammlung bedachten. — Rep. A 181 Nr. 14665 Bl. 33 ff.
Andererseits geriet die Solidarität schnell in Gefahr, wenn direkte materielle Ansprüche daraus abgeleitet wurden. Bei einer von Ślaski/Trzebcz vorbereiteten Versammlung für das Culmer Land am 30. 10. 1848 in Culm kam es bereits zu Zwistigkeiten, als eine demokratisch-städtische Gruppe um den ehemaligen Lehrer Borkowski ein gemeinsames

Eine umfangreichere Tätigkeit im Sinne der ‚organischen Arbeit' entwickelte sich infolge der Haltung des Adels nicht. Obwohl August Cieszkowski von der Ligaspitze aus entsprechend seinem Grundsatz „aider à faire et déveloper" immer wieder versuchte, die Tätigkeit auf dieses Feld zu lenken [53], kam man in Westpreußen über die Einrichtung von Lesehallen und Versuche, Vereine mit speziellen Aufgabenbereichen zu schaffen, nicht hinaus [54]. Es muß allerdings berücksichtigt werden, daß auch die ökonomisch fortschrittlichen Kräfte der Szlachta in dieser Hinsicht über keinerlei Erfahrungen verfügten und ihnen zudem die schwierigen wirtschaftlichen Verhältnisse, in denen ein großer Teil der polnischen Gutsbesitzer um die Jahrhundertmitte noch steckte, verhältnismäßig wenig Spielraum ließen. Jedenfalls zeigte sich bald, daß eine einseitige nationale Agitation über einen längeren Zeitraum als Integrationsmittel nicht ausreichte, zumal die ständig beschworene Verbesserung der nationalen Rechte des Polentums im preußischen Staat keine Wirklichkeit wurde [55]. Schon in seinem Aufruf zur zweiten Versammlung des Provinzialrates vom 26. 4. 1849 mußte Ignacy Łyskowski zugeben, daß die Liga in dieser Hinsicht nichts erreicht habe [56]. Die Hoffnungen auf einen Sieg des nationalen Prinzips wurden vorläufig noch in der Presse wachgehalten durch eine genaue Beobachtung und Kommentierung des ungarischen Aufstandes, von dessen Gelingen positive Auswirkungen auf die Situation des gesamten Polentums erhofft wurden. Bis zuletzt brachte die ‚Szkoła Narodowa' Siegesnachrichten [57]. Als die endgültige Niederlage der Ungarn nicht mehr zu verheimlichen war, hatte die Liga Massenaustritte zu verzeichnen.

Die innere Schwäche wurde durch parallel laufende Angriffe von außen potenziert. Zwar hatten sich die Posener Führer am 31. August 1848 vom Innenminister Kühlwetter die Legalität der Liga bestätigen lassen, so daß Regierungspräsident von Nordenflycht seinen Unterbehörden bedauernd mitteilen mußte, man könne wegen der ausdrücklichen Genehmigung des Innenministers vorerst nichts unternehmen [58]; dennoch waren die westpreußischen Regierungen — anders als die Staatsführung, der es

---

Mahl auf Kosten der Wohlhabenden verlangte. Die Gutsbesitzer weigerten sich und ließen die geplante Mahlzeit lieber ganz ausfallen. Nach dem Bericht des Landrates hatte Dekan Bartoszkiewicz im weiteren Verlauf des Tages sogar Mühe, „die Versammlung von Thätlichkeiten abzuhalten". — Rep. A 181 Nr. 1226 Bl. 20 ff.

53 *Jakóbczyk,* Studia I, S. 149 ff. — Zur inhaltlichen Bestimmung des Begriffes ‚organische Arbeit' siehe unten S. 102 f.

54 Vgl. unten S. 122 f. u. S. 134 ff.

55 Nach landrätlichen Berichten wurde schon durch die Gründungsversammlungen bei der Bevölkerung die Überzeugung geweckt, in kurzer Zeit würden die deutsche Sprache aus Schulen und Behörden verschwunden und die deutschen Beamten durch polnische ersetzt sein. — Bericht des Strasburger Landrates vom 18. 10. 1848, Rep. A 181 Nr. 14 665 Bl. 29 ff.; Bericht des Schwetzer Landrates vom 6. 11. 1848, ebd. Nr. 14 663 Bl. 7 ff. Im gleichen Sinne auch schon am 24. 10. Regierung Marienwerder an das Königsberger Oberpräsidium, Rep. 2 Tit. 30 Nr. 30 Vol. 3 Bl. 526 ff.

56 Szkoła Narodowa Nr. 4/1849.

57 Seit April 1849 berichtete das Blatt in fast jeder Nummer über die Vorgänge auf dem ungarischen Kriegsschauplatz. Erst am 30. August wurden zum ersten Mal Nachrichten von einer Niederlage der Ungarn erwähnt; man hielt sie jedoch noch für Falschmeldungen deutscher Zeitungen.

58 Rep. A 181 Nr. 14 663 Bl. 2.

in erster Linie um die Eindämmung der bürgerlichen Revolution ging — von Anfang an besonders darauf bedacht, einer Ausbreitung der Organisation entgegenzuwirken. Schon am 23. 10. 1848 wies die Regierung Marienwerder in einer zweisprachigen Bekanntmachung darauf hin, daß die Freiheit des Vereinsrechtes zwar auch für die ‚Liga Polska' gelte, daß es aber ein Irrtum sei, wenn von der Tätigkeit dieses Vereins eine Umgestaltung der Verwaltung und eine Veränderung des Schulwesens erwartet würde. Allen gesetzwidrigen Handlungen und Versuchen, Feindseligkeiten zwischen den Nationalitäten und Konfessionen zu stiften, werde man mit Entschiedenheit entgegentreten [59].

Die besondere Bedeutung der Volksschullehrer für die Liga wurde auch von preußischer Seite schnell erkannt. Am 10. Dezember 1848 erging deshalb ein Zirkular der Regierung Marienwerder an sämtliche katholischen Volksschullehrer des Departements [60]. Solange sich die ‚Liga Polska' in gesetzlichen Bahnen bewege, sei es nicht die Absicht der Regierung, die Teilnahme zu behindern und insbesondere auch den Lehrern zu untersagen. Man sehe sich jedoch veranlaßt, diese darauf aufmerksam zu machen, „daß gerade die gegenwärtige Zeit von ihnen mehr als je unbedingte und volle Hingabe an ihren wichtigen Beruf verlangt, und daß dieser wohl geeignet ist, ihrer Tätigkeit ein vollkommen befriedigendes Ziel zu gewähren ... Nur durch ungeteilte Verwendung der Kraft auf die unzweifelhaft segensreiche, niemals zu bereuende Wirksamkeit in der Schule wird sich der Lehrerstand selbst eine Haltung sichern, welche ihn bleibend in der Achtung befestigt und ihm zugleich eine bessere Zukunft eröffnet." Die Lehrer wurden daher eindringlich vor einer Vernachlässigung ihrer Pflichten gewarnt. „Je mehr wir ... geneigt sind, die ehrenwerte Haltung der Volksschullehrer unseres Verwaltungsbezirks im Allgemeinen belobend anzuerkennen, desto mehr fühlen wir uns aber veranlaßt, den sich mehrenden Ausnahmen von der Regel ernst und strafend entgegenzutreten." Damit war der Regierungspräsident einem Schritt des Unterrichtsministers zuvorgekommen, der unter dem 20. 12. 1848 ein Schreiben ganz ähnlichen Inhalts an die westpreußischen Regierungen richtete [61]. Als mit dem Ministerium Brandenburg auch von Berlin aus ein schärferer Ton den Polen gegenüber angeschlagen wurde, fühlten die Regierungen ihre bisherige Haltung bestätigt und leiteten weitere Maßnahmen gegen die Liga ein. Eine Aufforderung des Innenministers von Manteuffel vom 16. 12. 1848, Versammlungen mit ‚staatsgefährdenden Tendenzen' nicht noch durch die Bereitstellung von Gemeindelokalen zu fördern [62], wurde kurzerhand dazu benutzt, den Kreis- und Ortsvereinen den Gebrauch der Schullokale für ihre Versammlungen zu verbieten, obwohl ausschließlich die Gemeinden Schulträger waren und ihre Mitglieder mancherorts ausnahmslos der ‚Liga

59 Rep. A 204 Nr. 164 Bl. 43. Bei der Ankündigung des Aufrufes beim Oberpräsidenten wünschte der Regierungspräsident sogar eine „Achtung gebietende" Verstärkung des Militärs, um den Ausführungen mehr Nachdruck zu verleihen. — Rep. 2 Tit. 30 Nr. 30 Vol. 3 Bl. 530 f.

60 Rep. A 204 Nr. 164 Bl. 44 f.

61 Rep. A 198 Nr. 364 Bl. 87. — Das Schreiben wurde am 9. Januar 1849 an die Landratsämter weitergeleitet. Es kann der Regierung Marienwerder bei der Abfassung ihres eigenen Zirkulars unmöglich schon vorgelegen haben.

62 Rep. A 198 Nr. 364 Bl. 77.

Polska' angehörten [63]. Da die Schule in vielen Dörfern außer dem Krug den einzigen größeren Versammlungsraum bot, war die Tätigkeit der Vereine dort zumindest im Winter vorerst lahmgelegt, denn alle Proteste und Bitten der Gemeinden und Schulvorstände wurden abgewiesen. Wir haben, schreibt zum Beispiel die Gemeinde Gruczno, „unseren Lehrer Zakrzewski, der für das Wohl unser aller sorgt, ersucht und gebeten ... uns jeden Sonntag nach der Gottesandacht die Zeitungen und andere Zeitschriften zu unserer Belehrung vorzulesen. Da wir Eigenthümer der Schule sind, und den Bau als auch die Reparatur allein tragen müssen und der Staat uns nicht im geringsten keine Hülfe leistet, und wir kein anderes Lokal haben, so haben wir den Lehrer Zakrzewski gebeten, daß diese Versammlung in der Schule stattfinde ...". Solle man sich nach dem Verbot nun im Krug versammeln? Als Eigentümer der Schule glaube man ein Recht zu haben, diese für die oben genannten Zwecke zu benutzen [64].

Damit war die ,Liga Polska' in Westpreußen bereits so schwer getroffen, daß die Regierungen es offenbar nicht für erforderlich hielten, sich dem Vorgehen des Posener Oberpräsidenten anzuschließen, der am 17. Sept. 1849 ein Teilnahmeverbot für Beamte, also auch für Lehrer erließ [65]. Das Vereinsgesetz vom 11. März 1850, mit dem jede organisierte politische Tätigkeit in der preußischen Monarchie unterbunden werden sollte, traf auch die ,Liga Polska' tödlich. Gerade die jetzt verbotene überregionale Verbindung und Zusammenarbeit war das entscheidende Organisationsprinzip des Vereins. In den Kreisen Culm, Schwetz und Conitz versuchte man erfolglos, nach Posener Vorbild die Arbeit in neuen, regional eng begrenzten Vereinen unter dem Namen ,Bruderschaft der Jungfrau Maria' fortzusetzen. Die Beteiligung der Bevölkerung war nicht mehr zu gewinnen, und die einzelnen Vereine kümmerten, wenn sie überhaupt ins Leben traten, nur für einige Monate dahin [66]. Nach dem Zusammenbruch aller Hoffnungen auf eine baldige nationale Reorganisation, beschränkt auf den lokalen Bereich und ohne die notwendigen Mittel zur Veränderung der wirtschaftlichen Bedingungen auch im kleineren Rahmen, fehlte den neuen Vereinen praktisch jede Voraussetzung für ihre Existenz.

Ungeachtet des schnellen Zusammenbruchs, der überdies doch in erster Linie auf die staatlichen Gegenmaßnahmen zurückzuführen ist, ließen Umfang und Intensität der nationalen Bewegung, die bei diesem ersten Versuch einer systematischen Organisation zutage traten, jedoch erwarten, daß eine weitere, besser vorbereitete Arbeit auf

---

63 Ein direktes Verbot, die Schullokale „zu politischen Versammlungen irgendwelcher Art, also auch zu Versammlungen der Liga Polska" zu benutzen, wurde erst am 4. Mai 1849 durch den Unterrichtsminister ausgesprochen. — Rep. A 204 Nr. 164 Bl. 76.

64 Rep. A 204 Nr. 164 Bl. 33. Ähnliche Schreiben, meist von den Gutsbesitzern als Schulpatrone verfaßt: ebd. Bl. 50 und 68; Rep. A 181 Nr. 14 662 Bl. 13, 14 und 20; Nr. 14 665 Bl. 80; Nr. 4150 S. 9.

65 Die Regierungen handelten erst nach einem generellen Ministerialerlaß vom 19. April 1850 — Rep. A 204 Nr. 164 Bl. 119; Rep. 2 Tit. 30 Nr. 29 Vol. 1 Bl. 56 f.

66 Die neue sogenannte Parochialliga in Sierocken bestehe beinahe nur dem Namen nach, berichtete der Schwetzer Landrat am 1. 10. 1850 der Regierung Marienwerder, „indem der von Radkiewicz sich in der Regel allein in dem zur Versammlung bestimmten Lokal des Einsassen Weinert ... nach dem Gottesdienst einfindet, und dort die von Hause mitgebrachte Zeitschrift gonice polska [Goniec Polski] liest". Rep. A 181 Nr. 14 663 Bl. 83.

diesem Gebiet nicht erfolglos bleiben würde. Geht man von den verfügbaren Zahlen aus, so hatte die ‚Liga Polska' zur Zeit ihrer größten Ausdehnung in Westpreußen zwischen zehn- und fünfzehntausend Mitglieder [67]. Zwar dürfte es in manchen Gegenden angesichts des allgemeinen nationalen Enthusiasmus schwer gewesen sein, sich den Werbungen der Liga zu entziehen [68], im großen und ganzen deutet jedoch wenig darauf hin, daß sich die Bevölkerung nur unter Druck, z. B. seitens der Gutsbesitzer, angeschlossen hätte. Im Gegenteil: die Bereitwilligkeit, mit der die in der Regel bitterarmen Landbewohner ihre Beiträge zahlten, läßt viel spontane und echte Begeisterung vermuten.

Richtung und Formen der nationalpolnischen Bewegung in der zweiten Jahrhunderthälfte wurden entscheidend durch die Tatsache bestimmt, daß der aktive Teil des grundbesitzenden Adels auch im Völkerfrühling der absolut dominierende Faktor blieb. Indem die Initiative bei der Gründungstätigkeit zur ‚Liga Polska' im wesentlichen bei nationalpolnisch gesinnten Angehörigen der Szlachta und einer kleinen Gruppe katholischer Geistlicher lag und diese Gruppe auch das personale Rückgrat der Organisation bildete, vollzog sich die allmähliche Objektivierung des Kommunikationswesens organisch aus dem bisher bestehenden Geflecht verwandtschaftlicher und gesellschaftlicher Beziehungen der alten Oberschicht. Die großen Güter als Schnittpunkte jenes Kommunikationsnetzes blieben neben wenigen Städten [69] vorerst die wichtigsten Schaltstellen. Aufschlußreich ist in dieser Hinsicht ein preußischer Behördenbericht, der das System der Nachrichtenübermittlung der ‚Liga Polska' im Culmer Lande beschreibt: „Von Ostrowo [Besitzer Chrzanowski] aus gehen zu gleicher Zeit 3 Boten ab: 1. der eine auf der Straße nach Rinsk zurück zum Herrn von Mellin . . ., welcher sodann mit dem Herrn v. Wiersbicki auf Trzianno korrespondiert; von diesem gelangen die Nachrichten an den Dekan Neumann zu Briesen, von diesem an den Gutsbesitzer v. Kucharski auf Bahrendorff und an die Frau v. Samplawska auf Zaskocz. 2. die zweite Straße von Ostrowo führt über Lissewo (Dekan Machorski) und Kamlarken (Gutsbesitzer Gregor) nach Culm. 3. der dritte Bote von Ostrowo geht über Plusnitz (Probst Drązkowski, jetzt nach Rinsk versetzt) zum Dekan Piechowski zu Neudorff, sodann an den Gutsbesitzer v. Działowski auf Mgowo, von hier an den Gutsbesitzer v. Działowski auf Działowo, von hier an den Gutsbesitzer v. Trembecki auf Oborry, von hier an den Gutsbesitzer v. Ostan-Lniski auf Liniec,

---

67 Nach der — ebenfalls unvollständigen — Zählung Jakóbczyks könnten die oben angegebenen Zahlen z. T. noch ergänzt werden. Auf eine Zusammenstellung wurde jedoch verzichtet, da Jakóbczyk jeweils nur die Summen für einzelne Kreise angibt und die Mitgliederzahlen innerhalb des Jahres 1849 ohnehin geschwankt haben. — *Jakóbczyk,* Studia I, S. 141.

68 Der Schwetzer Landrat vertrat aufgrund seiner Beobachtungen die Ansicht, „daß ein moralischer Zwang es dem Einzelnen unmöglich macht, sich auszuschließen". — Bericht vom 6. Nov. 1848 an die Regierung Marienwerder. Rep. A 181 Nr. 14 663 Bl. 7 ff.

69 Hier sind vor allem einige Städte des Culmer und Michelauer Landes zu nennen — Culm, Thorn, Strasburg, Briesen —, in denen sich recht früh wieder eine Konzentration polnischen Lebens zeigte. Aber auch diese Entwicklung hing zunächst in beträchtlichem Maße vom Verhalten der Szlachta ab, die z. B. durch einfachen Konsensus das an sich recht unbedeutende Städtchen Briesen zum Treff- und Sammelpunkt des gesamten Culmer Landes machen konnte. — *Sulerzyski,* Bd. I, Kap. VII.

von hier an den Probst Wiecki zu Wabcz und endlich nach Culm ... Eine dritte Straße von Culm führt nach Czyste zum Probst Góralski, von hier geht ein Bote über Popowo nach Culmsee, ein anderer Bote aber nach Kiewo zum ... Gutsbesitzer v. Kobiliński ... von diesem zum Gutsbesitzer v. Ślaski auf Trzebcz ..." [70].

Auf dieser Grundlage sollte sich in Zukunft die ,organische Arbeit' entwickeln. Nachdem sich eine forcierte Agitation für die nationalen Rechte in einem auf Abwehr eingestellten Staat als Fehlschlag erwiesen hatte, rückte in den kommenden Jahrzehnten das Ziel der materiellen und geistigen Entwicklung einer polnischen Gesellschaft im preußischen Staat mehr und mehr in den Vordergrund. Eine Fortsetzung der im Völkerfrühling geübten Praxis mußte dabei für die in ihrem Selbstbehauptungswillen ungebrochene alte Führungsschicht bedeuten, daß sie weiterhin versuchte, potentielle revolutionäre Energien innerhalb der polnischen Gesellschaft gegen den äußeren Gegner abzuleiten und die polnische Bevölkerung im Zeichen nationaler Solidarität zu integrieren.

---

70 Rep. 2 Tit. 30 Nr. 29 Vol. 1 Bl. 46 ff.

IV. DIE ERSTE PHASE DER ‚ORGANISCHEN ARBEIT'. GESELLSCHAFTSPOLITIK ALS KOMMUNIKATIONS- UND INTEGRATIONSFÖRDERNDE TÄTIGKEIT

IV.1 Das Kräfteverhältnis und die Interessenlage innerhalb der polnischen Gesellschaft und die ideologische Motivation der ‚organischen Arbeit'

Die Ergebnisse der Revolution von 1848 dürften die Entwicklung der staatslosen polnischen Nation nachhaltiger als jedes andere Ereignis vor dem Ersten Weltkrieg bestimmt haben. Umwälzende Veränderungen der politischen und sozialen Verhältnisse waren am Ende ausgeblieben. Deutlich sichtbar aber war geworden, daß mit der weiteren Entfaltung der bürgerlichen Gesellschaft in Europa die Entwicklung zum Nationalstaat Hand in Hand gehen würde. Hier kündigte sich ein Egoismus an, der die Loyalitätsforderung des alten Obrigkeitsstaates gegenüber seinen fremdstämmigen Bevölkerungsgruppen weit zu übertreffen drohte und dem Polentum nicht nur jede Hoffnung auf eine friedliche Restitution seines Staates nahm, sondern auch seine ökonomische Bedrohung verschärfte. Unter diesen Vorzeichen setzte besonders beim preußischen Polentum eine Beschleunigung des gesellschaftlichen Wandlungsprozesses ein. Den liberalen Kräften der Szlachta drängte sich die Erkenntnis auf, daß ihre wirtschaftliche und politische Existenz nur zu sichern war, wenn es gelang, alle Gesellschaftsschichten der polnischen und kaschubischen Bevölkerung unter nationalen Vorzeichen zu integrieren. Liberalismus wurde in der zweiten Jahrhunderthälfte für die polnische Nation „ein Suchen der führenden Gesellschaftsschicht nach neuen wirtschaftlichen Existenzgrundlagen" [1]. Es kommt also — ähnlich wie beim Gesellschaftsbegriff — auch für den westpreußisch-polnischen Adel mehr ein Programm als ein tatsächlich schon erreichtes Stadium zum Ausdruck, wenn dieser Schicht im folgenden das Attribut ‚liberal' zugeordnet wird. Liberalismus der Szlachta war der Versuch, die eigenen Existenzgrundlagen über eine stärkere Differenzierung der polnischen Gesellschaft, vor allem durch eine gezielte Mittelstandspolitik, zu festigen.

Das Leitwort, das diesem Programm vorangestellt wurde, hieß ‚organische Arbeit' (praca organiczna). Eine inhaltliche Bestimmung dieses Terminus, der 1848 zum erstenmal von Jan Koźmian, einem Redakteur des ‚Przegląd Poznański', gebraucht wurde, ist verhältnismäßig schwierig. Als Grundtendenz könnte die Ablehnung aller konspirativen und militärischen Aktionen bezeichnet werden und der Versuch, die zentralen gesellschaftlichen und politischen Fragen auf reformistischem Wege zu lösen. Im einzelnen verbargen sich jedoch wegen der unterschiedlichen sozialen und wirtschaftlichen Bedingungen in den drei Teilungsstaaten recht verschiedene Programme hinter dem Sammelbegriff ‚organische Arbeit'. Im österreichischen Anteil galt er sowohl für die Tätigkeit einer demokratisch-städtischen Intelligenz als auch für die prohabsburgische Politik einer konservativen Gruppe von Gutsbesitzern. Im Königreich Polen umschrieb ‚praca organiczna' die Reformbemühungen des Großgrundbesitzes und das Programm der Warschauer Intelligenz für eine umfassende Bauern-

1 *Rychliński,* Liberalizm gospodarczy w Królestwie Polskim po 1863 r. [Wirtschaftlicher Liberalismus im Königreich Polen nach 1863], zitiert nach *Chałasiński,* S. 164.

befreiung; nach dem Januaraufstand wurde auch die adelsfeindliche Politik der Intelligenz unter dieses Leitwort gestellt[2]. Dem preußischen Polentum stellten sich als zentrale Aufgaben der ‚organischen Arbeit' nach 1848 der Aufbau und die Stärkung einer breiteren gesellschaftlichen Mittelschicht durch gezielte Ausbildung, wirtschaftliche Organisation und Kapitalbildung, wodurch ein stärkerer ökonomischer Rückhalt für den häufig an Kapitalschwäche leidenden ländlichen Grundbesitz geschaffen werden sollte; als immaterielle Voraussetzung und Ergänzung dieses Vorhabens wurde eine Hebung des allgemeinen Bildungsniveaus der mittleren und unteren Bevölkerungsschichten angestrebt. Besonders dieser Sektor der ‚organischen Arbeit' ist von deutscher Seite immer wieder ausschließlich als politische Agitation ohne innere Notwendigkeit interpretiert worden. Es kann jedoch gar nicht übersehen werden, daß die preußische Schul- und Sprachenpolitik mit ihren negativen Folgen für den sozialen Assimilierungsprozeß der nichtdeutschen Bevölkerung, sowie eine im Hinblick auf den Nationalitätenkonflikt kurzsichtige Interessenpolitik der ostelbischen Gutsbesitzer hier ein Vakuum schufen, in das die nationalpolnische Partei vorstoßen konnte und mußte. Schon in dem Gutachten der Ständekommission von 1847 war die uneinsichtige, den Aufbau des Schulwesens hemmende Haltung vieler Gutsbesitzer beklagt worden[3]. Eine bekannte Erscheinung war etwa die von ihnen monopolisierte Branntweinherstellung, durch die die Trunksucht in den ländlichen Gebieten ungemein gefördert wurde. Obwohl auch angesehene polnische Familien wie z. B. die Sierakowskis Brennereien betrieben, übte der von polnischer Seite, besonders durch die Geistlichkeit geführte Kampf gegen den Alkoholismus im großen und ganzen doch eine integrierende Wirkung bei der polnischen und kaschubischen Bevölkerung aus[4]. Auf diese Weise bekamen dann auch derartige Aktionen und andere Maßnahmen im Bereich der Volksbildung politische Relevanz.

Die ‚organische Arbeit' bezweckte den Ausbau der ökonomischen Basis und damit zugleich die Herrschaftserhaltung und -festigung der bisher dominierenden Schichten; sie diente also — darauf hat Jakóbczyk nachdrücklich hingewiesen — „nicht nur der Verteidigung der Nationalität ... sondern auch den Interessen der polnischen Bour-

---

2 Vgl. hierzu v. a. *Czepulis,* S. 15 ff.
Die mit ‚praca organiczna' umschriebene politische Konzeption war übrigens wesentlich älter als der Terminus. Feldman datiert die Anfänge in die Reformzeit der Republik und bringt sie v. a. mit dem Wirken Staszic's in Verbindung. — *Feldman,* S. 51 f., 73 f. u. ö. Diese These wird auch von *Blejwas* (bes. S. 23–40) vertreten, der mit seiner ausführlichen Studie den Zusammenhang zwischen dieser frühen Phase und der Zeit nach 1848 herausarbeitet. Wichtige Impulse erhielt die ‚organische Arbeit' Anfang der vierziger Jahre durch Marcinkowski im Großherzogtum und Leon Sapieha in Galizien.

3 Rep. 2 Tit. 23 Nr. 520 S. 474 ff.

4 Der starke Zwiespalt zwischen moralischen und volkshygienischen Ansprüchen auf der einen und unmittelbaren wirtschaftlichen Interessen auf der anderen Seite ist z. B. an *Alexander von Lengerkes* ‚Beschreibung der Provinz Preußen in landwirtschaftlicher Beziehung' abzulesen. Der Verfasser schildert bedauernd die ‚Unreinlichkeit, elende Lebensweise und den Branntweingenuß bis zum Exceß' bei der polnischen Bevölkerung (S. 76 ff.), stellt jedoch später heraus, daß sich die Brennerei unter ökonomischen Gesichtspunkten als ‚entschieden sichere Einnahmequelle' und insgesamt ‚höchst segensreich' erwiesen habe (S. 307).

geoisie". Während sie sich im Nationalitätenkampf in erster Linie als Defensivprogramm darstellte, erfüllte sie unter sozialökonomischen Gesichtspunkten eine progressive Funktion, indem sie „die Umformung der polnisch-feudalen Gesellschaft in eine kapitalistische und damit die Entstehung der bürgerlichen Nation" erleichterte[5]. Bei der Verwendung des Bourgeoisiebegriffes in diesem Zusammenhang ist allerdings zu beachten, daß in erster Linie nicht ein vom Finanz- und Industriekapital repräsentiertes Großbürgertum gemeint sein kann, sondern jene eigenartige Gesellschaftsschicht, deren festen Kern der wirtschaftlich progressive, liberalen Prinzipien aufgeschlossene Gutsadel darstellte. Bürgerliche Intelligenz und ein bürgerlich-gewerblicher und bäuerlicher Mittelstand konnten sich nur unter seiner Führung und Kontrolle entwickeln[6].

Die mit den preußischen Agrarreformen eingeleitete kapitalistisch orientierte Wirtschaftsweise der landwirtschaftlichen Großbetriebe — d. h. Mehrwertschöpfung und Profitsteigerung durch Einführung der Lohnarbeit und Rationalisierung bei größeren Kapitalinvestitionen — bereitete indes gerade dem polnischen Adel beträchtliche Schwierigkeiten. Ignacy Łyskowski, der sich mit diesem Problem immer wieder theoretisch auseinandersetzte, bekannte 1867 freimütig, die meisten Mißerfolge in der Landwirtschaft seien darauf zurückzuführen, daß viele Gutsbesitzer noch immer in den Traditionen des „gospodarz-szlachic" wirtschafteten und den Übergang zur neuen Form des „gospodarz-przedsiębiorca", des landwirtschaftlichen Unternehmers, nicht gefunden hätten[7]. Dies wog umso schwerer, als sich gleichzeitig in der progressiven Adelsgruppe immer stärker die Einsicht durchsetzte, daß der Kampf um die nationale Existenz in zunehmendem Maße im wirtschaftlichen Bereich ausgetragen werden müsse. Die Vorgänge, die in den vierziger Jahren in spontanen Reaktionen die Absonderung von den deutschen Standesgenossen eingeleitet hatten, wurden jetzt reflektiert und als Voraussetzung aller weiteren Tätigkeit formuliert. „In den Bedingungen für das Gedeihen unserer Landwirtschaft liegen die Bedingungen unserer Existenz. Unsere Volkswirtschaft [gospodarstwo społeczne] konzentriert sich vor allem in der ländlichen Wirtschaft [gospodarstwo wiejskie]; jeder Verlust in diesem Bereich ist ein Verlust für die [polnische] Gesellschaft"[8]. Wenn auch von polnischer Seite wiederholt eingeräumt wurde, daß der kontinuierliche Rückgang des polnischen Grundbesitzes in Westpreußen[9] teilweise aus der Unfähigkeit der Szlachta resultiere, sich den veränderten Wirtschaftsformen anzupassen[10], so ließ doch gerade die Verbindung von staatlichen Verdrängungsmaßnahmen und ökonomischer Unterlegenheit die Bedrohung umso ernster erscheinen. In der öffentlichen Auseinandersetzung der Nationalitäten war diese Dimension von Anfang an, seit dem Frühjahr 1848, vorhanden[11]; sie gewann

---

5 *Jakóbczyk,* Studia I, S. 186 f.

6 Jakóbczyk hat die besondere soziale Struktur dieser sog. Bourgeoisie im 2. Band seiner Studien selbst stärker herausgearbeitet. — Vgl. Studia II, S. 157 ff.

7 Roczniki Sejmików Gospodarskich, S. 29.

8 Ebd., S. 34.

9 Siehe oben S. 56.

10 Roczniki Sejmików Gospodarskich, S. 29 f. — Ähnlich auch Teodor Donimirski auf dem 9. ‚Sejmik Gospodarski', Roczniki Sejmików Gospodarskich, S. 313.

11 Das Motiv klang wiederholt bei den Gründungsversammlungen der ‚Liga Polska' an. So erklärte Graf Czapski bei einer Versammlung in Lubiewo z. B., die Polen würden von

in den sechziger Jahren zunehmend an Bedeutung und ließ den defensiven Charakter der ‚organischen Arbeit' immer stärker hervortreten. Für die 1867 von Ignacy Łyskowski und Teodor Donimirski ins Leben gerufenen ‚Sejmiki Gospodarskie', jährliche Versammlungen der politisch-ökonomischen Führungsschicht, war das Bewußtsein, daß neben die politische Untertänigkeit (poddaństwo polityczne) inzwischen die ökonomische (poddaństwo ekonomiczne) getreten sei, Ausgangspunkt aller wirtschaftlichen und gesellschaftspolitischen Planungen [12]. Priorität wurde der Aufgabe zuerkannt, die Entwicklung der bürgerlichen Gesellschaft zu fördern und voranzutreiben.

Entsprechend der vorgegebenen Situation boten sich unter dem Aspekt längerfristiger Planung vor allem zwei Aktionsfelder an: einmal mußten das schwach entwickelte, der deutschen Konkurrenz eindeutig unterlegene Kleinbürgertum und die unter den Folgen der Agrarreformen leidenden Mittelbauern gestützt werden; zum andern konnten die landwirtschaftlichen Unternehmer versuchen, selbst in den Bereich von Handel und Industrie einzudringen, dadurch gleichzeitig ein neues Tätigkeitsfeld für jüngere Söhne erschließen und eine unerwünschte Güterzersplitterung verhindern [13]. In erster Linie ging es hier um den Ausbau des eng mit der Landwirtschaft verbundenen industriellen Sektors, d. h. vor allem der Weiterverarbeitung landwirtschaftlicher Produkte. Nach einer 1873 von polnischer Seite durchgeführten Bestandsaufnahme wurden in Westpreußen zu dieser Zeit insgesamt 12 Ziegeleien, 9 große Wassermühlen, 10 Brennereien, 2 Brauereien, 2 Sägewerke, 1 Braunkohlenbergwerk und eine Kerzen- und Seifenfabrik von polnischen Gutsbesitzern betrieben. In den Städten gab es neben dem schwachen Handwerk an polnischen Unternehmen insgesamt nur 3 Buchhandlungen, 3 Druckereien, 1 größere Viehhandlung, 4 Holz- und Getreidehandlungen und die beiden Kreditbanken in Thorn und Stargard [14]. Veränderungen in diesem Bereich hingen nicht zuletzt von der gesamten wirtschaftlichen Entwicklung Westpreußens und Posens ab; indessen konnte eine Verbesserung der Situation schon erwartet werden, wenn es gelang, die Ertragsfähigkeit der landwirtschaftlichen Betriebe weiter zu steigern und polnisches Kapital, das bisher außerhalb der Provinzen investiert worden war, nach Posen und Westpreußen zurückzuholen [15].

---

den Deutschen unterdrückt, denn „alles Vermögen besitzt der nimjetz und Jude, sein Bruder". — Rep. A 181 Nr. 14 663 Bl. 18 f. (Es handelt sich um das Gedächtnisprotokoll eines deutschen Zuhörers, das aber von zwei anderen Zeugen inhaltlich bestätigt wurde.) — Antoni Knast, Redakteur der ‚Szkółka Narodowa', versicherte in einem Artikel des ‚Culmer Wochenblattes', „daß die Polen die Deutschen hassen werden, solange die deutsche Bevölkerung in Westpreußen als die privilegierte Klasse gilt ...". — Culmer Wochenblatt, Nr. 73/1848.

12 Mieczysław Łyskowski auf dem 7. Sejmik „über wirtschaftliche Solidarität", Roczniki Sejmików Gospodarskich, S. 254 ff. — Ähnlich Ignacy Łyskowski, ebd., S. 26 ff.; Teodor Donimirski, Eröffnungsrede zum 8. und 9. ‚Sejmik Gospodarski', ebd. S. 271 ff. und S. 313 ff.

13 Mit diesem Problem setzte sich Antoni Donimirski auf dem ‚Sejmik' 1878 auseinander. — Ebd., S. 371.

14 Ebd., S. 231 ff.

15 Diese Möglichkeiten wurden auf dem ‚Sejmik Gospodarski' 1877 im Zusammenhang mit einem Vortrag des Posener Delegierten Orłowski über den Stand der industriellen Entwicklung intensiv diskutiert. Ebd., S. 353 f.

Handelte es sich in diesem Zusammenhang um Maßnahmen, die den Interessen der liberalen Szlachta unmittelbar entsprachen, so führte eine Politik der Förderung von Handwerk, kleinbürgerlichem Gewerbe und bäuerlichem Mittelstand oder gar eine Verbesserung der Existenzbedingungen der Landarbeiter aus der direkten Interessensphäre hinaus. Heikel war für die Szlachta vor allem die Landarbeiterfrage. Schon im Völkerfrühling hatte es sich gezeigt, daß die sozio-ökonomischen Interessen der Führungsschicht mit ihren nationalen Ambitionen kollidierten, wenn derartige Bemühungen tiefgreifende gesellschaftliche Veränderungen nach sich zu ziehen drohten. Zwar bestätigte man sich in der Folgezeit wiederholt und gern, daß es bei der polnischen Landbevölkerung in Westpreußen keine soziale Frage gebe [16] — eine These, die vielleicht insofern einiges für sich hatte, als ein revolutionäres Bewußtsein bei den Landarbeitern trotz ihren zum Teil katastrophalen Lebensbedingungen kaum entwickelt war; die Furcht vor sozialen Erschütterungen gewann jedoch seit 1846 als handlungsbestimmender Faktor bei allen gesellschafts- und nationalpolitischen Aktionen des Adels zunehmend an Bedeutung. „Jene Richtung eines vertierenden Materialismus macht sich überall mehr oder weniger bemerkbar, und zwar, weil die revolutionäre und destruktive Tendenz, die in der Natur des Volkes liegt, überall in der Welt zügellos wie ein entfesseltes Pferd ausschlägt. Einzig und allein eine unabhängige, vermögende, kernigfeste und zahlreiche Klasse ländlicher Eigentümer könnte sich der zügellosen revolutionären Welle entgegenstellen ...“ [17]. Es galt demnach nicht nur, die Bedrohung von deutscher Seite abzuwenden, sondern auch unliebsame Bewegungen innerhalb der eigenen Gesellschaft zu paralysieren. Die ‚organische Arbeit‘ unter der Parole der nationalen Solidarität war der Versuch einer umfassenden Lösung dieser Schwierigkeiten. Schon 1848 wurde Kritik an der politischen Führung des Adels als Verrat an der nationalen Sache verurteilt [18]. Ignacy Łyskowski bezeichnete die ‚Liga Polska‘ direkt als antirevolutionäre Organisation und rechnete der preußischen Regierung vor, sie habe sich mit deren Zerschlagung selbst Schaden zugefügt [19]. Sein Vetter Mieczysław Łyskowski, in den sechziger und siebziger Jahren führender Genossenschaftspolitiker in Posen und Westpreußen, ging 1867 in einer Rede auf dem ersten Thorner Wirtschaftskongreß sogar so weit, das Vereinsgesetz vom 11. März 1850, eines der wirkungsvollsten Instrumente der preußischen Reaktion, als Wohltat einer aufgeklärten Regierung zu apostrophieren, da es gerade den nichtpolitischen Vereinen keinerlei Hindernis in den Weg stelle [20].

---

16 Das war z. B. das Ergebnis eines Vortrages auf dem ‚Sejmik‘ von 1870, dem alle Anwesenden in der anschließenden Diskussion vorbehaltlos zustimmten. Ebd., S. 166 f. — Zu einem ähnlichen, wenn auch etwas differenzierteren Ergebnis kam Antoni Donimirski, damals Direktor der Thorner Kreditbank. Ebd., S. 232 ff.

17 M. Łyskowski auf dem 2. ‚Sejmik Gospodarski‘, ebd., S. 127.

18 z. B. Szkółka Narodowa Nr. 8 und 9/1848. — *Cieślak,* Z dziejów prasy, S. 22 f.

19 *I. Łyskowski,* Curriculum vitae, S. 25. — Łyskowski war natürlich darauf bedacht, gegenüber den preußischen Behörden gerade diese Seite der Liga herauszustellen. Seine Charakteristik muß deshalb dem von mir behaupteten Vorrang des Nationalen nicht widersprechen. Siehe oben S. 86.

20 Roczniki Sejmików Gospodarskich, S. 20.

Der Versuch, politische und soziale Spannungen in einer allgemeinen nationalen Solidarität aufzuheben, kennzeichnet die ‚organische Arbeit' in allen Teilungsgebieten [21]. Das westpreußische Beispiel ist insofern besonders reizvoll, als es hier infolge der eindeutigen gesellschaftlichen Verhältnisse gelang, diese Solidarität in ungewöhnlichem Ausmaße herzustellen. Auch innerhalb der Führungsschicht wurden politische Differenzen weitgehend eliminiert, um einer sozialen Bewegung keine zusätzlichen Impulse zu geben. „Wenn die verderblichen Grundsätze der neuzeitlichen Sozialisten ... in den unzufriedenen Klassen nicht immer mehr Anhänger finden sollen, wenn die Gefahr des Klassenkampfes nicht Wirklichkeit werden soll, wenn der Haß gegenüber den höheren Klassen ... uns nicht zu den traurigsten Ergebnissen führen soll, müssen wir uns alle vereinigen auf der Suche nach Mitteln und Wegen, die uns, soweit das möglich ist, zu einer allgemeinen Harmonie führen" [22]. Teodor Donimirski betonte wiederholt, daß die gesellschaftspolitische Arbeit in Westpreußen durch das Fehlen politischer Auseinandersetzungen sehr erleichtert werde, und rügte vergleichend den Parteienstreit im Großherzogtum. „Man hört noch jetzt oft die Worte: dieser ist Demokrat, jener Aristokrat, es ist unmöglich, mit ihnen zusammenzuarbeiten ... Wir sind in dieser Hinsicht in einer glücklichen Lage, denn wir kennen derartige Parteiungen in Westpreußen nicht; jeder von uns hat seine politische Überzeugung, aber es gibt deshalb keinen Zwist: uns eint die gemeinsame Arbeit" [23]. Entsprechend den spezifischen Interessen der besitzenden Schichten an einer Bewahrung der bestehenden Sozialordnung läßt die Motivation der Solidarität verschiedene Akzentuierungen erkennen. Während in der Führungsschicht selbst die Solidarität vor allem als Voraussetzung für eine erfolgreiche Verteidigung der ökonomischen Position gefordert wurde [24], stand bei der Begründung gegenüber den unteren Bevölkerungsschichten die

---

21 *Czepulis*, passim, bes. aber das einleitende Kapitel, S. 5–30.
Jakóbczyk, Studia I, S. 109; Studia II, S. 5, 68 ff., 157 ff. Selbst Gruppen der demokratischen Emigration stellten sich unter diese Losung: „Das Posener Volk, das dem Vaterlande stets treu war, hat es begriffen, daß es ohne die Vereinigung mit dem Adel als dem gebildetsten Teile der Nation den Deutschen nicht gewachsen ist; der Adel dagegen hat es gefühlt, daß die Zeit des Kastengeistes unwiederbringlich vorüber ist und daß er nur in Verbindung mit dem Volke den Feinden die Stirn bieten und seine eigene Habe verteidigen kann." — Przegląd Rzeczy Polskich Nr. 1/1859. Vgl. unten S. 144 ff.

22 Antoni Donimirski zum Problem der Landarbeiter, Roczniki Sejmików Gospodarskich, S. 233 f.

23 Eröffnungsrede zum ‚Sejmik Gospodarski' 1869. — Roczniki Sejmików Gospodarskich, S. 138 (Sperrung im Original).
Im gleichen Sinne äußerte sich Donimirski wiederholt in seinen Briefen an Kraszewski: „... die erste Aufgabe dort im Großherzogtum wird es sein, derartige Parteistreitigkeiten auszusöhnen auf dem neuen Felde der gesellschaftlichen Arbeit [praca społeczna]; ob das bei der Gemütsart unserer Großpolen gelingen wird, bleibt ungewiß." — Brief vom 22. 12. 1864, Bibliot. Jagiell. MS 6497. — „Wir haben in Westpreußen keine Ultramontanen, keine Aristokraten ... Es fehlen auch jene heimlichen Demokraten, deren einer Teil sein Heil in der Revolution sieht und von denen der Rest als Schmarotzer an den Koch Kornalowskis glaubt und dort das höchste Ziel seiner Arbeit sieht. Ohne diese Parteiungen läßt sich die innere Organisation leichter durchführen." — Brief vom 31. 11. 1870, ebd.

24 „Ökonomische Solidarität, das ist die Losung, das ist unsere nationale Standarte ... Das erfordert die allgemeinste Unterordnung, die unerläßlich in jedem Kampf ist als ein

nationale Bedrohung im Vordergrund. Hier hätte es nämlich nicht um die Sicherung eines einmal erreichten Status, sondern um eine effektive Verbesserung der materiellen Lage jener Schichten gehen müssen. Das aber konnte nicht ausschließlich von einer erfolgreichen wirtschaftlichen Auseinandersetzung mit dem deutschen und jüdischen Element erwartet werden. Hier wäre vielmehr eine alle Bevölkerungsschichten berücksichtigende gesellschaftspolitische Alternative die Voraussetzung gewesen.

Da es in diesen Schichten kaum Ansatzpunkte für die Vermittlung eines subjektiven, auf einer politischen Tradition beruhenden Nationsbegriffes gab, konnte das Bewußtsein nationaler Gemeinsamkeit nur über die objektiven Kriterien der Sprache und Religion geweckt werden. „Nationalität [narodowość] ist alles das, was eine Nation von einer anderen unterscheidet. Das hauptsächliche Merkmal der Nationalität aber ist die Sprache“ [25]. Derartige Definitionsversuche und Mahnungen, die göttlichen Gaben der Sprache und Religion zu pflegen und zu bewahren, waren seit dem Völkerfrühling in der Publizistik untrennbar mit der Aufforderung zum solidarischen Handeln in diesem Geiste verwoben. Tatsächlich blieb die Sprachenfrage für lange Zeit eines der wichtigsten Agitationsinstrumente, wobei auch hier ein direktes Interesse der Oberschicht im Spiele war. Die Gravamina der Petitionen um Gleichberechtigung der polnischen Sprache, die dem preußischen Abgeordnetenhaus und der Regierung seit 1848 immer wieder zugeleitet wurden, teilweise mit Zehntausenden von Unterschriften aus der Bevölkerung versehen, waren weitgehend Gravamina einer sozialen Gruppe, die sich in ihren Aufstiegs- und Entfaltungsmöglichkeiten behindert fühlte [26]. Noch wichtiger freilich war — bei dem hohen Integrationswert der Muttersprache — deren Erhaltung und Pflege in allen Schichten der polnischen und kaschubischen Bevölkerung.

Den konfessionellen Faktor hatte das ‚Towarzystwo Demokratyczne‘ schon 1846 als wichtiges Mobilisierungsmittel einkalkuliert [27]; als Agitationsinstrument kam er in Westpreußen infolge des hohen Anteils deutscher Geistlicher jedoch weiterhin nur bedingt in Frage. Hier blieb es Bismarck vorbehalten, mit dem Kulturkampf die Gegensätze zwischen den polnischen Katholiken und dem deutschen Teil des Klerus

---

selbstverständliches Produkt des Gefühls für Gliederung und Ordnung ...“ — M. Łyskowski auf dem 7. ‚Sejmik Gospodarski‘. Roczniki Sejmików Gospodarskich, S. 257.

25 Szkółka Narodowa Nr. 1/1848. Das Blatt bemühte sich gerade in der Aufbauphase der ‚Liga Polska‘ immer wieder, den Begriff der Nationalität auf diese Weise zu erläutern. — Vgl. Nr. 2, 3, 10, 13/1848.
Mit dem Aufleben der polnischen Agitation gegen Ende der fünfziger Jahre knüpfte auch die Presse an diese Bemühungen wieder an. Der ‚Nadwiślanin‘ bemerkte z. B. 1861 (Nr. 53), auch in den unteren Schichten breche sich immer mehr die Überzeugung Bahn, „daß Sprache, Religion, Volkssitte usw. nicht menschliche Gnade, sondern Geschenke Gottes sind, daß es jedes Menschen Pflicht ist, sich diese Gaben nicht entreißen zu lassen“. — Vgl. auch ‚Nadwiślanin‘ Nr. 13/1860.
Zur Gegenüberstellung von ‚subjektiven‘ und ‚objektiven‘ Kriterien der Nationalität vgl. *Rothfels*, Grundsätzliches zum Problem der Nationalität; *ders.*, Das Problem des Nationalismus.

26 Der Text einer solchen Petition findet sich bei *Łyskowski*, Beiträge, im Anhang.

27 Siehe oben S. 68.

zu überbrücken und die Integration der polnischen und vor allem der kaschubischen Bevölkerung kräftig zu fördern [28].

Dem polnischen Teil des katholischen Klerus fehlte in Westpreußen ein ausgesprochen ultramontaner Flügel, der sich etwa wie im Großherzogtum von allen bürgerlich liberalen Tendenzen deutlich distanziert hätte. Dadurch bestand eine weitgehende Interessengleichheit zwischen der liberalen Führungsschicht und dem katholischen Klerus. Am deutlichsten ist diese Kongruenz auf dem Bildungssektor zu erkennen. Es war eine allgemein anerkannte Maxime, daß sich die Bemühungen um eine Anhebung des Bildungsniveaus unbedingt im christlich-katholischen Geiste zu vollziehen hatten. „Wir brauchen keine Bildung [oświata], die zum Materialismus und zur Selbstliebe führt; wir brauchen jene wärmende Frühlingssonne, die durch mühevolle Aufopferung die erstarrte Nation belebt; diese Sonne aber ist die mit der Religion verbundene Bildung“ [29]. Der hier vertretene Grundsatz wurde von Donimirski ständig wiederholt und war bei ihm sicher besonders ausgeprägt; immerhin unterhielt seine Familie seit langem enge Verbindungen zur bischöflichen Kurie. Er formulierte jedoch nur öfter und deutlicher eine Maxime, die stillschweigend oder expressis verbis allen Aktionen im polnischen Bildungswesen zugrunde gelegt wurde.

Lediglich aus der kleinen Gruppe der literarischen Intelligenz kamen zuweilen Klagen über eine zu weitgehende Reglementierung des Bildungswesens im klerikalen Sinne. „Die Zensur, durchgeführt von einzelnen Pröbsten, Vikaren usw., ist so streng, daß sogar einige von Pfarrer Bażyński herausgegebene Sachen keine volle Billigung fanden. Daher die geringe Zahl der für die Volksbibliotheken zugelassenen Bücher und die häufige Langeweile der Bauern und niederen Einwohner beim Lesen“ [30]. Derartige Klagen blieben jedoch vorerst ohne jede Resonanz.

Unter diesen Vorzeichen begann 1861 in Westpreußen der Aufbau eines Organisationssystems. Damit wurde endgültig die Basis für ein differenzierteres Kommunikationswesen geschaffen, das sich als unentbehrliche Voraussetzung für die Integration und Förderung der polnischen Gesellschaft erwies. Es bot den liberalen Führern gleichzeitig die Möglichkeit, die weitere Entwicklung in ihrem Sinne zu beeinflussen, wenn es gelang, die Kontrolle über das Organisationswesen zu behalten. Als wirkungsvolle Maßnahme erwies sich die Besetzung der Schlüsselpositionen in den einzelnen Vereinen und Verbänden, zumal viele Posten in Personalunion verwaltet wurden. Eine Praxis, die zum Teil auf den Mangel an geeigneten Führungskräften zurückgeführt werden muß. In idealisierender Überhöhung der ‚organischen Arbeit‘ durch die eigene Publizistik wurde dieses System als vorübergehende notwendige Hilfe des ‚älteren Bruders‘ für die noch nicht Handlungsfähigen dargestellt [31]. Jedenfalls konnte auf diese Weise

---

28 Dazu im einzelnen unten S. 160 f.

29 Eröffnungsrede Teodor Donimirskis zum ‚Sejmik Gospodarski‘ von 1870, Roczniki Sejmików Gospodarskich, S. 166.

30 Rakowicz an Kraszewski, Brief vom 5. 11. 1867, zitiert nach *Konieczny*, S. 104.

31 „Als die gebildete Klasse, die Geistlichkeit, der Adel und die Intelligenz, die Verlassenheit des jüngeren Bruders sah, reichte sie ihm ihre helfende, wenn auch selbst noch schwache Hand.“ — *Łebiński*, Kółka, S. 203. — Der Verfasser war als Redakteur der ‚Gazeta Toruńska‘ lange Zeit für die ‚organische Arbeit‘ in Westpreußen tätig. — Vgl. den biographischen Anhang.

in Verbindung mit den publizistischen Mitteln und den verschiedenen Einrichtungen der Volksbildung ein tiefgreifender Einfluß auf die Bevölkerung ausgeübt werden. „Durch die Gesellschaft für polnische Mädchen haben wir die Erziehung des Volkes von der Wiege an in Händen", schrieb Teodor Donimirski 1870 an Kraszewski, als es gelungen war, das Pendant zum Ausbildungsverein für die männliche Jugend zu schaffen[32]. Ein Jahr zuvor hatte er angemerkt, wenn auch die Erziehung der Jugend die wichtigste Aufgabe sei, weil man die Alten nur noch schwer ändern könne, so werde man doch „alle Anstoß erregenden Beispiele der Alten rücksichtslos durch die öffentliche Meinung geißeln"[33].

Die ‚öffentliche Meinung' sprach sich vor allem in den relativ auflagestarken Culmer Tageszeitungen ‚Przyjaciel Ludu' und ‚Nadwiślanin' aus und seit 1867 besonders in der ‚Gazeta Toruńska' als Nachfolgerin des ‚Nadwiślanin'. Die Tendenz dieser Blätter wird schon dadurch gekennzeichnet, daß sich Männer wie Ignacy und Mieczysław Łyskowski oder Teodor Donimirski häufig in ihnen zu Wort meldeten. Die wenigen freiberuflichen Journalisten und Redakteure hatten bei den Eigentumsverhältnissen im Zeitungswesen nur geringen Spielraum. Wenn die Beteiligungen und Kapitalverhältnisse im einzelnen auch leider nicht genau zu übersehen sind, so steht doch fest, daß gerade die großen Blätter von der Szlachta finanziert wurden. Die ‚Gazeta Toruńska', zwischen 1867 und 1894 das einzige repräsentative Organ der polnisch-bürgerlichen Gesellschaft, wurde von der Thorner Kreditbank und nach deren Liquidation weitgehend von dem vermögenden Kleriker Antoni Wolszlegier gehalten[34]. Auch die Redakteure mußten großenteils finanziell unterstützt werden, zumal sich die meisten fortwährend wegen Pressevergehen vor preußischen Gerichten zu verantworten hatten. Józef Chociszewski, einer der tätigsten und wirkungsvollsten Publizisten in Posen und Westpreußen, geriet durch die hohen Geldstrafen an den Rand des materiellen Ruins. „Ich will hier im Land an der Ostsee mit meinen schwachen Kräften das nationale Gefühl wecken, aber wenn mich nicht wohlwollende Landsleute unterstützen, erleide ich damit Schiffbruch, denn ich werde von der Regierung verfolgt und bin nicht nur ohne jeden Besitz sondern habe sogar noch Schulden"[35]. Insgesamt waren die wenigen Berufsjournalisten — zu nennen sind hier für die sechziger und siebziger Jahre vor allem Józef Chociszewski, Ignacy Danielewski, Władysław Łebiński und Franciszek Tadeusz Rakowicz[36] — eine wichtige Stütze für die Partei

---

32 Brief vom 31. 11. 1870 — Bibliot. Jagiell. MS 6497.

33 T. Donimirski an Kraszewski, Brief vom 2. 10. 1869 — ebd.

34 *Cieślak*, Z dziejów prasy, S. 67 f. — T. Donimirski berichtete am 15. 3. 1871 an Kraszewski, die ‚Gazeta Toruńska' habe bisher bereits über 17 000 Taler gekostet, wobei noch besonders ins Gewicht falle, daß dieses Opfer nur von wenigen gebracht werde. — Bibliot. Jagiell. MS 6497. Daß diese Gruppe auch den ‚Nadwiślanin', dessen offizieller Eigentümer und Herausgeber Józef Gółkowski war, wesentlich unterstützte, geht aus einem anderen Brief Donimirskis hervor, in dem er die Überlegung anstellt, ob man das Blatt wegen seiner schwierigen Geschäftslage ganz fallen lassen und dafür eine neue ‚Gazeta Prus Zachodnich' schaffen solle. — Brief vom 2. 5. 1866 an Kraszewski, ebd.

35 Brief vom 29. 4. 1866 an Kraszewski — Bibliot. Jagiell. MS 6491. In den folgenden Jahren wurden diese Klagen noch eindringlicher. — Vgl. Briefe vom 6. 12. 1873, 9. 12. 1878, 11. 9. 1879, ebd.

36 Vgl. den biographischen Anhang.

der ‚organischen Arbeit'. Voll integriert in die adlig-bürgerliche Führungsschicht, warben sie unermüdlich für den Ausbau der Gesellschaft im Geiste nationaler Solidarität. Allerdings vertraten sie gegenüber der Szlachta mit besonderem Nachdruck die Interessen des Kleinbürgertums und der bäuerlichen Wirte, deren Wert für die polnische Gesellschaft sie wesentlich höher einschätzten als die landwirtschaftlichen Unternehmer[37]. Diese hatten eine Mittelstandsförderung zwar durchaus als notwendig anerkannt, in der Praxis zeigte es sich jedoch immer wieder, daß sie nur sehr bedingt zu Realinvestitionen auf diesem Sektor bereit waren.

IV.2 Der Aufbau des Organisationssystems

IV.2,1 Die ‚Gesellschaft zur Ausbildungshilfe für die Jugend Westpreußens'[1]

Die materielle und die ideologische Komponente der ‚organischen Arbeit' trafen sich im Bereich der Ausbildung und Förderung einer qualifizierten Führungsschicht. Das westpreußische Polentum konnte hier auf einen im Großherzogtum Posen schon bewährten Versuch zurückgreifen. Der Arzt Karol Marcinkowski hatte dort bereits 1841 eine „Gesellschaft zur Ausbildungshilfe für die Jugend"[2] gegründet, lehnte es allerdings prinzipiell ab, den Wirkungsbereich seines Vereins über die Grenzen des Großherzogtums auszudehnen[3]. Da sich dem westpreußischen Polentum die Frage der Intelligenzbildung aber noch dringlicher als den Posener Polen stellte, entwickelten die Gutsbesitzer Mateusz Ślaski und dessen Schwiegersohn Teodor Donimirski schon 1844 den Plan einer Parallelgründung für Westpreußen. Ein im Februar 1845 fertiggestellter Satzungsentwurf fand die Billigung des Oberpräsidenten; die Verwirklichung des Projektes wurde jedoch durch die bald darauf ausbrechenden Unruhen zunächst verhindert[4]. Im Revolutionsjahr 1848 konnte der Plan, diesmal begünstigt durch das Recht der freien Vereinigung, wieder aufgegriffen werden. Am 13. Oktober lud die

37 Der Berichterstatter über das polnische Pressewesen im preußischen Innenministerium wies 1862 darauf hin, daß beinahe jede Nummer des ‚Nadwiślanin' Aufforderungen enthalte, sich vom fremden Mittelstand zu lösen und die polnischen Handwerker tatkräftig zu unterstützen. — Rep. 2 Tit. 39 Nr. 38 Vol. 2 Bl. 174. — Vgl. dazu z. B. Nadwiślanin Nr. 60 und Nr. 68/1861; Nr. 59 und Nr. 64/1862.

1 ‚Towarzystwo Pomocy Naukowej dla Młodzieży Prus Zachodnich' — im folgenden abgekürzt TPN —. Dem materiellen Teil der folgenden Ausführungen liegt v. a. die 1949 erschienene, noch ganz der bürgerlich-nationalen polnischen Historiographie verpflichtete Monographie von *Bożena Osmólska-Piskorska* zugrunde: Pomorskie Towarzystwo Pomocy Naukowej 1848—1898.

2 ‚Towarzystwo Pomocy Naukowej dla Młodzieży'. Mit privatem Status existierte der Verein bereits 1837, wobei er sich an einem schon 1829 unternommenen Versuch und an bestehenden Bildungsvereinen der Emigration orientierte. — Ebd., S. 26 f.

3 *Bernhard*, S. 43.

4 Als vorläufige Mitglieder hatten sich 1845 u. a. eingetragen: Karol Kalkstein/Pluskowens, Franciszek Czapski/Bobrowo, Józef Czapski/Sumowo, Kossowski/Gajewo, Kruszyński/Nawra, Sulerzyski/Piontkowo, Rybiński/Debenz, Kleszczyński/Culm, die Geistlichen Knast, Bartoszkiewicz, Prądzyński. — *Osmólska-Piskorska*, Pomorskie Towarzystwo, S. 171 Anm. 19.

‚Szkółka Narodowa' alle interessierten Bürger zur Gründungsversammlung ein. Wie hoch das Unternehmen eingeschätzt wurde und welche Erwartungen man daran knüpfte, läßt sich aus der Tatsache ableiten, daß die ‚Szkółka' die beiden Initiatoren Ślaski und Donimirski in einem Rekurs auf die polnische Geschichte großen Förderern der Wissenschaft, wie z. B. den Czartoryskis, an die Seite stellte [5].

Auf der Gründungsversammlung in der im September 1848 eröffneten Culmer Ressource fanden sich 54 Personen ein — überwiegend Gutsbesitzer und Geistliche. Die überarbeiteten Statuten von 1845 umrissen den zukünftigen Aufgaben- und Tätigkeitsbereich der Gesellschaft folgendermaßen [6]:

§ 1 Zweck der Gesellschaft ist die Sammlung freiwilliger Beiträge zur Unterstützung armer Jugendlicher.
§ 2 Die Stipendien werden an Gymnasiasten der höheren Klassen und an Studierende vergeben.
§ 3 Der Schüler muß einen Beweis seiner Tauglichkeit, seines Fleißes und der moralischen Eignung bringen.
§ 4 Referenzen sind erforderlich.
§ 5 Bei Nichteignung kann die Unterstützung wieder entzogen werden.
§ 11 Das Direktorium besteht aus neun Personen, die für vier Jahre gewählt werden.
§ 12 Sitz der Direktion wird Culm sein.
§ 16 Bei allen Beratungen und Abstimmungen entscheidet die Mehrheit der Stimmen.
§ 17 Bei Bedarf setzt die Direktion Kreiskomitees ein; Mitglieder dieser Komitees können zur Teilnahme an Direktionssitzungen aufgefordert werden.
§ 18 Das Direktorium legt jedes Jahr einen Rechenschaftsbericht vor.
§ 19 An Studierende dürfen jährlich höchstens 100 Tlr. als Stipendium gezahlt werden, an Gymnasiasten höchstens drei Taler monatlich.

Das erste Direktorium setzte sich zusammen aus Aloizy Prądzyński/Waldau, Stanisław Kalkstein/Klonowken, Teodor Donimirski, Tomasz Czapski, Karol Kalkstein, Dekan Samplawski, Pfarrer Knast, Pfarrer Machorski, Wiktor Kleszczyński/Culm. Präsident wurde Karol Kalkstein (bis 1862), sein Vertreter der Geistliche Antoni Knast, Sekretär und Kassierer Wiktor Kleszczyński. Der betagte Mateusz Ślaski, der bereits sechs Monate später starb, erhielt die Würde eines Ehrenpräsidenten [7]. Im Dezember 1848 wurde die geplante Kreisorganisation geschaffen. Im Gegensatz zum Großherzogtum Posen erhielten die Kreiskomitees allerdings wenig Spielraum für eigene Initiative und Tätigkeit: als Aufgaben waren lediglich die Werbung neuer Mitglieder und das Einziehen der Beiträge vorgesehen.

Abgesehen von einer ständigen argwöhnischen Beobachtung des TPN durch den preußischen Staat, der aber erst 1877 mit einem Teilnahmeverbot für alle Lehrer aktiv gegen den Verein vorging, war dessen Tätigkeit häufig durch Mangel an arbeitswilligen Mitgliedern, vor allem aber durch die verhältnismäßig geringen finanziellen Mittel begrenzt. Die Zahl der Mitglieder wuchs mit Unterstützung der ‚Liga Polska' im Frühjahr 1849 zwar schnell auf 331 an, pendelte sich dann jedoch auf rund 500 ein und überstieg erst Anfang der siebziger Jahre die Tausender-Grenze. Die Gesamteinnahmen betrugen z. B. 1852 1259 Taler und waren 1871 auf 2755 Taler ange-

5 Szkółka Narodowa Nr. 16/1848.
6 Nach Szkółka Narodowa Nr. 20/1848.
7 *Osmólska-Piskorska*, Pomorskie Towarzystwo, S. 49 f.

wachsen[8]; das waren durchschnittlich zwischen 25 und 30 % der Einnahmen, die dem Posener TPN zur Verfügung standen[9]. Besonders in wirtschaftlichen Krisenzeiten war die Diskrepanz zwischen gezeichneten und gezahlten Beiträgen beträchtlich, so daß das Förderungsprogramm zeitweise fühlbar eingeschränkt werden mußte.

Personelle Zusammensetzung und innere Struktur des Vereins spiegeln deutlich die damalige gesellschaftliche Situation des Polentums. Die Richtung der Förderungspolitik wurde weitgehend durch das neunköpfige Direktorium festgelegt. Die führenden Persönlichkeiten waren, ebenso wie auch die übrigen Mitglieder, überwiegend Gutsbesitzer und Geistliche — abgesehen vielleicht von einigen Publizisten und Gymnasiallehrern, die durch ihre berufliche Stellung zu Verbindungsmännern zwischen TPN und Stipendiaten prädestiniert waren. Die Zusammensetzung ist im Hinblick auf die damalige Situation aus mehreren Gründen erklärlich. Da ein kapitalkräftiger polnischer Mittelstand noch nicht existierte, waren allein die vermögenden Grundbesitzer in der Lage, dem Verein durch ihre Beiträge die finanzielle Voraussetzung für seine Tätigkeit zu schaffen. Darüber hinaus gab es anfangs außer fortschrittlichen Angehörigen des Adels, Geistlichen und Lehrern praktisch keinen anderen Personenkreis, der anspruchsvollere Organisations- und Führungsaufgaben hätte wahrnehmen können. Allerdings läßt der Fall Sulerzyski, der aufgrund einer günstigen Quellenlage stärker ausgeleuchtet werden kann, erkennen, daß darüber hinaus ein politischer Auslesemechanismus funktionierte. Sulerzyski hätte im Hinblick auf sein beträchtliches Vermögen und seine eigenen nationalen Ambitionen eigentlich eine bedeutende Rolle in der ‚organischen Arbeit' spielen müssen. Da er sich 1846 und 1848 jedoch als Anhänger Mierosławskis exponiert hatte und vor allem auch später seine Kontakte zur demokratischen Emigration nicht abbrach, wurde er von seinen Standesgenossen seit Beginn der fünfziger Jahre langsam aber konsequent aus dem politischen und gesellschaftlichen Leben verdrängt[10]. Schon 1849 bemerkte er bei seiner Rückkehr aus dem Gefängnis, daß ihm die Mehrzahl der TPN-Mitglieder feindselig gegenüberstand, obwohl er mit die höchsten Beiträge leistete[11]. Die heftigen Attacken Mieczysław Łyskowskis, den Sulerzyski als seinen erbittertsten Gegner bezeichnet, gegen alle revolutionären Erscheinungen waren unter anderem deutlich an die Adresse des Besitzers von Piontkowo gerichtet, etwa wenn Łyskowski verständnislos beklagte, daß die Unzufriedenen sogar schon Unterstützung von „Repräsentanten des unbeweglichen Kapitals" erhielten, so „als seien diese durch wirkliche Armut bedrückt"[12].

---

8 Rachunki Direkcji TPN. Pro 1852 und 1871.

9 *Jakóbczyk,* Studia II, S. 20 ff. Das Budget des Posener Vereins betrug 1850/51 ca. 6000 Taler und lag seit Anfang der siebziger Jahre stets zwischen 8000 und 9000 Talern.

10 Auch im Großherzogtum Posen war der größte Teil der Szlachta schon 1848 bestrebt, sich von Mierosławski und seinen Anhängern zu distanzieren. — *Kieniewicz,* Społeczeństwo Polskie, S. 371.

11 *Sulerzyski,* Bd. I, Kap. IX. — Sulerzyski war wegen seiner Tätigkeit im ‚Provisorischen Nationalkomitee' (siehe oben S. 73) acht Monate lang festgehalten worden. Bezeichnenderweise hatten sich in der Preußischen Nationalversammlung nicht die polnischen Abgeordneten, sondern der Deutsche Karl Richter um seine Freilassung bemüht.

12 Roczniki Sejmików Gospodarskich, S. 127.
Sulerzyski wurde 1866 in Krakau, wo er sich niedergelassen hatte, um einer erneuten Einkerkerung in Preußen zu entgehen, von seinen Standesgenossen zunächst als ‚Miero-

Auch die Stipendienpolitik des TPN war darauf angelegt, das bestehende System zu erhalten; unmittelbar, indem die Förderung auf ganz bestimmte Führungsgruppen konzentriert wurde, mittelbar, indem diese Gruppen ihrerseits wieder auf die breite Masse der Bevölkerung einwirken konnten. In der Hauptsache handelte es sich um Geistliche und Lehrer, zumal eine Stärkung dieser Berufsgruppen unbedingt erforderlich war, um einer fortschreitenden Germanisierung der polnischen Bevölkerung entgegenwirken zu können. So waren unter den in den ersten zwanzig Jahren geförderten 311 Stipendiaten 77 Priester, 73 Gymnasiallehrer, 84 Elementarschullehrer, 54 Ärzte und 23 Advokaten [13]. Daß diese jungen Leute im konservativ-klerikalen Geist erzogen und beeinflußt wurden, liegt auf der Hand. Schon bei der Auswahl der Stipendiaten konnte dieses Ziel verfolgt werden, da die Zahl der Bewerber stets wesentlich größer war als die der verfügbaren Stipendien. Als die Gesellschaft sich nach tastenden Versuchen 1862 entschloß, die Volksschullehreraspiranten systematisch zu fördern, erhielt ein aus drei hohen Geistlichen konstituiertes Komitee die Aufgabe, Verbindung mit geeigneten Lehrern aufzunehmen, die bei der Nachwuchsauswahl behilflich sein sollten [14]. Selbstverständlich mußten diese als Helfer vorgesehenen Lehrer den Vorstellungen der klerikalen Partei entsprechen. Im übrigen bürgte das in den Statuten fixierte Referenzensystem dafür, daß die Auswahl der Stipendiaten im Sinne der Direktion und der sie tragenden Gruppen erfolgte. Eine Förderung des handwerklichen, technischen und kaufmännischen Nachwuchses lehnte das TPN kategorisch ab, obwohl wiederholt Versuche gemacht wurden, die Direktion von ihrer einseitigen Stipendienpolitik abzubringen. Schon 1861 bemängelte der ‚Nadwiślanin', daß die Gesellschaft sich nur den Aspiranten des geistlichen und des Lehrberufes widme und die Bedeutung einer wirtschaftlichen Kräftigung des Mittelstandes bisher gar nicht erkannt worden sei [15]. Ignacy Danielewski bemühte sich auf dem ‚Sejmik Gospodarski' 1869 vergeblich um eine Ausdehnung des Förderungsprogramms auf Volksschüler [16]. Dementsprechend gelang es auch nicht, die Statuten so zu verändern, daß die Gesellschaft schon durch ihre Organisation stärker auf Breitenarbeit festgelegt wurde, wenn auch die Mehrheit im Direktorium diese Aufgaben außerhalb einer satzungsmäßigen Fixierung an-

---

sławczyk' gemieden. — Pamiętniki, Vorrede. — Vgl. auch Rep. 2 Tit. 30 Nr. 30 Vol. 8 Bl. 318, Bericht des Culmer Landrates an den Oberpräsidenten vom 28. 10. 55: Die wenigen polnischen Gutsbesitzer im Kreise gehören sämtlich der aristokratischen Partei an und sind „mit dem demokratischen Führer Sulerzycki im Kreise Strasburg zerfallen".
Vgl. außerdem unten S. 190 f. über das Verhältnis der nationalpolnischen Partei zu dem kaschubischen Führer Ceynowa.

13 Statistik zum 25jährigen Bestehen des Vereins. — *Osmólska-Piskorska*, Pomorskie Towarzystwo, S. 98.
Eine wichtige Rolle für die Hinführung junger Polen zum geistlichen Beruf spielte das Culmer Gymnasium. Bis 1862 hatten sich von insgesamt 241 katholischen Abiturienten (davon 170 polnischer Abkunft) 155 für das Studium der Theologie entschieden. — *Łożyński*, Geschichte des Gymnasiums zu Culm. — Vgl. Anhang B, Tabelle IX.

14 Mitglieder des Komitees waren der Culmer Kanoniker und Professor am geistlichen Seminar Pomieczyński, der Culmer Kanoniker Prądzyński und der Professor am geistlichen Seminar Połomski. — *Osmólska-Piskorska*, Pomorskie Towarzystwo, S. 179, Anm. 56.

15 Nadwiślanin Nr. 86/1861.

16 Roczniki Sejmików Gospodarskich, S. 140 ff. — Es ist zu vermuten, daß Danielewski als Redakteur des ‚Nadwiślanin' auch den Artikel von 1861 zumindest inspiriert hat.

erkannte [17]. Eine gewisse Korrektur erfuhr diese Politik erst um die Jahrhundertwende unter starkem Druck der öffentlichen Meinung. In einer Pressekampagne wurde das TPN 1897/98 wegen der Exklusivität seiner Führungsgruppe angegriffen und aufgefordert, die ultrakonservativen Bahnen zu verlassen, über deren Einhaltung die klerikalen Mitglieder und Gutsbesitzer noch immer wachten [18].

1870 gelang es, parallel zum Stipendienverein für die männliche Jugend, eine „Gesellschaft zur Ausbildungshilfe für polnische Mädchen“ ins Leben zu rufen [19]. Die Mittel waren freilich noch spärlicher als beim TPN bemessen. 1876 betrugen die gesamten Einnahmen bei 421 Mitgliedern 2567,10 Mark [20]. Entsprechend der gesellschaftlichen Stellung der Frau stand neben der Förderung von Lehramtskandidatinnen die Unterstützung junger Mädchen, die sich auf praktische Berufe vorbereiteten, im Vordergrund [21]. Wenn Teodor Donimirski der Ansicht war, durch die Gesellschaft für polnische Mädchen habe man „die Erziehung des Volkes von der Wiege an in der Hand“ [22], so war eine Beobachtung, soweit man die Jugend überhaupt direkt erreichte, wohl tatsächlich dadurch gewährleistet, daß im elfköpfigen Vorstand des Vereins neben dem Vizepräsidenten Ludwik Ślaski und Antoni Donimirski nur Frauen exponierter polnischer Gutsbesitzer saßen [23], so daß die Stipendienpolitik der beiden Unterstützungsvereine mühelos aufeinander abgestimmt werden konnte.

IV.2,2 Landwirtschaftliche Gesellschaften und Bauernvereine [1]

Auch in der zweiten Jahrhunderthälfte blieb Westpreußen eine agrarische Provinz [2]. Während aber von der deutschen Bevölkerung immerhin rund 38 % auf die Städte entfielen, lebten nach wie vor über 90 % der polnischen und kaschubischen Bevölkerung auf dem Lande. Die Mittelstandspolitik im Rahmen der ‚organischen Arbeit‘ mußte

---

17 *Osmólska-Piskorska,* Pomorskie Towarzystwo, S. 87 f. — Auch in der Folgezeit blieb die Direktion bei dieser Haltung. Auf der Generalversammlung im Mai 1876 lehnte z. B. Ludwik Ślaski eine zu ausgeprägte Organisation, bei deren Erprobung der Verein schon an den Rand des Ruins geraten sei, erneut ab. — Rep. A 180 Nr. 2220 S. 1133 ff.

18 *Osmólska-Piskorska,* Pomorskie Towarzystwo, S. 127 ff.

19 ‚Towarzystwo Pomocy Naukowej dla Dziewcząt Polskich‘. Nach der Satzung (§ 1) sollte sich der Tätigkeitsbereich auf die Provinzen Preußen, Posen und Schlesien erstrecken; er beschränkte sich in der Praxis jedoch weitgehend auf Westpreußen.

20 Sprawozdanie Kasy za Rok 1876.

21 1876 wurden gefördert: 2 Lehramtskandidatinnen, 1 Kindergärtnerin, 1 Schneiderin, 1 ländliche Wirtschaftsschülerin, 8 Schülerinnen. — Ebd.

22 T. Donimirski an Kraszewski, Brief vom 31. 11. 1870. — Bibliot. Jagiell. MS 6497.

23 Der Vorstand setzte sich seit März 1873 neben den beiden genannten Männern aus folgenden Frauen zusammen: Kalksteinowa/Kuczwally (Vorsitzende), Chrzanowska/Gryźlin, Donimirska/Buchwalde, Grabowska/Bromberg, Łyskowska/Plawinken, Pagowska/Thorn (Sekretärin), Różycka/Biechówko, Samplawska/Zaskocz, Szrederówna/Kobisewo.

1 ‚Towarzystwa Rolnicze‘ und ‚Kółka Włościańskie‘. Zur inhaltlichen Bestimmung dieser Begriffe siehe unten S. 119 f.

2 Die fortschreitende Industrialisierung erreichte weiterhin nur wenige Städte; v. a. Danzig und Elbing, mit Abstand auch Graudenz und Thorn. — *Bukowski,* Pomorze w dobie narastaniu, S. 164 f.

daher besonders die bäuerlichen Wirtschaften berücksichtigen. Durch die preußischen Agrarreformen hatte die Zahl der polnischen mittelgroßen Landwirtschaftsbetriebe erheblich zugenommen. Die hohen Regulierungslasten, beinahe unüberwindbare Schranken bei der Kreditbeschaffung [3] und eine rückständige Wirtschaftsweise brachten viele dieser Bauern jedoch in außerordentliche Schwierigkeiten. Objektiv bestanden diese Schwierigkeiten gleichmäßig für alle Bauern; sie wirkten sich bei den Polen und Kaschuben jedoch besonders negativ aus, da sie im Verkehr mit den preußischen Behörden und Institutionen häufig durch die Sprachbarriere behindert waren und ohnehin allen Maßnahmen der deutschen Beamten ein tiefes Mißtrauen entgegenbrachten. Der Bauernführer Julian Kraziewicz wies 1868 in einer Rede auf dem Thorner ‚Sejmik Gospodarski' darauf hin, daß dem polnischen Bauern, der seit Jahrhunderten nur auf Befehl (pod komenda) gearbeitet habe, die Umstellung so schwer gefallen sei, weil er lange Zeit weder von deutscher noch von polnischer Seite Anleitung und Unterstützung erhalten habe. Aus dieser Unsicherheit heraus widersetze er sich auch so hartnäckig der Separation [4].

Da der preußische Staat nur geringe Neigung zeigte, die Situation durch direkte Eingriffe zu verändern, bot sich den nationalpolnischen Führern die günstige Gelegenheit, den Einfluß auf die bäuerliche Bevölkerung durch den Aufbau von Berufsorganisationen zu verstärken. Voraussetzung für eine effektive Tätigkeit auf diesem Felde war freilich, daß die Gutsbesitzer und Pächter selbst modernere Wirtschafts- und Arbeitsmethoden rezipierten. Als sich 1822 in Graudenz ein ‚Verein westpreußischer Landwirthe' konstituierte, dessen oberstes Ziel Modernisierung der Landwirtschaft war, gehörten zu den 15 Männern, die ihr Interesse bekundet hatten, auch die drei polnischen Gutsbesitzer Łyskowski/Oborry, Kruszyński/Nawra und Łyskowski/Wilszewo [5]. Die in den dreißiger Jahren beginnende bewußte Absonderung des nationalpolnisch gesinnten Adels ließ jedoch einer weiteren Zusammenarbeit wenig Raum, obwohl in der polnischen Führungsschicht das Übergangsstadium vom lockeren gesellschaftlichen und politischen Verkehr zu eigenen Organisationsformen noch nicht erreicht war.

Polnische landwirtschaftliche Vereine, die in erster Linie die Verbreitung rationeller Wirtschaftsmethoden bei den Gutsbesitzern förderten, zugleich aber schon Ausgangspunkt für die Bemühungen um die bäuerlichen Betriebe waren, entstanden zuerst in den Jahren 1844/45 im Großherzogtum Posen. Am 26. Februar 1845 wurde ein landwirtschaftlicher Verein in Polnisch Crone (Kreis Bromberg) gegründet [6], dem sich

---

3 Bis 1861 waren nichtadelige landwirtschaftliche Betriebe in Westpreußen nicht beleihbar, so daß — abgesehen von dem für bäuerliche Wirte kaum erreichbaren Personalkredit — keine Möglichkeit der Kapitalbeschaffung bestand. — *Goeldel*, S. 55 f.

4 Roczniki Sejmików Gospodarskich, S. 63 ff. — Kraziewicz war auch der Meinung, daß die polnischen Bauern — ähnlich wie die Gutsbesitzer — ihrer deutschen Konkurrenz ökonomisch unterlegen waren. — Ebd., S. 66.
‚Sejmik Gospodarski' kann ungefähr mit ‚kleiner Wirtschaftskongreß' übersetzt werden. — Über Bedeutung und Zielsetzung dieser Institution siehe unten S. 120, v. a. aber S. 144 ff.

5 *Martiny*, S. 4 ff.

6 ‚Towarzystwo agronomiczne okolic miasta Koronowa'. Dazu v. a. *Jakóbczyk*, Towarzystwo Rolnicze w Koronowie; *ders.*, Studia I, S. 35 ff.

auch eine Reihe polnischer Gutsbesitzer aus dem Kreise Schwetz anschlossen [7]. Hauptziel sollte nach den Statuten die Erleichterung der materiellen Lage der Bauern durch Verbreitung neuer Methoden und Erkenntnisse und die direkte Unterstützung in Not geratener Landwirte sein. Als Vereinssprache war allein das Polnische vorgesehen. So gewiß gerade diese Bestimmung geeignet war, das Bewußtsein nationaler Eigenart zu schärfen, und besonders später im Sprachenkampf eine wichtige Rolle spielte, so sicher hatten auch die von polnischer Seite in den Vordergrund gestellten praktischen Gesichtspunkte ihre Berechtigung. In einem Memorial für den Bromberger Landrat, der gleichzeitig die Errichtung eines landwirtschaftlichen Vereins in Bromberg plante, machte der Vorstand geltend, die polnischen Bauern, die großenteils kein Wort Deutsch verstünden, würden sich niemals einem Verein anschließen, in dem eine fremde Sprache Kommunikationsmittel sei. Das wurde auch auf deutscher Seite zuweilen gesehen. Der Rehdener Bürgermeister Groll berichtete dem Landratsamt Graudenz im August 1869, auf seine Initiative hin habe sich ein landwirtschaftlicher Verein für bäuerliche Wirte konstituiert, „da viele Grundstücke noch ganz außer Kultur waren“. Es gebe in der Gegend aber viele Ackerbesitzer, die nur Polnisch sprächen, und so „fanden sich dann die polnisch sprechenden Landwirthe, da sie die Nützlichkeit des Vereins einsahen, aber nichts von dem was verhandelt wurde, verstanden, veranlaßt, noch einen Verein zu bilden, in dem Vorträge in der polnischen Sprache gehalten werden“ [8]. In der Regel war es sogar so, daß die Vereine auch ohne die Sprachbarriere schon beträchtliche Schwierigkeiten hatten, die mißtrauischen und Neuerungen wenig zugänglichen Bauern von ihren alten Wirtschaftsmethoden abzubringen.

Zunächst geriet die Bewegung jedoch wieder ins Stocken. Das ‚Towarzystwo Rolnicze‘ in Polnisch Crone war, wie die meisten Vereine im Großherzogtum, in den Aufstandsversuch von 1845/46 verwickelt und wurde gewaltsam aufgelöst. Aus dem gleichen Grunde mißlang auch der erste Versuch einer derartigen Vereinsgründung in Westpreußen. Der Regierungspräsident verweigerte einem am 9. Dezember 1845 in Briesen/Krs. Culm konstituierten landwirtschaftlichen Verein, an dem „ausschließlich polnische Gutsbesitzer“ beteiligt waren, die Zustimmung wegen der Unruhe unter der polnischen Bevölkerung [9]. Es besteht kein Zweifel darüber, daß bei den Aufstandsvorbereitungen des ‚Towarzystwo Demokratyczne‘ landwirtschaftliche Vereine als Koordinationszentren dienten und ein großer Teil ihrer Mitglieder an dem Unternehmen beteiligt war. Die preußischen Behörden wurden dadurch in ihrem Urteil über das Vereinswesen jedoch so stark fixiert, daß sie auch in den späteren Gründungen zunächst und vor allem Instrumente der Konspiration sahen und ihnen die Bedeutung des Organisationswesens für die Integration der polnischen Gesellschaft lange Zeit entging. Noch 1866 schrieb Oberpräsident Eichmann dem Innenminister, er halte

7 Stanisław Sadowski/Golloschütz; Leopold Mieczkowski, Pächter von Golloschütz; Jan Łebiński/Stońsk; Leopold von Goetzendorf-Grabowski/Laszewo und Stanisław Radkiewicz/Briesen. — Anklageschrift 1847. Radkiewicz, später einer der tätigsten Organisatoren in Westpreußen, war stellvertretender Vorsitzender.

8 Rep. A 207 Nr. 423 Bl. 7.

9 Rep. A 181 Nr. 1294, passim. — *Laubert*, Das Übergreifen, S. 234 ff.

„die polnische Bevölkerung Westpreußens weder intellektuell, noch moralisch, noch wirthschaftlich für bedeutend genug, um ein kräftiges Vereinsleben zu entfalten" [10].

Die ersten zaghaften Schritte in Richtung eines landwirtschaftlichen Vereinswesens wurden in Westpreußen im Rahmen der ‚Liga Polska' gemacht. Es entsprach der umfassenden Zielsetzung dieser Institution, daß auch die landwirtschaftlichen Probleme anvisiert wurden; in dem von Estkowski auf Wunsch der Zentraldirektion entworfenen Grundsatzprogramm waren die späteren ‚towarzystwa rolnicze' und ‚kółka włościańskie' ihrer Struktur nach bereits angelegt [11]. Tatsächlich konstituierten sich sogar einige Spezialvereine im Rahmen der Liga, zu denen auch das 1849 in Strasburg durch Ignacy Łyskowski gegründete ‚Towarzystwo w celu zaprowadzenia ulepszeń w gospodarstwie i płodozmianu u pomniejszych gospodarzy' gehörte [12]. Grundsätzlich aber sprach die Direktion sich dafür aus, derartige Fragen in den Kreisvereinen zu behandeln, was zum Ergebnis hatte, daß so gut wie nichts geschah.

Nach dem endgültigen Sieg der Reaktion in Preußen waren jeder organisatorischen Tätigkeit durch das Vereinsgesetz vom 11. März 1850 enge Grenzen gesetzt. Schon deshalb bot sich als Neuansatz in der ‚organischen Arbeit' die Behandlung landwirtschaftlicher Fragen als verhältnismäßig neutraler Bereich an. Die Lösung der hier anstehenden Probleme, d. h. in erster Linie die Stabilisierung der mittleren bäuerlichen Betriebe, wurde zudem immer dringlicher. In der allgemeinen Entwicklung machte sich eine zunehmende Regression der mittleren Wirtschaften zugunsten sowohl der Groß- als auch der Zwergbetriebe bemerkbar [13]. Dadurch wurde gerade diejenige Schicht der ländlichen Bevölkerung geschwächt, der im gesellschaftspolitischen Konzept der liberalen Führung eine stabilisierende Funktion zugedacht war [14]. Als erster hat Ignacy Łyskowski die Aufgaben dieses Teiles der ‚organischen Arbeit' für Westpreußen und Posen neu formuliert, indem er 1852 in einem programmatischen Artikel im ‚Nadwiślanin' zur Tätigkeit aufrief [15]. Gleichzeitig gab er als Leitfaden und zur Einführung einer gemeinsamen Wirtschaftsmethode ein Buch unter dem Titel ‚Gospodarz' (Der Landwirt) heraus [16], das im Laufe der Jahre beträchtliche Verbreitung fand. Unter dem frischen Eindruck der unglücklichen Entwicklung im Völkerfrühling war das Echo auf Łyskowskis Appell jedoch minimal, so daß an Vereinsgründungen vorerst nicht gedacht werden konnte. Erst 1861 wurde im Zuge eines allgemeinen

10 Rep. 2 Tit. 30 Vol. 18 Bl. 6 f. — Brief vom 6. März 1866 (Entwurf).

11 *Łebiński,* Kółka, S. 207; *Tomaszewski,* Pół Wieku, Bd. I, S. 22.

12 Gesellschaft zur Einführung von Verbesserungen in der Landwirtschaft und der Fruchtwechselwirtschaft bei den kleineren Wirten. — *Łebiński,* Kółka, S. 208.

13 Nach Meitzen hat sich im Regierungsbezirk Marienwerder zwischen 1816/23 und 1859 die Gesamtfläche spannfähiger bäuerlicher Nahrungen im freien Verkehr mit spannlosen Kleinstellen und nichtbäuerlichen Besitzern um insgesamt 105 530 Morgen vermindert. — *Meitzen,* Bd. IV, S. 309.

14 „In unserer Provinz bildet der Bauernstand das stärkste Fundament unserer Gesellschaft. Wir müssen kräftig an diesem Fundament arbeiten; je kräftiger, desto besser für uns." — St. Radkiewicz auf dem ‚Sejmik Gospodarski' 1868 — Roczniki Sejmików Gospodarskich, S. 74.

15 *Łebiński,* Kółka, S. 211; *Jakóbczyk,* Studia II, S. 91.

16 Es handelte sich um die Zusammenfassung einer Reihe bereits publizierter Zeitungsartikel des Verfassers. — *Mańkowski,* Dzieje Drukarstwa, RTNT, Bd. 13, S. 273.

nationalen Aufschwunges [17] ein Neuansatz gemacht, der diesmal zu einer raschen Entwicklung in allen Bereichen des Vereinslebens führte.

Stimulierend wirkten vor allem die Vorgänge im Königreich Polen. Das 1858 gegründete ‚Towarzystwo Rolnicze', eine von den Großgrundbesitzern beherrschte Organisation [18], fand bei den westpreußischen Polen starke Beachtung und wurde im ‚Nadwiślanin' ausführlich gewürdigt und als vorbildlich herausgestellt [19]. Zu den Bewunderern zählte auch Ignacy Łyskowski, und es lag nahe, daß von ihm infolge seines bisherigen Engagements die Gründungsinitiative in Westpreußen ausging. Am 13. 9. 1861 rief er zusammen mit anderen Gutsbesitzern in Strasburg eine landwirtschaftliche Gesellschaft (towarzystwo rolnicze) ins Leben und markierte damit den Beginn der Organisationstätigkeit im gesamten preußischen Anteil. Charakteristisch für das Strasburger ‚towarzystwo rolnicze' und die folgenden Institutionen dieser Art war, daß sie auf Kreisebene arbeiteten und die leitenden Positionen von Gutsbesitzern besetzt waren. Die bäuerlichen Wirte schlossen sich nur zögernd an, und noch 1868 wurde auf dem 2. ‚Sejmik Gospodarski' in Thorn erklärt, als Voraussetzung für eine fruchtbare Zusammenarbeit müßten die ‚towarzystwa rolnicze' erst einmal ihr aristokratisches Kolorit abstreifen und wirklich volkstümlich werden, „so daß unser Bauer zwischen den Mitgliedern keine Klassenunterschiede mehr bemerkt" [20].

Der Redner, Julian Kraziewicz [21], hatte indes schon längst einen anderen Weg eingeschlagen, um die hilfsbedürftigen kleinen Landwirte zu organisieren. Als Pächter der Plebanei Thymau bei Mewe war er mit den Bauern der Umgebung in engeren Kontakt gekommen und hatte ihr Vertrauen durch eine gute Wirtschaftsführung gewonnen. Am 1. 10. 1862 gründete er in Pehsken (Piaseczno) das erste ‚kółko włościańskie' [Bauernverein. Wörtlich: bäuerlicher Ring]. Der Verein war ausschließlich für selbständige Bauern (włościanie) und deren spezielle Bedürfnisse bestimmt. Mit seiner Organisation und Tätigkeit gewann er Modellcharakter für alle folgenden Gründungen dieser Art in Westpreußen und dem Großherzogtum [22]. Zu den Posener Polen, die diesen Versuch genau beobachteten und an Ort und Stelle untersuchten, gehörte auch Maximilian Jackowski, der spätere langjährige Patron aller Posener Landwirtschaftsvereine. Zweck des Pehskener Vereins sollte die ‚gegenseitige Hilfeleistung im Sinne der Kirche' sein (§ 1), und dementsprechend wurden alle katholischen Geistlichen zu Ehrenmitgliedern erklärt (§ 5). Die Mitglieder sollten gleichzeitig auch dem TPN angehören (§ 3). Verhandlungssprache war wie stets

---

17 Vgl. dazu unten S. 161 f.

18 Es ging der Gesellschaft um eine Form der Bauernbefreiung, die mit ihrem zentralen Punkt der bloßen Umwandlung bäuerlicher Verpflichtungen in Geldrente in keiner Weise den kleinen Besitzern und den Bauern selbst gedient hätte. — *Czepulis*, S. 16.

19 *Łebiński*, Kółka, S. 217 ff.; *ders.*, Ignacy Łyskowski, S. 29 f. — Ignacy Łyskowski äußerte sich mehrmals im ‚Nadwiślanin' zu diesem Vorgang. — Ebd.
Vgl. auch *Bernhard*, S. 64 f.

20 Roczniki Sejmików Gospodarskich, S. 69.

21 Vgl. den biographischen Anhang.

22 „Die Leute hier sind binnen kurzem in ganz Polen berühmt geworden. Piaseczno wird schöner und ein Beispiel für ganz Polen. Kraziewicz heißt dieser Mann, der Haupt und Führer des Volkes ist." — Chociszewski an Kraszewski, Brief vom 1. 1. 1867, Bibliot. Jagiell. MS 6491.

nur das Polnische[23]. Außerhalb der vierzehntägigen oder monatlichen Versammlungen, die in erster Linie Fachvorträgen oder praktischen Demonstrationen gewidmet waren, versuchte Kraziewicz, die Arbeit durch Herausgabe der landwirtschaftlichen Zeitschrift ‚Piast' zu unterstützen[24]. Den gleichen Zweck hatten die Jahreshauptversammlungen der inzwischen zahlreicher gewordenen Bauernzirkel in Pehsken, die stets mit einem feierlichen Gottesdienst, mit Ausstellungen von Zuchtvieh und landwirtschaftlichen Geräten und mit Volksbelustigungen verbunden waren[25].

Auch die ‚kółka włościańskie' arbeiteten ganz im Geiste der ‚organischen Arbeit'. Da sie sich jedoch aufgrund ihrer inneren Struktur der direkten Kontrolle entzogen, stand ihnen die Adelspartei reserviert gegenüber. Auf dem ersten ‚Sejmik Gospodarski' wurden die Probleme der bäuerlichen Wirtschaften ausführlich diskutiert. Man war sich allgemein darüber einig, daß die Bauern durch technische Hilfe und Erschließung von Kreditquellen unterstützt werden müßten. Es kam jedoch zu Meinungsverschiedenheiten über die Frage, ob für jede Gruppe von Landwirten eine eigene Vereinskategorie empfohlen werden sollte. Die Gegner einer derartigen Lösung äußerten die Befürchtung, in den ‚kółka włościańskie' könnten sich unangemessene (niewłaściwy) Einflüsse geltend machen, und sie setzten sich soweit durch, daß in der Schlußresolution lediglich alle aufgeklärten Landwirte zur Gründung landwirtschaftlicher Vereine (towarzystwa rolnicze) oder zum Beitritt aufgefordert wurden, die Möglichkeit besonderer ‚kółka' aber unerwähnt blieb[26]. Auch zwei Jahre später wurde ein erneuter Vorschlag zur verstärkten Gründung bäuerlicher Gesellschaften von Ignacy Łyskowski dahin umgebogen, daß den landwirtschaftlichen Kreisvereinen empfohlen wurde, Vertrauensleute mit den Gründungen von Zweigvereinen in den Parafien zu beauftragen[27]. Immerhin entsprach diese Praxis, mit der man im Culmer Lande schon früher begonnen hatte, stärker dem Bedürfnis der Bauern, die sich am liebsten Organisationen in ihrer unmittelbaren Umgebung anschlossen. Die Mitgliederzahlen stiegen daher in den ersten Jahren der Vereinstätigkeit kontinuierlich an, so daß 1868 immerhin schon 1687 Bauern auf die eine oder andere Weise organisiert waren.

Vor 1875 gab es in Westpreußen keine organisatorische Zentrale für die landwirtschaftlichen Vereine. Die 1867 von Ignacy Łyskowski, Teodor Donimirski, Ludwik Ślaski und Hiacenty Jackowski ins Leben gerufenen, jährlich einmal stattfindenden ‚Sejmiki Gospodarskie' in Thorn sollten unter anderem auch für eine lockere Koordinierung auf diesem Gebiet sorgen. Die oben (S. 119 f.) angeführten Beispiele lassen erkennen, daß ihr Einfluß auf die Entwicklung tatsächlich nicht unerheblich war. Die Konstruktion macht zugleich aber deutlich, welch besonderes Gewicht der Personalfaktor in der Anfangsphase des Organisationswesens noch hatte. Lange bevor das sogenannte Patronat im Vereinsleben des Großherzogtums eine offizielle Institution wurde,

---

23 Rep. A 207 Nr. 427 Bl. 6. — Statuten des landwirtschaftlichen Vereins in Pehsken.

24 Das Blatt erschien seit 1867. Chefredakteur war Józef Chociszewski, der seit 1865 als Sekretär des ‚kółko włościańskie' in Pehsken arbeitete.

25 *Łebiński*, Kółka, S. 411 ff.

26 Ebd., S. 415 ff.; Roczniki Sejmików Gospodarskich, S. 12 ff. Bezeichnenderweise wird die Kontroverse nur von dem Journalisten Łebiński erwähnt, während Ignacy Łyskowski in den ‚Roczniki' von der Diskussion nur das endgültige Ergebnis widergibt.

27 Roczniki Sejmików Gospodarskich, S. 140.

Zahl der Mitglieder landwirtschaftlicher Gesellschaften und bäuerlicher Vereine in den Kreisen[28]:

Kreis	1865 gesamt	1865 davon Bauern	1868 gesamt	1868 davon Bauern
Strasburg	150	100	92	61
Löbau			141	92
Culm			72	40
Thorn	160	33	115	51
Graudenz			72	68
Stuhm	24	20	110	100
Schwetz				
Conitz	240	215	560	525
Flatow				
Berent	31	—	116	46
Stargard	123	106	532	408
Marienwerder	164	138	364	296
	892	612	2174	1687

existierte diese Einrichtung de facto in Westpreußen. Die persönliche Betreuung der ‚kółka włościańskie' lag in den Händen von Julian Kraziewicz; um die ‚towarzystwa rolnicze' bemühten sich Ignacy Łyskowski und seit Beginn der siebziger Jahre Leon Czarliński in besonderem Maße. Sie sorgten für einen einheitlichen Aufbau der einzelnen Vereine, denen durchweg die gleichen Statuten zugrunde gelegt wurden[29], und sie versuchten vor allem, die in Organisations- und Fachfragen wenig bewanderten Bauern, Geistlichen und Lehrer zu beraten und zu instruieren.

Obwohl die ‚Sejmiki Gospodarskie' zunächst belebend gewirkt und die Kommunikation zwischen den oft völlig isoliert existierenden Vereinen verbessert hatten, setzte Ende der sechziger Jahre eine allgemeine Stagnation für die landwirtschaftlichen Gesellschaften ein. Viele Vereine gingen wieder ein, andere fristeten jahrelang ein kümmerliches Dasein. Auch die Gründung eines landwirtschaftlichen Zentralvereins für Westpreußen und die damit verbundenen Bemühungen um eine Belebung der allgemeinen Tätigkeit[30] hatte zunächst wenig Erfolg. Ein preußischer Beamter, der vom Innenminister zur Überwachung des polnischen Vereinswesens in Westpreußen

28 Tabelle nach Roczniki Sejmików Gospodarskich, S. 73. — Über die Gründungstätigkeit der ersten zehn Jahre informiert die Tabelle VII im Anhang B, soweit die entsprechenden Daten den Akten oder einzelnen Darstellungen zu entnehmen waren.

29 Grundlage waren die im Rahmen der ‚organischen Arbeit' formulierten Arbeitsprinzipien und der entsprechende Tätigkeitsbereich. Allen Vereinen war die Verpflichtung gemeinsam, sich nur der polnischen Sprache zu bedienen. Als publizistische Organe wurden gewöhnlich der ‚Piast', die ‚Gazeta Toruńska' oder der ‚Przyjaciel Ludu' genannt. Oft wurde ausdrücklich bestimmt, beim Erlöschen des Vereins solle das Vermögen dem ‚Towarzystwo Pomocy Naukowej' zufallen.

30 § 1 der Statuten nannte als Zweck des Zentralvereins die Erhaltung und Erweiterung aller bestehenden und die Bildung von neuen landwirtschaftlichen Vereinen. — Rep. A 207 Nr. 444.

eingesetzt war[31], führte diese Erscheinung vor allem auf die geringe Effizienz aller Anstrengungen zurück. Die Leiter seien in der Regel nicht sehr sachkundig, und in den Vorträgen werde gewöhnlich nichts geboten, was nicht vorher schon im ,Przyjaciel Ludu' oder in anderen Blättern gestanden habe. Diese Erklärung traf sicherlich eher zu als die polnischen Versuche, die Regression als Ergebnis einer verschärften polizeilichen Überwachung hinzustellen. Eine umfassendere Deutung des Phänomens ist jedoch nur im Zusammenhang des gesamten polnischen Vereinslebens dieser ersten Phase möglich[32].

IV.2,3 Kreditgenossenschaften und Gewerbevereine

Mit der Gründung einer Tochtergesellschaft der ,Westpreußischen Landschaft' wurde 1861 in Westpreußen zum erstenmal die Möglichkeit geschaffen, auch bäuerliche Wirtschaften zu beleihen. Voraussetzung für die Beleihbarkeit war freilich immer noch ein Grundstücksmindestwert von 4500 Mark (seit 1896 3000 Mark)[1], so daß es gerade für die kleinen Betriebe weiterhin keine Gelegenheit für die Kreditbeschaffung gab. Für die Entwicklung und Stärkung des bäuerlichen und gewerblichen Mittelstandes als Bestandteil eines polnischen Sozialkörpers war aber ohnehin der Aufbau eines eigenen Kreditsystems erforderlich, zumal mit der ,organischen Arbeit' — etwa durch Verbreitung moderner landwirtschaftlicher Arbeitsmethoden — der Kreditbedarf vielfach erst jetzt geweckt wurde. Da die Schwierigkeiten auf diesem Sektor vorerst kaum von einer zentralen Finanzierungsstelle aus gelöst werden konnten, also auch von dem Kreditinstitut im Rahmen der ,Landschaft' keine entscheidenden Veränderungen zu erwarten waren, bestand hier nach wie vor eine Lücke, in die die nationalpolnische Partei vorstoßen konnte.

Die ersten praktischen Versuche waren auch auf diesem Gebiet bereits im Völkerfrühling gemacht worden. August Cieszkowski betrieb im Sommer 1849 mit großem Eifer die Bildung einer Spar- und Darlehenskasse für die polnische Bevölkerung[2], und in Schrimm entwickelte sich unter Rückgriff auf Versuche der Marcinkowski-Gruppe ein Darlehensverein, der schnell ein relativ großes Geschäftsvolumen erreichte[3]. Auch in Westpreußen wurde im März 1849 mit der Gründung der Culmer ,Gesellschaft für gegenseitige Hilfe' ein erster Schritt getan. Der Verein, durch Personalunion der Mitglieder eng mit der ,Liga Polska' verbunden, war allerdings von einer nach wirtschaftlichen Gesichtspunkten aufgebauten Kreditgesellschaft weit entfernt und hätte in dieser Form auch bei einem Fortbestehen der Liga nicht existieren

---

31 Der ehemalige Thorner Bürgermeister Rex, dem diese Aufgabe 1875 übertragen wurde. — Rep. A 207 Nr. 415 ff.

32 Siehe unten S. 130 f.

1 *Goeldel*, S. 56 f.

2 *Jakóbczyk*, Studia I, S. 149.

3 *Ders.*, Studia II, S. 144.

können[4]. Mit dem Zusammenbruch der ‚Liga Polska' fanden diese Versuche ein Ende.

Die ersten effektiven Genossenschaftsgründungen fallen mit der Entfaltung des landwirtschaftlichen Vereinslebens zusammen. Am 23. 2. 1862 gründete Mieczysław Łyskowski, ein Vetter Ignacy Łyskowskis, in Strasburg den ‚Vorschußverein für die Handwerker der Stadt Strasburg und Umgebung'[5]. Łyskowski, zu dieser Zeit als Kreisrichter noch in Staatsdiensten stehend[6], gab dem gesamten polnischen Genossenschaftswesen bis in die achtziger Jahre entscheidende Impulse. Er griff bewußt auf die Erfahrungen der deutschen Genossenschaftspioniere zurück, von denen die Polen seiner Meinung nach viel lernen konnten[7]; seinen Amtskollegen Schulze-Delitzsch hatte er Anfang der fünfziger Jahre persönlich in Wreschen kennengelernt[8]. Mieczysław Łyskowski war auch der Initiator der zweiten westpreußischen Kreditgenossenschaft für Handwerker, des ‚Towarzystwo Rzemieślnicze' in Gollub, das wenige Monate nach dem Strasburger Verein ins Leben trat. Die erste, direkt auf einen landwirtschaftlichen Verein bezogene Kreditgenossenschaft entstand 1864 in Mewe unter der Leitung von Julian Kraziewicz, der damit den Mitgliedern des ‚Kółko Włościańskie' in Pehsken eine Kreditquelle erschloß und zum weiteren Ausbau seiner Organisation 1865 in Mewe auch eine Konsumgenossenschaft einrichtete[9]. Eine ähnlich enge Verbindung bestand zwischen den 1869 und 1870 in Oxhöft (Kreis Neustadt) unter Leitung des Neustädter Pfarrers Mühl[10] gegründeten Gesellschaften, und sie blieb auf diesem Gebiet der Organisationstätigkeit das leitende Prinzip[11].

Den landwirtschaftlichen Vereinen entsprachen auf dem gewerblichen Sektor als Partner einer solchen Symbiose die sogenannten ‚Gewerbevereine' (‚Towarzystwa Przemysłowe'), die ihren Mitgliedern — Handwerkern und kleinen Kaufleuten neben Angehörigen der städtischen Intelligenz — Geselligkeit sowie Unterweisung und Hilfe in gewerblichen Angelegenheiten bieten wollten. Vorbild wurde hier das schon 1848 entstandene Posener ‚Towarzystwo Przemysłowe', das zwar nach kurzer Blüte in

4 Die gewährten Kredite brauchten nicht verzinst zu werden. Dafür sollten die gezahlten Beiträge jedoch auch nicht als Einlagen behandelt, sondern Eigentum der Gesellschaft werden; für nicht unmittelbar Kreditbedürftige bestand also kein Anreiz zum Beitritt. — Statuta Towarzystwa wzajemnej pomocy w Chełmnie, Szkoła Narodowa Nr. 11/1849, Dodatek.

5 ‚Towarzystwo Pożyczkowe dla Przemysłowców miasta Brodnicy i okolicy'.

6 Er wurde 1864 wegen Beteiligung am Januaraufstand aus dem Staatsdienst entlassen und widmete sich von da an ausschließlich dem Kredit- und Genossenschaftswesen. — Vgl. auch den biographischen Anhang.

7 Roczniki Sejmików Gospodarskich, S. 19 ff.

8 *Bernhard,* S. 100; *Jakóbczyk,* Studia II, S. 144 ff. — Vgl. auch unten S. 206 f.

9 Außerdem gründete Kraziewicz 1865 eine Sterbekasse und 1866 eine landwirtschaftliche Schule für die Jugend; 1867 rief er in Mewe eine Getreidebörse ins Leben, um den Absatz zu erleichtern. — Pomorze Gdańskie, Wybór Źródeł, S. 160.

10 Rep. A 180 Nr. 2220 S. 19, S. 1285; Rep. A 191 Nr. 77; Rep. A 207 Nr. 428. — Der als Überwacher des Vereinslebens eingesetzte Bürgermeister a. D. Rex (vgl. Anm. 31, S. 122) bezeichnete Mühl als den Träger der gesamten polnischen Agitation im Kreise Neustadt, der auch die jungen Geistlichen für diesen Zweck ‚großziehe'. — Bericht vom 4. 7. 1876, Rep. A 180 Nr. 2220 S. 1285 ff.

11 Ein Blick auf die Tabellen der Vereinsgründungen in den ersten zehn Jahren (Anhang B, Tabellen VII und VIII) läßt wiederholt Parallelitäten erkennen.

den fünfziger Jahren einen krassen Niedergang zu verzeichnen hatte, 1861 aber wieder auflebte und von da an beispielgebend und einflußreich blieb [12]. Für die beginnende ökonomische Auseinandersetzung mit dem deutschen Kleinbürgertum waren diese Institute neben den Kredit- und Unterstützungsgenossenschaften unbedingt notwendig, um das wenig qualifizierte polnische Handwerk und Gewerbe auf ein erträgliches Niveau zu bringen und es so im Wettbewerb um die polnische Kundschaft einigermaßen konkurrenzfähig zu machen. Außerdem konnten diese Gesellschaften teilweise die Funktion der Innungen übernehmen. Die Innungen lagen in Westpreußen und Posen überwiegend in den Händen deutscher Handwerker; der Zutritt war für polnische Handwerker — abgesehen davon, daß sie ihren deutschen Konkurrenten in der Regel ohnehin mit ihren Fertigkeiten unterlegen waren — durch die gesetzlichen Aufnahmebestimmungen noch erschwert [13]. Mit den ‚Towarzystwa Przemysłowe' bot sich eine Ersatzlösung an, die den polnischen Handwerkern auch den Vorteil brachte, daß sie nicht auf sich selbst verwiesen waren, sondern die Unterstützung durch die städtische Intelligenz im Verein selbst in Anspruch nehmen konnten. Daß der erste westpreußische Gewerbeverein in Culm erst 1868 entstand, muß als Indiz für die Schwäche des polnischen Stadtbürgertums dieser Provinz gewertet werden, wenn auch von jetzt an — sicher unter dem Einfluß der 1869 gesetzlich eingeführten Gewerbefreiheit und gefördert durch das im selben Jahr entstandene ‚Towarzystwo Moralnych Interesów' [14] — die Gründungen häufiger wurden.

Insgesamt ist in dieser ersten Phase auch bei den Genossenschaften und Gewerbevereinen eine relativ kräftige Entwicklung zu verspüren. Nach zehn Jahren gab es in Westpreußen immerhin bereits über zwanzig derartige Institute [15], und selbst in den nun folgenden Jahren der Stagnation des gesamten Vereinslebens kamen noch

---

12 *Paweł Spandowski,* S. 56 ff. — § 1 der Satzung des Posener Vereins nennt als Zweck „die gesellige Unterhaltung und gegenseitige Belehrung in gewerblichen Angelegenheiten". Erreicht werden soll dieser Zweck „durch gesellige Zusammenkünfte in einem gemeinsamen Lokal; durch wissenschaftliche Vorträge; durch gegenseitige Mitteilung von Erfahrungen und gegenseitige Verständigung in gewerblichen Angelegenheiten; durch Ermöglichung der Lektüre von Büchern und Zeitschriften, die dem Gewerbe gewidmet sind; durch Veranstaltung von gewerblichen Ausstellungen; durch Bildung einer Sammlung von Modellen und anderen sich auf das Gewerbe beziehenden Gegenständen". (§ 3) — Ebd., S. 57.

13 Die Aufnahme in eine Innung hing von einer Prüfung ab. Die Kommissionen standen durchweg in enger Beziehung zu den preußischen Behörden. Sie nahmen die Prüfungen natürlich in deutscher Sprache ab, so daß bei polnischen Bewerbern Sprachschwierigkeiten leicht als mangelnde Kenntnisse angesehen werden konnten. — Allgemeine Gewerbeordnung vom 17. Januar 1845, §§ 108, 132, 162—167. — Gesetz-Sammlung 1845, Nr. 2541.

14 Vgl. unten S. 145.

15 S. Anhang B, Tabelle VIII. — Die Daten über die erste Phase des Organisationswesens sind recht spärlich und lückenhaft, da die Vereine z. T. nach kurzer Zeit wieder eingingen und überhaupt keine Nachrichten hinterließen. Zudem wurde anfangs kaum regelmäßig Protokoll geführt oder sogar — und zwar selbst in den Kreditgenossenschaften — der gesamte Geschäftsverkehr mündlich erledigt. — Vgl. *Bernhard,* S. 131 ff. Tomaszewski, der teilweise noch Quellen heranziehen konnte, die inzwischen verlorengegangen sind, widmet in seinem materialreichen zweibändigen Werk über die polnischen Erwerbs- und Wirtschaftsgenossenschaften dem Zeitraum 1861—1871 für Posen und Westpreußen insgesamt nur vier Seiten.

weitere Gesellschaften hinzu, so daß am Ende dieses Jahrzehnts bereits 28 Erwerbs- und Wirtschaftsgenossenschaften in Westpreußen existierten; nämlich in Löbau — Gollub, Gurzno, Lautenburg, Gr. Pulkowo, Strasburg (alle Kreis Strasburg) — Culmsee, Kowalewo, Thorn (Kreis Thorn) — Briesen, Culm, Lissewo (Kreis Culm) — Driczmin, Lubiewo, Neuenburg, Przechowo, Schirocken (Kreis Schwetz) — Bruss, Czersk, Gr. Schliewitz, Tuchel (Kreis Conitz) — Borzyskowo (Kreis Schlochau) — Mewe (Kreis Marienwerder) — Altmark, Portschweiten (Kreis Stuhm) — Bobau (Kreis Stargard) — Berent — Oxhöft (Kreis Neustadt)[16]. Die Aufstellung läßt auch für 1879 noch eine deutliche Konzentration des Genossenschaftswesens auf die bisherigen Brennpunkte nationalpolnischer Aktivität erkennen[17]. In diesen Gebieten fielen zwei entscheidende Faktoren als Voraussetzung für die Entstehung eines Organisationssystems zusammen: die große Dichte der polnischen Bevölkerung und eine noch relativ starke nationalpolnisch gesinnte Oberschicht mit ausgedehnten Besitzverbindungen. Im gesamten Regierungsbezirk Danzig existierten dagegen nur drei Genossenschaften; unter anderem deshalb, weil die kaschubischen Kernlande erst später in das polnische Organisationswesen einbezogen werden konnten.

Mit dem Hinweis auf einen relativ schnellen Anstieg der Zahl polnischer Genossenschaften und Gewerbevereine ist freilich noch nichts über deren Geschäftsumfang ausgesagt. Abgesehen davon, daß sich in der Regel zunächst nur wenige Mitglieder zusammenschlossen, wurde die wirtschaftliche Effektivität in der Anfangsphase durch technische und strukturelle Unzulänglichkeiten häufig stark reduziert. Die meisten Mitarbeiter waren in finanztechnischen und betriebswirtschaftlichen Dingen völlig unerfahren; in kleineren Gesellschaften kam es nicht selten vor, daß Vorstandsmitglieder nicht einmal die Grundbegriffe einer einfachen Buchführung beherrschten, zum Teil sogar kaum schreiben konnten[18]. Verbindungen zwischen den einzelnen Genossenschaften kamen vorerst nur über die Personen der führenden Politiker zustande; geschäftlich war jeder Verein isoliert und wirtschaftete für sich. Auf diese Weise waren finanzielle Transaktionen kaum möglich; man konnte überschüssiges Geld nicht günstiger anderswo plazieren, und umgekehrt stand bei erhöhtem Kapitalbedarf kein auswärtiges Geld zur Verfügung. Die Folge derartiger Mängel war eine erhöhte Krisenanfälligkeit der polnischen Genossenschaften, die sich wiederholt als besonderes Hindernis ihrer Entwicklung erwies[19]. Erste Pläne zur Vereinheitlichung und Zentralisation der einzelnen Genossenschaften tauchten 1870 auf, vor allem durch

16 Nach dem Jahresbericht des Verbandes der Erwerbs- und Wirtschaftsgenossenschaften in Westpreußen, dem Großherzogtum Posen und Oberschlesien für 1879. Insgesamt existierten in diesem Jahr in den drei Provinzen 104 polnische Genossenschaften. — Rep. A 181 Nr. 30895.

17 Vgl. auch die Karte auf S. 7.

18 Jahresbericht des Verbandes der Erwerbs- und Wirtschaftsgenossenschaften für 1885. — Nach *Bernhard*, S. 131. Vgl. auch *Tomaszewski*, Pół Wieku, Bd. I, S. 25.

19 Tomaszewski charakterisiert das Jahrzehnt zwischen 1861 und 1871 als die „Zeit unvorbereiteter und unbeholfener Gründungen", die vielfaches Scheitern und beträchtliche Verluste mit sich brachte. — *Tomaszewski*, Die Entwicklung, S. 11.
Für die Gewerbevereine als Organisationen des städtischen Mittelstandes hat Spandowski eine weitgehende Parallelität ihrer Entwicklung zu den Aufwärts- und Abwärtsbewegungen der wirtschaftlichen Verhältnisse festgestellt. — *Paweł Spandowski*, S. 44.

Anregungen und Projekte Mieczysław Łyskowskis. Im April/Mai 1871 kam es dann tatsächlich in Posen zur Gründung eines Dachverbandes, des ‚Związek Społek Zarobkowych Polskich' [Verband Polnischer Erwerbsgenossenschaften], dem sich etwas später auch westpreußische Genossenschaften anschlossen. Seine Wirksamkeit blieb jedoch vorerst gering, da er über den Status einer organisatorischen Koordinationsstelle mit geringen Kompetenzen nicht hinauskam. Die Rolle eines Zentralinstituts für das bäuerliche und gewerbliche Kreditwesen wurde zunächst von der 1872 gegründeten ‚Bank Włościański' übernommen, deren Gründungskapital (600 000 Mark) zur Hälfte vom Grafen Jan Działyński aufgebracht worden war [20].

Die wenigen vorhandenen Unterlagen lassen bereits deutlich erkennen, daß das Geschäftsvolumen der westpreußischen Genossenschaften zunächst sehr gering war. Der Vorschußverein in Strasburg verfügte im Geschäftsjahr 1866/67 bei 119 Mitgliedern über ein Betriebskapital von 11 370 Talern und hatte einen Jahresumsatz von 50 530 Talern. Die Kreditgenossenschaft in Gollub wies für den selben Zeitraum bei 24 Mitgliedern 1630 Taler Betriebskapital und 1530 Taler Jahresumsatz aus. Selbst das ‚Towarzystwo Pożyczkowe Przemysłowców miasta Poznania', das sich später zur größten polnischen Genossenschaftsbank entwickelte und 1907 mit einem Betriebskapital von 20 Millionen Mark arbeitete, verfügte 1865/66 nach fünfjährigem Bestehen bei einem Jahresumsatz von 92 000 Talern nur über ein Betriebskapital von 38 000 Talern [21]. In Westpreußen hatte nur die 1866 als Aktiengesellschaft gegründete ‚Bank Donimirski, Kalkstein, Łyskowski & Co.' von Anfang an ein bedeutenderes Geschäftsvolumen. Da die ‚Westpreußische Landschaft' den gestiegenen Kapitalbedarf nicht mehr befriedigen konnte, sollte das Institut, wie auch die 1871 gegründete Stargarder ‚Landwirtschafts- und Gewerbebank', vor allem den Gutsbetrieben als Kreditgeber dienen; seine Geschäftstätigkeit reichte bald auch nach Posen und ins Königreich Polen hinein [22].

Während es der liberalen Führungsschicht verhältnismäßig leicht fiel, sich den Einfluß im ‚Towarzystwo Pomocy Naukowej', in den landwirtschaftlichen Vereinen und anderen Organisationen zu sichern, entglitt ihr bald die direkte Kontrolle über das Genossenschaftswesen. Freilich war das nicht das Ergebnis einer gesellschaftlichen

---

20 *Bernhard,* S. 104 f.; *Jakóbczyk,* Studia II, S. 149 ff. *Tomaszewski,* Pół Wieku, Bd. II, S. 8 ff.

21 Roczniki Sejmików Gospodarskich, S. 23 f.; *Tomaszewski,* Pół Wieku, Bd. I, S. 82.

22 Roczniki Sejmików Gospodarskich, S. 119 ff.
Teodor Donimirski an Kraszewski, Briefe vom 2. 5. 1866 und 20. 8. 1872, Bibliot. Jagiell. MS 6497.
Die Größenordnung der Bank kann mit folgenden Zahlen umrissen werden:

eingezahltes Grundkapital	(1871)	455 650 Tlr.
Reservefonds	(1871)	57 378 Tlr.
Geschäftsumsatz	(1869)	39 871 444 Tlr.
	(1870)	30 322 870 Tlr.
	(1871)	31 269 416 Tlr.
Depositen	(1869)	677 219 Tlr.
	(1870)	388 483 Tlr.
	(1871)	645 463 Tlr.

Nach: *Martiny,* S. 254; das Gründungskapital für 1866 wird mit 80 000 Tlr. angegeben.

Kräfteverschiebung, sondern eine indirekte Folge der staatlichen Gesetzgebung. Da das Genossenschaftsgesetz von 1868 für alle Genossen die unbeschränkte Haftpflicht vorschrieb, zogen sich die vermögenden Teilhaber bald aus den Genossenschaften zurück, denn in der Phase der mangelnden Konsolidierung war das Risiko tatsächlich enorm hoch, und die proklamierte gesellschaftliche Solidarität konnte nicht im Sinne einer materiellen Gesamthaftung verstanden werden. Die Bemühungen von Vertretern der besitzenden Schichten um die Wiedereinführung der beschränkten Haftpflicht[23] sind daher unter anderem als Versuch zu werten, verlorenes politisches Terrain zurückzugewinnen; andererseits ist freilich nicht zu übersehen, daß für die Genossenschaften das Ausscheiden gerade der vermögendsten Mitglieder durchweg sehr nachteilig war. Es dürfte kein Zufall sein, daß die eigentliche Blütezeit der polnischen Genossenschaften erst einsetzte, nachdem durch das Genossenschaftsgesetz von 1889 die beschränkte Haftpflicht wieder eingeführt worden war[24].

Die Initiatoren des Organisationswesens lehnten von Anfang an jede politische Diskussion und Tätigkeit innerhalb der Vereine ausdrücklich ab[25]. Das war nicht nur erforderlich, um sich den Eingriffen der Staatsanwaltschaft so weitgehend wie möglich entziehen zu können, sondern entsprach auch dem gesellschaftspolitischen Konzept der liberalen Führungsschicht. Bei der Rezeption des vor allem durch Mieczysław Łyskowski vermittelten Schulze-Delitzsch-Systems, das übrigens durchaus nicht gedankenlos kopiert wurde[26], ging es nicht mehr um organisatorische oder betriebstechnische Einzelheiten, sondern mindestens ebenso um die soziale Funktion dieser Art des Genossenschaftswesens. Früher als Schulze-Delitzsch selbst haben die Polen erkannt, daß sein System nicht auf die gesamte Klasse der sogenannten Handarbeiter,

---

23 Auf dem Verbandstag der Genossenschaften im Juli 1882 setzten sich z. B. einige Vertreter dieser Gruppen, darunter auch Mieczysław Łyskowski, energisch für die Wiedereinführung der beschränkten Haftpflicht ein mit dem Argument, das Risiko könne nicht von zwei oder drei Leuten getragen werden, ohne die Beteiligung vermögender Männer aber seien die Gesellschaften zu schwach. — *Bernhard*, S. 111 f. *Tomaszewski*, Pół Wieku, Bd. I, S. 59 ff.

24 Das Gesetz vom 1. 5. 1889 bestimmte, daß neben Genossenschaften mit unbeschränkter Haftung jetzt auch solche mit beschränkter Haftung treten konnten.

25 Aus zahlreichen Behördenberichten geht hervor, daß die preußischen Beamten stets dazu neigten, das Vereinsleben als Bemäntelung geheimer politischer Tätigkeit oder gar direkter Konspiration anzusehen. Der Thorner Landrat erklärte z. B. in einem Schreiben an einen Kollegen (Entwurf v. 31. 12. 1875), da die Vereine „die polnische Sprache zu ihrer Geschäftssprache gemacht haben, so sind sie jedenfalls nur Agitationsanstalten für polnische Zwecke". — Rep. A 207 Nr. 427 Bl. 6. — Aus Berent meldete der Landrat dem Regierungspräsidenten, er lasse den dortigen Verein zwar polizeilich überwachen, es sei aber natürlich nie festzustellen, was „hinter den Kulissen" verhandelt werde. — Bericht v. 6. 4. 64; Rep. 2 Tit. 30 Nr. 30 Vol. 16 Bl. 125. — Bei der Kreditgenossenschaft in Driczmin wurde aus der Tatsache, daß nur Polen Mitglieder waren, darauf geschlossen, daß ihre „eigentlichen Zwecke ... politischer Natur" seien. — Bericht des Schwetzer Landrates an die Regierung Marienwerder v. 11. 4. 74 (Entwurf); Rep. A 204 Nr. 345 Bl. 364. — Vgl. auch oben Anm. 8 u. S. 117.

26 Die Polen verstanden es z. B., sich ohne Schwierigkeiten auch die Vorteile des Raiffeisen-Systems nutzbar zu machen, wenn die Situation es erforderte. —
Roczniki Sejmików Gospodarskich, S. 25; *Bernhard*, S. 475 ff.

sondern nur auf den eigentlichen Mittelstand zugeschnitten war[27]. Sein Grundsatz der absoluten Selbsthilfe aller beteiligten Gruppen lag schon 1848 dem Programm der ‚organischen Arbeit' zugrunde, und es erwies sich auch nach 1861, daß die besitzende Schicht — also in erster Linie der grundbesitzende Adel — zwar den Ausbau des Organisationswesens durch persönlichen Einsatz vorantrieb, darüber hinaus aber wenig Neigung zu direkten Kapitalinvestitionen zeigte. Am meisten kam den Vorstellungen der liberalen Szlachta die von Schulze sorgsam beobachtete Trennung von sozialer und politischer Tätigkeit entgegen. Unter dem staatsfrommen Motto ‚arbeitet und bildet euch' konnten sowohl Kollisionen mit der Staatsgewalt als auch eine unerwünschte Politisierung der eigenen Gesellschaft weitgehend vermieden werden. Politisch war die Arbeit der polnischen Vereine im Gegensatz zu den deutschen Genossenschaften allerdings insofern, als das zugrunde liegende Programm zwar gesellschafts-, aber nicht staatskonform war. Auch eine vollständig sachbezogene Tätigkeit diente dazu, die Kommunikation innerhalb des Polentums zu fördern, und allein die sachlich durchaus zu rechtfertigende, oft sogar unbedingt notwendige Regelung, daß organisationsintern nur die polnische Sprache zu gebrauchen sei, trug erheblich zur Integration der polnischen Bevölkerung bei[28]. In diesem Sinne forderte Ignacy Łyskowski schon bei einer der ersten Gründungen in Westpreußen dazu auf, einen Verein zu schaffen, „welcher unter Betheiligung aller polnischer Stände nicht nur die Hebung der polnischen Landwirtschaft, sondern auch gleich wie der deutsche Nationalverein die Förderung und Wahrung der nationalpolnischen Interessen zum Zwecke habe"[29].

Es wurde schon wiederholt darauf hingewiesen, daß die Phase einer langsamen Objektivierung der Kommunikationsformen dadurch gekennzeichnet war, daß das neu entstehende Organisationssystem im wesentlichen das bestehende Geflecht von Besitz- und Personalbeziehungen der alten Oberschicht überlagerte, deren aktive Kräfte auch in den Vereinen die Führung übernahmen und die Kommunikation auf überlokaler Ebene gewährleisteten. Das Ausmaß der personellen Verzahnung aller wichtigen Institutionen und Tätigkeitsbereiche der ‚organischen Arbeit' soll durch die folgende Zusammenstellung schematisch sichtbar gemacht werden[30]. Die Untersuchung des ‚Towarzystwo Pomocy Naukowej' und der Berufsvereine hat gezeigt, daß diese Entwicklung einerseits aus dem Mangel an qualifizierten Führungskräften resultierte, andererseits aber auch das Ergebnis einer gezielten Politik war. Das wird in den folgenden Abschnitten noch einmal deutlich werden.

---

27 Zur politischen Bedeutung von Schulze-Delitzsch's Genossenschaftssystem und dessen Einschätzung durch den Gründer selbst s. bes. *Conze,* Möglichkeiten und Grenzen. Vgl. außerdem *Faust,* Genossenschaftsbewegung, S. 173 ff.

28 Dazu bes. unten S. 154 ff.

29 Bericht des Magistrats von Strasburg an den Landrat vom 13. 9. 1861 über die konstituierende Versammlung des poln. landwirtschaftlichen Vereins. — Rep. A 205 Nr. 155 Bl. 210.

30 Die auf eigenen Recherchen beruhende Zusammenstellung ist zwar unvollständig, weil über die Mitgliederverhältnisse vieler kleiner Vereine überhaupt keine Nachrichten vorhanden sind, sie hat aber gerade die einflußreichen und überregionalen Institutionen ziemlich vollständig erfaßt. Die hier sichtbar werdenden Grundzüge könnten durch eine detailliertere Aufstellung, die z. B. die Kreisvereine der ‚Liga Polska' und des TPN berücksichtigte, sogar noch schärfer herausgearbeitet werden.

Organisationen und Institutionen im Rahmen der ‚organischen Arbeit‘ [30]

Organisation	Initiatoren und Mitglieder	
Provinzialrat der Liga Polska (1849/50)	Vorsitzender:	Stan. Radkiewicz
	Sekretär:	I. Łyskowski
	Mitglieder:	Stan. Kalkstein/Klonowken, Mazowiecki, Ostaszewski, A. Pomieczyński, Rybiński, L. Ślaski, St. Tokarski, Zagórowski, Zieliński.
Towarzystwo Pomocy Naukowej (1849 ff.)	Präsident:	K. Kalkstein/Pluskowens (seit 1862 T. Donimirski)
	Vertreter:	Antoni Knast
	Sekretär:	W. Kleszczyński (seit 1852 L. Ślaski)
	Direktorium:	St. Kalkstein, A. Prądzyński, T. Donimirski, T. Czapski, Dekan Samplawski, Pfarrer Machorski.
Sejmiki Gospodarskie (1867 ff.)	Begründet durch I. Łyskowski, T. Donimirski, L. Ślaski, H. Jackowski. Jährliche Organisation durch T. Donimirski.	
Towarzystwo Moralnych Interesów (1869 ff.)	Mitglieder des Gründungskomitees sind: T. Donimirski (Präsident), L. Czarliński, Danielewski, H. Jackowski, M. Jackowski (Posen), Ilowiecki, Moszczyński (Posen), I. Łyskowski, Radkiewicz, Kosiński (Posen), L. Ślaski, Dr. Szyman.	
Landwirtschaftliche Vereine in	Gegründet durch *	
Strasburg	I. Łyskowski	
Berent	Pfarrer Marański	
Briesen (Krs. Schwetz)	Stan. Radkiewicz	
Pehsken	Julian Kraziewicz	
Pr. Stargard	H. Jackowski	
Briesen (Krs. Culm)	L. Ślaski	
Pestlin	T. Donimirski, T. Łyskowski	
Lubiewo	Stan. Radkiewicz	
Sullenczyn	Pfarrer Marański	
Oxhöft	Pfarrer Baczkowski und Mühl	
Genossenschaften und gewerbliche Vereine in	Gegründet durch *	
Strasburg	M. Łyskowski	
Gollub	M. Łyskowski	
Mewe	Julian Kraziewicz	
Löbau	Dr. Rzepnikowski	
Oxhöft	Pfarrer Mühl	
Pr. Stargard	H. Jackowski	
Abgeordnete in der preußischen Zweiten Kammer (1849—73)	Dekan Bartoszkiewicz, Pfarrer Bieschky, Bolewski, E. Czarliński, R. Czarliński, Dekowski, H. Jackowski, Jackowski/Bielitz, Dekan Klingenberg, Kliński, Łaszewski, M. Łyskowski, I. Łyskowski, Pfarrer Marański, Olszewski, Pokrzywnicki, Rybiński, Pfarrer Skiba, Sulerzyski, St. Tokarski, Wagner.	

Organisation	Initiatoren und Mitglieder	
Abgeordnete im Reichstag (bis 1881)	E. Czarliński, L. Czarliński, Dekowski, A. Donimirski, Z. Działowski, H. Jackowski, A. Kalkstein, M. Kalkstein, Kossowski, I. Łyskowski, Parczewski, St. Radkiewicz, Rybiński, Sczaniecki, A. Sierakowski, L. Ślaski.	
Zentral-Wahlkomitee für Westpreußen (1862)	Stan. Radkiewicz, L. Ślaski, I. Łyskowski, H. Jackowski, T. Donimirski, St. Tokarski.	
Pressewesen **		
Szkółka Narodowa (Szkoła Narodowa)	Verleger:	J. Gółkowski
	Redakteure:	A. Knast, Bartoszkiewicz.
	Mitarbeiter:	v. a. I. Łyskowski, J. Prejs.
Nadwiślanin	Verleger:	J. Gółkowski
	Redakteure:	I. Łyskowski, J. Gółkowski, Chociszewski, Danielewski.
Przyjaciel Ludu	Verleger:	J. Gółkowski
	Redakteure:	Gawrzyjelski, Danielewski, Chociszewski.
Piast	Redakteur:	Chociszewski
	Mitarbeiter:	v. a. Kraziewicz, I. Łyskowski, Owsiński.
Gazeta Toruńska	Redakteure:	Rakowicz, W. Łebiński, Danielewski.
	Mitarbeiter:	v. a. Kraszewski, Lenartowicz, Winkler-Kętrzyński.

* Bis auf wenige Ausnahmen waren die Gründer auch Vorsitzende oder Vorstandsmitglieder der Vereine.

** Diese Angaben sind sowohl hinsichtlich der in dieser Zeit erscheinenden Blätter als auch der beschäftigten Mitarbeiter unvollständig. Daß mit der Aufstellung jedoch die einflußreichsten Zeitungen und die wichtigsten Personen erfaßt sind, bestätigt auch Cieślak: „In Culm konzentrierte sich eine Gruppe von Männern, die bis in die neunziger Jahre des 19. Jahrhunderts die Physiognomie der polnischen Presse in Westpreußen prägten. Das waren Ignacy Łyskowski, Józef Chociszewski und Ignacy Danielewski." — *Cieślak,* Z dziejów prasy polskiej, S. 60.

Die Reichsgründung, für die gesamte Arbeit als abgrenzendes Ereignis gewählt, stellt in der Entwicklung des polnischen Vereins- und Genossenschaftswesens keinen besonders tiefgehenden Einschnitt dar, wenn sich die veränderten Bedingungen, mit denen das Polentum jetzt konfrontiert wurde, auch in diesem Bereich auswirkten. Andererseits berechtigten Erscheinungen, die in erster Linie aus den besonderen Entwicklungsbedingungen des polnischen Organisationswesens resultierten, Anfang der siebziger Jahre das Ende der ersten Entwicklungsphase zu markieren. Im Zeichen eines kräftigen Enthusiasmus und hochgespannter Erwartungen war das erste Jahrzehnt die Zeit zahlreicher Gründungen gewesen. Schnell machten sich jedoch Mängel und Schwierigkeiten bemerkbar: Ineffektivität der landwirtschaftlichen Vereine durch Beschränkung auf den theoretischen Bereich, fehlende Kenntnisse auf dem Gebiet der Finanztechnik und der Betriebswirtschaft, mangelhafte oder völlig fehlende Koordination. Außerdem mußte es sich auf die Dauer nachteilig auswirken, daß die Existenz vieler Vereine ausschließlich von der Initiative und Arbeitskraft einer einzelnen Person abhing. Schon im August 1868 wies die ‚Gazeta Toruńska' mit einem pessimistischen Artikel auf die negative Entwicklung des Vereinswesens hin. Die Vorschußvereine hätten sich als äußerst krisenanfällig erwiesen, die Mitglieder

der landwirtschaftlichen Gesellschaften hätten bereits den Mut verloren, weil sie keine greifbaren Erfolge sähen, und eine Reihe von Vereinen werde nur noch künstlich von einzelnen Männern erhalten[31]. 1871/72 wurden von Posen aus zwar die ersten Zentralisationsversuche unternommen, doch hatten diese Maßnahmen aus den oben angedeuteten Gründen zunächst wenig Erfolg. Unzureichende Kenntnisse und mangelnde Erfahrung bei den führenden Leuten selbst sowie der geringe ökonomische Entwicklungsgrad und ein niedriger Bildungsstand bei der polnischen und kaschubischen Bevölkerung bereiteten einer differenzierteren Organisierung vorerst noch große Schwierigkeiten. Hinzu kam, daß durch den beginnenden Kulturkampf beträchtliche Energien absorbiert wurden und die auf den Gründerboom folgenden wirtschaftlichen Erschütterungen auch das polnische Genossenschaftswesen schwer in Mitleidenschaft zogen. Obwohl auch für die siebziger Jahre Neugründungen registriert werden können, vermittelt das Gesamtbild des polnischen Vereins- und Genossenschaftswesens für diese Zeit doch den Eindruck einer allgemeinen Stagnation[32].

IV.3 Möglichkeiten der Integration und der ideologischen Beeinflussung durch das Bildungswesen und Versuche der institutionalisierten Herrschaftssicherung

IV.3,1 Die Entfaltung literarischer Tätigkeit und Bemühungen um die Volksbildung

Für die Bemühungen um eine Vergrößerung und wirtschaftliche Kräftigung der gesellschaftlichen Basis erwies sich das niedrige Bildungsniveau der polnischen und kaschubischen Bevölkerung schnell als ernsthaftes Hindernis. Abgesehen davon, daß dieser Standard in Preußens östlichen Provinzen bei der gesamten Landbevölkerung vergleichsweise tief lag, waren die nichtdeutschen Bevölkerungsgruppen durch die staatliche Sprachenpolitik indirekt besonders benachteiligt[1]. Eine grundsätzliche Neuorientierung war in dieser Hinsicht auch nach 1848 nicht zu erwarten; darauf deutete schon die völlige Ignorierung der Paulskirchendeklaration vom 31. Mai in der preußischen Verfassung hin. Mit dem Aufbau eines Organisationswesens mußten daher Bemühungen um eine Hebung des Bildungsstandes Hand in Hand gehen oder gar verschmolzen werden, wenn Aussicht auf eine erfolgreiche Entwicklung bestehen sollte. Daß die maßgeblichen Gruppen auch die Inhalte dieser Bildung[2] in ihrem Sinne fest-

31 ‚Gazeta Toruńska' vom 23. 8. 1868 (Nr. 195). — Zur analogen Situation im Großherzogtum Posen vgl. *Jakóbczyk*, Studia II, S. 108 ff. und 152.

32 Die Vorsitzenden und Patrone klagten durchweg über schlechte Mitarbeit. Auch die Versammlungen großer Vereine, deren Mitgliederverzeichnisse mehrere hundert Namen enthielten, wurden durchweg von weniger als zwanzig Personen besucht. Oft mußten die Versammlungen wegen fehlender Beteiligung ausfallen. Eine Reihe von Vereinen gab jahrelang überhaupt kein Lebenszeichen von sich. — Hierzu u. a. die Berichte des auf allen Versammlungen anwesenden polizeilichen Beobachters Rex. — Rep. A 207 Nr. 415 ff.

1 Siehe oben S. 47.

2 Das polnische Wort ‚oświata' bedeutet zugleich ‚Aufklärung'. Wenn es im folgenden weiter mit ‚Bildung' übersetzt wird, so muß gegenwärtig sein, daß der Begriff in diesem Zusammenhang ein breites Spektrum von Kenntnissen und Fähigkeiten absteckt, das von

legen würden, liegt auf der Hand. Voraussetzung aller Arbeit auf diesem Sektor war die Existenz eines aktiven Intelligenzkerns, der Initiator und zugleich Träger eines literarischen und publizistischen Betriebes sein konnte. Es wurde schon darauf hingewiesen, daß die Intelligenzbildung im westpreußischen Polentum durch das Fehlen eines kräftig entwickelten Stadtbürgertums gehemmt wurde, zumal die Beamtenstellen durchweg von Deutschen besetzt waren, die zum Teil aus weit entfernten Gebieten der Monarchie stammten.

Die Entwicklung mußte sich daher auf ganz wenige, besonders günstige Punkte konzentrieren. Noch vor der Jahrhundertmitte entwickelte sich die Stadt Culm zu einem derartigen geistigen Zentrum des Polentums. Ihre geographische Lage machte sie zu einem natürlichen Mittelpunkt der südlichen Kreise im Regierungsbezirk Marienwerder. 1837 war das seit langem erwartete katholische Gymnasium eröffnet worden[3]. Obwohl die polnische Sprache anfangs im Unterrichtsbetrieb kaum eine Rolle spielte[4], war der Anteil polnischer Schüler bald erheblich. Der erste Direktor, der aus Paderborn berufene Geistliche Karl Richter, erwies sich als verständnisvoller Anwalt der polnischen Belange. Als er im Oktober 1844 als geistlicher Rat und Professor ans Pelpliner Seminar ging, wurde der erst 36jährige Dr. Wojciech (Adalbert) Łożyński zu seinem Nachfolger bestellt[5]. Łożyński, der sich als Pädagoge und Altphilologe einen Ruf weit über die Grenzen der Provinz hinaus erwarb, war zwar kein fanatischer Nationalist, zeigte sich jedoch als eifriger Pfleger und Förderer der polnischen Sprache und Kultur. Man kann ohne Übertreibung feststellen, daß die Schule unter seiner Leitung zu einem wichtigen Ausstrahlungspunkte polnischen Geisteslebens wurde[6] und daß aus ihr für lange Zeit der weitaus größte Teil des Nachwuchses für die Geistlichkeit und die bürgerlichen Intelligenzberufe der Provinz hervorging[7].

---

der Fähigkeit des Lesens und Schreibens über Elementarkenntnisse der nationalen Tradition bis zu handwerklichen Fertigkeiten und einer gesteigerten Orientierungsfähigkeit im sozialen und wirtschaftlichen Prozeß reicht.

3 Rep. A 181 Nr. 4784 passim.
Vgl. auch oben S. 50 f. Reichhaltiges Faktenmaterial bietet *Łożyński*, Geschichte des Gymnasiums zu Culm. Von neueren Arbeiten ist u. a. heranzuziehen *Osmólska-Piskorska*, Pomorskie Towarzystwo, S. 35 ff. und S. 62 ff. und von ders. Verf. die in Anm. 5 genannte Arbeit.

4 Seit Michaelis 1840 war die polnische Sprache in den 3 Oberklassen mit jeweils 2 Wochenstunden Unterrichtsgegenstand. Seit Ostern 1849 galt diese Regelung auch für die 3 Unterklassen. *Łożyński*, S. 43 f.

5 *Osmólska-Piskorska*, Łożyński (Fragmenty biograficzne). Vgl. auch den biographischen Anhang.

6 Die Behauptung, das Gymnasium habe „den Knoten in der Nationalitätenfrage" geschürzt, geht indes am Kern des Problems völlig vorbei und ignoriert die Ursachen der Nationalitätenauseinandersetzung. — *Hoffmann*, S. 91.
Die Art und Weise, in der einige deutsche Darstellungen die Tatsache zu verarbeiten suchen, daß sich auch die Polen der Provinz ein geistiges Zentrum schufen, obwohl sie nach der Theorie v. Schöns dazu gar nicht in der Lage waren, macht deutlich, wie sich bis in die neueste Zeit hinein die Animositäten der Nationalitätenauseinandersetzung auch in der historischen Literatur niedergeschlagen haben. Vgl. etwa *Hahn*, Sprachenpolitik, S. 6 ff.; *Laubert*, Westpreußen im 19. Jahrhundert, S. 137 ff.; *Hoffmann*, S. 114.

7 Vgl. den Auszug aus der Abiturientenliste des Gymnasiums bis 1862 im Anhang B, Tabelle IX. — Bis 1862 legten insgesamt 335 Schüler das Abitur ab. Davon waren

Von preußischer Seite wurde die Anstalt stets argwöhnisch beobachtet, da sich schon 1846 herausgestellt hatte, daß Culmer Gymnasiasten an den Aufruhrvorbereitungen des ‚Towarzystwo Demokratyczne‘ beteiligt gewesen waren [8] und wahrscheinlich einer geheimen Schülerverbindung angehört hatten. Diese vermutlich schon vor 1840 nach Posener Vorbild entstandene Verbindung, deren ideelles Leitbild Mickiewicz und die Wilnaer Filomaten waren, lieferte im Laufe der Jahre das organisatorische Muster für eine Reihe weiterer ‚Filomaten‘-Zirkel in Conitz, Neustadt, Thorn, Stargard und Strasburg [9]. Wenn auch am Januar-Aufstand wieder eine Reihe Culmer und Conitzer Gymnasiasten beteiligt waren, so hatten die Filomaten doch kein eigentlich konspiratives Programm. Ihr Hauptziel, nationale Erziehung durch Vervollkommnung der Muttersprache, Vermittlung von Kenntnissen in polnischer Literatur, Geschichte und Geographie, sollte in wöchentlichen Unterrichtsstunden, die z. T. sogar mit abschließenden Examina verbunden waren, verwirklicht werden. Selbstverständlich geschah das alles außerhalb des Schulbereiches, denn Łożyński hätte schon aus Selbsterhaltungstrieb gegen jede geheime Verbindung vorgehen müssen, wenn er auf irgendeine Weise Kenntnis davon erhalten hätte. Tatsächlich hat er sich und das Gymnasium wiederholt gegen Anschuldigung der Mitwisserschaft und Begünstigung verteidigen müssen [10]; wenn es ihm stets gelang, einen derartigen Verdacht abzuwehren, so dürfte das eine Bestätigung dafür sein, daß er sich wirklich um eine loyale Haltung dem Staat gegenüber bemühte und daß die Schüler seine Einstellung respektierten. Die Wirkung der filomatischen Arbeit ist naturgemäß quantitativ nicht zu messen; ihr Beitrag zur nationalpolnischen Erziehung und Bewußtseinsbildung muß indes verhältnismäßig hoch veranschlagt werden, denn ein großer Teil der nationalpolitisch aktiven Polen Westpreußens hat während seiner Schulzeit diesen Zirkeln angehört.

Das Jahr 1848 brachte weitere Möglichkeiten und Anstöße. Culm wurde Sitz des neugegründeten ‚Towarzystwo Pomocy Naukowej‘ und durch die Tagungen des Provinzialrates zum Mittelpunkt der ‚Liga Polska‘ in Westpreußen. Die Eröffnung der ersten polnischen Druckerei durch Józef Gółkowski und das Erscheinen der ‚Szkółka Narodowa‘ unter der Chefredaktion des Priesterlicentiaten und Religionslehrers am Culmer Gymnasium, Antoni Knast, eröffneten die Ära des polnischen Pressewesens in der Provinz.

---

165 deutscher und 170 polnischer Abkunft. Der Konfession nach waren 241 katholisch, 81 evangelisch und 13 jüdisch. 155 dieser Abiturienten wollten sich der katholischen Theologie widmen. — *Łożyński*, S. 48 ff.

8 Anklageschrift 1847.

9 Da die Gesellschaften geheim waren und keine Protokolle und Mitgliederlisten führten, liegen die Anfänge ihrer Geschichte weitgehend im Dunkeln; detailliertere Nachrichten existieren erst für die Zeit nach 1890. — *Karnowski*, Filomaci Pomorscy, Bd. 1; *ders.*, Filomaci pomorscy a idea; *Szostek*, Zarys działalności organizacji filomackich; *Kamiński*, S. 250—252.

10 *Osmólska-Piskorska*, Łożyński, S. 108 ff. — Anläßlich eines Artikels im Graudenzer ‚Geselligen‘ (Nr. 111/1861), der den Lehrern des Gymnasiums vorwarf, sie erlaubten den polnischen Schülern, an Abendandachten teilzunehmen, die zu politischen Demonstrationen mißbraucht würden, schrieb Łożyński an den Provinzialschulrat, es sei eine Verleumdung, „wie sie so häufig auf uns gehäuft wird“. Man wisse nicht recht, „wie man sich dagegen schützen soll. Unser Wirken ist ein sehr erschwertes hier.“ — Brief vom 23. 9. 61, Rep 2 Tit. 30 Nr. 30 Vol. 11 Bl. 337 f.

In enger Verbindung zur Journalistik setzte gleichzeitig eine literarische Produktion ein, die zum ersten Mal den Rahmen religiös-moralischer Erbauungs- und Belehrungsschriften sprengte[11]. Neben Mitarbeitern der ‚Szkółka Narodowa' wie Julian Prejs, Antoni Knast und Jan Bartoszkiewicz trat der 28jährige Ignacy Łyskowski nicht nur als Vertreter des westpreußischen Polentums bei der Deutschen Nationalversammlung, sondern auch als Schriftsteller in das Licht einer breiteren Öffentlichkeit. Łyskowskis literarische Tätigkeit ist ebenso weitgefaßt wie seine gesellschaftspolitische Aktivität. Außer zahlreichen politischen Artikeln und Gedichten in der ‚Szkółka' versuchte er in der 1848 herausgegebenen Schrift ‚Słowa Prawdy' [Worte der Wahrheit] zum ersten Mal, den Gedanken der allgemeinen Solidarität als Grundlage einer gesellschaftspolitischen Arbeit zu formulieren[12]. Entsprechend seiner Überzeugung, daß die Landwirtschaft die Basis der eigenen nationalen Existenz sei, lag das Schwergewicht seiner Tätigkeit auf diesem Gebiet. Seit 1847 veröffentlichte Łyskowski zahlreiche instruierende und belehrende Artikel und Broschüren über Ackerbau, Viehzucht und andere Bereiche der Agrikultur. Sein 1852 zum ersten Mal aufgelegter ‚Gospodarz' [Der Landwirt], eine Synthese von bis dahin in der gleichnamigen Culmer Zeitschrift erschienenen Artikeln, erlebte bis 1878 vier weitere Auflagen.

Die polnischen Publizisten stellten sich in Stil und Darstellungsweise von Anfang an auf die Landbevölkerung als potentiellen Leserkreis ein. Damit war freilich längst nicht gewährleistet, daß diese Schichten tatsächlich erreicht wurden. Selbst wenn man davon absieht, daß sie immer noch einen beträchtlichen Anteil Analphabeten enthielten, konnte nicht damit gerechnet werden, daß diese Menschen, denen es z. T. nicht möglich war, die elementarsten materiellen Bedürfnisse zu befriedigen, Bücher oder auch nur Zeitschriften kauften. Die ‚Liga Polska' mit ihrem dichten Netz von Kreis- und Ortsvereinen bot eine erste Möglichkeit, diesen Schwierigkeiten zu begegnen, indem die Vereinssitzungen zum Vorlesen polnischer Zeitungen genutzt werden konnten. Der Gedanke lag nahe, für die Leseversammlungen einen kleinen Bücher- und Zeitschriftenbestand zu schaffen[13]. Die ‚Szkółka Narodowa' stellte solche Volksbibliotheken

---

11 Das polnischsprachige religiöse Schrifttum war schon vor 1848 wiederbelebt worden. Von den Culmer Editionen sind besonders die Werke des Professors am geistlichen Seminar in Pelplin, Jan Kanty Dąbrowski (1791—1855), und des Pfarrers Adam Pokojski (gest. 1849) hervorzuheben. In Strasburg publizierte vor allem der dortige Dekan Mateusz Osmański (1796—1857) eine Fülle derartiger Schriften. *Mańkowski,* Dzieje drukarstwa, RTNT Bd. 13, S. 260 ff., Bd. 14, S. 49 ff.

12 Ebd., Bd. 13, S. 268 ff.; Pomorze Gdańskie, Wstęp, S. XCVI ff.
Im selben Jahr verfaßte *Łyskowski* für das preußische Abgeordnetenhaus die „Beiträge zur Beleuchtung der Gleichberechtigungsfrage der polnischen Sprache in Westpreußen", die 1872 noch einmal in erweiterter Auflage herauskamen. 1849 folgte ein „Büchlein für das polnische Volk, enthaltend verschiedene Dinge zur Belehrung und Belustigung", das mit Gedichten, Erzählungen und Lebensläufen berühmter Polen beim einfachen Leser das nationale Gefühl wecken wollte. 1854 schließlich veröffentlichte er die Sammlung „Lieder und Sprichwörter des polnischen Volkes in Westpreußen"; im Vorwort sprach er die Hoffnung aus, die Lieder damit wiederbeleben und dem Volke zurückgeben zu können. Zur Bibliographie der Arbeiten Łyskowskis vgl. auch *Estreicher,* Bibliografia Polska, T. III, 1876.

13 Auch derartige Pläne waren durch die Aufhebung der Zensur realisierbar geworden. Noch im Oktober 1846 hatte der Innenminister den Oberpräsidenten von Bötticher darauf

im Oktober 1848 zur Diskussion. Da vom offiziellen Schulwesen nicht zu erwarten sei, daß es in absehbarer Zeit dazu beitragen werde, die polnische Bevölkerung auf einen höheren moralischen und materiellen Stand zu bringen, seien derartige Einrichtungen auf Kreisebene dringend erforderlich. „Ohne solche Gesellschaften ist es ganz und gar unmöglich, Bildung (oświata) ins einfache Volk zu tragen, das den größten Teil der Bevölkerung unserer Provinz ausmacht“ [14]. Ein halbes Jahr später rief Ignacy Łyskowski dazu auf, die innere Arbeit durch Bildung von ‚Parafialbibliotheken‘ voranzutreiben; er wollte in möglichst vielen Kirchspielen der Provinz kleine Büchereien einrichten. Zur Erleichterung der Finanzierung schlug er für den Anfang vor, die Kreisligen sollten bei polnischen Druckereien bestimmte Schriften nachdrucken lassen und direkt beziehen [15]. Tatsächlich gelang es ihm selbst, im Strasburger Kreis innerhalb kurzer Zeit rund 30 derartige Einrichtungen zu schaffen [16]. Darüber hinaus wurde das Projekt jedoch nicht realisiert, obwohl sich der Anfang Mai tagende Provinzialrat der Liga Łyskowskis Vorschläge weitgehend zu eigen machte [17].

Diese Entwicklung ist nicht nur auf fehlende finanzielle Mittel zurückzuführen. Die Konzeption Łyskowskis und des Provinzialrates, die ja durchaus dem Programm der Liga und den darin gesetzten Prioritäten angepaßt war, fand nämlich durchaus keine ungeteilte Zustimmung. Im Juli 1849 kritisierte der Lehrer und Literat Stanisław Schmidt in der ‚Szkoła Narodowa‘ den Plan der ‚Parafialbibliotheken‘. Die Masse der arbeitenden Bevölkerung habe wochentags keine Zeit zu lesen. Für die Sonntage genüge bei dem allgemein niedrigen Bildungsstande vorläufig das Vorlesen polnischer Zeitschriften. Um aber die Ansprüche interessierter Arbeiter in den Wintermonaten zu befriedigen, reiche jeweils e i n e Kreisbibliothek aus, wobei selbst diese vorerst wahrscheinlich den schon gebildeteren Lesern von größerem Nutzen sein würde. Vor allem wandte Schmidt sich gegen den Plan, solche Büchereien mit Ligamitteln zu finanzieren, da sich das Volk von seinen Beitragsopfern sicher etwas anderes als Bücher erhofft habe; dafür müßten diejenigen aufkommen, die Nutzen daraus zögen. Die Mittel der Liga sollten besser zur Stützung des Handwerks herangezogen werden [18]. Die Kontroverse ist in der Öffentlichkeit nicht fortgesetzt worden, zumal durch die Auflösung der Liga und die einsetzende Reaktion in Preußen alle Bewegung ins Stocken geriet.

---

hingewiesen, daß nach einer KO von 1840 die Einrichtung von Leihbibliotheken auf dem platten Lande unzulässig sei, weil man sie nicht gehörig beaufsichtigen könne; auch sei ein Bedürfnis dafür nicht anzuerkennen, sondern es sei vielmehr zu besorgen, „es werde dadurch ein schädlicher Einfluß auf die untern Stände ausgeübt“. — Schreiben vom 31. 10. 46 — Rep. A 180 Nr. 13 161.

14 Szkółka Narodowa Nr. 15/1848.

15 Szkoła Narodowa, Nr. 4/1849. — Die Bezeichnung ‚Parafialbibliothek‘ (biblioteka parafialna) bezieht sich auf den polnischen Terminus ‚parafia‘ = Kirchspiel, Parochie.

16 *Mańkowski,* Czytelnictwo, S. 1. Näheres ist über die Bibliotheken allerdings nicht bekannt; man kann indes mit Sicherheit annehmen, daß sie durchweg nur einen kleinen Buchbestand hatten. Auch in den 60er und 70er Jahren gehörten Büchereien mit mehr als 200 Bänden noch zu den Ausnahmen.

17 Neben den weitergepflegten Lesevereinen entstanden Ende 1849 nur noch zwei Kreisbibliotheken in Culm und Groß Klintsch (für die Kreise Berent und Carthaus), von denen die zweite bald der Conitzer Gymnasialbibliothek eingegliedert wurde. — Ebd., S. 2.

18 Szkoła Narodowa Nr. 16/1849.

Trotzdem ist Schmidts Beitrag bemerkenswert als ein frühes Votum derjenigen Kräfte im westpreußischen Polentum, die eine stärker an den Bedürfnissen des unteren Mittelstandes orientierte gesellschaftspolitische Arbeit wünschten. Man kann Łyskowski nicht ohne weiteres unterstellen, er habe diesen Aufgabenbereich bewußt vernachlässigt. Seine Überzeugung von der Wirksamkeit literarischer Mittel entsprang eher einem aufklärerischen Optimismus, der glaubte, mit diesem Instrument das Übel an der Wurzel bekämpfen zu können, und sich dessen relativer Bedeutung nicht bewußt war. Immerhin dürfte diese Haltung, die repräsentativ für den größten Teil der nationalpolnisch gesinnten Szlachta war, mit dazu beigetragen haben, daß die ‚organische Arbeit' im Bereich des Organisationswesens immer wieder zu stagnieren drohte.

Die preußische Reaktion strebte zwar in erster Linie nach Eindämmung und Liquidierung der bürgerlichen Revolution, zielte in den östlichen Provinzen mit ihren Maßnahmen jedoch zugleich auf die polnisch-nationale Bewegung. Die ‚Liga Polska' wurde durch das Vereinsgesetz vom 11. März 1850 zerschlagen. Mit ihren Ortsvereinen gingen nicht nur die zahlreichen Lesezirkel ein, sondern es verschwanden auch die eng an sie angeschlossenen Volksbibliotheken [19]. Von den Zeitungen überlebten in der Provinz Posen nur die amtliche ‚Gazeta Poznańska' und der ultramontane ‚Przegląd Poznański' [20]; in Westpreußen mußten die wenigen polnischsprachigen Blätter ihr Erscheinen einstellen, da sie finanziell zu schwach waren, um den Kautionsforderungen des neuen Pressegesetzes genügen zu können, und die ‚Szkoła Narodowa' durch ihren bisherigen Kurs zudem stark belastet war. An ihre Stelle trat jedoch wenige Monate später der von Ignacy Łyskowski herausgegebene und redigierte ‚Nadwiślanin', der mit Geschick die Reaktionszeit überstand und wesentlichen Anteil daran hatte, daß die im Völkerfrühling inaugurierte gesellschaftliche und nationalpolitische Entwicklung des westpreußischen Polentums kontinuierlich in den neuen Aufschwung der 60er Jahre überging [21]. Obwohl das Blatt sich als ‚Zeitschrift zur Belehrung und Unterhaltung' tarnte und anfangs tatsächlich Themen der allgemeinen Bildung und religiöse Fragen im Vordergrund standen, wurde es in zunehmendem Maße für den Nationalitätenkampf eingesetzt. Die Behörden waren von vornherein argwöhnisch und lehnten den Antrag Łyskowskis auf ein Postdebit ab, „da in der Person des p. von Łyskowski ... keine Gewähr dafür gefunden werden kann, daß das von ihm herausgegebene Blatt stets nur die angegebene Tendenz verfolgen werde" [22]. Die nationale Idee wurde in der ersten Phase vor allem durch das Medium der polnischen Geschichte und Litera-

19 In Posen gelang es, eine Reihe der ‚Parafialbibliotheken' am Leben zu erhalten, indem sie von den Geistlichen weiterverwaltet wurden. Außerdem förderte Erzbischof Przyłuski das Bildungswesen über die St. Vinzenz- und St. Pauls-Vereine. — *Jakóbczyk*, Studia II, S. 35 ff.

20 *Buzek*, S. 112; *Jakóbczyk*, Studia I, S. 174 f.

21 ‚Nadwiślanin' kann mit ‚der Mensch an der Weichsel' oder der ‚Weichselbewohner' übersetzt werden.
Die Darstellung des Pressewesens stützt sich weiterhin v. a. auf *Cieślak*, Z dziejów prasy, S. 47 ff. Vgl. aber auch den biograph. Anhang, vor allem unter Chociszewski, Danielewski, Gółkowski, Łebiński, Ign. Łyskowski.

22 Der Regierungspräsident von Marienwerder, Graf Eulenburg, am 12. 10. 1850 an Oberpräsident Eichmann. — Rep. 2 Tit. 39 Nr. 38 Vol. 1 Bl. 38.

tur vermittelt; gegen Ende der Reaktionsperiode nahm das Engagement in tagespolitischen Auseinandersetzungen ständig zu. In Posen belebte sich die Palette des polnischen Pressewesens 1859 durch das Erscheinen des ‚Dziennik Poznański', der bald auch stark nach Westpreußen ausstrahlte. Vom ‚Nadwiślanin' als „das wahre Organ des Polentums dieses Landesteiles" begrüßt, vertrat die Zeitung ebenso wie jene die Partei der ‚organischen Arbeit'[23]. Da es sich herausgestellt hatte, daß der ‚Nadwiślanin' dem geistigen Entwicklungsgrad der unteren Bevölkerungsschichten nicht ganz angemessen war, wurde Ende 1860 mit dem ‚Przyjaciel Ludu' [Der Volksfreund], der zuerst als Beiblatt des ‚Nadwiślanin', dann aber eigenständig erschien, ein neuer Vorstoß unternommen. „Schon lange sahen wir dem Erscheinen eines Volksblattes mit Sehnsucht entgegen, da es unmöglich ist, den gemeinen Mann zum Lesen des Nadwiślanin zu bewegen. Ich habe denselben hier und da verteilt, aber immer waren Erklärungen nötig ..."[24]. Im Vordergrund standen zwar kirchlich-religiöse Angelegenheiten, doch versuchte das Blatt auch, seine Leser in einer sehr einfachen, bildhaften Sprache mit politischen Problemen vertraut zu machen. Es berichtete besonders ausführlich über die Arbeit der polnischen Abgeordneten in Berlin, wobei solche Darstellungen gewöhnlich noch geschickt mit historischen Reminiszenzen verknüpft wurden, die eine idealisierte, von der geschichtlichen Wirklichkeit der Adelsrepublik weit entfernte Vergangenheit beschworen[25].

Bedeutung und Einfluß der Presse wurden von polnischer Seite hoch veranschlagt: „... es ist nötig, daß wir eine bestimmte Meinung schaffen und der nationalen Arbeit eine Richtung geben, wozu das Zeitungswesen (dziennikarstwo) am meisten beitragen kann"[26]. Unter den Journalisten bemühte sich Józef Chociszewski besonders intensiv um die unteren Bevölkerungsschichten; mit einer Zeitschrift für Kinder (Przyjaciel Dzieci — Kinderfreund) versuchte er, schon im frühen Stadium das Bewußtsein nationaler Eigenart zu wecken. Im Vergleich mit dem oben (S. 109 f.) zitierten Teodor Donimirski tragen Chociszewskis Bemühungen um das Volk (lud) stets einen impulsiven Charakter. Wie bei den anderen Vertretern der freien Intelligenz ist seine Tätigkeit in erster Linie durch die Sorge um die materielle Situation jener Schichten und die allen drohende Entnationalisierung motiviert[27]. Für den Exponenten der adlig-klerikalen Partei dagegen war die nationalpolitische Arbeit stets mit der gesellschafts-

---

23 Nadwiślanin Nr. 19/1859. *Szmańda*, S. 178 ff.

24 Nadwiślanin Nr. 11/1860. — Der ‚Przyjaciel Ludu' erschien 1860 wöchentlich in Culm, danach in Posen. — *Cieślak*, Z dziejów prasy, S. 59 f.

25 So wurde etwa in einem Artikel über das preußische Steuersystem das jährliche Steueraufkommen durch einen meilenlangen, mit Geld beladenen Wagenzug verdeutlicht. Daran schloß der Verfasser die Bemerkung „Zu polnischen Zeiten betrug die größte Steuer nicht den zwölften Teil der heutigen. Es kamen damals auf jede Seele kaum 17½ Sgr. und das bezahlten nur die Herren. Ja ja, die Zeiten ändern sich, aber nicht zum Bessern!" — Przyjaciel Ludu Nr. 4/1861.

26 Teodor Donimirski an Kraszewski, Brief vom 5. 10. 1865, Bibliot. Jagiell. MS 6497.

27 Das Volk „kann nicht bitten, aber es versucht die Bildung wie es ein Getränk versucht. Hier an der Ostsee, wo es in der Grenzlage dem Druck des Deutschtums (niemczyzna) besonders stark ausgesetzt ist, erwacht das Volk auch am nachhaltigsten, wenn es mit der Bildung in Berührung kommt ...". — Józef Chociszewski an Kraszewski, Brief vom 1. 1. 1867 — Bibliot. Jagiell. MS 6491.

politischen Zielsetzung verknüpft. Er rechnete zwar mit der Möglichkeit nationaler Bewußtseinsbildung durch die Presse, in erster Linie hatte der Journalist für ihn jedoch die Aufgabe, mit der Feder scharf gegen jedes Übel in der polnischen Gesellschaft vorzugehen [28]. Diese Position wurde durch die spezifischen Verhältnisse und die Organisation des polnischen Pressewesens noch begünstigt. Die Auflagehöhen selbst der bedeutenden Blätter waren auch für damalige Verhältnisse niedrig, so daß an Rentabilität nie gedacht werden konnte und die in der Regel mittellosen Verleger und Redakteure auf vermögende Geldgeber angewiesen blieben [29]. Damit entfiel weitgehend die Notwendigkeit, sich an besonderen Wünschen breiterer Leserkreise zu orientieren. Die Wirkung der Zeitungen wurde dagegen durch ein besonderes Verteilersystem, das den Prinzipien der Volksbildungseinrichtungen entsprach, beträchtlich potenziert: „... die Pfarrer und Pröbste borgen sie von den Lehrern, ganze Städte leben von einem Exemplar" [30]. Die Landbevölkerung — und zwar gerade auch die Schichten unterhalb der selbständigen Bauern — wurde vor allem dadurch erreicht, daß die Gutsbesitzer ihre Exemplare an Einlieger und Kätner weitergaben oder sie dem Gesinde vorlesen ließen. „Fast auf allen Gütern wird täglich den Leuten das in polnischer Sprache erscheinende Volksblatt ‚Der Volksfreund' vorgelesen und im Sinne der Partei erklärt ..." [31].

Daß die polnische Presse in den sechziger Jahren tatsächlich schon einen beachtlichen Einfluß ausübte, kann am sichersten anhand von Ausnahmesituationen wie dem Januaraufstand registriert werden, wo sich ihre Wirkung deutlich und schnell manifestierte [32]. Ein anderer Effekt der publizistischen Tätigkeit in Westpreußen, der in direkter Rückwirkung wieder zu ihrer Weiterentwicklung beitrug, war die Verstär-

---

28 Teodor Donimirski an Kraszewski, Brief vom 2. 10. 1869 — ähnlich im Brief vom 31. 5. 1865. — Bibliot. Jagiell. MS 6497.

29 Der ‚Nadwiślanin' nannte 1862 folgende Abonnentenzahlen für den ‚Przyjaciel Ludu': Provinz Posen insgesamt 234; Culmsee 19, Kaschubei 26, Pelplin 26, Stargard 19, Strasburg 30, Löbau 19, Tuchel 23, Thorn 19, Neustadt und Schwetz jeweils 2. — Nadwiślanin Nr. 126/1862.
Konieczny, S. 101.
Chociszewski beklagte es als ein Zeichen politischer Unreife und Gleichgültigkeit, daß er für seinen ‚Przyjaciel Dzieci' in Posen und Westpreußen insgesamt nur 290 Abonnenten finden konnte. — Brief an Kraszewski vom 3. Juli 1870. — Bibliot. Jagiell. MS 6491. Über die Eigentumsverhältnisse im Pressewesen siehe oben S. 110.

30 Rakowicz an Kraszewski, Brief vom 2. 7. 1868, zitiert nach *Konieczny,* S. 101.

31 Der Strasburger Landrat an Oberpräsident Eichmann, Schreiben vom 19. 3. 1861. — Rep. A 205 Nr. 155 Bl. 148 f.
Ähnlich äußerte sich der Posener Polizeipräsident v. Bärensprung in einem Bericht an Oberpräsident Eichmann vom 26. 2. 1867: Der ‚Przyjaciel Ludu' werde von den Gutsbesitzern für die immer zahlreicher werdenden Volksbibliotheken abonniert und auf Versammlungen von Geistlichen und Lehrern vorgelesen. Neuerdings habe man sogar den Vorschlag gemacht, die Gutsbesitzer sollten bei der Verpachtung ihrer Krüge die Auslage des Blattes zur Bedingung machen. — Rep. 2 Tit. 39 Nr. 38 Vol. 2 Bl. 425 f.
J. I. Kraszewski stellte 1869 die Arbeit auf dem Volksbildungssektor in Westpreußen als vorbildlich hin: „Für die Volksbildung wird hier im allgemeinen mehr getan als im Posenschen, besonders durch die kleinen periodischen Schriften für die Bauern ...". — Zitiert nach Historia Polski, II,1, S. 252 f.

32 Dazu unten S. 173.

kung der einheimisch-polnischen Intelligenz durch Zuzüge von auswärts. 1855 ließ sich Ignacy Danielewski, der zuvor Lehrer in Tremessen und Bromberg gewesen war, in Culm nieder; seit 1862 wirkte auch Józef Chociszewski, der bis zu seiner Ausweisung durch die österreichischen Behörden die ‚Gwiazda Cieszyńska' [Teschener Stern] redigiert hatte, in Westpreußen[33].

In der zweiten Hälfte der sechziger Jahre verlor Culm seine Sonderstellung als Zentrum des westpreußischen Polentums. Im Norden gewann der Bischofssitz Pelplin, der an die 1852 eröffnete Eisenbahnlinie Bromberg—Danzig angeschlossen wurde, ständig an Bedeutung; denn wenn die Gruppe der polnisch gesinnten Kleriker an der Curie auch relativ klein war, so hatte sie doch bei entsprechender Aktivität erhebliche Einflußmöglichkeiten[34]. Seit dem 1. Januar 1869 gab der Priester Szczepan Keller dort den ‚Pilgrzym' [Der Pilger] heraus, eine von Geistlichen redigierte, eng an die Kirche angelehnte Zeitschrift, die ihren Lesern außerdem noch eine Reihe ebenfalls polnischsprachiger Beiblätter offerierte[35]. Wichtiger war indes die Schwerpunktverlagerung im Süden von Culm nach Thorn. Der Festungsstadt wurde als Bollwerk gegen das Zarenreich und zugleich gegen das Polentum im eigenen Staate von preußischer Seite erhebliche Bedeutung beigemessen. Während Culm abseits der großen Verkehrswege blieb, wuchsen Thorns wirtschaftliche Expansionsmöglichkeiten in den sechziger Jahren durch Anschluß an das Ostbahnsystem. Die Polen trugen der veränderten Situation Rechnung. 1866 gründeten sie die Kreditbank ‚Donimirski, Kalkstein, Łyskowski & Co.' in Thorn; im Januar 1867 fand dort der erste ‚Sejmik Gospodarski' statt, und im selben Monat erschien die erste Nummer einer neuen polnischen Zeitung, der ‚Gazeta Toruńska'. Der Culmer ‚Nadwiślanin' hatte mit Jahresende 1866 sein Erscheinen eingestellt. In den letzten Nummern hatte die Redaktion die bevorstehende Veränderung mit dem Hinweis auf die günstigeren wirtschaftlichen Bedingungen und die besseren Kommunikationsmöglichkeiten Thorns begründet und die ‚Gazeta Toruńska' bereits als Nachfolgerin angekündigt[36].

Die neue Zeitung zog mit den beiden Redakteuren Franciszek Rakowicz und Władisław Łebiński wiederum zwei Männer in die Provinz, die als Publizisten maßgeblich an der ‚organischen Arbeit' beteiligt waren. Außerdem wurde schnell eine Reihe bedeutender Mitarbeiter gewonnen; unter anderen Wojciech Winkler-Kętrzyński, in den folgenden Jahrzehnten eine Zentralfigur nationalpolnischer Tätigkeit in Ostpreußen, und der Schriftsteller Jan Ignacy Kraszewski. Kraszewski hatte sich 1866

33 Chociszewski und Danielewski sind ausführliche Artikel im Polski Słownik Biograficzny gewidmet. — Vgl. auch den biographischen Anhang.

34 *Mańkowski,* Odrodzenie Narodowe, S. 52 f. — Der Stargarder Landrat empfahl im April 1864, dem Fremdenverkehr in Pelplin besondere Aufmerksamkeit zu widmen. Die dortige Geistlichkeit unterhalte enge Verbindung zu den polnischen Führern, und es bestehe die Gefahr, daß Bischof von der Marwitz, der bei der polnischen Partei „überhaupt keine persona grata" sei, eingeschüchtert werde. — Rep. A 180 Nr. 2087 S. 633 ff. Außerhalb des Kapitels waren zu dieser Zeit besonders aktiv der bischöfliche Syndikus Julian Wagner, der Privatier Łaszewski — beide zeitweilig Abgeordnete zur Preußischen Zweiten Kammer — und Professor Połomski, Lehrer am Klerikerseminar und am Collegium Marianum.

35 *Cieślak,* Z dziejów prasy, S. 87 ff. und biographischer Anhang.

36 *Cieślak,* Z dziejów prasy, S. 53 ff. und 65 ff.

in Dresden niedergelassen und übte von dort als geistiger Anreger und Koordinator wesentlichen Einfluß auf die Inhalte und Zielvorstellungen der ‚organischen Arbeit' aus[37]. 1872 trat auch Ignacy Danielewski in die Redaktion ein. Bis zum Erscheinen der ‚Gazeta Grudziądzka' im Jahre 1894 erfüllte die ‚Gazeta Toruńska' allein die Aufgabe eines exponierten Anwalts der polnischen Gesellschaft in Westpreußen. Anfangs von der ‚Bank Donimirski' und nach deren Liquidation vor allem durch den vermögenden Kleriker Antoni Wolszlegier finanziert, machte sich das Blatt zum engagierten Propagator der nationalen Solidarität; besonders intensiv setzte es sich für das Organisationswesen ein, das als die größte gesellschaftliche Macht der Polen gefördert werden müsse[38]. Ein dichtes, über die ganze Provinz ausgebreitetes Korrespondentennetz ermöglichte es nicht nur, jede Bewegung und Konfrontation in der nationalen Entwicklung zu registrieren, sondern erleichterte auch in Zusammenarbeit mit den führenden Persönlichkeiten die Koordinierung gesellschaftspolitischer Maßnahmen und die nationale Agitation.

Die Regentschaftsübernahme durch den Kronprinzen im Oktober 1858 und die damit zunächst verbundene Liberalisierung der inneren Verhältnisse brachte auch den Polen im preußischen Anteil wieder größere Bewegungsfreiheit. Daß es in diesen Gebieten innerhalb weniger Jahre zu einem neuen nationalen Aufschwung kam, hing allerdings auch von Faktoren ab, die aus einer in diesem Sinne günstigen gesamteuropäischen Konstellation resultierten[39]. Nach dem Tode Nikolaus I. (März 1855) und seines kompromißlosen Statthalters Paskevič (Febr. 1856) zeichnete sich mit der Amnestie des neuen Zaren für politisch Verbannte und der Aufhebung des seit Jahren andauernden Ausnahmezustandes auch für die Polen unter russischer Herrschaft eine günstigere Entwicklung ab. Obwohl Alexander II. dem Adel sogleich ein ‚ne pas des rêveries' zurief, ergriff er doch eine Reihe von Maßnahmen, die eine Belebung der nationalen Bewegung erleichterten. Die 1858 in Warschau gegründete Landwirtschaftliche Gesellschaft (Towarzystwo rolnicze w Królestwie Polskim) zählte bald über 3000 Mitglieder und griff weit über den Bereich der Hauptstadt hinaus. Die polnische Presse in Preußen widmete der Institution und den in diesem Zusammenhang geführten Diskussionen beträchtliche Aufmerksamkeit[40]. Gesteigert wurde die allgemeine Erregung durch die 1859 ausbrechenden italienischen Einigungskriege und die Betonung des nationalen Prinzips durch Napoleon III. Die Vorgänge in Italien beherrschten die polnische Publizistik in der Emigration ebenso wie im Lande, rissen aber zugleich eine breite Kluft auf zwischen der ultramontan-klerikalen Partei und den anderen Kräften des nationalen Lagers[41].

Die von Alexander II. eingeleitete neue Ära, die in der Polenpolitik mit der Berufung des Grafen Wielopolski an die Spitze eines neuen ‚Departements für Unter-

---

37 Zu Rakowicz und Łebiński vgl. den biographischen Anhang. Über das Verhältnis Kraszewskis zu den liberalen Führern in Westpreußen siehe oben Einleitung S. 10 f.; *Böhning*, S. 90—92; *Konieczny*, passim.

38 *Cieślak*, Z dziejów prasy, S. 67 ff.

39 Zur Situation und zu den Vorgängen im Zarenreich siehe u. a. Historia Polski, II, 3, S. 409 ff.; *Kukiel*, Kap. XIX; *Gotthold Rhode*, S. 385 ff.

40 Siehe oben S. 119.

41 Dazu unten S. 159 f.

richt und Kultus' ihren sichtbarsten Ausdruck fand, führte bekanntlich nicht zu dem gewünschten allmählichen Ausgleich, sondern in den Aufstand von 1863/64. Der seit Beginn des Jahres 1861 immer schärfer hervortretende Gegensatz zwischen der von den Grundbesitzern geführten Partei der ,organischen Arbeit', den ,Weißen', und den demokratisch-revolutionären Gruppen, den ,Roten', rief zwar auch im preußischen Anteil einen Reflex hervor, bezeichnenderweise jedoch unter weitgehender Eliminierung der sozialpolitischen Implikationen. Obgleich die religiös-nationalen Demonstrationen der ,Roten', die im Königreich eindeutig die Funktion hatten, einen Ausgleich zu hintertreiben und die revolutionäre Aktion vorzubereiten, in Posen und Westpreußen zum Anlaß und Vorbild für ähnliche Veranstaltungen dienten [42], wurde hier doch gleichzeitig die ,organische Arbeit' durch den Aufbau des Organisationswesens intensiviert, und zwar weitgehend von demselben Personenkreis, der auch jene Massendemonstrationen organisiert hatte; es liegt sogar die Vermutung nahe, daß die im Herbst 1861 einsetzenden Gründungen von landwirtschaftlichen Vereinen und Genossenschaften, durch die in Westpreußen Prototypen für die weitere Entwicklung in der gesamten preußischen Monarchie geschaffen wurden [43], unter anderem dazu dienen sollten, die nationale Bewegung zu kontrollieren und zu kanalisieren.

Entsprechend der umfassenden Zielsetzung der ,organischen Arbeit' wurden Anfang der sechziger Jahre auch die Bemühungen um die Volksbildung wieder intensiviert. Die Hebung des allgemeinen Niveaus durch die Vermittlung elementarer Kenntnisse war Voraussetzung für eine erfolgreiche Entwicklung des Vereins- und Genossenschaftswesens, dessen Institutionen in Wechselwirkung ihrerseits wieder zur Verbreitung von Fertigkeiten und Kenntnissen beitragen konnten. Darüber hinaus erfüllte die Volksbildung durch die Art der Vermittlung und durch besondere Inhalte zunehmend die Aufgabe der nationalen Bewußtseinsbildung. Obwohl die ,Liga Polska' bei ihrer Auflösung empfohlen hatte, dem Bildungssektor weiterhin besondere Aufmerksamkeit zu widmen, waren auch diese Bemühungen zunächst ins Stocken geraten, besonders, weil mit dem Verschwinden der Lesevereine und ,Parafialbibliotheken' die wichtigsten Vermittlungsstellen verlorengegangen waren. Daher forderte der ,Nadwiślanin' Anfang 1860 eindringlich die Herausgabe populärer Schriften, wie das in Warschau, Galizien und Schlesien bereits geschehe: „... wir sind fast mit gänzlicher Entnationalisierung und Demoralisierung unserer zahlreichsten Volksklasse bedroht, wenn wir nicht beizeiten den von anderer Seite so geschäftig ins Werk gesetzten Einflüssen entgegenwirken" [44]. Es müßten, so verlangte es das Blatt in einer anderen Nummer, in Galizien erscheinende Volksbücher in größerer Zahl angekauft und verbreitet werden, solange es in Westpreußen keinen Verein zur Herausgabe billiger Volksschriften gebe. Erneut wurde die Dringlichkeit betont, denn „sogar in den kleinen Städten findet man bei uns in den bessern Häusern höchst selten ein polnisches Blatt" [45].

---

42 Dazu unten S. 161 ff.

43 Siehe oben S. 118 ff.

44 Nadwiślanin Nr. 7/1860. Ähnliche Forderungen wurden in dieser Zeit wiederholt in den polnischen Zeitungen erhoben; z. B. Dziennik Poznański Nr. 140/1862: „Die Hauptaufgabe des Landes ist heute die Erweiterung der nationalen Grundlage durch Verbreitung der Bildung unter der ländlichen Bevölkerung und überhaupt unter den arbeitenden Klassen."

45 Nadwiślanin Nr. 53/1861.

In diesem Zusammenhang nahm man das Projekt der Volksbüchereien wieder auf [46]. Auch diesmal ergriff Ignacy Łyskowski die Initiative. In einem vom ,Nadwiślanin' publizierten Aufruf teilte er mit, daß er als Vorsitzender des landwirtschaftlichen Vereins der Kreise Strasburg/Löbau in diesem Gebiet 50 Volksbibliotheken gründen wolle, die v. a. landwirtschaftliche Literatur und Schriften zur Pflege von Nationalität und Moral enthalten sollten [47]. Die Bibliotheken waren also in erster Linie zur Ergänzung und Unterstützung der landwirtschaftlichen Gesellschaft gedacht. Tatsächlich wurden noch im selben Jahr in den Kirchspielen der beiden Kreise 40 derartige Einrichtungen ins Leben gerufen, die nach einem Bericht des ,Towarzystwo Rolnicze' nicht einmal ausreichten, um die Nachfrage befriedigen zu können. Eine enge Verbindung zur landwirtschaftlichen Gesellschaft wurde dadurch gewährleistet, daß deren Sekretär zugleich das Amt eines Kreisbibliothekars innehatte. Nach diesem Vorbild entstanden in den folgenden Jahren eine Kreisbibliothek in Thorn, der sich Leon Czarliński besonders annahm, und Bezirks- bzw. ,Parafialbibliotheken' in Culm, Ręczkowo, Kowalewo, Mlyniec, Grzywno und Bruchnowko; direkt mit einem landwirtschaftlichen Verein waren die Büchereien in Pelplin, Pehsken, Bobau und Pienionskowo verbunden [48]. Für das Polentum im nördlichen Westpreußen entstand mit der im Januar 1863 von Teodor Jackowski und Julian Wagner gegründeten ,Biblioteka obywatelstwa polskiego Ziemi Pomorskiej' in Pelplin ein eigenes Zentrum [49]. Die enge Verbindung zwischen Bildungs- und Vereinsarbeit machte sich auch bei den Diskussionen des ersten ,Sejmik Gospodarski' im Januar 1867 bemerkbar. Sie wurde durch die abschließende Erklärung, jeder habe das Recht und die Pflicht, Leseräume (czytelnie) einzurichten, noch unterstrichen [50]. Mit dem zwei Jahre später in Thorn gegründeten ,Towarzystwo ku wspieraniu moralnych interesów' entstand schließlich eine Institution, die nicht nur die Pflege und den Ausbau der Bildungseinrichtungen zu ihren Aufgaben zählte, sondern vor allem auch die wechselseitige Durchdringung der verschiedenen Bereiche der ,organischen Arbeit' erstrebte [51]. Infolge derartiger Aktivitäten wurden Leseräume und Volksbibliotheken ein fester Bestandteil des polnischen Organisationswesens. Die Regression der siebziger Jahre war zwar auch auf diesem Felde spürbar, insgesamt ging jedoch die Tendenz dahin, daß jeder fort-

---

46 Aufrufe des ,Nadwiślanin' zur Schaffung von Volksbildungseinrichtungen z. B. in den Nummern 45, 56, 120 von 1862.

47 Ebd. Nr. 102/1862. — Zum Folgenden v. a. *Mańkowski,* Czytelnictwo, S. 2 ff.

48 Ebd. — Über das Volumen dieser Büchereien gilt das oben (S. 135, Anm. 16) Gesagte. Die Thorner Bibliothek besaß 1868 z. B. 163 Werke.

49 Allein aus der Tatsache, daß diese Bibliothek im Januar 1863 gegründet wurde und in ihrem Rahmen verständlicherweise Sammlungen für den Aufstand stattfanden, schließt Bukowski auf den ,krypto-politischen' Charakter der Lesevereine und Bibliotheken. — Pomorze Gdańskie w Powstaniu, S. 38 f.; vgl. unten S. 180.
Ganz abgesehen von anderen möglichen Einwänden widerspricht dieser These schon der Umstand, daß selbst die Pelpliner Bibliothek den Aufstand durchaus überdauerte und der Katalog von 1868 bereits 665 Titel enthielt. — *Mańkowski,* Czytelnictwo, S. 3.

50 Roczniki Sejmików Gospodarskich, S. 18 f.

51 Siehe unten S. 145 ff.

bestehende landwirtschaftliche oder gewerbliche Verein auch zumindest über eine Bibliothek verfügte[52].

Über die Richtigkeit und Effektivität der auf dem Bildungssektor geplanten und realisierten Maßnahmen gab es in den verantwortlichen Kreisen kaum Meinungsverschiedenheiten. Ignacy Danielewski nahm zwar 1869 die im Völkerfrühling angeklungene Diskussion über den Sinn und Nutzen von Leseräumen wieder auf und forderte intensivere Bemühungen um die polnische Sprache bei den Kindern: „Was helfen Leseräume, wenn es wenige gibt, die lesen können" [53]; aber derartige Vorstöße blieben vereinzelt und hatten nicht einmal interne Diskussionen zur Folge[54].

Obwohl die durch verschiedene Medien und auf verschiedenen Wegen vermittelten Bildungsinhalte weitgespannt von fachlichen Belehrungen, religiösen Unterweisungen und historischen Reminiszenzen bis zur Erklärung des politischen Tagesgeschehens im preußischen Staat reichten, wurde als Voraussetzung allgemein anerkannt, daß diese Arbeit sich unbedingt auf der Grundlage und im Geiste der katholischen Religion zu vollziehen habe. Teodor Donimirski, neben Ignacy Łyskowski zu dieser Zeit sicher die einflußreichste Persönlichkeit beim westpreußischen Polentum, wurde nicht müde, diesen Grundsatz zu betonen: „Laßt uns mit gemeinsamen Kräften und aus der tiefen Überzeugung arbeiten, daß Glaube und Bildung (wiara i oświata) die wichtigsten Pfeiler unseres Baues sind und sein müssen" [55]. Daher bekämpfte man nicht nur jene Form der Aufklärung, die von wandernden Arbeiterführern praktiziert wurde[56], sondern man lehnte sogar eine Zusammenarbeit mit dem galizischen ‚Towarzystwo Przyjaciół Oświaty' ab, weil man von den dort aufgelegten Büchern einen ungünstigen Einfluß auf die eigene Landbevölkerung befürchtete. „Zweifellos wäre ein bedeutender Teil der Volksbücher, die für Galizien gut sind, schädlich für unser Volk; es gibt dort eine soziale Säure (kwas), die bei uns bereits neutralisiert worden ist" [57]. Konsequenterweise gestaltete sich die Zusammenarbeit mit dem nationalpolnisch aktiven Klerus in diesem Bereich besonders eng. War der kirchliche Einfluß schon in den beiden

52 Die Berichte des polizeilichen Beobachters Rex über das polnische Organisationswesen in Westpreußen enthalten für die Jahre 1875 ff. auch zahlreiche und z. T. recht umfangreiche Bestandsverzeichnisse von Volksbibliotheken. — Rep. A 207 Nr. 415 ff., bes. Nr. 415, 419, 438.

53 Roczniki Sejmików Gospodarskich, S. 140. Danielewski forderte zu größeren materiellen Leistungen auf, um die polnischen Schulkinder wirkungsvoll unterstützen zu können.

54 Das Protokoll des ‚Sejmik Gospodarski' von 1869 vermerkt, daß Danielewskis Vortrag zwar mit Beifall bedacht, aber nicht diskutiert wurde. Die weitere Behandlung derartiger Probleme behielt man dem neugegründeten ‚Towarzystwo Moralnych Interesów' vor. — Dazu unten S. 145 ff.

55 Roczniki Sejmików Gospodarskich, S. 61; ähnlich S. 166, S. 361 und Brief an Kraszewski vom 22. 12. 1864, Bibliot. Jagiell. MS 6497.

56 Antoni Donimirski auf dem 6. Sejmik Gospodarski. Roczniki Sejmików Gospodarskich, S. 232 ff. Donimirski wies auf die Tätigkeit der sozialistischen Agitatoren hin, die von Ort zu Ort zögen und den Arbeitern vom Kampf des Kapitals mit der Arbeit erzählten. — Tatsächlich dehnten Mitglieder des ‚Allgemeinen Arbeiter-Vereins' Anfang der siebziger Jahre ihre Tätigkeit auch auf die Provinz Preußen aus. — Rep. 2 Tit. 30 Nr. 29 Vol. 1 Bl. 429 ff.; Vol. 2 passim.

57 Mieczysław Łyskowski auf dem 2. ‚Sejmik Gospodarski' 1868. — Roczniki Sejmików Gospodarskich, S. 114. — Vgl. *Böhning*, S. 82 f.

Zweigen des TPN nicht unbedeutend, so fungierten Dekane und Ortsgeistliche in den Parafial- und Vereinsbibliotheken als wirkungsvolle Kontrollinstanz. Sie gingen dabei allerdings z. T. so rigoros vor, daß andere Polen darin bereits eine beträchtliche Einengung des Wirkungsradius sahen: „Die Zensur, durchgeführt von einzelnen Pröbsten, Vikaren usw., ist so streng, daß sogar einige vom Pfarrer Bażyński herausgegebene Sachen keine volle Billigung fanden. Daher die geringe Zahl der für die Volksbibliotheken zugelassenen Bücher und die häufige Langeweile der Bauern und niederen Einwohner beim Lesen“ [58].

IV.3,2 Die Thorner ‚Wirtschaftskongresse' und die ‚Gesellschaft zur Förderung der moralischen Interessen'

Die Kontrolle und Beeinflussung des sozialen Entwicklungsprozesses und der nationalen Bewußtseinsbildung erfolgte einerseits über die personelle Durchdringung aller Organisationen und Bereiche der ‚organischen Arbeit'; außerdem aber versuchten die aktiven Kräfte der Szlachta wiederholt, ihre Position auch institutionell abzusichern. Neben dem ‚Towarzystwo Pomocy Naukowej', dessen Stipendienpolitik den Prozeß der Intelligenzbildung wesentlich beeinflussen konnte, erhielten die 1867 ins Leben gerufenen Thorner ‚Sejmiki Gospodarskie' die Funktion einer Koordinierungs- und Kontrollinstitution. Nach den Vorstellungen Ignacy Łyskowskis, des Initiators, sollten von diesen ‚Wirtschaftskongressen', die bis zum Ende der siebziger Jahre regelmäßig im Januar oder Februar abgehalten wurden, besondere Impulse für Maßnahmen im ökonomischen Bereich ausgehen. „Alles was mit unserer Volkswirtschaft zusammenhängt und unseren Nationalreichtum vermehren kann — Landwirtschaft, Handwerk und Industrie, Aufklärung und nationales Brauchtum — soll auf dem Kongreß ein offenes und durch keinen Schematismus begrenztes Forum finden“ [1]. Tatsächlich wurde in den Vorträgen, Diskussionen und Beratungen weitgehend das Feld der gesellschaftspolitischen Arbeit abgesteckt; der von führenden Persönlichkeiten wiederholt hervorgehobene Konsensus aller an der ‚organischen Arbeit' Beteiligten [2] war im wesentlichen ein Ergebnis jener Versammlungen. Kontroverse Positionen, die ohnehin selten genug zutage traten, wurden in den Diskussionen einander angeglichen und waren in den Beschlußfassungen und Empfehlungen nicht mehr sichtbar. Ignacy Łyskowski hatte beansprucht, daß alles, „was veraltet und unfähig, was verdorben und krank“ sei, vor das Forum der ‚Sejmiki' gerufen werde, die „über allen Vereinen, über allen Koterien“ stünden [3]. Das zielte in erster Linie auf eine Kontrolle und Harmonisierung der dominierenden Gesellschaftsschicht selbst; und die Kongresse boten insofern die erforderliche Voraussetzung, als sie die Führungsschicht umfassend repräsentierten.

---

58 Rakowicz an Kraszewski, Brief vom 5. 11. 1867, zitiert nach *Konieczny*, S. 104.

1 *I. Łyskowski*, Programm der ‚Sejmiki Gospodarskie', Roczniki Sejmików Gospodarskich, S. 4 f.

2 Siehe z. B. ebd., S. 138, 233, 257; Brief T. Donimirskis an Kraszewski vom 22. 12. 1864, Bibliot. Jagiell. MS 6497. Vgl. außerdem oben S. 107 f.

3 Roczniki Sejmików Gospodarskich, S. 5.

Auf der ersten Versammlung im Januar 1867 hatten sich neben 17 Gästen aus der Provinz Posen 86 Teilnehmer aus Westpreußen eingefunden [4]. Sie vertraten den größten Teil des polnischen Grundbesitzes der Provinz [5] und waren beinahe vollständig identisch mit allen in der ‚organischen Arbeit' führend Tätigen. Die Vorbereitung und Durchführung lag in den folgenden Jahren hauptsächlich in den Händen Teodor Donimirskis. Neben ihm zählten auch hier Ignacy und Mieczysław Łyskowski, Antoni und Edward Donimirski, Leon Rybiński, Emil und Leon Czarliński, Stanisław Radkiewicz, Franciszek Rakowicz und Ignacy Danielewski zu den Hauptakteuren. Die ‚Sejmiki Gospodarskie' sollten im Vereinswesen ursprünglich vor allem die fehlende Zentrale für die landwirtschaftlichen Gesellschaften ersetzen. Da sie indes ohne festes Organisationsschema blieben, konnten sie hier, wie in anderen Bereichen, nur anregend, fördernd und z. T. auch koordinierend wirken, ohne daß sie sich direkt in den Prozeß der täglichen Kleinarbeit einschalteten. Mit dieser Tätigkeit jedoch und der parallel laufenden Homogenisierung der liberalen Führungsschicht erwiesen sie sich als wirkungsvolles Regulativ der gesellschaftspolitischen Entwicklung.

Die Anstrengungen um die nationale Sache, verbunden mit den Bemühungen um Statussicherung im Rahmen einer allgemeinen gesellschaftlichen Solidarität, fanden ihre merkwürdigste Manifestation in dem Versuch, alle führenden Kräfte der Gesellschaft in einer einzigen Organisation zusammenzufassen, um auf diese Weise den Entwicklungsprozeß der polnischen Gesellschaft anzuregen, zu beeinflussen und zu überwachen. Auf dem ‚Sejmik Gospodarski' im Februar 1869 schlossen sich die Anwesenden zum ‚Towarzystwo ku wspieraniu moralnych interesów ludności polskiej pod panowaniem pruskim' [6] zusammen. Geistiger Vater und Initiator war einmal mehr Ignacy Łyskowski. Er begründete den Schritt in einer besonderen, in Posen herausgegebenen Broschüre: „Wir haben in Thorn die Kreditbank (Donimirski, Kalkstein, Łyskowski & Co.) gegründet und anschließend die ‚Sejmiki Gospodarskie' geschaffen. Nachdem wir uns materiell abgesichert haben, wollen wir jetzt einen dritten vernünftigen und heilsamen Schritt machen und unsere moralischen Kräfte sammeln, um unsere moralisch-gesellschaftlichen Interessen zu sichern" [7]. Mit der Formel der ‚moralischen Interessen' sollte nach Łyskowskis Worten die Sphäre der Intelligenz, der Sittlichkeit und des politischen Lebens umschrieben werden [8]. Als Ausdrucksform des gesellschaftlichen Bewußtseins entsprach sie der sozialen und ökonomischen Basis, deren weiteren Ausbau sie gleichzeitig beeinflussen sollte: „Wir wollen uns selbst, unser Bürgertum (mieszczaństwo) und unser Volk (lud) moralisch erheben, indem wir das Gefühl (poczucie) entfachen und die Bildung verbreiten; jeder Leseraum, jeder wirtschaftliche Zirkel, jede Parafialbibliothek, jeder Enthaltsamkeitsverein, jede Kinderbewahr-

---

4 *Łebiński*, Ignacy Łyskowski, S. 31 f.

5 Nach polnischer Schätzung war der gesamte polnisch-adlige Grundbesitz in Westpreußen um 1870 in der Hand von etwa hundert Familien. Roczniki Sejmików Gospodarskich, S. 231 ff.

6 Gesellschaft zur Förderung der moralischen Interessen der polnischen Bevölkerung unter preußischer Herrschaft.

7 *Ign. Łyskowski*, Rzecz o towarzystwie moralnych interesów, Posen 1869; zitiert nach *Łebiński*, Ignacy Łyskowski, S. 35 f.

8 Ebd., S. 37.

anstalt, jede Unterstützung, die der Schule gegeben wird ... jede Erleichterung der bäuerlichen Existenz, sogar jeder gutgeführte bäuerliche oder handwerkliche Betrieb, durchaus alles, was die Gesellschaft moralisch irgendwie auf einen höheren Stand bringen kann, ist schon im Sinne des Vereins" [9]. Die im Februar 1870 verabschiedete Satzung nannte als Aufgaben der ‚äußeren Abteilung' vor allem die Beeinflussung der öffentlichen Meinung durch die Presse und die Vertretung der nationalen Interessen bei der Regierung und vor dem Parlament; die inneren Aufgaben wurden knapp mit ‚Steigerung der Bildung unter der polnischen Bevölkerung' umschrieben [10]. Dahinter verbargen sich allerdings sehr detaillierte Vorstellungen über Tätigkeits- und Einflußmöglichkeiten. Man werde, hatte Łyskowski in seinem provisorischen Programm verkündet, nützliche polnische Schriften und Editionen durch zahlreiche Abonnements unterstützen und für die Zunahme und das Gedeihen nützlicher Vereine sorgen — in erster Linie für das TPN als Förderer von Bildung und Sittlichkeit. Geeignete junge Leute sollten für kaufmännische und handwerkliche Berufe oder zu theoretisch und praktisch auf der Höhe der Entwicklung stehenden Landwirten ausgebildet werden. Die bereits etablierten Handwerker und die ländliche Bevölkerung wollte man durch die schon erwähnten Einrichtungen wie Bibliotheken, Enthaltsamkeitsvereine usw. unterstützen. Das Programm lief damit auf den Versuch hinaus, alle im Rahmen der ‚organischen Arbeit' bisher projektierten oder durchgeführten Einzelaktionen in einer Organisationszentrale zusammenzufassen und von hier aus zu steuern. Darüber hinaus machte das ‚Towarzystwo Moralnych Interesów' jedoch eine Art Aufsichtsrecht über die gesamte polnische Gesellschaft für sich geltend: „Der Verein wacht über die gesellschaftliche Sittlichkeit; er wird keine Verschwendung, keine Glücksspiele, unanständige Vergnügungen und Auslandsreisen zur Unterhaltung zulassen ... Der Verein wacht über die Redlichkeit; er wird jedes Ärgernis und jede Beleidigung des öffentlichen Gewissens richten und Uneinigkeit und Zwietracht durch ein Schiedsgericht entscheiden" [11].

Łyskowskis Plan ließ sich schon insofern nicht voll verwirklichen, als es nicht gelang, den Einflußbereich auf die Provinz Posen auszudehnen. Wie auf den ‚Sejmiki Gospodarskie' waren Posener Landsleute in dem zunächst gewählten beratenden Komitee nur schwach vertreten [12], und auch in der Folgezeit blieb das Interesse gering. Als ein Motiv ist gewiß die weiterhin bestehende regionale Rivalität in Rechnung zu stellen, die der Posener Gesellschaft eine Schwerpunktverlagerung nach Thorn wohl

9 Ebd., S. 36.

10 Ustawy towarzystwa ku wspieraniu moralnych interesów, § 1. — Rep. A 207 Nr. 446 Bl. 20 f.

11 Nach *Łebiński*, Ignacy Łyskowski, S. 40 f.

12 Auf der konstituierenden Sitzung im Februar 1869 wurde ein beratendes Komitee aus folgenden Personen gebildet: Teodor Donimirski, Leon Czarliński, Ignacy Danielewski, Hiacenty Jackowski, Maksymilian Jackowski (Posen), Józef Ilowiecki, Alfons Moszczyński (Posen), Ignacy Łyskowski, Stanisław Radkiewicz, Władysław Kosiński (Posen), Ludwik Ślaski und Dr. Henryk Szyman. — Rep. 2 Tit. 30 Nr. 30 Vol. 18 Bl. 222. Bemerkenswerterweise stammt diese Information, die der preußische Innenminister dem Oberpräsidenten Horn in Königsberg unter dem 18. 4. 1869 zugehen ließ, aus einem Bericht des Warschauer Generalkonsuls an den Innenminister.
Die Beteiligung der Posener Polen ist insgesamt proportional sogar noch geringer gewesen.

kaum akzeptabel erscheinen ließ. Entscheidend war jedoch, daß die differenzierteren gesellschaftlichen Verhältnisse jener Provinz und das ausgewogenere politische Kräfteparallelogramm derartigen Projekten nicht entsprachen. „Im Großherzogtum macht unser ‚Towarzystwo Moralnych Interesów' geringe Fortschritte; dort entzweien die drei Gruppen der Ultramontanen, der Revolutionäre und der Indifferentisten die Gesellschaft und erweisen sich als unfähig zur gesunden organisatorischen Arbeit", schrieb Teodor Donimirski im November 1869 an Kraszewski und ging damit indirekt davon aus, daß die eindeutigen Herrschaftsverhältnisse und die Konfliktlosigkeit im westpreußischen Polentum Voraussetzung für das Projekt waren [13]. In Westpreußen schloß sich zwar der größte Teil der nationalgesinnten Szlachta dem Verein an [14], im kleinen Kreis der städtischen Intelligenz, als deren Sprecher die ‚Gazeta Toruńska' auftrat, wurden jedoch Bedenken und Skepsis laut [15]. Man wandte sich nicht gegen die eigentliche Zielvorstellung, hielt das Programm im einzelnen aber für unrealistisch. Władysław Łebiński, Redakteur der ‚Gazeta Toruńska' und durchaus wohlwollender Biograph Ignacy Łyskowskis, merkte an, daß bei einer vollständigen Verwirklichung des Planes nicht mehr „vom Beitritt oder Nichtbeitritt zu einem Verein" die Rede gewesen wäre, „sondern der Verein hätte sich mit der Intelligenzschicht und der vermögenden Gesellschaft identifiziert" [16].

Das ‚Towarzystwo Moralnych Interesów' entfaltete in Westpreußen eine fruchtbare Tätigkeit auf dem Gebiet der Volksbildung, v. a. durch Einrichtung und Förderung von Bibliotheken [17]; als Versuch einer institutionalisierten Herrschaftssicherung ist das Unternehmen jedoch gescheitert. Die Gründer wollten bewußt ein Analogon zur ‚Liga Polska' schaffen [18]. Es hatte sich aber schon im Völkerfrühling als verhängnisvolle Schwäche erwiesen, daß sämtliche Probleme und Aufgaben durch eine einzige Organisation gelöst werden sollten. Inzwischen waren nicht nur im Großherzogtum, sondern auch in Westpreußen trotz der weiterhin recht eindeutigen Machtverhältnisse innerhalb der polnischen Gesellschaft Struktur und Organisation des Sozialkörpers zu differenziert, als daß der soziale und politische Prozeß in einem einzigen Verein von der eben skizzierten Art hätte kanalisiert werden können.

---

13 Brief vom 29. 11. 1869, Bibliot. Jagiell. MS 6497.

14 Aus dem Jahre 1876 liegt ein Mitgliederverzeichnis vor, das den preußischen Behörden von Teodor Donimirski entsprechend den gesetzlichen Bestimmungen am 12. 3. 1876 zugestellt worden ist. — Rep. A 207 Nr. 446 Bl. 26 f. — Hinsichtlich der Zusammensetzung des Vereins ist allerdings zu beachten, daß es seit 1875 allen preußischen Beamten — also auch den Lehrern — verboten war, derartigen Organisationen anzugehören.

15 *Łebiński*, Ignacy Łyskowski, S. 37 ff.

16 Ebd., S. 42.

17 Ebd., S. 50; *Mańkowski*, Czytelnictwo, S. 4; *ders.*, Odrodzenie narodowe, S. 54.

18 *Łebiński*, Ignacy Łyskowski, S. 38. — T. Donimirski bezeichnete den Verein als eine „Liga auf legaler Grundlage gegen die Vernichtung unserer Nationalität". — Brief an Kraszewski vom 2. 10. 1869, Bibliot. Jagiell. MS 6497.

IV.4 Versuche einer unmittelbaren nationalen Integration aller Bevölkerungsschichten

IV.4,1 Die Bedeutung des preußischen Parlamentarismus für die nationalpolitische Arbeit

Die in den vierziger Jahren beschleunigte Dissimilation der oberen Gesellschaftsschichten führte dazu, daß sich der grundbesitzende Adel und das Bürgertum immer stärker nach den beiden Gravitationszentren der polnischen und deutschen Nationalität orientierten. Gleichzeitig wuchs der Zusammenhalt innerhalb der beiden Großgruppen. Die im Rahmen der ‚organischen Arbeit' entwickelten gesellschaftspolitischen Zielvorstellungen implizierten die nationale Mobilisierung und Integration der bäuerlichen und kleinbürgerlichen Schichten, denn die Situation der materiellen Benachteiligung und ökonomischen Bedrohung konnte nur begriffen werden, wenn die Angesprochenen sich ihrer nationalen Eigenart bewußt wurden und nicht mehr als Teile des gesamten Sozialkörpers, sondern als Mitglieder einer nationalen Minderheit zu reagieren begannen. In dieser ersten entscheidenden Phase der Entwicklung zur modernen Nation, in die der größte Teil der polnischen Bevölkerung im preußischen Staate jetzt eintrat[1], blieben Muttersprache und polnischer Katholizismus die wirksamsten Integrationsfaktoren. Ihre Effizienz wuchs mit dem gleichzeitig beginnenden Ausbau eines Kommunikationssystems der polnischen Gesellschaft, d. h. vor allem der Publizistik, des Organisationswesens und der polnischen Bildungseinrichtungen; denn wenn die Arbeit in diesen Sektoren inhaltlich auch in erster Linie durch sozio-ökonomische Interessen bestimmt war, ermöglichte die Verfeinerung und beginnende Technisierung des Kommunikationssystems doch gleichzeitig eine Intensivierung der nationalen Agitation[2]. Die verschiedenen Aktionsfelder der nationalpolnischen Partei überlagerten sich daher in mannigfacher Weise. Die Verbindung und Koordination wurde vor allem durch das Prinzip der Personalunion gewährleistet.

Besondere Bedeutung gewann in diesem Zusammenhang die Vertretung der Polen in der Preußischen Zweiten Kammer und die mit dem parlamentarischen Apparat verbundenen Möglichkeiten der nationalen Interessenvertretung. Es wurde oben schon darauf hingewiesen, daß das westpreußische Polentum zwischen 1849 und 1860 nur durch zwei oder drei Abgeordnete im preußischen Parlament repräsentiert war und auch in späteren Jahren über die 1863 erreichte Zahl von sechs Vertretern nie hinauskam[3]. Zwar arbeitete man weiterhin eng mit den Posener Deputierten zusammen

1 Dieser Prozeß der Nationswerdung erfaßte selbstverständlich auch die polnische Bevölkerung im russischen und österreichischen Anteil und leitete ebenfalls — wenn auch mit Phasenverschiebungen — in den Grenzen der alten Republik die nationale Separation der ethnisch nichtpolnischen bäuerlichen Schichten ein.

2 Als Kommunikationssystem wird hier die Gesamtheit aller Kommunikationsmöglichkeiten, der ständige und wechselseitige Austausch von Informationen einer Großgruppe verstanden, die auf einem standardisierten System von Sprache, Verhaltensmustern, Assoziationen usw. basieren. — *Deutsch*, S. 86 ff. Vgl. auch unten S. 185.

3 Siehe oben S. 85. Vgl. auch die Zusammenstellung der polnischen Abgeordneten im preußischen Parlament und im Reichstag, Anhang B, Tabellen X und XI.

— westpreußische Abgeordnete präsidierten sogar zeitweilig dem Koło Polskie —[4], direkte politische Einflußmöglichkeiten waren bei der geringen Gesamtzahl aller polnischen Interessenvertreter jedoch nie zu gewinnen, zumal die Zusammenarbeit mit den deutschen Liberalen und der Fortschrittspartei weiter zurückging[5]. Trotzdem wurde von führenden Persönlichkeiten die Beteiligung der polnischen Bevölkerung an den Wahlen und deren Vorbereitung sehr hoch veranschlagt; nur lag der Wert für sie nicht in einer direkten politischen Interessenvertretung, sondern er manifestierte sich in Nebeneffekten. Schon die ‚Szkółka Narodowa' hatte im Dezember 1848 gemahnt, es komme darauf an, die preußische Regierung und Öffentlichkeit durch möglichst viele parlamentarische Vertreter ständig auf die Existenz der polnischen Bevölkerung hinzuweisen[6]. Außerdem galt es, diese Regierung und Öffentlichkeit von der Fähigkeit zu parlamentarischer Tätigkeit und eigener Willensbildung zu überzeugen[7]. Gerade diese Demonstration hatte nach innen aber auch die Wirkung der Selbstbestätigung und Bewußtseinsbildung: in der Integrationsfunktion sahen die Polen den eigentlichen Wert der Wahlvorbereitungen, der Wahlen selbst und auch bestimmter parlamentarischer Aktionen. Anläßlich eines Wahlberichtes aus dem Kreise Stuhm hob der ‚Dziennik Poznański' hervor, daß die westpreußischen Polen bei Abgeordnetenwahlen fest zusammenhielten, auch wenn eine Niederlage vorauszusehen sei. „Der moralische Einfluß eines solchen Verhaltens kann nicht hoch genug veranschlagt werden. Die Polen fühlen sich nämlich als Polen und das ist die Hauptsache bei den Wahlen . . .“[8]. Preußische Beamte wiesen ebenfalls schon früh darauf hin, daß es bei den Urwahlen nur um „Nationalität und Confession“ gehe[9]. Von Anfang an war die polnische Presse darum bemüht, die einfache Bevölkerung über Ablauf und Sinn der Wahlen

4 Stanisław Radkiewicz und Ludwik Ślaski, der von 1866 bis 1888 Mitglied des Herrenhauses war.

5 Auf einer Versammlung der polnischen Wahldelegierten für Westpreußen im Mai 1879 wies Ign. Łyskowski z. B. den Vorschlag eines Wahlbündnisses mit dem Zentrum entrüstet zurück. Bis zum Jahre 1866 seien die Polen „ein Apendix der Fortschrittsparthei“ gewesen. Nachdem man unter vielen Mühen erreicht habe, daß sie sich als nationale Fraktion konstituierten, könne man dieses Ergebnis keinesfalls durch einen Kompromiß aufs Spiel setzen, bei dem nicht ein polnischer Kandidat profitieren würde. — Rep. A 191 Nr. 77 Bl. 393 ff.; Bericht des polizeilichen Beobachters Rex.

6 Szkółka Narodowa Nr. 27/1848. — Ähnlich auch Ign. Łyskowski: Die Polen „konnten durch die eifrige Theilnahme an den letzten Wahlen nichts Anderes bezwecken, als in ihren Deputierten der Staatsregierung lebendige Beweise zu senden, daß sie hier in der Mehrzahl sind und daß daher die polnische Nationalität zu berücksichtigen sei in Schule, Justiz und Verwaltung“. — Curriculum Vitae, S. 8.

7 Der ‚Przyjaciel Ludu' setzte sich vom Anfang seines Erscheinens an für eine starke Wahlbeteiligung ein. Es müsse gezeigt werden, daß die Polen in der Lage seien, diese Aufgaben wahrzunehmen. — Nr. 4/1860.

8 Dziennik Poznański Nr. 148/1862. — Ähnlich auch ‚Przyjaciel Ludu' Nr. 38/1862: „Polen zu Abgeordneten zu wählen ist jedes ehrlichen Menschen Pflicht. Dazu müssen die Urwähler zusammenhalten; es kommt nicht darauf an, ob jemand Herr, Bruder oder Handwerker ist, sondern nur ob er echter Pole ist.“

9 Bericht des Domänenamtes Zoppot an Regierung Danzig vom 24. 6. 1866. — Rep. A 191 Nr. 517 Bl. 190 ff.; ähnlich ebd., Bl. 283, 294, 477.
Ebenso Bericht des Stargarder Landrates an Regierung Danzig vom 11. 2. 1863. — Rep. A 180 Nr. 2087 S. 19 ff.

zu informieren und ihr Wahlverhalten entsprechend zu beeinflussen. Bei zunehmender Verschärfung des Nationalitätengegensatzes schreckte man auch vor massiven moralischen Pressionen nicht zurück [10] und attackierte sogar deutsche katholische Geistliche, weil sie ihre Gemeindemitglieder nicht dazu anhielten, polnisch-katholische Abgeordnete zu wählen [11]. An diesem Punkt wird freilich auch deutlich, wie stark das Bewußtsein nationaler Gemeinsamkeit noch vom Gefühl konfessioneller Zusammengehörigkeit bestimmt wurde; Unsicherheiten traten gerade dort auf, wo die konfessionelle Scheidung nicht völlig parallel zur ethnisch-sprachlichen Trennungslinie verlief [12].

Bemühungen um Integration der polnischen Gesellschaft bedeuteten daher oft nicht nur indirekt, sondern ausdrücklich auch Bemühungen um Dissimilation der Nationalitäten innerhalb der horizontalen sozialen Schichtung. Der ‚Nadwiślanin' begrüßte diese Entwicklung als Fortschritt auf dem Wege zur Eigenständigkeit. Durch die strenge Sonderung der beiden Nationalitäten, wie sie bei den Wahlen immer stärker hervortrete, reinigten sich die Begriffe ‚vom Rost des Diplomatisierens'. Bei den Polen schwinde die Hoffnung auf fremde Hilfe, während gleichzeitig das Vertrauen in die eigene Kraft wachse und die Notwendigkeit der Arbeit an der nationalen Entwicklung noch stärker zum Bewußtsein komme [13]. Auch die Bestrebungen, sich von den deutschen Mitte-Links-Parteien im Abgeordnetenhaus abzusetzen, müssen als bewußte Förderung der Dissimilation angesehen werden; wenn das Verhältnis zur Linken auch durch zunehmende Differenzen in der gesellschaftspolitischen Programmatik belastet war, so hätte einer engeren Verbindung mit dem Zentrum in dieser Hinsicht kaum ein Hindernis im Wege gestanden.

Die Position eines Abgeordneten in der Preußischen Zweiten Kammer oder später im Reichstag bot den nationalpolnischen Führern nicht nur Gelegenheit zur Arbeit für die nationale Integration, sie unterstrich gleichzeitig auch ihre Stellung innerhalb der polnischen Gesellschaft und implizierte weitere Möglichkeiten zur Kontrolle der inneren Verhältnisse. Zur Intensivierung der Wahlvorbereitungen wurde im Februar 1862 wie in Posen in Culm ein ‚zentrales Wahlkomitee für Westpreußen' gegründet. Mitglieder waren neben dem Vorsitzenden Stanisław Radkiewicz Ludwik Ślaski, Ignacy Łyskowski, Hiacenty Jackowski, Teodor Donimirski und Stanisław Tokar-

10 „Wer aber vom Teufel und seinen Helfershelfern sich hat verführen lassen und seine arme Seele durch die schreckliche Sünde der Apostasie und des Verrates an Glauben und Brüdern (Gott sei seiner Seele gnädig) befleckt und einem Deutschen seine Stimme gegeben hat, der möge bedenken, daß diese Sünde nicht eher vergeben wird, als bis er den Schaden wieder gut gemacht hat." — Przyjaciel Ludu Nr. 8/1867.

11 Der ‚Nadwiślanin' warf z. B. dem Golluber Dekan Büchter in einem Korrespondentenbericht vor, er habe sich wegen seines Hasses gegen die Polen völlig passiv verhalten, so daß viele Urwähler sich nicht an der Wahl beteiligt hätten. — Nadwiślanin Nr. 118/1862.

12 Als im Wahlkreis Stargard/Berent 1862 trotz einer Mehrheit der polnischen Bevölkerung wieder zwei deutsche Abgeordnete gewählt worden waren, forderte der ‚Nadwiślanin' die Polen auf, dem verkappten Gegner, der Zwietracht unter ihnen säe, das Visier herunter zu reißen und ihn offen zu bekämpfen. Der Angegriffene war der Dirschauer Probst Mettenmeyer, der an der Spitze einer deutsch-katholischen Gruppe in diesem Gebiet stand. — Nadwiślanin Nr. 40/1862.

13 Nadwiślanin Nr. 49/1862.

ski [14]. Allein diese Zusammensetzung deutet darauf hin, daß es nicht nur um einen systematischen und effektvolleren Wahlkampf ging, sondern auch auf diesem Wege Positionssicherung für die gesellschaftliche Führungsschicht durch Einflußnahme auf die Kandidatenauswahl betrieben wurde. Das zentrale Wahlkomitee förderte die Bildung von Kreiswahlkomitees, die eng mit ihm zusammen arbeiteten und für die Aufstellung der Kandidaten in den Kreisen zu sorgen hatten [15]. Die folgenden Wahlausgänge, mit denen der absolute Tiefstand der polnischen Repräsentanz in der Zweiten Kammer überwunden wurde, lassen vermuten, daß die Arbeit der neuen Institution nicht ohne Wirkung blieb. 1867 ging das westpreußische Zentralkomitee im Zentralkomitee für die gesamte, zum Norddeutschen Bund gehörende polnische Bevölkerung auf; ein weiteres Indiz für die einsetzende, von den führenden Schichten ausgehende Integration des gesamten Polentums im preußischen Anteil.

IV.4,2 Die Agitation in der Sprachenfrage

Unter den bestehenden Voraussetzungen waren der parlamentarischen Tätigkeit der westpreußischen Abgeordneten relativ enge Grenzen gezogen. Ihre Anwesenheit und Mitarbeit hatte im wesentlichen demonstrativen Wert und konnte wiederum auf die innere Entwicklung der polnischen Gesellschaft zurückwirken. Ein zentrales Thema parlamentarischer Aktionen blieb bis zum Kulturkampf die Zurücksetzung und Beschneidung der polnischen Sprache in Westpreußen. Um die polnische Position deutlich zu machen, empfiehlt es sich daher, die im ersten Teil der Arbeit skizzierte preußische Sprachenpolitik in den Hauptlinien ihrer Entwicklung bis zum Kulturkampf weiter zu verfolgen.

Ein erster Erfolg der verstärkten Bemühungen und zahlreichen Petitionen um Gleichberechtigung der polnischen Sprache war in polnischen Augen ein Erlaß des Provinzial-Schulkollegiums vom 6. 4. 1849. In allen Klassen des Culmer Gymnasiums wurde das Polnische für zwei Wochenstunden als Unterrichtsgegenstand eingeführt; der Religionsunterricht sollte Schülern polnischer Abkunft in ihrer Muttersprache erteilt werden. In Anbetracht der großen Zahl dieser Schüler wurde außerdem die zusätzliche Stelle für einen des Polnischen vollkommen mächtigen Lehrer in Aussicht gestellt und wenig später auch tatsächlich besetzt [1]. Mit Einschränkungen galt diese Regelung zunächst auch für das Conitzer und das 1861 neugegründete Neustädter Gymnasium [2]. Unterrichtssprache blieb für alle Anstalten in allen Klassen jedoch weiterhin

---

14 Nadwiślanin Nr. 40/1862. — Die Vorsitzenden des westpreußischen und Posener Komitees, Stan. Radkiewicz und Adolf Łonczyński, standen miteinander in brieflicher Verbindung. — Brief Łonczyńskis an den Grafen Działyński vom 24. 2. 62, Rep. 2 Tit. 30 Nr. 30 Vol. 17 Bl. 35.

15 *Bukowski,* Pomorze Gdańskie w Powstaniu, S. 30; *Trzeciakowski,* S. 253.

1 *Łożyński,* S. 43 f.; Text des amtlichen Schreibens des Schulkollegiums an Mateusz Ślaski als Vertreter der Petenten bei *Łyskowski,* Beiträge, Anlage A.

2 1854 verfügte die Provinzialschulbehörde, daß der Religionsunterricht in den höheren Klassen nur deutsch erteilt werden dürfe; in Neustadt mußte der Unterricht der polnischen Sprache neben dem allgemeinen Schulprogramm, also in einer Art Arbeitsgemeinschaft, stattfinden.— *Łyskowski,* Beiträge, S. 15.

das Deutsche. Kann man diesen aus dem Revolutionsklima resultierenden Zugeständnissen schon kaum essentielle Bedeutung beimessen, so zeigt die Behandlung der Sprachenfrage im Volksschulwesen, die als einer der wichtigsten Indikatoren für die Sprachenpolitik anzusehen ist, daß die einmal eingeschlagene Richtung durchaus fortgesetzt wurde. Die Regelung von 1843 blieb auch während des Völkerfrühlings in Kraft.

Unter dem Eindruck einer zunehmenden Mobilisierung breiterer Bevölkerungsschichten durch die aktiven nationalpolnischen Gruppen seit Beginn der sechziger Jahre versuchten die Provinzialbehörden, dieser Entwicklung durch verschärfte Sprachbestimmungen entgegenzuwirken. Mit Verordnung vom 1. Dezember 1864 bestimmte die Regierung Marienwerder, „dass die polnische Sprache als Unterrichtsmittel und Unterrichts-Gegenstand nur auf der untersten Klassenstufe in Anwendung kommen darf". Auch dieses Zugeständnis geschehe „nur ausnahmsweise und in der Absicht, dass die polnisch redenden Schulkinder in das Verständnis des Deutschen eingeführt und befähigt werden, an dem Unterrichte, der auf den beiden anderen Stufen ausschließlich deutsch ertheilt werden muß, mit Erfolg Theil zu nehmen ... Ein eigentlicher Sprachunterricht, der sich auf Satzbau und stilistische Formen bezieht, findet nur in der deutschen Sprache statt" [3]. Die Maßnahme wurde wegen ihrer Unbedingtheit sogar in der deutschen Öffentlichkeit mit Befremden registriert [4]. Kultusminister Mühler sah sich daher genötigt, die Verordnung am 25. 11. 1865 durch eine eigene, auf die ganze Provinz Preußen ausgedehnte Verordnung zu ersetzen. Waren die vorausgegangenen Bestimmungen im einzelnen dadurch auch gemildert, so blieb die Tendenz doch dieselbe. Ziel sollte „ein lebendiges Eingehen in die Kulturentwicklung des gesammten Preussischen Vaterlandes" sein [5]. Das öffentliche Interesse und der eigene Vorteil der Kinder erforderten nach Ansicht des Gesetzgebers eine intensive Unterweisung in der deutschen Sprache. Nachdrücklich wurde vor einer Überschätzung des Polnischen gewarnt. Nicht überall wurden diese Bestimmungen sogleich und vollständig in die Praxis umgesetzt. Soweit Einzelberichte erkennen lassen, räumte eine Reihe von Lehrern dem Polnischen wesentlich mehr Zeit ein, als es die amtliche Regelung vorsah [6].

---

3 Text der Verordnung bei *Łyskowski*, Beiträge, Anlage B.

4 Die Kreuzzeitung stellte in einem Artikel vom Februar 1865 fest, eine derartige Anordnung widerspreche „ebenso sehr den pädagogischen Grundsätzen, als dem begründeten Rechte, welches jeder Volksstamm in betreff der Erhaltung und Pflege seiner Muttersprache auch vom Staate anerkannt und geachtet verlangen kann ...". — Zitiert nach *Łyskowski*, Beiträge, S. 20.

5 Auf der zweiten Stufe sollte z. B. noch Polnisch im Katechismus und Gesangbuch gelesen werden, und auch für den völlig deutschen Unterricht auf der dritten Stufe wurden polnische Erklärungen zugestanden, soweit es notwendig sei. — Text der Verordnung Rep. 2 II Nr. 3152 Vol. 1 Bl. 46 f.

6 Bei einer 1872 im Auftrage des Kultusministers durchgeführten Revision aller katholischen Volksschulen in Westpreußen stellten mehrere Revisoren fest, daß die deutsche Sprache im Unterricht vernachlässigt werde, einzelne Lehrer das Deutsche überhaupt nur mangelhaft beherrschten. — Berichte an den Oberpräsidenten, Rep. 2 II Nr. 3152 Vol. 1 Bl. 103 ff. (vgl. Anm. 8).
Von polnischer Seite wurde dagegen immer wieder auf die völlige Vernachlässigung der Muttersprache hingewiesen. — z. B. Pilgrzym Nr. 43/1869, Einige Worte von der Schule in Kaschuben; *Łyskowski*, Beiträge, passim.

Da die nationale Mobilisierung zu dieser Zeit jedoch bereits ganz andere Dimensionen als vor 1848 angenommen hatte, mußte schon die bloße Existenz derartiger Verordnungen die Gegensätze verschärfen. Jedenfalls reduzierte diese Politik abermals die ohnehin sehr mangelhaften Möglichkeiten, die Integration fremdsprachiger Bevölkerungsgruppen in den preußischen Sozialkörper durch das Elementarschulwesen zu fördern. Die allgemeine, im ersten Teil der Arbeit umrissene Situation [7] hatte sich kaum verändert. In einem Bericht an den Kultusminister Falk vom 14. Juni 1872 (!) mußte Oberpräsident Horn feststellen, daß die katholischen Elementarschulen in der ganzen Provinz mit wenigen Ausnahmen in sehr schlechtem Zustande seien. Mangelnde Kapazität der Schulen, schlechte Lehrer, die dazu mit ihren Familien von Nahrungssorgen gedrückt würden, weite, im Winter oft unpassierbare Schulwege und die große Armut der Bevölkerung hätten zur Folge, daß in der Regel mehr als die Hälfte der schulpflichtigen Kinder beim Unterricht fehle. Großer Tadel treffe die Gutsbesitzer und Schulpatrone, „die obwohl sie selbst das lebhafteste Interesse an dem Fortschreiten der Germanisierung nehmen müßten und auch einsichtig genug sind, zu erkennen, daß dazu die Volksschule das sicherste Mittel an die Hand giebt, gleichwohl die schulpflichtigen Kinder ihrer Instleute und Arbeiter lieber als Hütekinder beschäftigen, statt sie zu regelmäßigem Schulbesuche anzuhalten“ [8]. Um die mangelhafte Integrationswirkung der Volksschule zu erhöhen, schlug Horn vor, die polnischen Kinder von Anfang an nur Deutsch sprechen zu lassen. „Es kann hart und rücksichtslos erscheinen, die polnischen Kinder nicht den vollständigen Gebrauch ihrer Muttersprache zu lehren; aber allerdings, wenn im Preußischen Staate unbedingt verlangt werden muß, daß jeder Staatsangehörige deutsch versteht, und wenn dieser Anforderung nicht genügt werden kann ohne gleichzeitige Vernachlässigung der polnischen Sprache in der Schule, so bleibt vielleicht nichts übrig als die Rücksicht auf Schonung der Nationalität hinter das Staatsinteresse zurückzusetzen“ [9]. Ein Jahr später, mit dem Oberpräsidialerlaß vom 24. 7. 1873, wurden seine Prinzipien in die Tat umgesetzt. Indem mit Ausnahme des Religionsunterrichtes in allen Volksschulen Deutsch zur alleinigen Unterrichtssprache erklärt wurde, erfuhr die Konfrontation der Nationalitäten in Westpreußen gesetzlich ihre bisher schärfste Formulierung, die nichtsdestoweniger auf der Linie einer von Anfang an konsequent betriebenen Sprachenpolitik lag [10].

In den übrigen Bereichen des öffentlichen Lebens verlief die Entwicklung ebenfalls in der bisher eingehaltenen Richtung. Amts- und Kreisblätter erschienen weiterhin nur in deutscher Sprache, obwohl beide westpreußischen Regierungen dem Oberpräsidenten 1849 zugegeben hatten, daß es wünschenswert sei, die Amtsblätter in Kreisen mit überwiegend oder gleichstarker polnischer Bevölkerung auch in polnischer Sprache zu

---

7 Vgl. oben S. 44 ff.

8 Bericht über eine auf Anordnung des Ministers durchgeführte Revision der katholischen Volksschulen in Preußen; datiert Königsberg, den 14. 6. 1872 (Entwurf). — Rep. 2 II Nr. 3152 Vol. 1 Bl. 86 ff.
Angesichts dieser Situation ist es verständlich, daß 1864/5 in Westpreußen bei den für den Militärdienst Gemusterten 19 % Analphabeten festgestellt wurden. — *Martiny*, S. 120.

9 Rep. 2 II Nr. 3152 Vol. 1 Bl. 98 f.

10 Text des Erlasses in: Das Volksschulwesen, III, S. 474 ff.

publizieren[11]. Nach Łyskowskis Angaben beherrschten 1871 von 150 Richtern an den 18 westpreußischen Kreisgerichten nur 6 bis 8 die polnische Sprache so weit, daß sie mit der polnischen Bevölkerung selbst verhandeln konnten[12].

Es ist selbstverständlich, daß eine Sprachenpolitik, deren erklärtes Ziel die völlige Assimilierung der fremdsprachigen Bevölkerung und damit die Auslöschung ihrer Nationalität war, von den nationalpolitisch aktiven Gruppen dieses Bevölkerungsteils als elementare Bedrohung empfunden wurde. Für die polnische Führungsschicht hatte diese Bedrohung zwei Aspekte. Die Annahme der deutschen Sprache war unbedingte Voraussetzung des Aufstiegs im Staats- und Verwaltungsdienst, erleichterte den Aufstieg aber auch in allen anderen sozialen Bereichen erheblich. Es bestand daher ständig die Gefahr, daß die Führungsschicht durch den Germanisierungsprozeß in den eigenen Reihen geschwächt wurde[13]. Ähnlich war die Situation des bürgerlichen Mittelstandes; an den städtischen Realschulen wurde nur in deutscher Sprache unterrichtet. Allerdings mußte dem polnischen Kleinbürgertum bei seinem niedrigen Wissens- und Ausbildungsstand auch bei gutem Willen die Rezeption der deutschen Sprache und Bildungsinhalte wesentlich schwerer fallen als den großen Adelsfamilien, in denen oft nicht nur die polnischen Traditionen, sondern auch eine in der europäischen Kultur wurzelnde Bildung vermittelt wurden. Beim Kleinbürgertum war daher die Gefahr eines zunehmenden Ausbildungsrückstandes gegenüber der deutschen Konkurrenz besonders groß.

Am schwersten wog das Sprachenproblem im Hinblick auf die Landbevölkerung. Beseitigung der Muttersprache wäre hier dem endgültigen Verlust der Nationalität gleichgekommen, denn ein durch das Medium der Staatssprache vermittelter Katholi-

---

11 Rep. 2 Tit. 39 Nr. 9 Vol. 9 Bl. 245 ff. — Aktennotiz des Oberpräsidenten Flottwell vom 22. 9. 49. Nach Angabe der Regierungen wären folgende Kreise für diese Maßnahme in Frage gekommen: Berent, Carthaus, Neustadt, Stargard, Conitz, Culm, Graudenz, Löbau, Schwetz, Strasburg, Stuhm, Thorn.

12 *Łyskowski,* Beiträge, S. 23 f. — Es ist schwer, die Exaktheit dieser Angaben zu überprüfen. Ein gewisser Vorbehalt dürfte bei dem leicht polemischen Ton der Ausführungen angebracht sein. Immerhin wurde die Denkschrift aber den deutschen Reichstagsabgeordneten übergeben, so daß eine ausreichende Absicherung der statistischen Befunde schon im Interesse des Verfassers liegen mußte.

13 Die Germanisierungsfurcht war bei den nationalpolnischen Führern sehr ausgeprägt. — Vgl. *Konieczny,* S. 100 f. „In den kleinen Städten macht die Germanisierung schnelle Fortschritte ... Besonders der Heeres- und Staatsdienst germanisiert ... Die Intelligenz und die Szlachta achten nur auf sich selbst, um nicht zu verdeutschen ...". — Rakowicz an Kraszewski, Brief vom 22. 11. 67; ähnlich J. Chociszewski an Kraszewski am 2. 3. 66; Teodor Donimirski an Kraszewski am 22. 12. 64 und 26. 9. 72. Bibliot. Jagiell. MS 6491 und 6497.
Die ‚Gazeta Toruńska' wies im August 1868 in mehreren Artikeln alarmierend darauf hin, daß das Deutschtum in Westpreußen sogar den Adel zu durchdringen beginne. Damit korrespondierte die Furcht, bei der Ausbildung der Jugend in einer fremden Sprache könne die Ansicht entstehen, die eigene Sprache sei zu großen geistigen Dingen nicht zu gebrauchen. „Daher auch die beklagenswerte Scham, in der Muttersprache zu reden, — ein sicherer Beweis der Entnationalisierung." — Danielewski auf dem 3. ‚Sejmik Gospodarski' 1869. Roczniki Sejmików Gospodarskich, S. 141. In diesem Zusammenhang mag die Frage auftreten, wie weit die These, der Nationalitätengegensatz werde durch ökonomischen Druck verschärft, aufrecht erhalten werden kann, wenn doch gerade die Angehörigen der gesellschaftlichen und politischen Führungsschicht der materiellen Benachteiligung durch Assimilierung an das Staatsvolk entgehen konnten. — Dazu unten S. 182 f.

zismus hätte allein als Integrationsfaktor nicht mehr ausgereicht[14]. Der Führungsschicht mußte in dem Augenblick, wo sie die Verbreiterung und Kräftigung ihrer gesellschaftlichen Basis als notwendig erkannte, die Gefahr einer Schrumpfung dieser Basis durch sprachliche Assimilierung an die Staatsnation in besonderer Schärfe sichtbar werden. Agitation in der Sprachenfrage hatte daher stets den Charakter einer Defensivmaßnahme zur Selbsterhaltung, konnte zugleich aber als Mittel verwandt werden, um die Integration der polnischen Gesellschaft zu fördern.

Die Agitation auf diesem Sektor setzte im Jahr 1848 ein. Gravamina über Disqualifizierung des Polnischen waren zuvor nur auf den Provinziallandtagen zur Sprache gekommen. Die durch die Märzrevolution geschaffenen Möglichkeiten und der sich schlagartig verändernde Charakter der Nationalitätenauseinandersetzung rückten das Problem in den Mittelpunkt der nationalpolitischen Tätigkeit. Gleichberechtigung der polnischen Sprache in der Schule und in allen Bereichen des öffentlichen Lebens war ein zentrales Thema auf allen Gründungsversammlungen der ‚Liga Polska' und trug wesentlich zur kurzfristigen Mobilisierung der Bevölkerung bei[15]. Den nationalpolnischen Kräften galt die Sprache in dieser Phase als wichtigstes Integrationsmittel; sie sei „das deutlichste und augenblicklich beinahe einzige Merkmal ihrer Nationalität"[16]. Die Entwicklung der nächsten zwei Jahre lehrte, daß man die Wirksamkeit dieses Faktors zu diesem Zeitpunkt doch beträchtlich überschätzt hatte[17], so daß die Sprache daraufhin organischer in den allgemeinen Zusammenhang des nationalen Ideenkomplexes eingefügt und noch stärker mit dem religiösen Element verschmolzen wurde. Eine häufige Verbindung des romantischen Sprachbegriffes mit dem Boden- und Heimatmythos zielte besonders auf die bäuerliche Bevölkerung. „Den Acker habt ihr von euren Vätern, die polnische Sprache von Gott", schrieb Ignacy Łyskowski im ‚Przyjaciel Ludu'. „Dem Andenken eurer Väter und Gott seid ihr es also schuldig, daß ihr eure Sprache liebt und den vaterländischen Boden auf eure Kinder vererbt"[18]. Der ‚Nadwiślanin' stellte 1861 befriedigt fest, auch in den unteren Schichten breche sich immer mehr die Überzeugung Bahn, „daß Sprache, Religion, Volkssitte usw. nicht menschliche Gnade, sondern Geschenke Gottes sind ..."[19].

Seit April 1848 zirkulierten in Westpreußen Petitionen um Gleichberechtigung der polnischen Sprache in der Bevölkerung; sie sollten als Grundlage für Vorstöße in der

---

14 Schon früh wurde daher die unlösbare Verbindung von polnischem Katholizismus und polnischer Sprache betont: „Polnisches Volk in Westpreußen! Schätze und liebe deine Sprache, die du als unschätzbares Gut von Gott empfangen hast, und das umso mehr, als diese Sprache gleichzeitig Zeichen deines Glaubens, Ausdruck und Abdruck deiner Seele ist." — Szkółka Narodowa Nr. 15/1848.

15 In Herbst 1848 berichteten die meisten Landräte, bei der polnischen Bevölkerung herrsche die Überzeugung, daß in Westpreußen binnen kurzem allein die polnische Sprache gelten werde und in Verwaltung und Gerichte polnische Beamte einziehen würden. — Rep. A 145 Nr. 37 Bl. 49 und 56, Rep. A 181 Nr. 14662 Bl. 3, Nr. 14663 Bl. 18, Nr. 14665 Bl. 29 ff.

16 Grundsatzartikel der ‚Szkółka Narodowa' Nr. 1/1848.

17 Zur allgemeinen Entwicklung siehe oben S. 92 ff.

18 Przyjaciel Ludu Nr. 34/1863.

19 Nadwiślanin Nr. 53/1861.

Deutschen und Preußischen Nationalversammlung dienen[20]. Daß diese Vorstöße selbst in Preußen keinerlei Erfolgsaussichten hatten, wurde den westpreußischen Polen eindringlich demonstriert, als im März 1849 ein Antrag Karl Richters auf Publizierung amtlicher Verlautbarungen in polnischer Sprache nicht einmal die Unterstützung der Posener polnischen Abgeordneten fand[21]. Trotzdem machte man weiterhin intensiv vom Petitionsrecht Gebrauch. Die Vorbereitungen der Eingaben, vor allem das Sammeln der Unterschriften durch Gutsbesitzer, Geistliche und Lehrer, trugen ähnlich wie die Wahlvorgänge dazu bei, die Kommunikation innerhalb des Polentums und das Gefühl einer Sonderstellung im preußischen Staate zu verstärken. Als sich im März 1850 eine Deputation vergeblich bemüht hatte, dem preußischen Kultusminister eine Sprachenpetition in Audienz zu übergeben, bemerkte die ‚Szkoła Narodowa', die Mission sei trotzdem durchaus sinnvoll gewesen. „Durch euch wird auch dem Einfältigsten bewußt werden, daß die Staatsregierung sich um die Polen nur so viel wie die Stiefmutter um die angeheirateten Kinder bekümmert"[22].

Die Aktivität im hier behandelten Agitationsbereich fiel mit den Höhepunkten der gesamten nationalpolitischen Tätigkeit zusammen. 1861 ging eine Petition mit ca. 20 000 Unterschriften an das Abgeordnetenhaus; 1868, in der Reaktion auf die Sprachverordnungen von 1864 und 1865 und die Einbeziehung in den Norddeutschen Bund, hatten sogar 30 000 Menschen unterschrieben[23]. Selbstverständlich wurden sämtliche Vorgänge in diesem Zusammenhang von der polnischen Presse sorgfältig registriert und ausgewertet.

Preußische Beobachter wiesen darauf hin, daß die Unterschriften überwiegend von Einliegern und landwirtschaftlichen Lohnarbeitern stammten, während sich die selbständigen Bauern stärker zurückhielten[24]. Obwohl ein solcher Befund von polnischer Seite natürlich niemals zugegeben wurde, spricht doch vor allem das wirtschaftliche Abhängigkeitsverhältnis jener Leute von ihren Herrschaften und die damit verbundene Möglichkeit, sie leichter zu erreichen und zu beeinflussen, für diese Beobachtung. Die Bauern wurden eher durch das Vereinswesen angesprochen, mit dem die polnische und kaschubische Sprache ja ebenfalls systematisch gefördert wurde[25].

---

20 Inhaltlich waren alle Petitionen einander ähnlich. Sie beschränkten sich nicht auf einzelne Gravamina, sondern behandelten die Sprachenfrage in toto und mit ‚allen Konsequenzen'.

21 *Grot*, S. 211 f.

22 Szkoła Narodowa Nr. 11/1850.
Einen weiteren Schritt zur bewußten Dissimilation vom Staatsvolk stellt die Forderung dar, sich auf polnischem Boden in Gegenwart eines Deutschen oder Russen niemals deren Sprache zu bedienen, auch wenn man sie beherrsche. — Dziennik Poznański Nr. 152/1861.

23 *Łyskowski*, Beiträge, S. 28; der vollständige Text ist bei Łyskowski als Anlage D und E publiziert. — Text der Petition von 1850 in ‚Szkoła Narodowa' Nr. 11/1850 und in Pomorze Gdańskie, Wybór Źródł Nr. 139.
Weitere Texte in Rep. A 181 Nr. 1459 Bl. 16 ff., Nr. 4154 S. 47 ff. Vgl. außerdem die Petitionsverzeichnisse in den Stenographischen Berichten zur Deutschen und Preußischen Nationalversammlung und zum Preußischen Abgeordnetenhaus.

24 Rep. A 205 Nr. 155 Bl. 148, Bericht des Strasburger Landrates vom 15. 3. 1861 an den Oberpräsidenten in Königsberg.

25 Jede Vereinssatzung bestimmte ausdrücklich, Verhandlungssprache sei nur das Polnische.

Auf die Verordnungen von 1864 und 1865 reagierten die Polen mit gesteigerter Tätigkeit. 1869 rief der Dekan und Ehrenkanoniker Bartoszkiewicz in Culm die sogenannten ‚Schultage' ins Leben und organisierte noch im selben Jahr gleichartige Versammlungen in anderen Städten der Provinz, durch die gegen die Beschneidung der polnischen Sprache in den Elementarschulen protestiert und gleichzeitig über Gegenmaßnahmen beraten werden sollte[26]. Einen spektakulären Erfolg errang das westpreußische Polentum in der überhitzten Atmosphäre des Kulturkampfes, als Hiacenty Jackowski in einer aufsehenerregenden Prozeßserie in letzter Instanz schließlich vom königlichen Oberverwaltungsgericht die Bestätigung erhielt, daß auf Versammlungen polnischer Vereine ohne Einschränkung die polnische Sprache gebraucht werden dürfe[27]. Als Grundsatzentscheidung war das Urteil für die Entwicklung des polnischen Vereinswesens im gesamten preußischen Anteil von weitreichender Bedeutung.

---

26 *Mańkowski,* Prałaci. Der ‚Elbinger Anzeiger' berichtete am 13. 11. 69 von derartigen Veranstaltungen in Culm, Stargard und Pelplin.

27 Der Vorgang verdient eine knappe Darstellung, da er einerseits die rigorose und willkürliche Haltung der Provinzialbehörden scharf hervortreten läßt, andererseits aber ein rühmliches Zeichen der Unvoreingenommenheit preußischer Justiz ist: Am 14. Dez. 1875 fand in Neukirch (Krs. Stargard) eine Zusammenkunft der katholischen Pfarrgemeinde statt, bei der nur Polnisch gesprochen wurde. Der polizeiliche Beobachter, Amtsvorsteher Gerdey aus Pelplin, verlangte, daß die deutsche Sprache gebraucht werde. Jackowski erklärte als Vorsitzender der Versammlung das Verlangen für ungesetzlich: „... ich kann deutsch sprechen, will aber nicht. Wir alle wollen nicht deutsch sprechen". Daraufhin löste Gerdey die Versammlung auf. Jackowskis zweimalige Beschwerde vor dem Kreisausschuß wurde mit der Begründung abgewiesen, die Anwendung des Vereinsgesetzes vom 11. 3. 1850 sei zulässig gewesen, da die polizeiliche Überwachung gewährleistet sein müsse. Die Beamten in Westpreußen seien nicht verpflichtet, die polnische Sprache zu beherrschen — wohl aber müsse ein Polizeibeamter der Versammlung folgen können. In der Berufungsverhandlung vor dem Bezirksverwaltungsgericht in Danzig wurde die Auflösung jedoch für ungerechtfertigt erklärt, da der Gebrauch der polnischen Sprache keine Übertretung des Vereinsgesetzes bedeute und die Polizeibehörden von sich aus Sorge zu tragen hätten, daß sie die Versammlungen überwachen könnten. Gegen diese Entscheidung legte der Danziger Regierungspräsident als ‚Vertreter des öffentlichen Interesses' Berufung ein. Das Königl. Oberverwaltungsgericht bestätigte indes die vorangegangene Entscheidung. Das Versammlungsrecht gelte allgemein. Die Regelungen hinsichtlich des Gebrauchs der Geschäftssprache könnten hier nicht angewandt werden, da die Polizeibeamten keinen Geschäftsverkehr mit der Versammlung hätten, sondern sie nur überwachten. Es gehe auch nicht an, das Versammlungsrecht dem Überwachungsrecht unterzuordnen, da z. B. auch nicht verlangt werden könne, bei Krankheit eines Überwachungsbeamten die Versammlung auszusetzen; außerdem entspreche der Gebrauch der Muttersprache in Versammlungen dem Wesen der Sache, daß nämlich bei Beratung öffentlicher Angelegenheiten „regelmäßig diejenige Sprache gesprochen wird, welche den Meinungsaustausch der Theilnehmer am meisten erleichtert, und somit dem Zwecke der Versammlung am besten dient, also die Muttersprache der Versammelten ...". — Rep. A 180 Nr. 2087 S. 929 ff.

IV.4,3 Religiös-nationale Demonstrationen und die Bedeutung der historischen Tradition für die nationale Agitation

Die bisherige Analyse der gesellschaftlichen Kräfteverhältnisse und der aus ihnen resultierenden Formen nationalpolitischer Arbeit läßt bereits hinlänglich erkennen, daß die besonders in der älteren deutschen Literatur vertretene These von der Vorherrschaft des katholischen Klerus nach 1850 zumindest für Westpreußen nicht zutreffen kann [1]. Die Tatsache wird durch eine Untersuchung der Situation des Klerus selbst, seiner Verhaltens- und Reaktionsweisen nur bestätigt. Zunächst gilt zu beachten, daß die Kontinuität der bischöflichen Politik über den Völkerfrühling hinaus durch die Person Dr. Sedlags gewährleistet blieb. Seine Haltung gegenüber der ,Liga Polska' oder gar national-revolutionären Tendenzen wurde oben bereits beschrieben [2]. Ebenso wies der Bischof Versuche, das Polnische zur gleichberechtigten Kanzleisprache der Kurie zu machen, entschieden zurück [3]. Andererseits war sein Verhältnis zur Staatsgewalt aber weiterhin vor allem von dem Bestreben nach möglichst weitgehender Unabhängigkeit und Verfügungsfreiheit der Kirche bestimmt; und dieses Verhältnis wurde getrübt durch die mit den Verfassungsberatungen aufflammende Auseinandersetzung um die Schulaufsicht [4]. Die letzte kirchenpolitische Aktion des 68jährigen Bischofs war ein Memorial vom 20. 4. 1855, mit dem er gegen eine Anordnung des Unterrichtsministers protestierte, die eine Umformung katholischer Schulen in Simultananstalten vorbereiten sollte [5].

Sein Nachfolger, Johann Nepomuk von der Marwitz [6], setzte diese Politik konsequent fort. Als Oberpräsident Eichmann ihn im Oktober 1860 bat, gegen Versuche religiös-nationaler Agitation einzuschreiten, wies der Bischof darauf hin, „daß einseitige polnisch-politische Agitationen nur dann eine Art Aussicht auf Erfolg haben werden, wenn die letzteren ihren Ausgangspunkt mehr oder weniger von etwaiger Verletzung des religiösen und kirchlichen Rechtes und der paritätischen Gleichberechtigung nehmen können". Gerade dieses „paritätische Einvernehmen" sei wesentlich durch das Ministerialreskript vom 13. 2. 1855 gestört worden [7]. Dennoch erfüllte v. d. Marwitz in seiner Haltung gegenüber dem polnischen Nationalismus durchaus die von der Regierung gehegten Erwartungen. Der Stargarder Landrat, der die Situation in Pelplin aus der Nähe beurteilen konnte, berichtete im April 1861, die Befürchtung nehme zu, daß der Bischof ein treuer Anhänger des Königs und der deutschen Nationalität sei [8]. Zwei Jahre später stellte er fest, jener sei bei der polni-

1 „Die leitende Rolle aber spielte dabei stets der Klerus. Ihm kam nach 1848 ein außerordentlicher Einfluß zugute, den ihm die Regierungspolitik verschafft hatte." — *Laubert*, Westpreußen im 19. Jahrhundert, S. 141; vgl. auch *Schuhmacher*, S. 278 f.

2 Siehe oben S. 40 f., S. 90 f.

3 *Mańkowski*, Anastazy Sedlag, S. 66 f.

4 Sedlag gehörte zu den Unterzeichnern einer Denkschrift der Würzburger Bischofskonferenz vom 14. November 1848, in der die Prälaten nachdrücklich betonten, die Kirche werde „niemals zugeben, daß ihr, der Begründerin der Volksschule, das Kind vom Mutterherzen genommen werde". — Rep. 2 II Nr. 2183 Vol. 1 Bl. 8 ff.

5 *Mańkowski*, Anastazy Sedlag, S. 64.

6 Vgl. den biographischen Anhang.

7 Rep. 2 Tit. 39 Nr. 38 Vol. 2 Bl. 22 f.

8 Rep. 2 Tit. 30 Vol. 11 Bl. 123 ff. — Bericht vom 13. 4. 1861 an den Oberpräsidenten.

schen Partei „überhaupt keine persona grata" mehr [9]. Tatsächlich ging v. d. Marwitz gegen einzelne Geistliche mit außergewöhnlicher Härte vor. Als im November 1861 in Culm bei einem Gottesdienst anläßlich der Krönungsfeierlichkeiten aus der Gemeinde das Lied ‚Boże coś Polskę' angestimmt wurde, erhielt der verantwortliche Vikar einen Verweis mit dem Zusatz, er könne frühestens nach fünf Jahren zu selbständiger Seelsorge zugelassen werden [10]. Dem Vikar-Licentiaten Knast, der bei einem Gedenkgottesdienst für Joachim Lelewel in einer politischen Predigt die Wiederkunft des polnischen Staates beschworen hatte, wurde ‚verordnet' „daß Sie erst nach Ablauf von 10 Jahren sich dem Pfarr-Concurs-Examen unterziehen dürfen, damit Sie während dieser Prüfungszeit uns genügendere und bessere Beweise Ihres pflichttreuen Verhaltens und die Garantie geben können, daß Ihnen einst ohne Bedenken und Anstoß ein selbständiges kirchliches Amt wird anvertraut werden können" [11].

Das besondere Engagement einzelner Geistlicher kann indes nicht darüber hinwegtäuschen, daß der größte Teil des katholischen Klerus sich für die Ziele der nationalpolnischen Partei nur bedingt oder überhaupt nicht einsetzte [12]. „Die hiesigen Geistlichen erschöpfen ihren Eifer an den Enthaltsamkeitsvereinen, durch die sie schöne Resultate erzielt haben. Aber sie denken nicht daran, weiter zu gehen, als ob ihnen weiter keine Pflichten oblägen" [13]. Wenn auch die Zahl qualifizierter polnisch-katholischer Pfarrer in den fünfziger Jahren allmählich wuchs [14], konnte daher von einer gezielten Nationalisierung der polnischen und kaschubischen Bevölkerung durch den Klerus in größerem Umfang weiterhin nicht die Rede sein. Die Auseinandersetzungen um die italienischen Einigungskriege zeigten überdies, daß der polnisch-katholische Klerus im gesamten preußischen Anteil nicht bereit war, polnischen Katholizismus und Nationalismus unbedingt zu identifizieren, und im Konfliktfalle seine Loyalität voll dem geistlichen Oberhaupt zuwandte. Während die polnischen Linken und Liberalen aller Schattierungen und zum Teil auch das konservative Lager die nationale Einigung

---

9 Rep. 2 Tit. 30 Nr. 30 Vol. 16 Bl. 127 ff. — Bericht vom 13. 4. 1864 an den Danziger Regierungspräsidenten.

10 Rep. 2 Tit. 30 Nr. 30 Vol. 11 Bl. 377 f. — v. d. Marwitz an den Regierungspräsidenten in Marienwerder, Schreiben vom 16. 1. 1862.

11 Rep. 2 Tit. 30 Nr. 30 Vol. 11 Bl. 379 f. — Schreiben vom 16. 1. 1862; bei der schlechten Versorgung der Vikare, deren Einkünfte in der Regel kaum das Existenzminimum garantierten, bedeutete eine derartige Entscheidung eine schwere materielle Buße. Andere Pfarrer wie der erste Redakteur des ‚Przyjaciel Ludu', Gawrzyjelski, wurden wegen zu großer nationalpolnischer Aktivität auf Wunsch des Oberpräsidenten immer wieder versetzt, um ihre Einflußmöglichkeiten zu reduzieren.

12 Vgl. dazu unten IV.5, bes. S. 177 ff.

13 Nadwiślanin Nr. 9/1860. — Die Inaktivität des Klerus wurde in erster Linie mit dem hohen Anteil deutscher Priester begründet. „Bei euch ist die Geistlichkeit stark mit dem fremden Element versetzt und das Pfarrhaus oft eine deutsche Kolonie in einer polnischen Parochie"; „Du lieber Gott, bei uns nimmt der Priester sogar polnische, von polnischen Eltern geborene Kinder in deutscher Sprache in die Kirche auf . . .". — Nadwiślanin Nr. 60 und 99/1861.

14 Bis 1862 hatten sich 155 Abiturienten des Culmer Gymnasiums dem Studium der katholischen Theologie widmen wollen. Viele von ihnen wurden später in der Culmer Diözese als Geistliche eingesetzt. *Łożyński*, Anhang (Verzeichnis der Abiturienten und ihrer Studienziele seit 1839).

Italiens begeistert als Leitbild für Polen begrüßten, zogen in Posen der ‚Przegląd Poznański' und ‚Tygodnik Katolicki' scharf gegen die ‚piemontesischen Räuber', die sich an der weltlichen Macht des Papstes vergriffen, zu Felde und tadelten in ebenso scharfem Tone die „verblendete Vergötterung Garibaldis, Mazzinis und anderer Vorkämpfer des gottverlassenen Liberalismus" [15]. Der ‚Nadwiślanin' hatte sich den Liberalen zugeneigt. Zu einer Adresse des Danziger Pius-Vereines an den Papst, in der die italienischen Patrioten als Herde Gottloser, die auf die Vernichtung des päpstlichen Primats und der kirchlichen Einheit abzielten, bezeichnet wurden, entschied die Zeitung zunächst, kein Pole könne sie in dieser Form unterschreiben. Wenig später bemerkte das Blatt jedoch, es habe sich mit seiner Polemik zu Recht den Vorwurf der Unkirchlichkeit zugezogen, und akzeptierte die Argumente der Gegenseite. „Wer die in der päpstlichen Allokution ausgesprochenen wahrhaft katholischen Gefühle nicht teilt, sondern es mit Garibaldi, Fanti, Farini, Ricusoli hält, der vergrößert die Sünden der Väter ... Wenn die Danziger Adresse von deutschen Männern ausgegangen ist, die als Katholiken eine innige Liebe zur Kirche haben und uns ein gutes Beispiel geben, müssen wir das nicht anerkennen? In ihrer Adresse ist weder von Deutschen noch von Polen die Rede, sondern nur von Katholiken ... Als Katholiken müssen wir, ob wir Deutsche sind oder Polen, unsere heilige Religion höher achten als die Nationalität. Wer die Nationalität mehr liebt als die Religion, hat sich selbst ein testimonium paupertatis [sic] ausgestellt" [16].

Bei der monolithischen Beschaffenheit der nationalpolnischen Partei in Westpreußen stellten diese Vorgänge freilich keine allzu große Belastung und Beeinträchtigung der Aktivität dar. Gemeinsamkeiten mit der deutsch-katholischen Bevölkerung und Geistlichkeit mußten zudem noch nicht die integrierende Wirkung des Katholizismus für die polnische Gesellschaft abschwächen. Der Kulturkampf ist dafür das eindringlichste Beispiel. Er hatte nicht nur zur Folge, daß die polnische und kaschubische Bevölkerung sich ihrer Außenseiterstellung im Staate stärker bewußt wurde [17], sondern er überbrückte speziell in Westpreußen den von preußischer Seite so lange geförderten Gegensatz zwischen polnischem und deutschem Klerus und neutralisierte vor allem für längere Zeit die antipolnischen Affekte an der hierarchischen Spitze. Die Situation, in die Bischof v. d. Marwitz durch die Bismarcksche Kirchenpolitik geriet, wird am besten durch eine Episode illustriert. Als aus dem Eigentum des

---

15 Tygodnik Katolicki Nr. 51/1861; ähnlich Nr. 16/1862; Przegląd Poznański Nr. 2 und 3/1859 u. ö.; *Szmańda*, S. 194 f. Szmańdas Behauptung, der ‚Przegląd Poznański' habe sich als einzige polnische Zeitung in Preußen für den Papst ausgesprochen, trifft, wie die Beispiele des ‚Tygodnik Katolicki' und des ‚Nadwiślanin' zeigen, allerdings nicht zu.

16 Nadwiślanin Nr. 101/1859, Nr. 1 und 2/1860. — Es ist nicht festzustellen, wie die Schwenkung tatsächlich zustande gekommen ist. Möglich wäre, daß die konservativen Geldgeber ihren Einfluß auf die Redakteure geltend gemacht haben. Immerhin hatte z. B. Teodor Donimirski enge Kontakte zur hohen Geistlichkeit in Pelplin. Zur Auseinandersetzung in Posen s. *Trzeciakowski*, S. 38 und S. 50–57.

17 Diecezja Chełmińska, S. 57 ff.; *Dettmer*, passim; *Jakóbczyk*, Studia II, S. 78 ff.; *Trzeciakowski*, passim. In einem Hirtenbrief vom 15. 1. 1875 zog der Culmer Bischof bemerkenswerterweise ausdrücklich die Parallele zu den Vorgängen in Italien, wo der Papst seiner Besitztümer beraubt sei und seit Jahren als Gefangener schmachte. — Rep. 2 II Nr. 2179 Bl. 48 ff.

Prälaten ein Wagen und Mobiliar versteigert werden mußten, damit die ihm auferlegten Geldstrafen bezahlt werden konnten, erwarben einige polnische Gutsbesitzer die Gegenstände und brachten sie dem Bischof sogleich unter großer Anteilnahme der Bevölkerung zurück [18].

Mit den bisher formulierten Einschränkungen soll die Bedeutung des katholischen Klerus für die ‚organische Arbeit' und seine Rolle bei der Verwirklichung gesellschaftspolitischer Zielvorstellungen nicht bagatellisiert werden [19]. Nur lag die Initiative zur nationalpolitischen Arbeit im wesentlichen nicht bei der Geistlichkeit, und Beteiligung an direkter nationaler Agitation kann nur in relativ wenigen Fällen registriert werden. Auf jeden Fall aber behielt der Katholizismus hohen Integrationswert, da die protestantische Bevölkerung weiterhin im großen und ganzen mit der deutschen identifiziert wurde und der Staat durch seine zunehmenden Eingriffe in die religiöse Sphäre in die Rolle eines unversöhnlichen Gegners hineinwuchs. Die indirekte Ausnutzung dieser Situation für die gesellschaftspolitische Arbeit hing zudem nicht nur vom Engagement der Geistlichkeit ab. Die Presse verwertete jede sich bietende Möglichkeit in einer breiten Skala publizistischer Aktivität, die von der kommentarlosen Nachrichtenvermittlung bis zu scharfer Polemik reichte. Da eine unmittelbare politische Mobilisierung größerer Volksmassen unter den wachsamen Augen der preußischen Polizei unmöglich war, förderten die Gutsbesitzer religiöse Feierlichkeiten und Veranstaltungen, um den Kontakt zur Bevölkerung zu intensivieren. Gewicht bekamen diese Versuche allerdings erst seit dem Frühjahr 1861 im Zusammenhang mit den Vorgängen im russischen Anteil und den daraus resultierenden religiös-nationalen Demonstrationen in vielen Teilen der alten Republik.

Ende Februar war es in Warschau bei Massendemonstrationen zu blutigen Zusammenstößen mit den Kosaken gekommen [20]. Die Worte des Warschauer Erzbischofs Fiałkowski — „Gebet! Keine Überstürzung! Alle Theile des ehemaligen Polens legen auf unbestimmte Zeit Trauer an ... Heute, wie seit vielen Jahren ist unsere Losung die Dornenkrone, mit der wir die Särge der gefallenen Opfer geschmückt haben ..." [21] — lösten in Preußen eine Flut von Gedenk- und Trauergottesdiensten aus. Für Westpreußen registrierte der ‚Nadwiślanin' von März bis Mai 1861 rund 60 Trauergottesdienste in 44 verschiedenen Ortschaften [22]. Der Culmer Bischof wandte sich zwar von Anfang an gegen alle Versuche, diese Gottesdienste zu nationalen Demonstrationen auszuweiten, wollte jedoch andererseits wie sein ermländischer Amtsbruder nicht ver-

---

18 *Dettmer,* S. 78 f. Der Bischof wurde in vier Prozessen zu insgesamt 4000 Tlr. Geldstrafe bzw. 3 Jahren und 4 1/2 Monaten Haft verurteilt. — Ebd., S. 69 f.
Das geistliche Seminar in Pelplin wurde durch den Staat von 1876 bis 1887 geschlossen.

19 „Die Hilfe der Geistlichen, deren Einfluß auf unser Volk noch immer sehr groß ist, kann uns auch heute noch bedeutende Dienste leisten." — Antoni Donimirski auf dem ‚Sejmik Gospodarski' 1873, Roczniki Sejmików Gospodarskich, S. 244. Vgl. auch oben S. 114 f.

20 Am Abend des 25. Februar versuchte das Militär, einen Demonstrationszug mit Waffengewalt zu zerstreuen. Es gab 5 Tote und einige zehn Verletzte. — Historia Polski, II,3, S. 426.

21 Amtliche Übersetzung einer in Leipzig erschienenen Broschüre ‚O Zbawieniu Polski' [Über die Erlösung Polens]. — Rep. 2 Tit. 30 Nr. 30 Vol. 11 Bl. 371 f.

22 *Bukowski,* Pomorze Gdańskie w Powstaniu, S. 20.

hindern, daß für die Gefallenen Seelenmessen gelesen würden, „da alle Katholiken gleichen Anspruch auf die Opfer und Gebete unserer gemeinsamen Mutter, der heiligen Kirche haben“ [23].

Dennoch war kaum zu verhindern, daß das Religiöse auf irgendeine Weise mit dem Nationalen verschmolzen wurde, sei es, daß die Kirchen mit den polnischen Emblemen und Nationalfarben geschmückt waren oder daß die Gefallenen auch nur in den Zusammenhang der polnischen Geschichte gestellt wurden [24]. Die Resonanz derartiger Veranstaltungen bei der Bevölkerung war unterschiedlich. Während die Adelsfamilien und die Intelligenz mancherorts ganz unter sich blieben, wurde aus anderen Gegenden die Beteiligung besonders von Instleuten und städtischen Handwerkern gemeldet [25]. Am wenigsten ließen sich offensichtlich die Bauern ansprechen.

Mit Gedenkgottesdiensten für Erzbischof Fiałkowski, Joachim Lelewel und den Fürsten Czartoryski sowie Feierlichkeiten zum Jahrestag der Befreiung Wiens durch Jan Sobieski erreichten die religiös-nationalen Demonstrationen im September 1861 einen neuen Höhepunkt. Besonders die Sobieskifeiern nahmen teilweise beträchtliche Ausmaße an. Karol Kalkstein, Ignacy Łyskowski, Natalis Sulerzyski und Dr. Szyman riefen im ‚Przyjaciel Ludu‘ und ‚Nadwiślanin‘ zu einer Wallfahrt nach Lonk auf [26].

---

23 Der Bischof von Ermland an den Stuhmer Stadtpfarrer, Schreiben vom 15. 3. 1861. — Rep. 2 Tit. 30 Nr. 30 Vol. 11 Bl. 90. — Der Culmer Bischof lehnte dagegen den polnischen Wunsch nach einem feierlichen Totenamt in der Pelpliner Kathedralkirche ab. — Ebd. Bl. 123, Bericht des Stargarder Landrates an den Oberpräsidenten vom 13. 4. 1861.

24 Im September versuchte der Bischof, diesen Tendenzen mit einem Rundschreiben an den Diözesanklerus entgegenzutreten. „... Ihr wißt es, geliebte Priester, daß in unsern Tagen Einzelne mit allem Eifer gewisse Andachten zu befördern suchen, um durch dieses Mittel ihre Anerkennung und Sympathie vornehmlich solchen zuzuwenden, die in ihren Augen als politische Märtyrer gelten. Ist man berechtigt, aus den hierbei vorkommenden Umständen einen Schluß zu machen, so scheint es den Beförderern solcher Andachten indeß weniger auf die Befriedigung eines religiösen Bedürfnisses und auf die Andacht als solche anzukommen, als vielmehr darauf, daß die Massen des katholischen Volkes durch das Absingen von Liedern mit einem entweder sehr gemischten oder auch entschieden nationalen Inhalt, durch Zusammenstellung nationaler Fahnen und Embleme sowie durch aufregende Predigten zu den Umsturzzwecken gleichsam vorbereitet werden sollen ... Ich will nicht, daß ihr den Mitgliedern der Kirche die Gnadensegnungen derselben und die Kraft der Fürbitte entziehet — aber die Kirche liebt und billigt es auch wieder nicht, daß dieses mit äußern ungehörigen Demonstrationen geschehe und unter solchen Umständen, die mit Recht auf die Unlauterkeit der Intention schließen lassen. . .“. Rep. 2 Tit. 30 Nr. 30 Vol. 11 Bl. 317 f.

25 Rep. A 205 Nr. 155 Bl. 148 f. — Bericht des Strasburger Landrates an den Oberpräsidenten vom 19. 3. 61; Rep. 2 Tit. 30 Nr. 30 Vol. 11 Bl. 139. — Bericht des Bürgermeisters von Lautenburg an den Strasburger Landrat vom 16. 4. 61; der Thorner Landrat vertrat die Ansicht, die Wirkung der Andachten auf die Masse der ländlichen Arbeiter und kleinstädtischen Handwerker sei nicht ausgeblieben. Besonders scheine der Gedanke der Solidarität aller Polen Wurzeln geschlagen zu haben. — Bericht an den Oberpräsidenten vom 24. 5. 61, Rep. 2 Tit. 30 Nr. 30 Vol. 11 Bl. 164.

26 „Zum denkwürdigen 12. September als dem Jahrestage der Befreiung des Christentums durch die polnischen Waffen bei Wien laden die Unterzeichneten zu einer Pilgerfahrt nach Lonk ein, um zu den Füßen des wundertätigen Bildes der Mutter Gottes und Königin Polens eine bessere Zukunft für unsere Nation zu erflehen . . .“. — Przyjaciel Ludu Nr. 35/1861.

Das Kloster der Franziskaner Reformaten war ein religiöser Mittelpunkt für die gesamte Provinz Preußen und die angrenzenden russisch-polnischen und Posener Gebiete. Bei den jährlichen Ablaßfeiern, die bereits eine hundertjährige Tradition hatten, strömten bis zu 20000 Gläubige im Löbauer Kreis zusammen[27]. Bei der Prozession am 12. September, die von Briesen über Neumark nach Lonk und wieder zurück nach Neumark führte, wurden rote und weiße Fahnen, blau-weiß-rote Kokarden und altpolnische Kleidung gezeigt. Trotz dieser nationalen Embleme und des Absingens von ‚Boże coś Polskę‘ griffen die Polizeibehörden nicht ein, da sie den Polen nicht unnötig Popularität verschaffen wollten[28]. Tatsächlich verliefen alle Veranstaltungen ruhig und ohne besondere antipreußische Affekte. Der Regierungspräsident von Marienwerder wies den Oberpräsidenten darauf hin, daß im Gegensatz zu Posen, wo der Klerus führend beteiligt war, die Veranstaltungen in Westpreußen durch den Adel und die Presse vorbereitet wurden[29]. Die Gutsbesitzer waren in den meisten Fällen auch die Initiatoren der Trauer- und Gedenkgottesdienste, die sie zuweilen allein mit ihren Familien und ihrem Gesinde besuchten. Trotz der Orientierung an den Vorgängen im russischen Anteil fehlte diesen Demonstrationen daher von Anfang an jeder revolutionäre Zug. Die politischen Führer hatten die Bewegung jederzeit unter Kontrolle und konnten sie uneingeschränkt zur Kräftigung des Gruppenbewußtseins und der Solidarität in ihrem Sinne nutzen. Der ‚Nadwiślanin‘ maß diesen Versuchen große Bedeutung zu. Das Volk stehe dem Adel noch mißtrauisch gegenüber und könne nur gewonnen werden, wenn man es über die Religion anspreche. „Darin besteht eben das eigentliche Wesen und der Kern der jetzigen nationalreligiösen Bewegung, daß sie das im Innern unserer Nation verborgene reine Gold, ihr durch und durch katholisches Gefühl an die Oberfläche bringt“[30].

Zu den Integrationsfaktoren der Nationen und Nationalitäten tritt früher oder später die eigene historische Tradition — idealisiert oder gar mythisch überhöht, oft reine Fiktion oder gewaltsame Konstruktion. Die Bedeutung der eben geschilderten Demonstrationen lag in der wirkungsvollen Verbindung des Religiösen mit nationalen Elementen. Obwohl die polnische Nation auf eine große historische Vergangenheit zurückgreifen konnte und diese Tradition im Adel und in der Intelligenz auch sorgfältig gepflegt wurde[31], standen der Schaffung eines zusammenhängenden Geschichtsbildes bei den unteren Bevölkerungsschichten zunächst noch kaum überwindbare Hindernisse im Wege. Da man nicht über das wichtige Instrument der Schule verfügte, konnte die Bevölkerung im wesentlichen nur durch Bücher, Broschüren und Zeitungsartikel beeinflußt werden. Diese Publikationsmittel standen seit 1848 bereit, und es wurden auch sogleich entsprechende Versuche unternommen. Die 1849 von Ignacy Łyskowski herausgegebene Broschüre ‚Książeczka dla ludu polskiego‘ [Büchlein für

27 Rep. 2 Tit. 40 Nr. 2 Vol. 9 Bl. 115 ff.; Rep. 2 Tit. 30 Nr. 30 Vol. 3 Bl. 19 f.; Vol. 16 Bl. 176–197, 297, 561 ff.

28 Bericht des Landrates an die Regierung Marienwerder vom 20. 10. 1861. — Rep. 2 Tit. 30 Nr. 30 Vol. 11 Bl. 323.

29 Schreiben vom 19. 9. 1861. — Rep. 2 Tit. 30 Nr. 30 Vol. 11 Bl. 289. — Einzelheiten über die Vorgänge in Posen z. B. in der Anklageschrift von 1864, Einleitung.

30 Nadwiślanin Nr. 92/1861.

31 Vgl. z. B. oben S. 133 über die Arbeit der Filomaten an den westpreußischen Gymnasien.

das polnische Volk] enthielt unter anderem Lebensläufe berühmter Polen und Erzählungen aus der nationalen Vergangenheit. Die ‚Szkółka Narodowa' verwies besonders in ihren ersten Nummern wiederholt auf die einstige Rolle Polens als „Vormauer gegen die Europa bedrohende Barbarei" [32] und auf die Rettertat Jan Sobieskis vor Wien, mit der er „ganz Deutschland von dem ihm drohenden Joch ... befreite" [33].

Es blieb im Völkerfrühling und in der Reaktionszeit jedoch bei Ansätzen [34]; von Büchern konnte ohnehin kaum eine Wirkung erhofft werden, solange sie nicht durch Volksbibliotheken verbreitet wurden. Erst Anfang der sechziger Jahre wurden in Übereinstimmung mit der allgemeinen Entwicklung auch die Versuche verstärkt, bei der einfachen Bevölkerung das Bewußtsein für Zusammenhänge und Werte der eigenen historischen Tradition zu entwickeln. Da es schwierig war, von den letzten hundert Jahren der Republik ein positives Gesamtbild zu entwerfen und auch die Zeit der Unfreiheit kaum dazu beitragen konnte, das nationale Selbstbewußtsein zu stärken, griff man lieber auf die glanzvolleren früheren Jahrhunderte zurück. Die neueste Geschichte Polens sei voll von Fehlern und Niederlagen, schrieb Józef Chociszewski, der sich besonders um die historische Erziehung bemühte; nur die ältere Geschichte könne für die Jugend beispielhaft und erhebend wirken [35]. Mit dem ‚Przyjaciel Ludu' und zahlreichen Einzelschriften [36] versuchte Chociszewski besonders der bäuerlichen Bevölkerung das Bild eines ehrwürdigen, freien polnischen Staates zu schaffen, in dem „auch der Bauer, wenn er nur brav war, zum König gewählt werden konnte" [37] An die für 1863 geplante Feier des tausendjährigen Bestehens der polnischen Nation knüpfte der ‚Nadwiślanin' die Hoffnung, sie werde Gelegenheit geben, den im Volke schlummernden Funken des nationalen Bewußtseins und nationaler Würde anzufachen. Die Erinnerung, daß Piast vor 1000 Jahren als Bauer zum König gewählt wurde, sei durchaus geeignet, dem Landvolk nationale Gefühle einzuflößen [38].

Ein Einfluß derartiger Bemühungen auf die Entwicklung des Nationalbewußtseins kann nicht exakt nachgewiesen werden. In Westpreußen hatten sie neben dem materiellen Teil der ‚organischen Arbeit' und anderen Maßnahmen zur Erhöhung der Kommunikation und Integration zunächst nur eine geringe, überwiegend akzidentielle Wirkung.

---

32 Szkółka Narodowa Nr. 1/1848.

33 Ebd. Nr. 2/1848.

34 In den fünfziger Jahren bemühte sich allein der ‚Nadwiślanin', die Erinnerung an die großen Epochen der polnischen Geschichte zu pflegen und zu stärken. — *Cieślak,* Z dziejów prasy, S. 48 ff. — Es gilt aber zu bedenken, daß die einfache Landbevölkerung von dem Blatt kaum erreicht wurde. Siehe oben S. 136 f.

35 Brief an Kraszewski vom 6. 12. 1873. — Bibliot. Jagiell. MS 6491.

36 Zu nennen wären etwa eine Darstellung des alten Polen in dem von Chociszewski herausgegebenen Kalender von 1862, eine Broschüre über die Lubliner Union, v. a. aber die ‚Geschichte der polnischen Nation', die lange Jahre hindurch das einschlägige Handbuch für die Jugend bildete. — *Mańkowski,* Dzieje drukarstwa, RTNT, Bd. 14, S. 76.

37 Amtliche Übersetzung aus den 1863 erschienenen ‚Powiastki i Wierszki' [Kleine Erzählungen und Gedichte]. Rep. A 180 Nr. 2087 S. 373 f. — Das Zitat ist eine Anspielung auf die oft berufene Legende vom König Piast, der als einfacher Bauer zum Herrscher gewählt worden sein soll.

38 Nadwiślanin Nr. 126/1862.

IV.5 Der Januaraufstand im Königreich Polen als Indikator für den Entwicklungsstand der nationalpolnischen Bewegung in Westpreußen[1]

Die religiös-nationalen Demonstrationen nahmen im preußischen Anteil einen anderen Charakter an und erfüllten eine andere Funktion als im Königreich Polen. Als Sympathiekundgebungen für die Landsleute unter russischer Herrschaft konnten sie zwar den Willen zur nationalen Einheit bekunden und integrierend in der eigenen Gesellschaft wirken, sie zielten jedoch nicht auf einen offenen Konflikt mit der preußischen Staatsgewalt. Der Ausbruch des Aufstandes im Königreich Polen am 22./23. Januar 1863 kam aber für das westpreußische Polentum nicht überraschend. Die gesteigerte Anteilnahme an den Vorgängen im russischen Teilgebiet seit 1861 und eine detaillierte Berichterstattung der beiden Culmer Zeitungen ‚Nadwiślanin' und ‚Przyjaciel Ludu' über die dortige Situation[2], die sich seit dem Herbst 1862 zusehends verschärfte, hatte auch in der Provinz Preußen die Möglichkeit eines bewaffneten Konfliktes immer deutlicher hervortreten lassen.

Die Insurrektion hatte nur eine Erfolgschance, wenn es gelang, das direkte militärische Eingreifen der beiden Teilungsmächte Österreich und Preußen zu verhindern. Dementsprechend mußte die Führung des Aufstandes sorgfältig darauf bedacht sein,

---

1 Die Rolle Westpreußens oder auch des gesamten preußischen Anteils im Januaraufstand wird in den Überblicksdarstellungen verständlicherweise nur gestreift; *Kukiel,* Dzieje Polski Porozbiorowe, Kap. XX; *Rhode,* Kleine Geschichte Polens, S. 390 ff.; *Mańkowski,* Odrodzenie Narodowe, S. 51 ff.; am ausführlichsten noch Historia Polski, II,3, S. 495 ff. Darüber hinaus fehlt eine detaillierte deutschsprachige Untersuchung aber überhaupt. *Schumacher,* Geschichte Ost- und Westpreußens, reduziert den ganzen Vorgang auf einen Satz (S. 279); bei *Baske,* Praxis und Prinzipien, bleibt Westpreußen wie in der gesamten Arbeit weitgehend außerhalb des Problemhorizontes; für Laubert schließlich, der sich mit der Rolle Westpreußens bei den polnischen Aufständen etwas eingehender beschäftigt, ist — wie in anderen Arbeiten — das Bemühen, diese Rolle möglichst zu bagatellisieren, erkenntnisleitendes Prinzip. — *Laubert,* Westpreußen und die polnischen Aufstände, S. 221 ff.

Dagegen liegen inzwischen zwei umfangreiche polnischsprachige Monographien vor, in die auch ältere Detailstudien von Karnowski, Myśliborski-Wołowski und Gierszewski eingegangen sind: *Bukowski,* Pomorze Gdańskie w powstaniu styczniowym, und *Myśliborski-Wołowski,* Udział Prus Zachodnich w powstaniu styczniowym. Die Schwäche von Bukowskis Arbeit liegt in ihrer monomorphen und unzulänglichen Quellenbasis; der Verfasser stützt sich weitgehend auf Pressenachrichten und muß dadurch Lücken im Detail und stellenweise auch Verzerrungen der Perspektive in Kauf nehmen. Myśliborski-Wołowski zieht ergänzend preußische Behörden- und Polizeiakten heran, die teilweise auch in dem ungefähr gleichzeitig erschienenen Quellenband publiziert worden sind, der in der Reihe der ‚Materialien und Dokumente zum Januaraufstand' dem preußischen Anteil gewidmet ist (im folgenden zitiert: Zabór Pruski). Die von mir benutzten Materialien, v. a. die in Göttingen lagernden Oberpräsidialakten, sind von den polnischen Historikern nicht herangezogen worden und können daher zur Ergänzung und Vervollständigung des Bildes beitragen. Insgesamt aber bieten die Arbeiten von Bukowski und Myśliborski-Wołowski eine ausreichende Grundlage, so daß auf eine detaillierte Darstellung des Geschehensablaufes verzichtet werden kann.

2 *Bukowski,* Pomorze Gdańskie w powstaniu, S. 8 ff., 24 ff., 102 ff.; *Myśliborski-Wołowski,* S. 51 ff., 63 ff.

ein Übergreifen der Kampfhandlungen auf die Territorien dieser Staaten zu vermeiden[3]. Am 7. Februar 1863 erließ die neukonstituierte Warschauer Nationalregierung in diesem Sinne einen Aufruf an die Polen im preußischen und österreichischen Anteil. Gleichzeitig wurde freilich betont, die „Nothwendigkeit, in den Provinzen Großpolen, Westpreußen, Ermland, Kleinpolen und Rothreußen sich ruhig zu verhalten", entbinde nicht „von der Betheiligung am Aufstand im moskowitischen Antheil"; es handele sich vielmehr um eine Pflicht, „deren Nichterfüllung ein Verbrechen gegen die ganze Nation sein würde". Alle militärisch Tauglichen wurden daher aufgefordert, sich den Verbänden im Königreich anzuschließen. Als weitere Pflichten wurden den genannten Provinzen die Zahlung der Nationalsteuer und die Lieferung von Waffen auferlegt: „Waffen, in größeren Massen oder einzeln hinübergeführt ... können von Euch den Aufständischen auf allen Grenzpunkten geliefert werden"[4].

Wurde damit eine Insurrektion im preußischen Anteil auch ausdrücklich ausgeschlossen, so waren die erwarteten Hilfeleistungen doch nur durch den direkten Einsatz oder zumindest durch die wohlwollende Haltung eines großen Teiles der polnischen Bevölkerung zu erbringen. Intensität und Umfang der Beteiligung können daher als deutlicher Hinweis auf den Entwicklungsgrad des nationalen Bewußtseins gewertet werden. Zugleich mußte sich besonders in Westpreußen zeigen, ob die bisher entwickelten Kommunikations- und Organisationsformen auch in einer Ausnahmesituation zur Geltung kamen. Das Warschauer Zentralkomitee und die aus ihm hervorgehende Nationalregierung trugen der besonderen Rolle, die der Provinz Preußen für den Aufstand zugedacht war, in ihren Organisationsplänen Rechnung. Seit März 1862 war der Litauer Józef Demontowicz im Auftrage des Zentralkomitees in Westpreußen tätig, um das Gebiet auf die ihm zugedachte Aufgabe vorzubereiten. Schon im Oktober 1862 reiste Mieczysław Łyskowski als Vertreter der westpreußischen Organisation nach Warschau, wo er die Aktionsbereitschaft der Provinz bekräftigte und sich verpflichtete, beim Ausbruch des Aufstandes sofort 15 000 Taler zur Verfügung zu stellen[5]. Als Demontowicz die Organisation der Waffenbeschaffung für den gesamten Aufstand übernahm, trat im März 1863 Julian

3 Das befürchtete direkte militärische Eingreifen vor allem Preußens ist bekanntlich vermieden worden; die preußischen Gegenmaßnahmen im Zusammenhang mit der Alvenslebenschen Konvention waren aber massiv genug, um die polnischen Unterstützungsaktionen von preußischem Territorium aus empfindlich zu stören (vgl. unten S. 168 f.). Zur Alvenslebenschen Konvention s. *Baske*, S. 89 ff. Die Vermutungen in Berlin, die Insurgenten würden sich nach einem Sieg im russischen Anteil auch gegen die anderen Teilungsmächte wenden — vgl. *Baske*, S. 89 ff.; *Gotthold Rhode*, S. 393 —, wurden übrigens bestärkt, als eine am 28. April 1863 durchgeführte Haussuchung beim Grafen Jan Działyński in Posen den größten Teil der Papiere des Posener Organisationskomitees in die Hände der preußischen Polizei brachte. Die Papiere enthielten eine ganze Reihe von Hinweisen auf Pläne der National-Regierung, Polen in den Grenzen von 1772 wiederherzustellen, ganz davon abgesehen, daß die Presse der Aufständischen dieses Prinzip mehr oder weniger offen vertrat. — Anklageschrift 1864, allgemeiner Teil und Graf Działyński; Zabór Pruski, Nr. 54, 55, 56.

4 Rep. 2 Tit. 30 Nr. 30 Vol. 15 Bl. 100 f., amtliche Übersetzung.

5 Anklageschrift 1864, Joseph Demontowicz; Zabór Pruski, Nr. 10, 11 u. ö.; *Bukowski*, Pomorze Gdańskie w powstaniu, S. 167; *Myśliborski-Wołowski*, S. 61.

Łukaszewski als Vertreter der Nationalregierung an seine Stelle[6]. Zu seinen beiden Stellvertretern ernannte er Stanisław Radkiewicz (Westpreußen links der Weichsel) und — im Juli 1863 — Antoni Kalkstein (Gebiete rechts der Weichsel).

Infolge zahlreicher Verhaftungen führender Persönlichkeiten durch die preußischen Behörden und unter den veränderten Bedingungen des Aufstandes wurde im November/Dezember 1863 eine organisatorische Veränderung durchgeführt, infolge derer der gesamte preußische Anteil einschließlich Ostpreußens einem besonderen Exekutivkomitee der Nationalregierung unterstellt wurde. An der Spitze stand wiederum Łukaszewski; Stanisław Radkiewicz übernahm, neben drei Posener Mitgliedern, die Finanzsektion. Für die beiden westpreußischen Wojewodschaften ‚Pommerellen' und ‚Culm' wurden Hiacenty Jackowski und Leon Czarliński als zivile Leiter (naczelnicy) eingesetzt, die ihrerseits wieder ein System von Kreiskommissariaten schaffen sollten[7]. In einem Aufruf Ludwik Mierosławskis an die polnische Bevölkerung im preußischen Anteil vom 1. Dezember 1863 wurde die Neuerung bekanntgegeben und noch einmal betont, daß den Polen in Österreich und Preußen weiterhin nur eine adjutorische Rolle zukomme[8].

Zu diesem Zeitpunkt war bereits klar zutage getreten, daß diese adjutorische Arbeit gerade in Westpreußen weitgehend geleistet wurde. Schon die im Oktober 1862 vom Zentralkomitee ausgeschriebene Nationalsteuer konnte so weit eingezogen werden, daß die Provinz bei Aufstandsbeginn 13 333 francs für Waffenkäufe in Belgien bereitzustellen vermochte. Auch die weiteren Steuerforderungen der Nationalregierung wurden — anders als in den übrigen preußischen und österreichischen Provinzen — in beachtlichem Maße erfüllt[9]. Eine besonders wichtige Funktion sollte die gesamte Provinz Preußen als Nachschubbasis für Waffen und Ausrüstungsgegenstände erfüllen.

---

6 *Łukaszewski* (1836—1908) stammte aus Skorzenica bei Gnesen und war Schüler des Gymnasiums in Tremessen gewesen. Nach dem Aufstand emigrierte er nach Rumänien, wo er sich als Arzt niederließ. Er veröffentlichte 1870 eine Darstellung der Ereignisse im preußischen Anteil (Zabór Pruski w czasie powstania styczniowego 1863-64 r.), die noch heute eine der wichtigsten Quellen für die Vorgänge in Westpreußen ist.

7 Die Organisation auf der unteren Ebene ist nur fragmentarisch zustande gekommen. Eine der wenigen Realisierungen dürfte die Einsetzung des Thorner Bürgers Ludwik Janiszewski als ‚Naczelnik' der Stadt Thorn sein. Sein Sohn wurde am 28. 3. 64 bei Bischofswerder mit Briefschaften des ‚Naczelnik' der Wojewodschaft Culm an den ‚Naczelnik' der Stadt Thorn festgenommen. — Rep. A 350 Nr. 26 Bl. 16 f. Zum gesamten Organisationssystem vgl. vor allem *Bukowski,* Pomorze Gdańskie w powstaniu, S. 42 ff.; *Myśliborski-Wołowski,* S. 185 ff.; Anklageschrift 1864, allgemeiner Teil.

8 Zabór Pruski, Nr. 119.

9 *Bukowski,* Pomorze Gdańskie w powstaniu, S. 41 und 48 f. Zwischen dem 27. 7. und 31. 12. 63 brachte die Provinz insgesamt 19 403 Taler für den Kauf von Waffen und Ausrüstungsgegenständen auf. — Ebd. Die Gesamtleistung der Provinz wird von *Myśliborski-Wołowski* (S. 134 f.) auf rund 82 500 Taler geschätzt. Hinzu kommen weitere 30 000 Taler, die von den westpreußischen Gutsbesitzern für die Verteidigung der im Moabiter Prozeß angeklagten Landsleute aufgebracht worden sind. — T. Donimirski an Kraszewski, Brief v. 22. 12. 64. Bibliot. Jagiell. MS 6497.
Die Einziehung der Steuern wurde im Regierungsbezirk Danzig z. B. vom Pfarrer Antoni Marański aus Sullenczyn, vom Gutspächter Marcelli Borowski aus Czarlin und vom Gutspächter Józef Piotr Tokarski aus Wygodda (alle Orte liegen im Kreis Carthaus) durchgeführt. — Anklageschrift 1864, Personalakten. — Die Aussage des Gutsbesitzers

Schon im November 1862 sandte das Warschauer Zentralkomitee 300 000 Gulden zum Ankauf von Waffen nach Paris mit der besonderen Aufforderung, sich mit den Agenten in Westpreußen und Posen in Verbindung zu setzen, um den Transport zu organisieren [10]. Seit Beginn des Aufstandes lag die Leitung der Nachschuborganisation und -expedition für die Provinz Preußen in den Händen von Józef Demontowicz. Als Sammel- und Umschlagplatz diente in erster Linie Danzig, von wo aus die Sendungen entweder weichselaufwärts ins Königreich oder ostwärts über Königsberg nach Litauen gingen. Die Abwicklung der Geschäfte erfolgte weitgehend durch polnische oder jüdische Handlungshäuser: in Danzig durch die Firma A. Makowski & Co.[11], in Königsberg vor allem durch das erst 1862 gegründete Handlungshaus Chotomski & Koronowicz, durch den polonisierten jüdischen Kaufmann Friedrich Wilhelm Johannsohn und durch das im Dezember 1862 gegründete Speditions- und Kommissionsgeschäft des Józef Nepomucen Gościcki, der zuvor bei Makowski & Co. in Danzig tätig gewesen war [12]. Um den Weitertransport der Waffen bemühten sich in Königsberg vor allem Leopold Różycki, Kazimierz Szulc und Adalbert Winkler-Kętrzyński [13].

Da die preußische Regierung bereits am 12. Februar 1863 die Ausfuhr und Durchfuhr von Waffen und Munition ins Königreich Polen und nach Rußland verboten hatte [14] und die Kontrollen ständig verschärft wurden, gestaltete sich die Durchführung der Lieferungen zusehends schwieriger. Größere Transporte hatten immer weniger Aussicht, ans Ziel zu gelangen. Eine Kahnladung von 600 Zentnern Schießpulver z. B., die von Magdeburg über Bromberg, Danzig, Elbing, Königsberg nach Litauen gehen sollte, war der Polizei bereits avisiert, bevor sie ihren Ausgangspunkt verlassen hatte; sie wurde am 20. Juli in Dirschau und Danzig beschlagnahmt [15]. Ebenso wurde die Fracht des englischen Schoners ‚Bessie' — ca. 1000 Gewehre

---

Teodor Łaszewski, er sei von der Nationalregierung wegen seiner Weigerung, die Steuern zu zahlen, mit 50 Talern Geldstrafe belegt worden bei Androhung schärferer Maßnahmen im Falle fortgesetzter Weigerung, deutet darauf hin, daß die Beiträge nicht immer freiwillig geleistet wurden. — Ebd., Anton Marański.

10 Ebd., allgemeiner Teil; Zabór Pruski, Nr. 6, Bericht des Agenten Milowicz über Waffentransporte via Breslau und Königsberg vom 10. 2. 1863.

11 Der Vertrauensmann war hier der Handlungskommis Jan Roehr, der sich schon 1846 in Litauen am Aufstand beteiligt hatte und erst 1859 aus sibirischer Verbannung zurückgekehrt war. — Anklageschrift 1864, Johann Roehr; *Bukowski*, Pomorze Gdańskie w powstaniu, S. 123; *Myśliborski-Wołowski*, S. 126 ff., S. 247 u. ö.

12 Anklageschrift 1864, Fr. W. Johannsohn, Boleslaw Graf Chotomski, Jan Nepomucen Koronowicz, J. N. Gościcki. — Der Ankläger im Polenprozeß vermutete, daß das Handlungshaus Chotomski-Koronowicz schon bei seiner Gründung 1862 vom damaligen Zentralkomitee als Mittelpunkt für Waffenlieferungen vorgesehen war. Sicher dürfte das auch bei dem erst im Dezember 1862 gegründeten Speditionsgeschäft Gościckis der Fall gewesen sein.

13 Ebd., Johann Adalbert Winkler von Ketrzyński, Leopold von Rozycki, Dr. Kazimir Schulz; vgl. auch den biographischen Anhang.

14 Rep. 2 Tit. 30 Nr. 30 Vol. 12 Bl. 369. — Bekanntmachung des Finanzministers an alle Regierungen.
Das Verbot wurde für die Provinz Preußen erst am 1. April 1865 außer Kraft gesetzt. — Rep. 2 Tit. 30 Nr. 30 Vol. 17 Bl. 324.

15 Rep. A 180 Nr. 2087 S. 231—247.

Büchsen und Karabiner, versteckt in Fässern mit Porzellanerde — in Danzig schon konfisziert, bevor sie gelöscht war [16]. Der größte Teil der tatsächlich ins Kampfgebiet gelangten Waffen dürfte daher in kleinen Kontingenten befördert worden sein. Wirkungsvolle Unterstützung fanden die Polen bei zahlreichen deutschen und jüdischen Kaufleuten, die sich allerdings nicht aus Sympathie für den Aufstand, sondern wegen des überdurchschnittlich hohen Profits in das Geschäft einschalteten [17]. Besonders in Thorn war ein großer Teil der zahlreichen Eisen- und Waffenhändler daran beteiligt [18]. Die Behörden konnten nur schwer eingreifen, da der Waffenhandel innerhalb Preußens nicht verboten war und die Händler sich bemühten, die Waffen nur im Einzelhandel weiterzugeben; darüber hinaus machte der Thorner Magistrat aber ohnehin kaum Kontrollversuche, denn die Belebung des städtischen Verkehrs durch den Aufstand brachte der gesamten Bürgerschaft erhebliche Vorteile [19]. Treffpunkt besonders für die Offiziere der Aufständischen und die polnischen Gutsbesitzer beiderseits der Grenze war der Gasthof ‚Schwarzer Adler'; hier verkehrte auch der ehemalige Thorner Gymnasiast Antoni Kolbe, der zusammen mit dem ehemaligen preußischen Landwehroffizier Brodowski die Waffentransporte von Thorn über die Grenze organisierte [20].

---

16 Rep. 2 Tit. 30 Nr. 30 Vol. 15 Bl. 37 ff.

17 „Das Waffenspeditionsgeschäft mit Polen liegt hier [in Johannisburg] offenbar in den Händen bemittelter Juden, welche lediglich den Zweck haben, sich erheblich zu bereichern und bei dem großen Verdienste, den sie haben, kein Mittel scheuen, um etwaige Hindernisse ... durch Geldopfer aus dem Wege zu räumen." — Bericht des Königsberger Polizeipräsidenten an den Berliner Untersuchungsrichter Krüger v. 3. 9. 1863. — Rep. 2 Tit. 30 Nr. 30 Vol. 14 Bl. 410 f.

18 Rep. A 350 Nr. 32 passim; Rep. 2 Tit. 30 Nr. 30 Vol. 14 Bl. 45 ff., Vol. 15 Bl. 363 ff.; *Myśliborski-Wołowski*, S. 99 f.

19 Rep. 2 Tit. 30 Nr. 30 Vol. 15 Bl. 363. — Die Regierung Marienwerder tadelte den Magistrat am 21. 2. 64 scharf wegen seiner ‚schlaffen' Polizeiaufsicht. Seit Jahresfrist seien keine Waffenlieferungen mehr entdeckt worden, „während offenbar Thorn der Sitz eines lebhaften Waffenhandels gewesen ist ...". — Rep. A 350 Nr. 32 Bl. 289.
In einem Schreiben vom selben Tage an den Oberpräsidenten vertrat der Regierungspräsident im Hinblick auf die Thorner Verhältnisse die Ansicht, „daß eine städtische Polizeibehörde in Hinsicht auf politische Polizei so wenig als möglich thut, wenn die Einwohner bei dem unerlaubten Verkehr erhebliche Geldvortheile haben". — Rep. 2 Tit. 30 Nr. 30 Vol. 15 Bl. 339 f.

20 Rep. A 180 Nr. 2087, S. 503 ff.; Rep. A 207 Nr. 391 Bl. 131 f.; Rep. A 350 Nr. 26 Bl. 77 f.
Über das Gesamtvolumen der von der Provinz Preußen aus ins Aufstandsgebiet gelieferten Waffen und Ausrüstungsgegenstände können keine präzisen Angaben gemacht werden. Nach Bukowski sind zwischen dem 1. August und dem 31. 12. 1863 von Ostpreußen aus insgesamt ca. 1000 Karabiner und Stutzen, 600 Säbel und 350 Pistolen ins Kampfgebiet gelangt. — *Bukowski*, Pomorze Gdańskie w powstaniu, S. 51. Vgl. *Myśliborski-Wołowski*, S. 98 ff., S. 116 ff. Demnach ist ein beträchtlicher Anteil der gesamten Lieferungen von den preußischen Behörden konfisziert worden. Nach den Akten sind nämlich während des Aufstandes in Ost- und Westpreußen beschlagnahmt worden: mindestens 3800 Gewehre, Karabiner usw., 1200 Pistolen oder Revolver, 320 Hieb- und Stichwaffen (ohne Bajonette), 618 Zentner Pulver, Zehntausende von Patronen, Kugeln und Zündhütchen sowie diverse andere Waffen und Ausrüstungsgegenstände. — Rep. 2 Tit. 30 Nr. 30 Vol. 12—17; Rep. A 180 Nr. 2087; Rep. A 205 Nr. 154.

Im Rahmen der Gesamtplanung der Nationalregierung wurden die Waffen- und Munitionslieferungen — wie auch die Aufstellung von Freiwilligenverbänden[21] — größtenteils von auswärtigen Agenten organisiert und geleitet[22]; im einzelnen war die Durchführung jedoch nur unter Mithilfe der einheimischen Bevölkerung möglich. Im Berliner Hochverratsprozeß, den der königliche Oberstaatsanwalt gegen preußische Staatsbürger wegen Beteiligung an der Insurrektion angestrengt hatte, standen aus Westpreußen außer den oben genannten Personen wegen derartiger Vergehen Teodor Jackowski aus Lippinken und Edward Kalkstein aus Klonowken (beides Kreis Pr. Stargard) unter Anklage. Jackowski hatte für Demontowicz in Danzig Waffen eingekauft und vor allem das von ihm gepachtete Gut Łapinóżek, das hart an der Grenze im Königreich Polen lag, als Zwischenstation für Waffentransporte zur Verfügung gestellt. Kalkstein hatte auf eigene Rechnung 200 Infanteriegewehre in Suhl bestellt, die in kleinen Mengen über Pelplin, Elbing, Soldau befördert werden sollten, aber zumindest teilweise auf dem Bahnhof Güldenboden beschlagnahmt wurden[23]. Benötigten die Transporte auch nur eine relativ kleine Gruppe direkt Beteiligter, so hing ihr Gelingen doch von einer zumindest passiven Zustimmung der polnischen Bevölkerung ab. Denunziationen kamen ganz selten vor[24], so daß der mit polizeilichen Recherchen beauftragte Regierungsrat Braun im April 1864 mit einiger Erbitterung feststellen mußte, „daß die ganze polnische Bevölkerung wie ein Mann zusammensteht und Tausende ihre Geheimnisse bewahren“[25].

---

21 Dazu unten S. 171 ff.

22 Als Bevollmächtigter Demontowicz's war seit dem 24. 1. 63 ein gewisser Leon Martwell in der Provinz tätig (er stammte aus Warschau, sein eigentlicher Name lautete wahrscheinlich Heilpern). Als Mitarbeiter standen ihm zur Verfügung der Litauer Pawel Suzin der Wolhynier A. Slaski und fünf weitere Emigranten. Martwell wurde allerdings bereits am 11. 2. 63 verhaftet. — Anklageschrift 1864, Martwell; *Bukowski,* Pomorze Gdańskie w powstaniu, S. 168; Rep. A 350 Nr. 32 Bl. 6 f.; Rep. 2 Tit. 30 Nr. 30 Vol. 12 Bl. 326 ff. (Von Demontowicz ausgestellte Bevollmächtigung für Martwell mit Umschreibung seines Aufgabenbereiches).

23 Anklageschrift 1864, Theodor von Jackowski und Eduard von Kalkstein; Rep. A 180 Nr. 2087 S. 85 ff. — In der Kirche von Wabcz (Besitzerin Wilkxycka) wurde Kriegsmaterial beschlagnahmt, das der dortige Pfarrer Tarnowski von Johannsohn aus Königsberg bezogen hatte; das Thorner Kreisgericht — um ein letztes Beispiel anzuführen — verurteilte den Lokomotivführer Adam Kowalski, den Malerlehrling Józef Gajewski und den Kaufmann Kazimierz Szwaba wegen verbotener Waffenausfuhr zu je 480 Talern Geldstrafe oder 5 Monaten Gefängnis. — Rep. 2 Tit. 30 Nr. 30 Vol. 12 Bl. 330, Vol. 13 Bl. 135, Vol. 14 Bl. 160, Vol. 15 Bl. 2 und 296 f.
Eine umfassende Darstellung der Organisierung von Waffentransporten innerhalb Westpreußens gibt *Myśliborski-Wołowski,* S. 103 ff.

24 Im Mai 1864 verriet der 86jährige Invalide Urbański aus Wallicz/Krs. Culm der Polizei ein Waffenlager. Er wurde von seiner Gutsherrschaft sofort seiner Benefizien beraubt und kurz darauf von einem Unbekannten erschossen. Der Täter konnte sich ohne Schwierigkeiten dem Zugriff der Polizei entziehen; nach Ansicht des Regierungspräsidenten nur, weil er von der Bevölkerung „mannigfache Hilfe“ erhielt. — Rep. 2 Tit. 30 Nr. 30 Vol. 16 Bl. 300 f. und 363. — Über die wenigen Fälle von Denunziation und Kollaboration s. a. *Myśliborski-Wołowski,* S. 129 f.

25 Rep. 2 Tit. 30 Nr. 30 Vol. 16 Bl. 24 f. — Bericht an Oberpräsident Eichmann vom 9. 4. 1864. Braun war am 6. 7. 1863 beauftragt worden, in Westpreußen „die obere Leitung der zum Zwecke der ... geführten Voruntersuchung wegen Hochverraths resp.

Der Partizipationsgrad, der als Indiz für den damaligen Entwicklungsstand des nationalen Bewußtseins bei der polnischen und kaschubischen Bevölkerung Westpreußens angesehen werden kann, läßt sich am genauesten aufgrund der direkten Teilnahme am Aufstand bestimmen. Waren 1830/31 nur wenige, meist Angehörige des Adels, ins Königreich geeilt, so versuchten diesmal einige Tausende, sich den Insurgenten jenseits der Grenze anzuschließen. Die ersten 10 bis 20 Freiwilligen überschritten schon Ende Januar 1863 von Komorowo (Kreis Strasburg) aus die Grenze, kehrten allerdings bald zurück, da sie keinen Kontakt mit den Aufständischen herstellen konnten. Eine Gruppe von 9 Mann unter Führung eines Krügers brach am 7. Februar 1863 von Bobrowo (Krs. Strasburg) auf. Sie war durch die Gutsbesitzer Czapski/Bobrowo, Łyskowski/Grzynowo und Gółkowski/Czekanowo ausgerüstet und bewaffnet worden[26]. Eineinhalb Monate später, in der Nacht vom 21. zum 22. April, gingen bei Elgiszewo (Kreis Thorn) rund 200 Mann mit 4 Wagen Ausrüstungsgegenständen über die Grenze. Der Zug war von Piontkowo (Kreis Strasburg), Rynsk (Kreis Thorn) und Mgowo (Kreis Culm) aus organisiert worden. Zu den Führern gehörte der 20jährige Zygmunt Działowski, Sohn des Besitzers von Mgowo. Angeschlossen hatten sich unter anderem 12 Culmer Gymnasiasten, 15 Knechte aus Mgowo und mindestens ebensoviele Handwerksgesellen und Kaufmannsgehilfen aus den Städten des Culmer Landes[27]. Weitere Zuzüge meldete der Culmer Landrat am 2. Juni (allein 30 Mann aus dem Ort Lissewo) und am 10. Juni (90 Mann aus Lissewo und Umgebung)[28]. Das größte Unternehmen dieser Art wurde im Frühjahr 1864 vorbereitet[29]. Im Rahmen einer neuen Offensive sollte in Westpreußen ein Regiment der 4. Division im 3. Armeecorps aufgestellt und in mehreren Abteilungen ins Königreich geführt werden. Das Oberkommando übertrug die Nationalregierung dem aus dem Großherzogtum stammenden Edmund Callier, der im Februar 1864 im Culmer Land eintraf. In der zweiten Märzhälfte wurden in den Kreisen Culm, Strasburg, Löbau und im angrenzenden ostpreußischen Kreis Neidenburg rund 1200 Mann zusammengezogen[30], die in der Nacht vom 30. zum 31. März in fünf Kolonnen die Grenze überschreiten sollten. Das Unternehmen gelang nur teilweise, nicht zuletzt

---

vorbereitenden hochverrätherischen Handlungen vorzunehmenden polizeilichen Recherchen zu übernehmen". — Rep. A 350 Nr. 32 Bl. 92.

26 Anklageschrift 1864, Leon Martwell. — *Myśliborski-Wołowski*, S. 140 f.

27 Anklageschrift 1864, Sigismund von Dzialowski, Natalis von Sulerzyski, Joseph von Ilowiecki; Rep. A 350 Nr. 32 Bl. 38; Rep. A 207 Nr. 220 Bl. 281; Rep. 2 Tit. 30 Nr. 30 Vol. 13 Bl. 339 ff.; *Bukowski*, Pomorze Gdańskie w powstaniu, S. 56 ff. — Die Zahlenangaben schwanken. Während die preußischen Beamten durchweg von 200 Zuzüglern sprechen, nennt der von Bukowski zitierte ‚Nadwiślanin' nur rund 100; ähnlich *Myśliborski-Wołowski*, S. 148 f.

28 Rep. 2 Tit. 30 Nr. 30 Vol. 14 Bl. 167 und 186.

29 Das Folgende nach Rep. 2 Tit. 30 Nr. 30 Vol. 15 Bl. 398 ff., Vol. 16 passim; Anklageschrift 1864, Edmund Callier; *Bukowski*, Pomorze Gdańskie w powstaniu, S. 62 ff.; *Myśliborski-Wołowski*, S. 162 ff.

30 Ein Bericht des Regierungsrates Braun an Oberpräsident Eichmann vom 14. 5. 1864 gibt eine interessante Aufschlüsselung der Herkunftsgebiete dieser Freiwilligen. Demnach stammten 130 Mann aus dem Kreis Stargard, 120 aus dem Kreis Conitz, 50 aus der Gegend von Mewe, 40 aus Stuhm und Umgebung, 30 aus der Gegend von Lessen, 250, 100, 60, 30, 20, 20 Mann jeweils aus den Kreisen Culm, Löbau, Schwetz, Strasburg,

wegen Unstimmigkeiten in der Führung. Zwei Abteilungen wurden von preußischem Militär gestellt; einige Zuzüglergruppen erreichten die Sammelplätze zu spät und die ins Aufstandsgebiet gelangten Abteilungen wurden sehr bald von russischen Truppen aufgerieben oder zerstreut. Beachtenswert bleibt aber, daß sich diese Mannschaften zum weitaus größten Teil aus Landarbeitern, Bauern und Handwerkergesellen zusammensetzten [31]. Obwohl der ungünstige Ausgang des Unternehmens entmutigend wirken mußte und sich die allgemeine Aufstandssituation rapide verschlechterte — am 11. April wurde der Diktator Romuald Traugutt von den Russen gefangen genommen —, fanden sich weiterhin Freiwillige, und noch Anfang Juli standen 206 Mann in den Grenzkreisen bereit [32].

Alle Zuzüge wiesen einen bemerkenswert hohen Anteil junger Leute auf. Mindestens 30 Schüler der Gymnasien in Culm und Conitz und des Progymnasiums in Kauernik bei Löbau haben sich — zum Teil erst 15- oder 16jährig — den Insurgenten angeschlossen [33]. Culmer Gymnasiasten machten seit dem Herbst 1862 vor den Toren der Stadt Schießübungen mit Pistolen und ließen sich von dem ehemaligen preußischen Artillerieleutnant Szawelski militärisch-theoretischen Unterricht erteilen, so daß der

---

Thorn und Berent. Weitere 350 Mann hatten sich in den angrenzenden Kreisen Ostpreußens gesammelt. — Rep. 2 Tit. 30 Nr. 30 Vol. 16 Bl. 242.
Die Angaben des Culmer Landrates (2—3000 Mann) liegen zu hoch. — Ebd., Bl. 93 ff.; s. a. Zabór Pruski, Nr. 165.

31 Auf den hohen Anteil von Arbeitern weist ein Polizeibericht ausdrücklich hin — Rep. 2 Tit. 30 Nr. 30 Vol. 16 Bl. 404 ff. Einen direkten Beleg bietet eine Personalliste preußisch-polnischer Untertanen, die in russische Gefangenschaft geraten und zum Eisenbahnbau der Linien Moskau-Orel, Tula-Orel und Orel-Kursk eingesetzt worden waren. Sie wurden Ende November 1866 in ihre Heimat entlassen. Aus Westpreußen stammten: Hiacenty Blazek, 25 Jahre, Bauer aus Bobau/Krs. Stargard; Jan Brzeziński, 22 Jahre, Bauer aus Omule/Krs. Löbau; Jakób Binkowski, 35 Jahre, Bauer aus Lonzyn/Krs. Thorn Józef Biernacki, 25 Jahre, bürgerlicher Abkunft, aus Thorn; Józef Bartusinski 23 Jahre, bürgerl. Abkunft, aus Thorn; Leonard Wewierowski, 25 Jahre, Bauer aus Jastrzembie/Krs. Strasburg; Hubert Witkowski, 33 Jahre, ?, aus Culmsee; Józef Wagner, 23 Jahre, bürgerlicher Abkunft, aus Conitz/Krs. Conitz; Józef Grunowski, 22 Jahre, ?, aus Skarlin/Krs. Löbau; Teodor Dembiński, 27 Jahre, Bauer aus Tillitz/Krs. Löbau; Władysław Zamray, 26 Jahre, Bauer aus Pomieska/Krs. Löbau; Jan Liptowski, 25 Jahre, Bauer aus Siedlce/Krs. Conitz; Antoni Łukaszewski, 25 Jahre, ?, aus Gollub; Franciszek Michna, 23 Jahre, Bauer aus Bobau; Józef Ostremba, 23 Jahre, Bauer aus Nikolaiken/Krs. Löbau; Leonard Przetak, 25 Jahre, bürgerl. Abkunft, aus Danzig; Stanislaw Prochenkiewicz, Bauer aus Löbau; Michał Rynowski, 35 Jahre, Bauer aus Czersk/Krs. Conitz; Franc. Sabenik, 23 Jahre, Bauer aus Czersk; Franc. Sadowski, Bauer aus Krzemieniewo/Krs. Löbau; Franc. Sierakowski, bürgerl. Abkunft, aus Thorn; Antoni Stroginski, 19 Jahre, bürgerl. Abkunft, aus Neustadt; Stan. Skolmowski, 23 Jahre, Bauer aus Targowisko/Krs. Löbau; Konstanty Syrowiński, 22 Jahre, Bauer aus Szewo/Krs. Thorn; Peter Trebnau, 25 Jahre, Bauer aus Bobau; Antoni Jasnoch, 20 Jahre, Bauer aus Czersk. — Nach Rep. 2 Tit. 30 Nr. 30 Vol. 18 Bl. 43 ff.

32 *Bukowski,* Pomorze Gdańskie w powstaniu, S. 91; *Myśliborski-Wołowski,* S. 175 f.

33 Diese Angabe stützt sich v. a. auf *Bukowski,* Pomorze Gdańskie w powstaniu, S. 52 ff. und *Myśliborski-Wołowski,* S. 175 f.
Sämtliche bisher gemachten Angaben erheben keinen Anspruch auf Vollständigkeit, dürften aber einen ausreichenden Eindruck vom Ausmaß der Zuzüge geben.

Landrat Anfang Februar 1863 besorgt darauf hinwies, unter den 500 Schülern befänden sich mindestens 150 „kampffähige polnische Jünglinge“ [34]. Viele spontane Zuzüge kleiner, oft nur zwei oder drei Mann umfassender Gruppen, die während der ganzen Insurrektionszeit anhielten, sind von keiner Seite registriert worden [35]; und die Beteiligung wäre — wie ein Landrat wohl richtig feststellte — höchstwahrscheinlich noch wesentlich größer gewesen, wenn nicht die starke Konzentration preußischer Truppen einschüchternd gewirkt hätte [36].

Im Hinblick auf den Entwicklungsgrad des nationalen Bewußtseins konnte die Teilnahme der unteren Bevölkerungsschichten allerdings unmöglich überall spontan und völlig selbständig sein. Eine nicht zu unterschätzende Werbewirkung dürften die beiden Culmer Zeitungen ‚Nadwiślanin‘ und ‚Przyjaciel Ludu‘ ausgeübt haben, die in jeder Nummer ausführlich über den Aufstand und damit in Verbindung stehende Vorgänge in der Provinz berichteten; sie wurden deshalb auch von preußischer Seite in dieser Zeit besonders erbittert und mit allen zur Verfügung stehenden Mitteln bekämpft [37].

Entscheidend aber blieb die Haltung des grundbesitzenden Adels. Er brachte im wesentlichen die von der Nationalregierung ausgeschriebene Nationalsteuer auf, und nur durch die Verfügbarkeit der großen, von preußischer Seite schwer kontrollierbaren Güterkomplexe konnten das weitverzweigte Organisationssystem für Waffenlieferungen und die Aufstellung von Freiwilligenverbänden überhaupt funktionieren. Freilich kann auch hier beobachtet werden, daß die Gutsbesitzer bis auf einige Ausnahmen darauf bedacht blieben, sich selbst so wenig wie möglich zu exponieren [38]. Die organisatorische Leitung der Waffentransporte und Zuzüge lag ja ohnehin weitgehend in den Händen auswärtiger Emissäre und Agenten, und direkt beteiligten sich hier lediglich die Söhne einiger angesehener Familien, wie z. B. Zygmunt Działowski, Edward Kalkstein, Leopold Różycki oder die Brüder Czarliński [39]. Diese Zurückhaltung läßt sich via

---

34 Rep. 2 Tit. 30 Nr. 30 Vol. 12 Bl. 231 ff. u. 364; Vol. 13 Bl. 29 ff., 45, 205 ff., 339 ff.; Vol. 15 Bl. 73 ff.; Rep. A 205 Nr. 154 Bl. 307 f.

35 Es finden sich in den Akten aber zahlreiche Meldungen von Einzelfestnahmen und andere Hinweise auf diesen Tatbestand. Namentlich und meist auch der Herkunft nach sind von Bukowski und Myśliborski-Wołowski ca. 500 Personen, die in irgendeiner Weise am Aufstand beteiligt gewesen sind, identifiziert worden. Die Aufstellung könnte aufgrund der von mir bearbeiteten Akten um weitere 60 Namen ergänzt werden.

36 Bericht des Stargarder Landrates vom 13. 4. 64 an die Regierung Danzig. — Rep. 2 Tit. 30 Nr. 30 Vol. 16 Bl. 127. Abgesehen davon, daß entlang der Grenze zum Königreich Polen ein Militärkordon gebildet worden war, standen in vielen Städten und Ortschaften Militäreinheiten. Außerdem waren große Güter, deren Besitzer der Aufstandsunterstützung verdächtigt wurden, mit kleineren Abteilungen belegt worden.

37 *Bukowski*, Pomorze Gdańskie w powstaniu, S. 102 ff.; *Myśliborski-Wołowski*, S. 63 ff. — Die Beschlagnahmen und Presseprozesse häuften sich in dieser Zeit. Die Redaktionen mußten fortwährend neu besetzt werden, da die Redakteure einer nach dem anderen mit Gefängnis- oder gar Zuchthausstrafen belegt wurden.

38 Vgl. oben S. 66 und unten S. 175 ff.

39 Różycki, der Sohn des Besitzers von Zajonckowo (Kreis Löbau), hatte vor dem Aufstand in Berlin Medizin studiert. Er war für Waffenkäufe im Ausland verantwortlich und organisierte zusammen mit Winkler-Kętrzyński Waffentransporte in Ostpreußen. Die vier Brüder Czarliński beteiligten sich an verschiedenen Zuzügen; Leon Cz. war unter dem

negativa auch an der endgültigen Anklageschrift des Oberstaatsanwalts ablesen. Neben den beiden Pächtern Marceli Borowski und Józef Piotr Tokarski, denen die Eintreibung der Nationalsteuer zur Last gelegt wurde, neben Leopold Różycki und Zygmunt Działowski standen nur Natalis Sulerzyski, Teodor Jackowski, Edward Kalkstein und Józef Ilowiecki unter der Anklage des Hochverrats[40].

Teodor Jackowski war der einzige Pole aus Westpreußen, der in das Organisationsnetz der Aufständischen auf überregionaler Ebene eingeschaltet war. Das Warschauer Zentralkomitee nannte schon in einem Schreiben vom 11. 12. 1862 an das Hilfskomitee in Paris das Gut Łapinóżek im Kreis Lipno nahe der preußischen Grenze, das Jackowski seit 1857 als Pächter bewirtschaftete, als Speditionsort für Waffen und Korrespondenzen. Im Dezember 1862 reiste Jackowski im Auftrage des Zentralkomitees nach Paris und London, um die Emigration und auch Bakunin und Herzen vom bevorstehenden Aufstand in Kenntnis zu setzen. Seit Februar 1863 führte er unter anderem Namen Waffenkäufe und -transporte in Westpreußen durch. Im Oktober 1863 sandte ihn die Nationalregierung als Konsul nach Dresden. Seine Hauptaufgabe bestand in der Einziehung der Nationalsteuer bei den im Auslande lebenden Polen, und er konnte auch tatsächlich 5000 Rubel nach Warschau überweisen. Offensichtlich ist es ihm aber nicht gelungen, mit der sächsischen Regierung Kontakt aufzunehmen, wie sein weiterer Auftrag lautete[41]. Nach wiederholter Ausweisung durch die sächsischen Behörden hielt er sich wieder in Westpreußen auf und wurde am 11. 12. 63 auf seinem Gut Lippinken verhaftet. Jackowski bekannte sich vor Gericht übrigens voll zu seiner Tätigkeit, bestritt aber, daß sie in irgendeiner Weise gegen den preußischen Staat gerichtet gewesen sei[42].

Józef Ilowiecki gehörte zu denjenigen Gutsbesitzern, deren verzweigter Besitz noch immer eine Klammer zwischen den getrennten Teilen des alten Polen bildete. Bis 1857 war er im Großherzogtum Posen (Kreis Wreschen) ansässig, wobei ihm gleichzeitig die Herrschaft Tycin im Königreich Polen gehörte; seit 1857 wirtschaftete er als Pächter auf Rynsk (Kreis Thorn), das als Besitz der Familie Wilkxycki bereits in der ersten Jahrhunderthälfte ein Zentrum des Polentums im Culmer Lande gewesen

Pseudonym ‚Budrys' ziviler Leiter (naczelnik) der ‚Wojewodschaft Culm'. — Anklageschrift 1864, Leopold von Rozycki; *Bukowski,* Pomorze Gdańskie w powstaniu, S. 125 u. 161; *Myśliborski-Wołowski,* S. 239 u. ö.; Zabór Pruski, S. 295.

40 Zu Borowski, Tokarski, Z. Działowski und E. Kalkstein s. oben S. 167, Anm. 9, S. 170 f. — Außer den hier Genannten standen in einem späteren Prozeß noch Walerian Piotr Schedlin-Czarliński, Gutsbesitzer auf Czarlin (Krs. Berent), Dionizy Gółkowski, Pächter des Gutes Czekanowo (Krs. Strasburg) und Stanisław Czarliński, Wirtschafter in Blumenfelde (Krs. Berent) unter der Anklage des Hochverrats. Die beiden Letztgenannten wurden freigesprochen; Schedlin-Czarliński wurde zu einem Jahr Gefängnishaft verurteilt. — Rep. 2 Tit. 30 Nr. 30 Vol. 17 Bl. 371 ff.

41 Sulerzyski berichtet sogar, Jackowski habe den Auftrag gehabt, dem sächsischen König die polnische Krone anzubieten, um so dessen Unterstützung bei Bemühungen um die österreichische und preußische Neutralität zu erhalten. *Sulerzyski,* Bd. III, Kap. XVI.

42 Anklageschrift 1864, Teodor v. Jackowski; Rep. A 207 Nr. 391 Bl. 198; Rep. A 205 Nr. 153 Bl. 64 f.; Rep. 2 Tit. 30 Nr. 30 Vol. 15 Bl. 88, 120, 422; Vol. 17 Bl. 181 ff.; *Bukowski,* Pomorze Gdańskie w powstaniu, S. 128 f. u. ö.; *Myśliborski-Wołowski,* S. 226 ff., S. 241 u. ö.

war. Ilowiecki exponierte sich schon 1861 als einer der Organisatoren politischer Andachten. Bei einer Haussuchung am 17. 12. 1862 wurden bei ihm „Correspondenzen mit Beschlag belegt“, die nach Ansicht des Landrates zwar nicht soviel Gravierendes enthielten, „daß sich darauf eine Anklage begründen ließe, doch die Mitwisserschaft des von Ilowiecki um die polnischen Conspirationspläne außer Zweifel“ stellten[43]. Tatsächlich bildete das Gut einen Sammel- und Treffpunkt für Emigranten, Agenten und Insurgenten. Im Dezember 1862 hielt sich der spätere Diktator Langiewicz dort auf; Demontowicz, Martwell und andere Agenten trafen im Januar und Februar 1863 wiederholt in Rynsk zusammen, das auch einer der Ausgangspunkte für das Unternehmen am 21./22. April war; Knechte und Dienstleute Ilowieckis nahmen an mehreren Zuzügen teil, und wiederholt wurden ganze Gruppen auswärtiger Polen in Rynsk festgenommen. Nach mehrmaligen Haussuchungen wurde Ilowiecki am 28. September 1863 verhaftet und nach Berlin gebracht[44].

Wegen der gleichen Tätigkeit — Beherbergung von Agenten und Aufständischen, Waffentransporte, Vorbereitung und Unterstützung von Insurgentenzügen — war auch Natalis Sulerzyski angeklagt. Durch die lange Untersuchungshaft und die anschließende Emigration nach Krakau, mit der er sich der Urteilsvollstreckung entzog, wurde der größte Teil seiner ansehnlichen Besitzungen ruiniert[45]. Die Furcht vor einem derartigen Schicksal dürfte der Hauptgrund für die außerordentlich große Vorsicht gewesen sein, mit der sich die meisten polnischen Gutsbesitzer der Provinz an Unternehmungen im Zusammenhang mit dem Aufstand beteiligten. Trotz massenhafter Haussuchungen und Festnahmen[46] gelang es den preußischen Behörden — abgesehen von den oben genannten Fällen — nicht, Beteiligungen soweit nachzuweisen, daß es zu einer Anklageerhebung ausgereicht hätte. Dennoch besteht kein Zweifel daran, daß zumindest im Culmer und Michelauer Land der größte Teil der polnischen Gutsbesitzer nicht nur mit den Aufständischen sympathisierte, sondern sie auch in irgendeiner Form direkt unterstützte. „Selbst die besonnensten polnischen Besitzer haben die Conföderatka angelegt“, stellte der Culmer Landrat schon am 7. Februar 1863 besorgt fest[47]; gut ein Jahr später kam er in einer Bilanz des bisherigen Geschehens zu dem Ergebnis, daß nur ein einziger polnischer Besitzer des Kreises nicht kompromittiert sei[48]. Bemerkenswert ist vor allem, daß auch führende

---

43 Rep. A 207 Nr. 220 Bl. 188.

44 Anklageschrift 1864, Joseph von Ilowiecki; Rep. A 207 Nr. 220 Bl. 188, 208 f.; Nr. 391 Bl. 39 f., 77 f., 226 f.; Rep. 2 Tit. 30 Nr. 30 Vol. 11 Bl. 478; *Bukowski*, Pomorze Gdańskie w powstaniu, S. 151 u. ö.; *Myśliborski-Wołowski*, S. 141 ff., S. 241 u. ö.

45 Allerdings waren nach Sulerzyskis eigener Darstellung seine Landsleute nicht schuldlos an seinem Ruin, der zumindest einigen offensichtlich ganz gelegen kam. *Sulerzyski*, Bd. III, Kap. XVII.

46 Nach einer Statistik *Bukowskis*, Pomorze Gdańskie w powstaniu, S. 77 ff., haben von November 1862 bis Juli 1864 in Westpreußen insgesamt 116 Haussuchungen und 153 Arretierungen stattgefunden. Die Statistik ist nicht einmal vollständig.

47 Rep. 2 Tit. 30 Nr. 30 Vol. 12 Bl. 231 ff.

48 Der Bericht läßt die einzelnen Familien Revue passieren und stellt folgendes heraus:
Kucharski/Bahrendorff, der älteste Sohn gefallen, der zweite verwundet, der Wirtschafter schwer verwundet.
Działowski/Mgowo, Sohn Zygmunt wegen Hochverrats verhaftet.

Persönlichkeiten der ‚organischen Arbeit' wie Mieczysław Łyskowski, Stanisław Radkiewicz, Hiacenty Jackowski und Leon Czarliński direkt für den Aufstand tätig waren und sich andere, wie z. B. Teodor Donimirski, zumindest wohlwollend verhielten. Der ‚Nadwiślanin' setzte sich von Anfang an konsequent für die Unterstützung der Insurrektion ein und polemisierte heftig gegen alle, die von einer Beteiligung abrieten.

Aus diesem Befund kann m. E. jedoch nicht die Berechtigung abgeleitet werden, die gängige Klassifizierung nach ‚Weißen' und ‚Roten' auf Westpreußen zu übertragen. Damit stünde man nämlich mit Myśliborski-Wołowski vor der Notwendigkeit, erzkonservative Männer wie etwa Teodor Donimirski den ‚Roten' zuzurechnen, oder die Tätigkeit des ‚Towarzystwo Pomocy Naukowej' in den Jahren 1860—64 als überwiegend konspirativ zu bezeichnen, nur weil dort auch über die akuten politischen Probleme gesprochen wurde und wahrscheinlich Geldsammlungen für den Aufstand durchgeführt worden sind [49]. Zwar haben die ‚Weißen', also die von Großgrundbesitzern beherrschte Partei, auch im Großherzogtum erst seit März 1863 an den Aufstandsorganisationen teilgenommen, aber auch dort standen die liberalen Kreise der mittleren Szlachta und der Bourgeoisie schon vorher dem Gedanken einer Insurrektion nicht ablehnend gegenüber [50]. In Westpreußen hätte Passivität gerade die konservative Gruppe der nationalpolnischen Bewegung der Gefahr des Einfluß- und Autoritätsverlustes ausgesetzt. Da indessen von vornherein klar war, daß der preußische Anteil sich nicht direkt am Aufstand beteiligen sollte, waren die Möglichkeiten eines Konfliktes mit der Staatsgewalt im eigenen Teilgebiet wesentlich reduziert, so daß eine vorsichtige Unterstützung mit keinem allzu großen Risiko verbunden war.

Auch in der Ausnahmesituation des Aufstandes zeigte es sich, daß in dieser Entwicklungsphase das Netz der adligen Besitzungen Grundlage jeder Form von Organisation und organisatorischer Tätigkeit war. Abgesehen von den materiellen Leistungen bestand die Tätigkeit des Adels, wie schon angedeutet wurde, in erster Linie in der Unterbringung und Beförderung von Agenten, Freiwilligen und Waffen. Auch die im Lande herumziehenden Werber wurden in der Regel tatkräftig unter-

---

Fugiewski/Wallicz, der Sohn Clemens, bisher Gymnasiast in Culm, vom Thorner Gericht wegen Beteiligung an bewaffnetem Haufen mit einem Monat Gefängnis bestraft.
Chrzanowski/Ostrowo, der Schwiegersohn v. Benth und zwei seiner Brüder haben gegen die Russen gefochten.
Bronisz/Brzezyny, der jüngere Bruder Stanisław in Polen gefallen.
Działowski/Działowo, der älteste Bruder wegen Vorbereitung zum Hochverrat verhaftet; der zweite hat bei den Insurgenten gefochten.
Zwoliński/Pillewitz, Waffenbeschlagnahme.
Ostan-Lniski/Liniec, Verdacht der Beförderung von Waffen und Insurgenten.
Wilkxycka/Wabcz, Waffenbeschlagnahme; Verwalter verhaftet.
Ślaski/Trzebcz, Waffenbeschlagnahme auf Ślaskis Gut Orlowo; der Administrator Gółkowski verhaftet; ein Vetter Ślaskis gefallen.
Kobyliński/Kiewo, nach den Papieren des Grafen Działyński ist er Zivilkommissar für den Kreis Culm.
Suffczyński/Uszcz, verhaftet wegen Vorbereitung zum Hochverrat.
Rep. 2 Tit. 30 Nr. 30 Vol. 16 Bl. 93 ff.

49 *Myśliborski-Wołowski,* S. 41 f.

50 Zabór Pruski, Vorwort, S. LVII.

stützt; teilweise forderten die Besitzer ihre eigenen Leute selbst zur Teilnahme auf. Nur indem diese Freiwilligen in kleinen Gruppen, oft mit fiktiven Aufträgen versehen, von Gut zu Gut ziehen konnten, war es möglich, trotz der scharfen preußischen Polizei- und Militärkontrollen immer wieder Hunderte von Leuten aus allen Teilen Westpreußens in den südöstlichen Grenzkreisen zusammenzuziehen. Die Aussagen des preußischen Deserteurs Johann Hermann Krause, der bei den Aufständischen im Range eines Hauptmanns gekämpft hatte und Anfang April 1864 festgenommen wurde, lassen die hier entwickelten Formen der Kommunikation und der flexiblen Organisation in Einzelheiten erkennen. Krause kam im Oktober 1863 verwundet aus dem Königreich zurück. Er erhielt nacheinander auf mehreren Gütern im Kreise Löbau Unterkunft. Überall traf er Insurgenten, die wie er dort überwintern wollten. Anschließend hielt er sich bei Gutsbesitzern in den Kreisen Stuhm und Schwetz (Ignacy Radkiewicz) auf. Am 20. März 1864 erhielt er durch einen Agenten der Nationalregierung einen Gestellungsbefehl nach Tillitz im Kreis Löbau (Besitzer Rajewski). Seine Route ging über Uszcz (Suffczyński), Wabcz (Wilkxycka), Jablonowo (Narzymski), Czekanowo (Gółkowski), Druszyn (?), Lissa Mühle (Müller Weinert). Da Tillitz mit Militär belegt war, wurde er über Bobrowo (Czapski) nach Grabowo im Kreis Graudenz gewiesen, von wo er wieder nach Jablonowo gelangte. Dort traf er mit Callier, dem Oberbefehlshaber des geplanten Zuges, und anderen Offizieren zusammen. Callier beauftragte ihn, die auf den umliegenden Gütern untergebrachten Freiwilligen in Zalesie zu sammeln. Kurz darauf wurde Krause jedoch von Husaren festgenommen. Seinem Bericht zufolge erhielt er auf seinen zahlreichen Stationen, von denen hier nur die wichtigsten genannt worden sind, stets Verpflegung, ein Nachtlager und Pferde bis zum nächsten Bestimmungspunkt. Mehrmals wurde er auf diesen Gütern von anderen Insurgenten mit neuen Ordres versehen[51].

Im April 1864 bemerkte der Regierungsrat Braun in einem Bericht an den Oberpräsidenten, auch „die im vorigen Jahr noch indifferenten Stände, der Bauer und Käthner, sind jetzt fanatisiert, was nur der Geistlichkeit zuzuschreiben ist“[52]. Dieser auch von anderen preußischen Beamten vertretenen Auffassung widerspricht zunächst der statistische Befund, denn nur ein kleiner Teil des katholischen Klerus hat sich in irgendeiner Form für den Aufstand engagiert. Die entschiedene Haltung des Culmer Bischofs von der Marwitz, die vom König Ende 1864 mit der Verleihung des Roten Adlerordens 1. Klasse honoriert wurde[53], dürfte dazu beigetragen haben, daß sich nicht nur der deutsche Teil der Geistlichkeit, sondern auch viele polnische Pfarrer zumindest neutral verhielten. Darüber hinaus stand besonders der höhere Klerus dem politischen Programm der ‚Roten‘ im Königreich Polen und ihrem ‚Garibaldismus‘ ablehnend gegenüber[54]. Es war daher nur eine kleine Gruppe von Pfarrern, Vikaren und Klosterbrüdern, die sich aktiv — zum Teil allerdings recht wirkungsvoll — für den Aufstand einsetzte. Gegen den Pfarrer Tarnowski aus

---

51 Es handelt sich um die Vorbereitungen zu dem oben (S. 171 f.) erwähnten Unternehmen vom 30./31. März 1864. Krause machte seine Aussagen bei einem Verhör in Strasburg am 9. 4. 1864. — Rep. 2 Tit. 30 Nr. 30 Vol. 16 Bl. 26 ff.

52 Rep. 2 Tit. 30 Nr. 30 Vol. 16 Bl. 24 f. — Bericht vom 9. 4. 1864.

53 *Bukowski,* Pomorze Gdańskie w powstaniu, S. 207. Vgl. oben S. 158 f.

54 *Myśliborski-Wołowski,* S. 73.

Wabcz wurde bereits in der ersten Februarwoche 1863 eine gerichtliche Untersuchung eingeleitet, weil er die Gläubigen von der Kanzel herab aufgefordert hatte, für die Insurgenten zu beten; im März wurde er wegen Beteiligung an Waffenlieferungen festgenommen [55].

Auch dem Pfarrer Bojanowski aus Bobau (Krs. Stargard), der eng mit den Jackowskis und Kalksteins zusammenarbeitete, warf man vor, er habe mit Trauerandachten für gefallene Insurgenten die Kirche zur Bühne nationalpolnischer Demonstrationen gemacht. Nach Zeugenaussagen hat sich sogar ein großer Teil der Freiwilligen aus dem Kreise Stargard vor dem Abzug bei ihm den Segen geholt [56]. Als „Herd des Fanatismus im Löbauer Kreise" galt wiederum das Kloster Lonk [57]. Wie die großen Rittergüter diente es Freiwilligen als Durchzugspunkt und Unterkunft. Bei den großen Vorbereitungen im März 1864 predigte der Mönch Julian Datkiewicz den bei Rybno (Kreis Löbau) versammelten Abteilungen, nahm ihnen den Treueid ab und segnete sie ein [58]. Daß die Klosterinsassen gerade über das Unternehmen Calliers gut unterrichtet und daran beteiligt waren, geht aus einem Brief des Mönches Raschke an den Bobauer Pfarrer Bojanowski hervor, der bei einer Haussuchung in Bobau gefunden wurde und mit zu Bojanowskis Festnahme beigetragen hat [59]. Ein Résumé des Regierungsrates Braun über die Tätigkeit polnisch-katholischer Geistlicher zugunsten der Aufständischen kann seine kurz zuvor aufgestellte These von der Fanatisierung der bäuerlichen Bevölkerung durch den Klerus nicht gerade erhärten [60].

---

55 Rep. 2 Tit. 30 Vol. 12 Bl. 330 ff.; Vol. 13 Bl. 135 ff., 341 ff.; Vol. 14 Bl. 80 u. 160; Vol. 16 Bl. 15, 87, 93, 285. *Bukowski*, Pomorze Gdańskie w powstaniu, S. 94 f., 145 u. ö.

56 Rep. 2 Tit. 30 Nr. 30 Vol. 16 Bl. 143 ff., 285 ff.; Rep. A 180 Nr. 2087 S. 627 ff., S. 633 ff. *Bukowski*, Pomorze Gdańskie w powstaniu, S. 94 f., 128.

57 Rep. 2 Tit. 30 Nr. 30 Vol. 16 Bl. 24 f.
Auch das Reformaten-Kloster in Neustadt und seine Dependance in Bislawek (Krs. Conitz) wurden von preußischer Seite argwöhnisch beobachtet. Die beiden Laienbrüder Wengorowicz und Schloss wurden wegen Werbetätigkeit für die Insurrektion verfolgt. — Rep. 2 Tit. 30 Nr. 30 Vol. 17 Bl. 43 ff. — *Myśliborski-Wołowski*, S. 79 f.

58 Rep. 2 Tit. 30 Nr. 30 Vol. 16 Bl. 561 ff.

59 Ebd., Bl. 576 ff.

60 Bericht an den Oberpräsidenten vom 8. 5. 1864. — Rep. 2 Tit. 30 Nr. 30 Vol. 16 Bl. 285 ff.
Braun stellt folgende Ergebnisse seiner Recherchen zusammen:
K r e i s L ö b a u : Der Mönch Julian Datkiewicz (andere Schreibweise Dutkiewicz) aus dem Kloster Lonk hat die Insurgenten in Rybno vereidigt und eingesegnet.
Der Culmer Gymnasiast Dylewski, ein Neffe des Mönches Wasilewski, wurde mit einer Verwundung in Lonk gepflegt und beteiligte sich von dort aus am Zuzugsversuch im Frühjahr 1864.
Brief des Mönches Raschke an Pfarrer Bojanowski.
K r e i s S t r a s b u r g : Pfarrer Rochowski/Skarlin und Reyski/Radomno (Kreis Löbau) sollen im März Insurgententruppen beherbergt haben. Haussuchungen aber erfolglos.
Bilicki/Wrock vorübergehend in Haft, weil er preußischen Deserteur verheimlicht hat.
Lyssakowski/Szczuka sitzt in russischer Gefangenschaft in Płock.
Gurczyński/Lemberg dringend der Beherbergung des flüchtigen Mönches Datkiewicz verdächtig.
Sartowski/Radosk hat gestanden, Werber und Agenten beherbergt zu haben.
K r e i s C u l m : Tarnowski/Wabcz hat den preußischen Deserteur Leutnant von Puttkamer im Winter beherbergt, hat mit Callier und anderen Offizieren in Verbindung gestanden.

Demnach waren tatsächlich nur wenige Geistliche für den Aufstand tätig. Dennoch geht das Urteil der preußischen Beamten in dieser Hinsicht nicht völlig fehl. Ohne die Anteilnahme großer Teile der polnischen Bevölkerung und die direkte Unterstützung des Aufstandes in den unteren sozialen Schichten gering bewerten zu wollen, muß doch festgestellt werden, daß deren Engagement gerade dort die größte Intensität erreichte, wo sich auch die Gutsbesitzer, deren zahlenmäßige Stärke ja relativ schwach war, und katholische Geistliche besonders aktiv zeigten[61]. Umgekehrt verebbte im Kreis Carthaus mit der Verhaftung von Marceli Borowski, J. P. Tokarski und Pfarrer Marański die Anteilnahme am Aufstand, so daß der Kreis so gut wie keine Freiwilligen stellte[62].

Die Richtung der nationalpolnischen Bewegung in Westpreußen erfuhr durch den Januaraufstand keine wesentliche Veränderung. Die ‚organische Arbeit' wurde nur kurz unterbrochen oder eingeschränkt, um dann anschließend um so intensiver fortgeführt zu werden. Während die Abkehr von konspirativ-militärischen Lösungsversuchen für große Teile des politisch aktiven Polentums im Königreich, in der Emigration und sogar im Großherzogtum Posen eine tiefe Zäsur in ihrer nationalpolitischen Tätigkeit markierte, konnte die nationalpolnische Partei in Westpreußen eine Entwicklungsrichtung fortsetzen, die durch den äußeren Einfluß wenig tangiert worden war. Die direkte oder indirekte Unterstützung der Insurrektion durch die bäuerliche und kleinbürgerliche Bevölkerung der Provinz signalisierte ein deutliches Anwachsen des nationalen Bewußtseins in diesen Schichten. Hier zeitigten die 1848 eingeleiteten und wenige Jahre zuvor wieder intensivierten Bemühungen um die natio-

---

Rutkowski/Unislaw, Kiedrowski/Plusnitz und Łebiński/Sarnowo der Werbung und Einsegnung von Insurgenten und der Verbreitung eines revolutionären Aufrufes dringend verdächtig.

Kreis Thorn: Bei Siuchniński/Podgorz wurden 6 Pässe bei einer Haussuchung gefunden, außerdem eine Depesche aus Königsberg, die sich auf Waffenlieferungen bezieht. Buski/Grabia und Krzypiński/Kielbaszyn sollen Insurgenten verborgen haben (nicht nachzuweisen).

Kreis Graudenz: Probst Jelański/ Gr. Schönbruck unter dringendem Verdacht, Insurgenten beherbergt zu haben.

Kreis Conitz: Zwei Laienbrüder des Klosters Bislawek werden wegen Werbung von Insurgenten verfolgt.

Kreis Marienwerder: Francki/Mewe ragt durch seine Agitation hervor. Es kann ihm im einzelnen jedoch nichts nachgewiesen werden.

Kreis Neustadt: Das Kloster der Agitation sehr verdächtig, im einzelnen jedoch nichts nachzuweisen.

Kreis Stargard: Bojanowski/Bobau wegen Hochverrats verhaftet. Ein Teil des Domkapitels in Pelplin sympathisiert mit den Aufständischen.

Zu ergänzen wäre, daß Pfarrer Marański/Sullenczyn (Kreis Carthaus) bereits im Sommer 1863 verhaftet worden war und unter Anklage des Hochverrats stand (siehe oben S. 167). Nach *Bukowski*, Pomorze Gdańskie w powstaniu, S. 94 und *Myśliborski-Wołowski*, S. 78 f. wurden außerdem noch die Geistlichen Gawrzyjelski/Wielka Lonka (Kreis Strasburg), Grynholc/Sianowo und Weclewski/Sierakowicz (Kreis Carthaus), Witkowski/Pestlin (Kreis Stuhm) und Góralski/Czersk (Kreis Conitz) von den Behörden verdächtigt.

61 Vgl. dazu die in Anm. 30 und 31 genannten Herkunftsbereiche der Freiwilligen im März 1864.

62 Rep. 2 Tit. 30 Nr. 30 Vol. 16 Bl. 102. — Bericht des Carthäuser Landrates an den Ober-

nale Bewußtseinsbildung bereits ein beachtliches Ergebnis, und der Aufstand selbst dürfte trotz der Niederlage den Prozeß weiter gefördert haben. Zum andern bestand die Bedeutung des Aufstandes für das westpreußische Polentum vor allem darin, daß die Konzeption der ‚organischen Arbeit' durch den unglücklichen Ausgang nachdrücklich bestätigt wurde. In den folgenden Jahren entstanden mit den ‚Sejmiki Gospodarskie' (Januar 1867), dem ‚Towarzystwo Moralnych Interesów' (Februar 1869), dem Stipendienverein für polnische Mädchen (November 1870) und der ‚Bank Donimirski' (April 1866) wichtige Institutionen der ‚organischen Arbeit' in Westpreußen, die ausdrücklich als Alternative zu den Aufstandsvorgängen empfunden wurden [63]. Auch die landwirtschaftlichen Vereine und das Genossenschaftswesen erlebten einen weiteren Aufschwung [64]. Diese Entwicklung widerlegt bereits hinreichend die von Bukowski und Myśliborski-Wołowski vertretene These, es habe sich bei den seit 1861 entstehenden Vereinen um krypto-politische Organisationen gehandelt, deren Ziel in erster Linie die Vorbereitung und Unterstützung des Aufstandes gewesen sei [65]. Die Analyse der gesellschaftlichen und ökonomischen Verhältnisse und der inneren Entwicklung des westpreußischen Polentums läßt eine solche Interpretation nicht zu. Man muß m. E. scharf zwischen der gesellschaftspolitischen Funktion des Organisationswesens und der Tätigkeit einzelner Mitglieder unterscheiden, die den Aufstand unterstützten und sich dabei auch einzelner Vereine als Vehikel und Kommunikationsmittel bedienten. Nachdem die Provinz Preußen von der Aufstandszentrale als Regenerationsraum und Verbindungsglied zum westlichen Ausland eingeplant worden war, konnte sich die liberale Szlachta den Aufforderungen zur Unterstützung des Aufstandes nicht völlig entziehen oder gar abweisend reagieren, wenn ihr Patriotismus nicht unglaubwürdig werden sollte. Ihr gesellschaftspolitisches Konzept wurde indessen durch die Unterstützung des Aufstandes nicht infrage gestellt.

---

präsidenten. — Der Landrat vertrat die Ansicht, mit der Verhaftung der genannten Personen sei die Bewegung im Kreise von vornherein unterdrückt worden.

63 Eröffnungsrede Ignacy Łyskowskis auf dem ersten ‚Sejmik Gospodarski' in Thorn: O potrzebie i celu obecnego zebrania [Über Notwendigkeit und Ziel der gegenwärtigen Versammlung], Roczniki Sejmików Gospodarskich, S. 9—12. Teodor Donimirski an Kraszewski über die Ziele des ‚Towarzystwo Moralnych Interesów', Brief vom 2. 10. 1869, Bibliot. Jagiell. MS 6497.

64 Siehe oben S. 115 ff. und Anhang B, Tabellen VII und VIII.

65 *Bukowski,* Pomorze Gdańskie w powstaniu, S. 35 ff.; *Myśliborski-Wołowski,* S. 38 ff.

V. SCHLUSSBETRACHTUNG: NATIONALPOLNISCHE BEWEGUNG UND POLNISCHE NATIONALITÄTENBEWEGUNG IN WESTPREUSSEN

Abschließend soll noch einmal die Frage nach Reichweite und Aussagekraft der vertretenen Thesen und der erarbeiteten Ergebnisse gestellt werden. Inwieweit kann man ihnen trotz des relativ eng begrenzten Untersuchungsbereichs exemplarischen Charakter zusprechen, wie weit trägt die Detailstudie bei zur Erhellung von Problemen der Nationswerdung im 19. Jahrhundert? Die besonderen ethnischen, historischen und politischen Bedingungen hatten eine einmalige Situation geschaffen. Auch die Sozialstruktur des westpreußischen Polentums war nicht repräsentativ, soweit das bei der historisch gewachsenen Vielgestaltigkeit der alten Adelsrepublik überhaupt denkbar ist. Andererseits erleichtern die eindeutigen gesellschaftlichen Verhältnisse in diesem Gebiet dem Historiker eine genaue Beobachtung der politisch und gesellschaftlich dominierenden Schicht und ihrer Genese; einer Schicht, die ihrer Zusammensetzung nach eine wichtige Komponente in der Entwicklung der polnischen Nation zur bürgerlich-kapitalistischen Gesellschaft darstellte. Sie konnte im Völkerfrühling und in den folgenden zwei Jahrzehnten ihren politischen und gesellschaftlichen Führungsanspruch neu begründen und steuerte in Westpreußen weitgehend den Entwicklungsprozeß in Richtung einer polnischen Gesellschaft unter dem Vorzeichen eines integrierenden Nationalismus aller Bevölkerungsschichten. Auch unter diesem Gesichtspunkt kann die Verknüpfung mit der Geschichte der gesamten polnischen Nation nicht völlig unberücksichtigt bleiben; andererseits lassen die im Untersuchungszeitraum relativ isoliert ablaufenden Vorgänge Probleme und Erscheinungen erkennen, die, losgelöst von den speziellen Fragen des polnischen Nationalismus, als typisch für die allgemeine Nationalitätenproblematik gelten können. Man kann in diesem Zusammenhang allerdings nicht von dem Rothfels'schen Nationalitätenbegriff ausgehen, der diese Gruppen als Nationsanwärter beschreibt, als Völker, „die politische Einheit nicht erreicht hatten, aber auf Grund kultureller Gemeinsamkeit oder älterer politischer Erinnerungen sie mehr oder minder bewußt erstrebten“ [1]. Diese Kriterien weisen das westpreußische Polentum in den Rahmen der gesamtpolnischen Geschichte, denn das Ziel politischer und nationaler Souveränität blieb mit dem Entwurf eines wiedererstehenden polnischen Staates untrennbar verbunden. Als praktikabel erweist sich dagegen die schon eingangs herangezogene Definition Lembergs: Nationalität als Gruppe, die sich in Sprache und Volksbewußtsein vom Staatsvolk unterscheidet und in einem Minderheitenstatus lebt [2]; denn damit wird bei vorläufiger Ausklammerung des politischen Endziels der Eigenstaatlichkeit stärker der Tatsache Rechnung getragen, daß das Polentum in Westpreußen — mit einigen wesentlichen Modifikationen sogar im ganzen preußischen Anteil — unter spezifischen Bedingungen lebte und besonderen Schwierigkeiten gegenüberstand, die seine Entwicklung prägten und in mancher Hinsicht deutlich von der Gesamtentwicklung der polnischen Nation abhoben.

Als sich mit der Reichsgründung der Nationalitätenkonflikt zusehends verschärfte, hatte sich die polnische Bewegung in Westpreußen gegenüber der Ausgangssituation

---

1 *Rothfels*, Grundsätzliches, S. 343.

2 *Lemberg*, Nationalismus I, S. 17. — Vgl. oben S. 3.

zwischen 1815 und 1830 nicht nur quantitativ, sondern auch in ihrer Struktur deutlich gewandelt. Die tragende Schicht des nationalen Gedankens war freilich nach wie vor der grundbesitzende Adel, der damit trotz aller Veränderungen ein bedeutendes Element der Kontinuität darstellte. Er formulierte sein gesellschafts- und nationalpolitisches Programm unter dem Eindruck einer zunehmenden ökonomischen Bedrohung und orientierte sich dabei an den Bedingungen, die er als Voraussetzung einer Mobilisierung breiterer Bevölkerungsschichten akzeptieren mußte.

Allerdings sind damit die politische Aktivität und das nationale Programm dieser Gruppe, dem in der vorliegenden Arbeit durchgehend das Epitheton ‚nationalpolnisch' zugeordnet wurde, noch nicht hinreichend begründet. Der Nationalismus des Adels und seine Abwehrhaltung gegenüber dem preußischen Staat sind nicht allein mit ökonomischen Faktoren zu erklären, denn die Ursachen des Nationalismus können nicht ausschließlich aus Vorgängen an der materiellen Basis abgeleitet werden, sondern sie liegen auch im individual- und gruppenpsychologischen Bereich. Eine der Voraussetzungen für den Entwurf und die Rezeption nationaler Ideologien ist „das elementare Streben des Menschen nach geistiger Selbstbehauptung"[3], das zwar innerhalb der eigenen Gruppe paradoxerweise zur vollständigen Hingabe an das Kollektiv führen kann, seine Befriedigung jedoch in der scharfen Abgrenzung nach außen findet, da auch die Identifikation mit den Zielen und der Ideologie einer Gruppe der Selbstbestätigung dient. Wenn auch eine kleine Anzahl polnischer Grundbesitzer schon unter Friedrich II. repressiven Maßnahmen ausgesetzt war[4], so bestanden doch in dieser Zeit gerade für den eingesessenen Adel durchaus noch wirtschaftliche Entfaltungsmöglichkeiten, denn die Erste Polnische Teilung hatte im großen und ganzen die gesellschaftliche und ökonomische Position des polnischen Adels im Königlichen Preußen kaum berührt; wohl aber hatte sie seine politische Existenz vernichtet. Die Katastrophe des polnischen Staates, mitverschuldet durch das politische Unvermögen der Adelsnation, konnte nicht ohne negative Wirkung auf die Selbsteinschätzung des Adels bleiben. Das Streben nach Wiederherstellung der Eigenstaatlichkeit war daher auch stets ein Versuch der Rehabilitation vor der Geschichte und der geistigen Selbstbehauptung, während umgekehrt eine vollständige Integration in die Gesellschaft der Teilungsmacht einen Akt der geistigen Selbstaufgabe darstellte, da dieser Prozeß in letzter Konsequenz auf eine sprachliche und kulturelle Assimilierung an das Staatsvolk hinauslief.

Aus diesem Widerspruch resultierte auch die Unlösbarkeit des Streites um Gleichberechtigung der Polen im preußischen Staatsdienst, der bald nach 1815 aufbrach. Formal waren Polen und Deutsche völlig gleichgestellt. Da aber die Provinz Preußen keinen Sonderstatus besaß und unter denselben Bedingungen wie jede andere Provinz der Monarchie verwaltet wurde[5], da allein das Deutsche Geschäfts- und Verwaltungssprache war und auch die Beamten polnischer Herkunft sich im amtlichen Verkehr ausschließlich dieser Sprache bedienen mußten, setzte eine Karriere im Staatsdienst und

3 *Lemberg*, Nationalismus I, S. 22.
4 Siehe oben S. 53.
5 Dieser Sonderstatus war für das benachbarte Großherzogtum Posen zwar in gewissem Umfang vorgesehen, aber auch dort wurde von allen polnischen Beamten von Anfang an auch die Kenntnis des Deutschen gefordert, und die Entwicklung tendierte darüber hinaus nach einer Beseitigung aller Sonderregelungen.

besonders der Aufstieg in höhere Positionen praktisch eine sprachliche und kulturelle Assimilierung und eine Identifikation mit dem preußischen Staatsethos voraus. Das aber wurde von den nationalbewußten Polen abgelehnt; ein aktiver polnischer Patriotismus und eine Karriere im Staatsdienst waren nicht miteinander zu vereinbaren, und es sind im Untersuchungszeitraum nur wenige zu registrieren, die im Staatsdienst standen oder eine derartige Laufbahn zumindest anstrebten[6]. Die durch Theodor von Schön eingeleitete Exterminationspolitik ging von der Voraussetzung aus, daß der grundbesitzende polnische Adel wegen seines politischen Selbstbehauptungstriebes nicht integrierbar war und im heraufziehenden Zeitalter einer Nationalisierung der Massen auch die bisher indifferente polnische und kaschubische Bevölkerung gegen den preußischen Staat mobilisieren könnte. Gerade aber durch die wirtschaftliche Zwangslage wurde die betroffene Gruppe genötigt, sich jenen Schichten zuzuwenden, um die eigene Position durch den Ausbau der ökonomischen Basis zu festigen.

Die Verwirklichung des Entwurfs einer bürgerlichen Gesellschaft hing in nicht unbedeutendem Maße von der Bewältigung des Intelligentia-Problems ab. Das Verhältnis der liberalen Szlachta in Westpreußen zur Intelligenz und ihre Rolle bei der Intelligenzbildung lassen einen deutlichen Unterschied zur Situation im Königreich Polen und in Galizien erkennen und können in mancher Hinsicht eher mit dem Prozeß der Intelligenzbildung bei den kleinen erwachenden Nationen verglichen werden. Die polnische Intelligenz in Westpreußen, die 1815 nur sehr schwach entwickelt war und erst in der zweiten Jahrhunderthälfte allmählich größere Bedeutung gewann, hatte nicht wie im übrigen Polen den Charakter einer spezifischen sozialen Gruppe mit besonderen kollektiven Lebensformen und einer eigenständigen politischen Rolle[7]. Wenn das westpreußische Polentum im Untersuchungszeitraum relativ wenig Interesse für Probleme der gesamten polnischen Nation zeigte, so erklärt sich das zu einem gut Teil daraus, daß hier jene als ‚Intelligentia' bezeichnete Gruppe fehlte, deren soziales Substrat der unter einer ökonomischen Zwangslage in die Städte abgewanderte Gutsadel war und „die in der Teilungszeit uneigennützig an das polnische Anliegen in seiner Gesamtheit dachte, dieses Anliegen lebensfähig machte und es vor der ganzen Kulturwelt repräsentierte"[8]. Die polnische ‚Intelligentia', die sich besonders in den großen Städten Warschau, Krakau und Wilna konzentrierte, schuf sich einen

---

6 In den ersten Jahrzehnten nach dem Wiener Kongreß waren mit Grąbczewski, H. Kossowski und J. Wybicki noch drei polnische Landräte tätig, die diesen Posten schon vor 1815 bekleidet hatten. Kossowski und Wybicki schieden nach 1830 freiwillig aus dem Dienst. Andere brachen ihre Laufbahn schon in der Ausbildung ab (T. Donimirski) oder wurden wegen staatsfeindlicher Tätigkeit entlassen (M. Łyskowski). Ebenso wie M. Łyskowski waren F. Dekowski (Neustadt) und J. Bolewski (Carthaus) als Kreisrichter tätig. Beide zogen 1861 bzw. 1863 als polnische Abgeordnete in die Zweite Preußische Kammer ein. Zu nennen wären auch noch Gymnasiallehrer wie W. Łożyński und St. Węclewski, die die nationalpolnische Bewegung jedoch nur indirekt unterstützten.
Vgl. auch Historia Polski, III,1, S. 236, über den geringen Anteil von Polen in der preußischen Provinzialverwaltung.

7 *Seton Watson,* S. 331 und 339 f.; *Chałasiński,* S. 57.
Im Großherzogtum Posen lagen die Verhältnisse ähnlich wie in Westpreußen. Eine Spezialstudie würde jedoch auch hier wahrscheinlich noch Unterschiede herausarbeiten.

8 *Chałasiński,* S. 61 f. — Zum Verhältnis westpreußisches Polentum und polnische Nation s. *Böhning,* passim.

geistigen Horizont, der eindeutig an den Wertbegriffen der aristokratischen Kultur orientiert war. Im Bewußtsein der drohenden sozialen Vernichtung isolierte sie sich weitgehend von allen Lebens- und Geistesformen der bürgerlichen Gesellschaft. Chałasiński charakterisiert den Angehörigen der ,Intelligentia' sehr drastisch und in seiner Ausschließlichkeit vielleicht zu weitgehend als „Schmarotzer des Kapitalismus in Polen" [9], als Paria mit hochherrschaftlichen Ansprüchen [10].

Im preußischen Anteil mußte die Entwicklung schon deshalb eine andere Richtung nehmen, weil die besitzlos gewordene Szlachta sich — von wenigen Ausnahmen abgesehen [11] — nicht in die von den Deutschen beherrschten Städte zurückzog, sondern — ganz den preußischen Erwartungen entsprechend — den Staat verließ. Trotzdem gab es auch in Westpreußen eine polnische Intelligenz, wenn man sie nach den Tätigkeitsmerkmalen definiert, d. h. als eine Gruppe, die ihre Existenzmittel durch überwiegend geistige Arbeit gewinnt. Dazu sind sowohl Freiberufliche (Ärzte, Juristen, Wissenschaftler Journalisten, Künstler) als auch Lohn- oder Gehaltsempfänger (Lehrer, Beamte, Geistliche) zu zählen. Diese Intelligenz ist im Rahmen der ,organischen Arbeit', vor allem durch die Stipendienpolitik des ,Towarzystwo Pomocy Naukowej', gezielt gefördert worden. Sie rekrutierte sich sowohl aus der einheimischen Szlachta als auch aus dem Bürgertum und der bäuerlichen Bevölkerung und wuchs mit ihren Spitzen in die liberale Führungsschicht hinein [12]. Zur ,organischen Arbeit' hatte sie — anders als die in ein gesellschaftliches Ghetto (Chałasiński) zurückgezogene ,Intelligentia' — von Anfang an ein positives Verhältnis, und obwohl sich längst nicht alle Mitglieder dieser Intelligenz aktiv an der nationalen Arbeit und Agitation beteiligten, leisteten sie doch allein durch ihre berufliche Tätigkeit einen entscheidenden Beitrag zur sozialen Differenzierung und ökonomischen Entwicklung einer polnischen Gesellschaft. „Es ist kein Zufall, daß die westlichen Provinzen — Posen und Pommerellen (das frühere Westpreußen, Anm. d. Verf.) — in technisch-wirtschaftlicher Hinsicht am stärksten zivilisiert und verstädtert sind, sie hatten nämlich keine Intelligenz der ,Warschauer' oder ,Krakauer' Art" [13].

Es gehört zu den paradoxen Erscheinungen der Nationalitätenproblematik, daß die Voraussetzungen für eine wirkungsvolle Separation nationaler Minderheiten und für den Aufbau einer Abwehrposition häufig durch den Staat, gegen den sich die Bewegung richtete, selbst geschaffen wurden. In Preußen brachte das Jahr 1848 den entscheidenden Einschnitt in der Entwicklung der nationalpolnischen Bewegung vom nationalen Separatismus der Adelsschicht zur Nationalitätenbewegung. Nachdem die

9 *Chałasiński*, S. 67.

10 Ebd., S. 88. — „Das Ghetto der adligen Intelligenz in Polen fühlte sich benachteiligt, es empfand seine Degradierung und strebte begierig nach Größe. Die positivistischen Losungen von ,organischer Arbeit' konnten diesen Hunger nicht stillen. Ähnlich wie alle anderen Parolen, die zur Annäherung an das Volk aufriefen." — Ebd., S. 102.

11 In Westpreußen etwa Józef Gółkowski und Wiktor Kleszczyński. — Vgl. den biographischen Anhang.

12 Vgl. dazu den Auszug aus der Abiturientenliste des Culmer Gymnasiums mit den Angaben über die Berufsziele und die Stipendienliste des TPN aus dem Jahre 1871, Anhang B, Tabelle IX. Rachunek Dyrekcyji TPN 1870/71.

13 *Chałasiński*, S. 64. — Eine intensivere Auseinandersetzung mit dem Problem der polnischen Intelligenzbildung in Westpreußen ist im Rahmen dieser Arbeit nicht möglich, da der Prozeß voll erst nach 1870 einsetzt und die Entwicklung bis 1914 unbedingt in die Untersuchung mit eingehen müßte.

Lösung der abhängigen Bauern aus ihren feudalen Bindungen und die gesetzliche Regelung des allgemeinen Rechts auf Elementarbildung [14] schon vorausgegangen waren, traten mit dem allgemeinen Wahlrecht und dem Versammlungs- und Vereinsrecht zwei wichtige politische Grundrechte in Kraft, so daß trotz aller Einschränkungen in der Reaktionszeit wesentliche Bedingungen für die Wandlung des Untertanen zum Staatsbürger erfüllt waren [15]. Hinzu kam die gleichzeitig einsetzende Technisierung der Kommunikationsmittel, die mit der fortschreitenden Industrialisierung Hand in Hand ging. Mit der Entfaltung des Pressewesens, durch den Ausbau des Straßensystems, des Telegraphen- und Eisenbahnnetzes vollzog sich allmählich die Mobilisation breiter Bevölkerungsschichten [16], und es entstanden die Voraussetzungen für eine intensivere Kommunikation und damit neue Möglichkeiten der Integration.

Für den preußischen Staat waren die Aussichten, die Masse der polnischen und kaschubischen Bevölkerung als loyale und bewußte Staatsbürger zu gewinnen, zu diesem Zeitpunkt schon bedeutend gesunken. Eine sprachliche Assimilation war bisher kaum in Ansätzen erreicht worden und auch für die Zukunft trotz der immer rigoroser werdenden Sprachbestimmungen nicht zu erwarten. Immerhin lebten nach wie vor über 90 % der polnischen und kaschubischen Bevölkerung auf dem Lande, wo das unzulängliche Schulwesen sich derartigen Aufgaben in keiner Weise gewachsen zeigte. Auch die negativen Folgen der Sprachenpolitik, die mangelhafte soziale Integration der fremdsprachigen Bevölkerungsgruppen, konnten nach 1848 nicht korrigiert werden, da der Staat von einer gezielten und kontinuierlichen Sozialpolitik noch weit entfernt war.

Die nationalpolnisch gesinnte Szlachta dagegen machte die veränderten objektiven Bedingungen in umfassendem Maße für sich nutzbar, da sie durch das Vehikel der polnischen Sprache grundsätzlich über die besseren Informations- und Kommunikationsmöglichkeiten gebot. Die gesamte Entwicklung des Organisationswesens als Grundlage eines eigenen Gesellschaftssystems war an die Voraussetzung geknüpft, daß die polnische Sprache als Verständigungsmittel diente. Der innere Zusammenhang zwischen den Bemühungen um Integration der polnischen Gesellschaft durch Nutzbarmachung des Kommunikationssystems und der nationalen Bewußtseinsbildung durch Agitation und nationale Indoktrination läßt sich am deutlichsten an der Doppelfunktion der Sprache als Kommunikationsmittel und als Agitationsgegenstand in der

---

14 Dieses Recht büßte für die fremdsprachige Bevölkerung der Provinz Preußen zwar viel von seinem Wert ein, galt aber prinzipiell gleichmäßig für alle preußischen Untertanen.

15 Bendix nennt das Wahlrecht, das Recht auf Elementarbildung und das Vereinigungs- und Assoziationsrecht als Grundrechte (basic rights) und notwendige Voraussetzung für die Einbeziehung der unteren Gesellschaftsschichten in die bürgerliche Nation. — *Bendix*, S. 74 ff.

16 Mobilisation (mobilization) ist in diesem Zusammenhang als ein Terminus der Informationstheorie zu verstehen. Als wichtige Kriterien zur Bestimmung von Mobilisation und Mobilisationsgrad können angesehen werden: Berufstätigkeit außerhalb von Land- und Forstwirtschaft oder Fischerei, Leben in der Stadt, regelmäßiges Lesen einer Zeitung, das Zahlen direkter Steuern, militärische Dienstpflicht, Besuch öffentlicher oder privater Schulen über mehrere Jahre, Registrierung als Wähler, Lohnarbeit in Betrieben mit fünf oder mehr Beschäftigten (von der Benutzung von Kommunikationsmedien des 20. Jahrhunderts wie Radio, Fernsehen und Kino soll hier abgesehen werden). Vgl. *Deutsch*, S. 126. Nach Deutsch kann bereits von einer mobilisierten Bevölkerung (mobilized population) gesprochen werden, wenn mindestens zwei dieser Kriterien zutreffen.

Auseinandersetzung um sprachliche Gleichberechtigung erkennen. Bei der Agitation um Gleichberechtigung der polnischen Sprache ging es der Führungsschicht nicht nur um die Beseitigung materieller Nachteile, sondern vor allem um die gruppenintegrierende Wirkung. Für die Führungsschicht selbst war die Gleichstellung eine Frage der Selbstachtung und der Betonung des Eigenwertes gegenüber dem Deutschtum[17]. Da es für die Masse der ethnisch polnischen Bevölkerung jedoch keine subjektiven Nationalitätsmerkmale gab — die Bemühungen um ein eigenes, idealisiertes Geschichtsbild dienten lange Zeit eher der Selbstbestätigung der liberalen Führungsschicht als einer allgemeinen nationalen Bewußtseinsbildung —, wurde das objektive Kriterium der Sprache zunächst zum wichtigsten Faktor bei den Versuchen, ein polnisches Nationalbewußtsein zu schaffen. Der Übergang von der nationalpolnischen Bewegung im Zeichen des alten Adelspatriotismus zur modernen Nationalitätenbewegung ist terminologisch dadurch gekennzeichnet, daß die Bestimmung der Nationszugehörigkeit aufgrund der Zugehörigkeit zum Reichsterritorium 1848 in der Publizistik schlagartig und endgültig durch einen Begriff der ‚Nationalität' (narodowość) abgelöst wurde, deren primäres Kennzeichen die Muttersprache war[18].

Die gegenseitige Durchdringung aller Aktionsbereiche der ‚organischen Arbeit' war von Anfang an so intensiv, daß es nutzlos wäre zu diskutieren, aus welcher Richtung die Nationalitätenbewegung stärkere Impulse empfangen hat, zumal — jeweils der allgemeinen politischen Entwicklung entsprechend — noch andere Faktoren wie zum Beispiel das Verhalten des Staates oder Einflüsse von außen in Rechnung zu stellen sind. Mit Sicherheit läßt sich allerdings sagen, daß die nationale Agitation erst durch die politischen und kommunikationstechnischen Veränderungen im preußischen Staat auf breiter Front wirksam werden konnte[19], während andererseits — das wird am kaschubischen Problem deutlich[20] — die Integration auch schon durch Einbeziehung in das Organisationssystem eingeleitet und gefördert wurde, nationale Symbole dagegen lange ohne besondere Werbekraft blieben.

Bei dieser Entwicklung einer nationalen Minderheit zu einer eigenständigen, alle Bevölkerungsschichten umfassenden Gesellschaft innerhalb des fremden Staates entsteht

---

17 „Das Recht, bei Behörden und vor Gericht in der eigenen Sprache zu sprechen und angesprochen zu werden, wurde nicht nur deshalb zum Grundpfeiler jedes Nationalitätenrechtes, um die Minderheitsangehörigen vor Nachteilen durch Mißverständnisse zu schützen. Es betraf die Würde und Geltung der gesamten Gruppe. Ihr war der Betroffene verpflichtet, auch wenn er die Sprache der Mehrheit völlig beherrschte. Gegen die sprachliche Assimilation, die — human durchgeführt — Uneingeweihten nicht selten als das Ziel des Minderheitenschutzes erschien, wehrten sich solche Gruppen wie gegen den Verlust der eigenen Persönlichkeit und Freiheit." — *Lemberg,* Nationalismus II, S. 36.

18 Es soll damit nicht gesagt sein, daß der alte Nations- und Nationalitätsbegriff bis dahin auch nur in der Adelsschicht uneingeschränkt erhalten geblieben war; nur wurde der neue Nationalitätsbegriff in der öffentlichen Auseinandersetzung und Agitation jetzt sogleich in umfassender Weise eingeführt.

19 Hroch hat bei seinen Untersuchungen festgestellt, daß in der entscheidenden Phase der Nationswerdung der kleinen Völker die patriotische Agitation und nationale Aktivität „nachweisbar Zusammenhänge mit den objektiven Beziehungen und großen ökonomischen Prozessen der Epoche der Industrialisierung und Urbanisierung zu bekommen" begannen. — *Hroch,* S. 164.

20 Vgl. den Exkurs über die kaschubische Frage, unten S. 188 ff.

ein komplexer Organismus, dessen Strukturmerkmale vielleicht am besten mit dem Begriffspaar ‚society-culture' umschrieben sind[21]. In diesem Kontext entwickelte sich ein Vereinswesen, das vor der Reichsgründung zwar vielfach Schwächen und Anfälligkeiten zeigte, dessen spezifische Formen jedoch wegweisend für das soziale und wirtschaftliche System der polnischen Gesellschaft im preußischen Anteil wurden (vgl. oben S. 111 ff.). Hier hat das westpreußische Polentum durchaus einen Beitrag zur Entwicklung der gesamten polnischen Gesellschaft im 19. Jahrhundert geleistet.

Die besonders von deutschen Historikern vertretene These, erst mit der Reichsgründung sei der nationale Protest der polnischen Bevölkerung herausgefordert worden, erst in dieser neuen Situation habe sich der Nationalitätenkampf in Posen und Westpreußen entzündet[22], ist m. E. angesichts der Entwicklung zwischen 1850 und 1870 nicht haltbar. Gewiß verschärfte das Entstehen eines deutschen Nationalstaates, mit dessen Ideologie sich die Polen noch weniger als mit dem preußischen Etatismus identifizieren konnten, erheblich die Situation. Doch die im Kulturkampf sogleich überdeutlich hervortretende Konfrontation war nicht das Produkt einer einjährigen Entwicklung, und der gegen Ende des Jahrhunderts immer härter werdende sogenannte Wirtschaftskampf stellt nichts anderes dar als den Versuch der nationalen Selbstbehauptung durch gesellschaftliche und wirtschaftliche Organisation, die sich seit 1848 — wenn auch durch Rückschläge und Stagnation zuweilen gehemmt — kontinuierlich in immer engerer Kooperation zwischen den nationalpolnischen Gruppen in Posen und Westpreußen entwickelt hatte.

Die Rezeption eines Nationalitätsbegriffes, dessen wesentliches Merkmal die Muttersprache war, hatte nicht zur Folge, daß die Ansprüche auf das Reichsterritorium von 1771 aufgegeben wurden. Das Festhalten an der etatistischen Position, viele Charakteristika der nationalpolnischen Arbeit im Rahmen der ‚Liga Polska' und in der Publizistik und schließlich auch das in den folgenden Jahren formulierte gesellschaftspolitische Programm lassen den Kontinuitätszug sichtbar werden, der dadurch entstand, daß es der alten gesellschaftlichen und ökonomischen Führungsschicht gelang, ihre Position zu wahren und sich neu zu legitimieren. Die Szlachta mußte zwar neue Formen der Kommunikation und gesellschaftlichen Interaktion suchen, sie mußte neue Kriterien für ihre nationale Agitation finden, und sie orientierte sich schließlich sogar an einem Gesellschaftsentwurf, bei dem sich der politische und soziale Führungsanspruch nicht mehr auf Abstammung und Geburt, sondern allein auf ökonomische Leistungsfähigkeit gründete; durch diese Anpassung konnte sie ihre Führungsrolle stabilisieren. Indem sie ihre spezifischen Interessen zum Interesse der gesamten polnischen Gesellschaft machte, blieb die Szlachta auch in der zweiten Jahrhunderthälfte der entscheidende Faktor innerhalb der polnischen Gesellschaft Westpreußens.

21 „Societies produce, select, and channel goods and services. Cultures produce, select, and channel information. ... Society communicates tangible goods or inputs of energy called work; culture communicates patterns." — *Deutsch,* S. 92.

22 *Schieder,* Das deutsche Kaiserreich, bes. S. 21; *Jablonowski,* S. 11; *Gotthold Rhode,* S. 417 ff. — Auch in der älteren polnischen Historiographie ist diese Meinung zu finden. W. Feldmann glaubt z. B., erst die preußischen Kampfmaßnahmen von 1885/86 (Ausweisungen/Ansiedlungsgesetz) hätten in Westpreußen den bis dahin herrschenden Indifferentismus beseitigt. — *Feldmann,* S. 293 f.

Exkurs:

DIE KASCHUBISCHE FRAGE

Nach den Erhebungen von Stefan Ramułt war im Jahre 1892 im Regierungsbezirk Danzig für rund 75 % der in der amtlichen preußischen Statistik als Polnisch Sprechende Ausgewiesenen das Kaschubische die eigentliche Muttersprache [1]. Selbst wenn man unterstellt, daß Ramułts Zahlen zu hoch sind [2] und sich die Relationen im Laufe des Jahrhunderts leicht verschoben haben, besteht doch kein Zweifel daran, daß die Kaschuben stets die große Mehrheit der Fremdsprachigen im Regierungsbezirk Danzig bildeten und die Polnisch Sprechenden nur einen kleinen Anteil der Gesamtbevölkerung stellten [3].

Die Sozialstruktur dieser kleinen ethnischen Gruppe war im 19. Jahrhundert noch undifferenzierter als die der polnischen Bevölkerung in Westpreußen. Während der polnischen Herrschaft war der autochthone Adel allmählich verarmt, und er unterschied sich schließlich infolge der fortgesetzten Realteilung in Besitzumfang und Wirtschaftsweise kaum noch von den Mittelbauern. Die darüber gelagerte Schicht polnischer Großgrundbesitzer wurde bis auf wenige Ausnahmen ein Opfer der Besitzverschiebungen in den zwanziger und dreißiger Jahren des 19. Jahrhunderts, so daß der ohnehin nicht sehr ausgedehnte Großgrundbesitz in der Kaschubei von da an beinahe vollständig in deutscher Hand lag. Es handelte sich also um eine fast rein bäuerliche Gesellschaft mit einem starken Anteil von Groß- und Mittelbauern, der durch die preußischen Agrarreformen noch weiter stieg [4]. Nur ein kleiner Prozentsatz der kaschubischen Bevölkerung lebte als Ackerbürger oder Handwerker und Kleingewerbetreibende in den wenigen Landstädten [5]. Bei diesen Stadtbewohnern machte sich zudem im Zuge des sozialen Aufstiegs eine Assimilierungstendenz zur deutschen und polnischen Seite hin bemerkbar [6]. Auch dem Kleinadel ging, vor allem durch den preußischen Militärdienst, immer wieder Substanz verloren. Friedrich II. hatte bald nach der Inkorporation des Königlichen Preußens in Culm eine Kadettenanstalt geschaffen, die besonders auf den kaschubischen Adel große Anziehungskraft ausübte, da sich durch die Offizierslaufbahn im preußischen Heer die Möglichkeit einer sozialen Status-

---

1 Nach der offiziellen preußischen Statistik gab es 1890 im Regierungsbezirk Danzig 164 058 Personen, die Polnisch als Muttersprache angegeben hatten. Ramułt gibt die Zahl der Kaschuben per 1892 mit 126 291 an. — *Ramułt,* S. 188.

2 Dieser Meinung ist *Breyer,* S. 331 f. — Breyer ist allerdings dahingehend zu korrigieren, daß Ramułt die Kaschubisch Sprechenden in ganz Westpreußen nicht mit 186 000, sondern nur mit 163 000 beziffert. — *Ramułt,* S. 188. — Außerdem ist das Erhebungsjahr nicht 1899, sondern 1892.

3 Bei einer Gesamtbevölkerung von 589 000 hätte der Anteil der Polnisch sprechenden Bevölkerung im Regierungsbezirk Danzig nach den zugrunde gelegten Zahlen 1890 rund 7 % betragen.

4 *Majkowski,* S. 256 f.; *Lorentz,* S. 129 f.; *Breyer,* S. 334.

5 Im Kreis Carthaus gab es z. B. überhaupt keine Stadt. — Vgl. die bevölkerungsstatistische Tabelle II im Anhang B.

6 *Breyer,* S. 331. — Für den Untersuchungszeitraum der vorliegenden Arbeit fehlt eine Detailstudie zu diesem Problem; sie dürfte wegen des eklatanten Quellenmangels allerdings auch kaum zu liefern sein. Für die Zeit nach der Reichsgründung sei verwiesen auf *von Oppen,* Deutsche, Polen und Kaschuben.

sicherung bot[7]. Die Ausgangssituation der Kaschuben entsprach daher weitgehend den Verhältnissen bei den von Hroch untersuchten kleinen Völkern, denen als beinahe rein bäuerlichen Gesellschaften eine feudale oder bürgerliche Oberschicht ebenfalls fast vollständig fehlte[8]. Hroch hat festgestellt, daß der Prozeß der Nationswerdung bei diesen Völkern durchgehend mit einer Phase eingeleitet wurde, in der sich wenige gelehrte Männer aus philologisch-antiquarischem Interesse mit Sprache und Brauchtum des eigenen Volkes zu beschäftigen begannen[9] und auf diese Weise Ansätze für eine nationale Bewußtseinsbildung schufen, die hier ja nicht von einer nationalbewußten und ökonomisch entwickelten Gesellschaftsschicht, wie sie der polnische Adel darstellte, ausgehen konnte. Bei den Kaschuben gab sogar ein Außenstehender den Anstoß. Der gebürtige Masure Mrongovius, der in Danzig als Theologe und Lehrer der polnischen Sprache wirkte, wurde bei seiner Arbeit an einem polnisch-deutschen Wörterbuch auf die Besonderheiten des Kaschubischen aufmerksam. 1826 bereiste er die Kaschubei und schickte als wissenschaftliche Ausbeute die „Sammlung einiger kaschubischer Wörter, die nach polnischer Orthographie geschrieben sind und vom Polnischen abweichen", an die Gesellschaft für Pommersche Geschichte und Altertumskunde in Stettin. Durch Mrongovius wurden wiederum deutsche Philologen und die Petersburger Akademie der Wissenschaften auf die Kaschuben und ihre Sprache aufmerksam[10]. Die Kaschuben selbst blieben von derartigen Bemühungen völlig unberührt. Sie wurden daher zunächst auch als absolut passives Element in den allgemeinen Nationalisierungsprozeß hineingezogen, indem sie in das Spannungsfeld der deutsch-polnischen Konfrontation gerieten. Da sich seit 1772 in zunehmendem Maße ein loyales Verhältnis der kaschubischen Bevölkerung zum preußischen Königshaus entwickelt hatte, konnte von nationalpolnischen Strömungen noch weniger als bei der polnisch-bäuerlichen Bevölkerung die Rede sein, zumal negative Erinnerungen an die polnische Adelsherrschaft wach geblieben waren[11]. Immerhin hatte das Polnische aber als Sprache der katholischen Kirche in der Kaschubei seine Präsenz gewahrt und 1843 durch die Sprachbestimmungen für das Schulwesen sogar noch an Gewicht gewonnen[12]. Es war daher noch ganz ungewiß, welcher Seite die Kaschuben in der 1848 eingeleiteten Auseinandersetzung der Nationalitäten zuneigen würden, sofern sich bei ihnen nicht noch eine eigene Nationalitätenbewegung entwickelte.

Das an den Grenzen von 1771 orientierte Territorialprogramm der nationalpolnischen Bewegung umfaßte auch den größten Teil der von den Kaschuben bewohnten Gebiete, von denen dem nördlichen Westpreußen als unmittelbarem Zugang zur Ostsee besondere Bedeutung zukam. Da sich die etatistische Argumentation seit 1848 zunehmend mit der nationalen verschränkte, gewann die Frage nach dem ethnischen

---

7 *Lorentz*, S. 128. — Vgl. auch oben S. 59.
8 *Hroch*, S. 16 f.
9 Ebd., S. 24 f. und S. 126.
10 Eine ausführliche Darstellung des wissenschaftlich-literarischen Entwicklungsprozesses im Rahmen der kaschubischen Bewegung gibt *Bukowski*, Regionalizm kaszubski; für den hier behandelten Zeitraum gelten v. a. die Seiten 7–43; außerdem *Neureiter*, passim. — Zu Mrongovius vgl. außerdem *Majkowski*, S. 249 ff.
11 Ebd., S. 256; s. auch Anm. 21.
12 Siehe oben Seite 47, Anm. 16.

und historischen Verhältnis zwischen Polen und Kaschuben zunehmend an Gewicht. Obwohl besonders die Szlachta der kaschubischen Bevölkerung mit Geringschätzung gegenüberstand, war man polnischerseits darum bemüht, Verschiedenheiten so weitgehend wie möglich zu verdecken und die Kaschuben als polnischen Stamm zu reklamieren, der eine polnisch-bäuerliche Mundart sprach. Die ‚Szkółka Narodowa' widmete diesem Problem wiederholt ihre Aufmerksamkeit und beschwor die gemeinsame historische Vergangenheit, die Ähnlichkeiten und Gemeinsamkeiten in Sprache und Brauchtum[13]. Da die ‚Liga Polska' mit einigem Erfolg versuchte, die kaschubischen Gebiete in ihr Organisationsnetz einzubeziehen, wurde die Bevölkerung schon früh von der nationalpolnischen Agitation erreicht[14].

Im März 1850 erschienen unter dem Pseudonym ‚Wójkasin' in der ‚Szkoła Narodowa' zwei Artikel in kaschubischer Sprache[15]. Der Verfasser versuchte zu erklären, warum die Kaschuben die polnische Sprache so schlecht beherrschten. Die Geistlichen seien zum Teil Deutsche, die Lehrer richteten sich nach ihren Vorgesetzten, und der Adel kümmere sich nicht um die Volksbildung. Zu polnischer Zeit sei das zwar anders gewesen, doch jetzt seien die Kaschuben ganz auf sich verwiesen. Sie bemühten sich, die Sprache ihrer Väter zu erhalten und seien davon überzeugt, daß ihre slawische Sprache (Słovjańsko móva) niemals untergehen werde. Mit den Deutschen könne man über die nationalen Rechte allerdings nicht reden. Wenig später kündigte der Verfasser es war Florian Ceynowa[16], in der ‚Szkoła' die Herausgabe einer kaschubischen Grammatik an[17].

Die Artikel lösten bei der nationalpolnischen Partei eine auf den ersten Blick kaum begreifliche Welle der Empörung aus. Bei näherem Hinsehen erweist sich der hier aufbrechende Konflikt indes als symptomatisch für die Haltung der polnischen Führungsschicht gegenüber der kaschubischen Frage und bietet einen Schlüssel zum Verständnis der weiteren Entwicklung. Mit Ceynowa, dem Sohn eines Schmiedes aus Slawoschin (Kreis Neustadt), artikulierte hier zum erstenmal ein Angehöriger dieses kleinen, bisher stumm gebliebenen Volkes ein Selbstverständnis. Obwohl es ihm nicht darum ging, einen Trennungsstrich zum Polentum zu ziehen, mußte zu einem Zeitpunkt und in einem Raum, wo die Sprache als eines der Primärmerkmale der Nationalität galt, die Heraushebung des kaschubischen Idioms als ‚slawische' Sprache von der nationalpolnischen Partei als direkte Herausforderung empfunden werden[18]. Besonders provozierend wirkte wahrscheinlich — darauf hat Bukowski

---

13 Szkółka Narodowa Nr. 5/1848, Nr. 4 und 5/1849. — Vgl. auch *Cieślak,* Z dziejów prasy, S. 25 ff. und S. 87 ff.

14 Zur territorialen Ausdehnung der ‚Liga Polska' siehe oben S. 88 f.

15 „Kaszebji do Polochów" [Die Kaschuben an die Polen], Szkoła Narodowa Nr. 10/1850, und „Wó narodowości: A wó móvje" [Über Nationalität und Sprache], ebd., Nr. 11/1850. Von den beiden Artikeln hat mir nur der zweite im Original vorgelegen. Bei der Inhaltsangabe stütze ich mich auf *Bukowski,* Regionalizm kaszubski, S. 25.

16 Vgl. den biographischen Anhang.

17 Szkoła Narodowa Nr. 16/1850; *Bukowski,* Regionalizm kaszubski, S. 25.

18 Für den Wissenschaftler mag es eine „Frage der Slawistik" sein, ob das Kaschubische eine eigene, dem Polnischen nur nahe verwandte Sprache innerhalb der westslawischen Sprachengruppe darstellt (*Gotthold Rhode,* S. 374); während des Nationalitätenkampfes handelte es sich dabei jedoch um ein politisches Problem von höchster Brisanz. Die nationalpolnische

aufmerksam gemacht[19] —, daß sich in dieser ersten Phase umfassender nationalpolnischer Tätigkeit unter der Losung allgemeiner Solidarität ein Kaschube in einem politischen Presseartikel in seiner Bauernsprache an die Polen, d. h. an die Szlachta und den Klerus, wandte. Zudem war Ceynowa, dessen Autorenschaft schnell bekannt wurde, seinen Widersachern in unangenehmer Erinnerung. Er war während seines Medizinstudiums in Königsberg für das ‚Towarzystwo Demokratyczne' gewonnen worden und hatte auf Elżanowskis Angebot hin die Führung des Zuges gegen Stargard übernommen; die ungefähr hundert Bauern, an deren Spitze er sich gestellt hatte, waren großenteils Kaschuben gewesen[20]. Trotz des einigermaßen kläglichen Ausgangs des Unternehmens hatte es sich gezeigt, daß die kaschubische Bevölkerung nicht nur über den katholischen Glauben, sondern auch durch das agrarsoziale Programm des ‚Towarzystwo Demokratyczne' anzusprechen war, während ein polnischer Staat, der an die Traditionen der Adelsrepublik anknüpfte, keinerlei Werbekraft besaß[21].

Ceynowa blieb wie Natalis Sulerzyski auch nach 1848 ein Anhänger Mierosławskis und machte aus seinen demokratischen Prinzipien kein Hehl. Seit dem 1850 aufgebrochenen Konflikt attackierte er immer wieder die polnische Führungsschicht in seinen Publikationen[22]. Obwohl er keine Versuche machte, die Bevölkerung durch politische Agitation in Bewegung zu setzen, trat ihm das Lager der ‚organischen Arbeit' geschlossen entgegen. Da Ceynowa in seinen Reaktionen auch den Klerus nicht verschonte, war es verhältnismäßig leicht, ihn zu diffamieren und noch wesentlich gründlicher zu isolieren als zum Beispiel Sulerzyski. Von den Journalisten griff ihn besonders Ignacy Danielewski, den Ceynowa verächtlich einen ‚Tellerlecker' (podchlebca) der Szlachta und des Klerus nannte[23], wiederholt im ‚Przyjaciel Ludu' an. Bis zu seinem Tode im Jahre 1881 blieb Ceynowa der einzige, der auf die Eigenarten und den Eigenwert der Kaschuben aufmerksam machte und diesem Problem eine Reihe sprachwissenschaftlicher und ethnographischer Studien und Darstellungen widmete. Während die polnische Seite feindselig reagierte, fand er bei seinen Stammesgenossen jedoch überhaupt kein Echo. Er hatte sich 1856 als Arzt in Bukowitz (Kreis Schwetz), also außer-

---

Partei hat jeden Versuch, eine Eigenständigkeit des Kaschubischen zu betonen, sogleich heftig bekämpft. — Vgl. z. B. *Łyskowski,* Beiträge, S. 13: „Auch dieses ist schon vorgekommen, dass man die kassubische Sprache als eine besondere nicht polnische Sprache bezeichnete, während das Kassubische nur ein Dialekt des Hochpolnischen oder der polnischen Schriftsprache ist und viel näher zum Hochpolnischen steht als der bairische oder sächsische Dialekt zum Hochdeutschen."

Auf diesem Standpunkt verharrte auch lange die polnische Sprachwissenschaft, die erst in neuerer Zeit der Auffassung von der Eigenständigkeit des Kaschubischen zuzustimmen beginnt. — Zusammenfassend dazu *Breyer,* S. 329; außerdem *Neureiter,* S. 233/34.

19 *Bukowski,* Regionalizm kaszubski, S. 26.

20 Vgl. oben S. 68 f.; Anklageschrift 1847, ‚Das Unternehmen gegen Stargard' und Personalakte Stanislaus Florian von Ceynowa.

21 Vgl. oben S. 68 f. — Nach Cieślaks Auffassung war es ein Fehler Ceynowas, daß er die Leute durch den jungen Puttkamer-Kleszczyński, also einen Vertreter der Szlachta, in die Stadt führen lassen wollte. Jedenfalls weigerten sich die Leute, da ihnen keine genauen Zusagen gemacht wurden, für ein zukünftiges Adelspolen zu kämpfen. *Cieślak,* Walka chłopów, S. 57 ff.

22 *Bukowski,* Regionalizm kaszubski, S. 32 ff.; *Majkowski,* S. 253 ff.

23 Brief an Stefan Ramułt aus dem Jahre 1880, nach *Bukowski,* Regionalizm kaszubski, S. 39.

halb der ethnographischen Grenzen der Kaschubei, niedergelassen und damit auf direkten Kontakt weitgehend verzichtet [24]; seine linguistischen und volkskundlichen Abhandlungen konnten die einfache Landbevölkerung nicht erreichen. Die Auseinandersetzung mit dem polnischen Adel und der Geistlichkeit wurde eher durch Ceynowas sozialkritische Haltung bestimmt, als daß sie auf ausgeprägte nationale Separation zielte. Die Polen blieben für ihn der ‚ältere Bruder' der Kaschuben, für die er lediglich Achtung ihrer Eigenart und Gleichberechtigung verlangte. Die Gefahr einer Entnationalisierung kam auch für ihn von preußischer Seite [25].

Da dem kaschubischen Volk — abgesehen von Ceynowa — noch weit über die Reichsgründung hinaus eine eigene Führung fehlte, stand es weiterhin gänzlich passiv zwischen der preußischen Assimilierungspolitik und den Versuchen, es in die polnische Gesellschaft zu integrieren. Seitdem die Kaschubei erstmals durch die Vereine der ‚Liga Polska' erreicht worden war, gehörte sie zum Aktionsfeld der ‚organischen Arbeit'. Freilich waren die Fortschritte in den sechziger Jahren zunächst bescheiden. Im Oktober 1861 war unter Leitung des polnischen Geistlichen Antoni Marański in Sullenczyn (Kreis Carthaus) ein landwirtschaftlicher Verein für die kaschubischen Lande ins Leben getreten; die nächsten derartigen Gründungen fanden erst im April 1869 für die Parochie Oxhöft-Rahmel (Kreis Neustadt) durch den Geistlichen Baczkowski und in Sierakowitz (Kreis Carthaus) statt. Die erste Kreditgenossenschaft entstand 1870 in Oxhöft in Verbindung mit dem landwirtschaftlichen Verein. Weitere Gründungen folgten 1872 in Berent, 1875 in Mechau (Kreis Neustadt), 1876 in Bruss und 1877 in Czersk (beides Kreis Conitz) [26]. Da die kaschubischen Bauern mit den gleichen Schwierigkeiten zu kämpfen hatten wie die polnischen kleinen Landwirte, war die Einbeziehung in das Organisationssystem ein erfolgversprechender Weg zu ihrer Integration in die polnische Gesellschaft.

Bei den angeführten Gründungen der ersten Phase war die Geistlichkeit wesentlich stärker beteiligt als in den polnischen Gebieten Westpreußens [27]. Der Katholizismus erwies sich zusammen mit der beginnenden wirtschaftlichen Organisation als die stärkste Klammer zwischen dem kleinen Volk und seinem ‚älteren Bruder'. Obwohl diese Verbindung gerade durch den Kulturkampf besonders erhärtet wurde, übte der polnische Klerus bereits vorher beträchtlichen Einfluß aus. Ein Indiz dafür sind zum Beispiel die Wahlergebnisse. Im Wahlkreis Neustadt/Carthaus wurden selbst in der Reaktionszeit mit zwei Unterbrechungen nur polnische Abgeordnete in die Zweite Preußische Kammer gewählt, und bei den Reichstagswahlen kamen in den kaschubischen Wahlkreisen Neustadt, Berent und Conitz von 1867 (Norddeutscher Bund) bis 1914 überhaupt nur polnische Kandidaten durch [28]. Im Hinblick auf die intensive

---

24 Es ist nicht festzustellen, warum Ceynowa gerade dieses Dorf, das zu den Besitzungen des Grafen Franciszek Czapski gehörte, als ständigen Wohnsitz gewählt hat.

25 *Majkowski*, S. 254 f.; *Bukowski*, Regionalizm kaszubski, S. 40 ff.

26 Vgl. dazu die Tabellen VII und VIII im Anhang B.

27 Die Pfarrer sorgten beispielsweise auch für die Verbreitung des seit 1869 in Pelplin erscheinenden ‚Pilgrzym', einer klerikalen Zeitschrift in polnischer Sprache. — Siehe oben S. 139.

28 Vgl. dazu die Zusammenstellung der polnischen Abgeordneten im Anhang B, Tabellen X und XI.

Wahlvorbereitung durch einige Geistliche muß man aber annehmen, daß es dem überwiegenden Teil der Bevölkerung mehr um die Wahl eines katholischen Abgeordneten als um ein Votum für die nationalpolnische Bewegung ging[29].

Eine originäre kaschubische Bewegung hat sich erst gegen Ende des Jahrhunderts in bescheidenem Umfange formiert. Sie ist jedoch über einen ‚Regionalismus' im Rahmen der Zusammenarbeit mit dem Polentum nie hinausgekommen, und auch die ‚Jungkaschuben', die sich um die 1908 von Aleksander Majkowski gegründete Zeitschrift ‚Gryf' [Der Greif] sammelten und sich 1912 als Verein konstituierten, strebten nicht nach nationaler Selbständigkeit[30]. Man wird diese Entwicklung schwerlich mit mangelnder Substanz des Kaschubentums oder aus Prämissen erklären können, die in der historischen Vergangenheit zu suchen wären. Sie dürfte vielmehr darauf zurückzuführen sein, daß sich der Prozeß des nationalen Erwachens in einem Raum vollzog, in dem bereits zwei große Nationen mit einer reichen historischen und staatlichen Tradition rivalisierten. Da eine feudale oder großbürgerliche Oberschicht weitgehend fehlte, konnte sich eine kaschubische Intelligenz nur mühsam entwickeln, zumal bei sozialem Aufstieg Verluste durch Assimilierung an die höheren Gesellschaftsschichten eines anderen Volkes hier nach zwei Seiten hin eintreten konnten. Der Kleinadel hatte keine eigene politische Tradition und stellte keinen besonderen ökonomischen Faktor dar. Er war daher auch nicht Objekt einer gezielten preußischen Exterminationspolitik, die seinen Selbstbehauptungswillen hätte stärken können. Im Kulturkampf wurde das kleine Volk zum erstenmal einem äußeren Druck ausgesetzt, der stets ein wichtiger Faktor für die Gruppenintegration ist[31] und auch in diesem Fall von weitreichender Bedeutung war. Dieser Druck wurde vom Staat ausgeübt, der der einfachen Bevölkerung in Gestalt des deutschsprechenden Gendarmen jetzt feindlich entgegentrat. Das ebenfalls betroffene Polentum dagegen bemühte sich weiter als naher Verwandter werbend um die Kaschuben. Eine möglichst enge Zusammenarbeit mußte auf die Dauer als die einzige Gewähr für einen erfolgreichen Widerstand gegen die Herrschaftsansprüche des Staates und des Staatsvolkes erscheinen.

---

29 Einer der eifrigsten Wahlagitatoren in den Kreisen Neustadt und Carthaus war der seit 1861 in Sullenczyn als Pfarrer tätige Antoni Marański, der zugleich eine wichtige Rolle im Vereinsleben spielte. — Anklageschrift 1864, Anton Marański.
Vgl. auch den biographischen Anhang.
Der Neustädter Landrat berichtete unter dem 29. 4. 1871 an die Regierung Danzig, die niedere katholische Bevölkerung würde die Wahl eines Deutschen stets als Verrat an ihrer Religion betrachten. — Rep. A 191 Nr. 517 Bl. 477.

30 *Majkowski*, S. 257 ff.; *Bukowski*, Regionalizm kaszubski, S. 121 ff.; *ders.*, Oblicze społeczne, passim; *Breyer*, S. 338 ff.

31 *Lemberg*, Nationalismus I, S. 27.

ANHANG

A. KURZBIOGRAPHIEN

Der Umfang der Kurzbiographien ist nicht unbedingt ein Indiz für den Grad der Bedeutung, die den einzelnen Personen beigemessen wird; er hängt weitgehend von dem verfügbaren biographischen Material ab, das zum Teil nur bruchstückhaft beschafft werden konnte.

Abkürzungen

OSB	Oracki, Słownik Biograficzny Warmii, Mazur i Powiśla
PSB	Polski Słownik Biograficzny
TDP	Towarzystwo Demokratyczne Polskie
TMI	Towarzystwo Moralnych Interesów
TPN	Towarzystwo Pomocy Naukowej

Zur Auflösung der Kurztitel für die Quellen und Literaturhinweise ist das Quellen- und Literaturverzeichnis heranzuziehen.

Bartoszkiewicz, Jan Nepomucen
geb. 16. 5. 1813, gest. 1900. — Vater: Piotr B., Stadtbürger und Landbesitzer in Culm. 1828—1835 Mariengymnasium in Posen. Nach der Reifeprüfung zweijährige Tätigkeit als Hauslehrer. Dann Studium der Theologie und Philosophie in Breslau, wo B. 1838/39 Mitglied des ‚Towarzystwo Literacko-Słowiańskie' ist. Nach der Promotion erhält er 1842 den Grad des Lizentiaten. Ebf. Dunin weigert sich, den jungen Theologen ins Gnesener Seminar aufzunehmen, da er in Breslau den Theologen Baltzer gehört hat, dessen Lehren nicht mit der offiziellen Lehre der Kirche übereinstimmen. Bischof Sedlag nimmt ihn dagegen ins Pelpliner Seminar auf, wo B. 1843 zum Kaplan geweiht wird. Nach dreijährigem Vikariat in Danzig wird B. 1846 Probst in Culm. 1851 Ernennung zum Dekan, 1868 Installation als Culmer Ehrenkanoniker; 1872 erhält er ein kleines Benefizium.
Seit 1848 setzt sich B. im Rahmen der ‚organischen Arbeit' für die Belange der polnischen Nationalität in Westpreußen ein. Er ist Mitglied der ‚Liga Polska' (Vorsitzender des Kreisvereins Culm, Mitglied des Provinzialrates) und des TPN, seit Juli 1848 Mitherausgeber und Mitarbeiter der ‚Szkółka Narodowa'. 1849, 1861 und 1862 wird B. ins preußische Abgeordnetenhaus gewählt. 1869 ruft er in Culm die Schulversammlungen ins Leben, die gegen die Beschneidung der polnischen Sprache in den Elementarschulen protestieren.
Mańkowski, Prałaci i Kanonicy.

Bojanowski, Franciszek
geb. 1801 in Boleszyn bei Strasburg.
Besuch des Klerikerseminars in Culm und Pelplin. Seit 1845 Pfarrer in Bobau (Krs. Stargard) 1846 ist er wegen Mitwisserschaft bei den Vorbereitungen zum Aufstand des TDP angeklagt wird jedoch freigesprochen. B. unterstützt die nationalpolnische Arbeit im Kreis Stargard durch enge Zusammenarbeit mit den Familien Jackowski und Kalkstein. Seit dem Sommer 1861 finden in der Kirche zu Bobau wiederholt Trauer- und Gedenkgottesdienste statt. Im April 1864 wird B. wegen Unterstützung der Aufständischen verhaftet, die Anklage wird jedoch nicht aufrechterhalten.
Anklageschrift 1847; Rep. A 180 Nr. 2087; Rep. 2 Tit. 30 Nr. 30 Vol. 16.

Ceynowa, Florian Stanisław
geb. 5. 5. 1817 in Sławoschin (Krs. Neustadt), gest. 26. 3. 1881 in Bukowitz (Krs. Schwetz). — Sohn eines Dorfschmiedes in Sławoschin.
Während seiner Gymnasialzeit in Conitz ist C. Mitglied der filomatischen Gesellschaft. Seit 1841 Studium der Medizin in Breslau, wo er sich auch dem ‚Towarzystwo Literacko-Słowiańskie' anschließt; Beschäftigung mit Problemen der slawischen Sprachen und Literaturen. 1843/44 Ableistung der Militärdienstpflicht als Chirurg und Fortsetzung des Studiums in

Königsberg. Hier kommt C. mit den Ideen der demokratischen Emigration in Berührung und wird für den Aufstand des TDP gewonnen. Wegen seiner führenden Rolle in dem Unternehmen gegen Stargard wird er im Polenprozeß zum Tode verurteilt, im März 1848 jedoch amnestiert. 1856 läßt er sich als Arzt in Bukowitz (Krs. Schwetz) nieder, wo er bis an sein Lebensende praktiziert.
Schon in Breslau beginnt C., sich mit Geschichte, Sprache und Brauchtum der Kaschuben zu beschäftigen. Obwohl er keine scharfe Trennung vom Polentum, sondern nur die Anerkennung der kaschubischen Eigenart erstrebt, gerät er seit dem Völkerfrühling in zunehmenden Gegensatz zur nationalpolnischen Bewegung in Westpreußen. Bei seiner Auseinandersetzung mit dem polnischen Adel und der Geistlichkeit wird C. zusehends isoliert. 1867 nimmt er als einziger Vertreter Westpreußens am Moskauer Slawenkongreß teil, dem die Polen des preußischen Anteils unter dem Eindruck des Januaraufstandes demonstrativ fernbleiben. In den letzten beiden Jahrzehnten seines Lebens beschäftigt C. sich vor allem mit sprachlichen und volkskundlichen Problemen. Er gibt Schulbücher, Sprichwörter, Rechentabellen und ärztliche Ratschläge heraus. 1866—68 erscheinen 13 Nummern der ersten kaschubischen Zeitschrift, „Der Schatz der kaschubisch-slovinzischen Sprache". 1879 publiziert C. eine kaschubische Grammatik. Seine Wirkung auf die kaschubische Bevölkerung bleibt jedoch gering.
PSB; *Bukowski*, Regionalizm Kaszubski; *Majkowski*, Historya Kaszubów; *Neureiter*, Die Kaschuben.

Chociszewski, Józef Roman
geb. 28. 2. 1837 in Chełst (Ghtm. Posen), gest. 11. 11. 1914 in Gnesen. — Sohn eines aus Flatow stammenden Volksschullehrers.
1849—1859 Besuch des Gymnasiums in Tremessen bis zur Obersekunda. Vervollständigung der Bildung durch späteres Selbststudium. 1859 kurz in der Redaktion des ‚Dziennik Poznański'. Anschließend Korrespondent des ‚Nadwiślanin' und der ‚Gwiazdka Cieszyńska' [Teschener Stern], deren Redakteur Ch. 1861/62 ist. Nach Ausweisung durch die österreichischen Behörden Übernahme der Redaktionen des ‚Nadwiślanin' und des ‚Przyjaciel Ludu', die durch die Inhaftierung → Ignacy Danielewskis verwaist sind. 1863 wird Ch. jedoch selbst zu zwei Jahren Festungshaft wegen Preßvergehens verurteilt, die er in Weichselmünde verbüßt. Anschließend ist er Sekretär des ‚Kółko Włościańskie' in Pehsken und gibt seit 1867 zusammen mit → Julian Kraziewicz die landwirtschaftliche Zeitschrift ‚Piast' heraus. 1867 Heirat einer Tochter des Verlegers → Józef Gółkowski. Seit 1869 ist Posen ständiger Wohnsitz. Herausgabe neuer Zeitschriften, populärer Bücher und anderer Volksschriften. Umfangreiche Tätigkeit im Rahmen der ‚organischen Arbeit' durch Beteiligung an Vereinsgründungen. Intensive schriftstellerische Tätigkeit gegen die Trunksucht. Mit der Propagierung eines polnischen Slawismus findet Ch. in Posen und Westpreußen kaum Anklang. Wegen seiner schriftstellerischen Tätigkeit wird Ch. von preußischen Gerichten wiederholt zu Gefängnis- und hohen Geldstrafen verurteilt, so daß er gegen Ende seines Lebens beinahe ins Elend gerät. Seine populären Veröffentlichungen umfassen über 300 Titel und sind in mehreren Millionen Exemplaren über die ganze Welt verbreitet. Seine ‚Geschichte der polnischen Nation' ist lange Zeit das Handbuch der polnischen Geschichte für die heranwachsende Jugend.
PSB.

Czapski, Graf Franciszek Ignacy
geb. 9. 10. 1797, gest. 6. 12. 1862. — Vater: Nikolai Czapski, 1804 in den Grafenstand erhoben, seit 1805 Besitzer von Bukowitz (Krs. Schwetz).
Erziehung und Ausbildung im elterlichen Hause und im Bromberger Gymnasium. Seit 1834 Besitzer der Bukowitzer Güter, die er bis zum Tode des Vaters bereits verwaltet hat. Für seine Tätigkeit im öffentlichen Leben wird er 1834 mit dem Roten Adlerorden 3. Klasse ausgezeichnet. 1848/49 intensive Tätigkeit im Rahmen der ‚Liga Polska'. Cz. ist Vorstandsmitglied der Liga im Kreis Schwetz und ruft zahlreiche Ortsvereine ins Leben. 1850 reist er mit → Karol Kalkstein und → Ludwik Ślaski nach Berlin, um dem Innenminister eine Petition für die Gleichberechtigung der polnischen Sprache in Westpreußen zu übergeben. 1859 tritt er mit anderen bekannten Gutsbesitzern und Geistlichen zu einem Komitee zur

Restauration der Franziskanerkirche in Culm zusammen, bleibt sonst jedoch in seiner nationalpolitischen Tätigkeit zurückhaltend. Seit Februar 1857 ist er Mitglied des Herrenhauses.
Nachlaß Gallandi; Rep. 2 Tit. 40 Nr. 2 Vol. 7 Bl. 142; Rep. A 181 Nr. 14663.

Czapski, Tomasz
Generallandschaftsrat auf Bobrowo (Krs. Strasburg). Verheiratet mit Bogumilka Kalkstein/Nogath.
Im Zusammenhang mit den Aufstandsvorbereitungen des TDP wird Cz. Anfang 1846 zusammen mit seinem Sohn Józef inhaftiert, muß jedoch nach kurzer Zeit wegen fehlender Beweise wieder freigelassen werden. 1848 wird er eines der neun Direktionsmitglieder des neugegründeten TPN. Er gehört auch zu den Gründungsmitgliedern des im Sept. 1861 ins Leben gerufenen landwirtschaftlichen Vereins für den Kreis Strasburg. Seine Tochter Izabella heiratet 1836 → Natalis Sulerzyski, stirbt jedoch nach zweijähriger Ehe.
Sulerzyski, Pamiętniki; *Osmólska-Piskorska,* Pomorskie Towarzystwo Pomocy Naukowej; Rep. A 205 Nr. 155.

Czarliński, Emil
geb. 1833 in Chwarznau (Krs. Neustadt), gest. 1913. — Vater: Felicjan Cz., Gutsbesitzer auf Chwarznau.
Besitzer des Gutes Bruchnowko (Krs. Thorn). Schon 1848 mit seinem Bruder Leon am Posener Aufstand beteiligt. Beim Januaraufstand Mitarbeiter des Organisationskomitees für Westpreußen; als ziviler Leiter (Naczelnik) der Wojewodschaft Culm vorgesehen. Nach kurzer Inhaftierung widmet er sich fortan intensiv der ‚organischen Arbeit'. Mitarbeiter auf den ‚Sejmiki Gospodarskie', im TMI und im TPN, wo er sich besonders mit organisatorischen und finanziellen Problemen beschäftigt.
1867—71 Abgeordneter im Norddeutschen Reichstag, 1874—77 in der Zweiten Preußischen Kammer.
Osmólska-Piskorska, Pomorskie Towarzystwo Pomocy Naukowej; OSB.

Czarliński, Leon
geb. 1835 in Chwarznau (Krs. Neustadt), gest. 1918. — Vater: Felicjan Cz., Gutsbesitzer auf Chwarznau.
Schon 1848 mit seinem Bruder Emil am Posener Aufstand beteiligt. 1854 Reifeprüfung am Culmer Gymnasium. Studium der Philosophie und Jurisprudenz. Im Januaraufstand führt er einen Freiwilligenzug ins Königreich Polen. Nach seiner Entlassung aus dem Gefängnis in Moabit bewirtschaftet er sein Gut Zakrzewko im Kreis Thorn. Setzt sich besonders für die landwirtschaftlichen Vereine ein, deren Patron er in den siebziger Jahren wird. Seit 1875 bemüht er sich um die Bildung eines landwirtschaftlichen Zentralvereins. Mitglied des TMI und des TPN.
Seit 1867 Mitglied des Zentralwahlkomitees; über 40 Jahre Abgeordneter im Deutschen Reichstag.
Osmólska-Piskorska, Pomorskie Towarzystwo Pomocy Naukowej; OSB; Rep. A 207 Nr. 434 und 444.

Danielewski, Ignacy
geb. 29. 11. 1829 in Bork (Ghtm. Posen), gest. 1907 in Thorn. — Vater: Konstanty D.
Nach Besuch des Seminars in Paradies (Ghtm. Posen) Lehrer in Tremessen und Bromberg. 1855 Übersiedlung nach Culm, wo er Mitarbeiter, später Redakteur des ‚Nadwiślanin' wird. 1856 heiratet er eine Tochter → Józef Gółkowskis, dessen Druckerei er 1863—1872 besitzt. Von 1872 bis zu seinem Tode lebt er in Thorn. Dort ist er Mitarbeiter und Redakteur der ‚Gazeta Toruńska'; außerdem hat er die Redaktion des ‚Przyjaciel Ludu' und gibt noch mehrere Zeitungsbeilagen heraus. Große Verbreitung finden seine Kalender, seine historisch-patriotischen Schriften und seine wiederholt aufgelegten ‚Nauki o wyborach' [Belehrungen über die Wahlen].

1863—1866 Mitglied des Preußischen Abgeordnetenhauses. Leiter der Abteilung für äußere Angelegenheiten im TMI. 1872 durch den Posener Zentralverband der Genossenschaften zum Lehrer für die landwirtschaftlichen Vereine bestimmt; kann das Amt jedoch nicht ausüben, da keine Gelder zur Verfügung stehen.
PSB; *Estreicher,* Bibliografia Polska.

Dekowski, Feliks
geb. 1827 in Grabau (Krs. Löbau). — Vater: Jakób D., Inspektor in Pelplin.
Besuch des Gymnasiums in Culm, wo er Mitglied des Filomatenzirkels ist. 1845/46 als Werber an den Aufstandsvorbereitungen des TDP beteiligt.
Nach dem Jurastudium ist er Kreisrichter in Neustadt. Von 1861—1867 Abgeordneter in der Zweiten Preußischen Kammer.
Anklageschrift 1847.

Donimirski, Antoni
geb. 6. 6. 1846 in Buchwalde (Krs. Stuhm), gest. 1912. — Vater Teodor D., Gutsbesitzer auf Buchwalde; Mutter: Zofia Ślaska.
Besuch des Gymnasiums in Culm. Studium der Rechts- und Wirtschaftswissenschaften in Breslau, wo er von 1864—66 Mitglied des ‚Towarzystwo Literacko-Słowiańskie' ist, in Heidelberg und Berlin. Hier Staatsexamen und Promotion.
1869 Auskultator in Marienwerder, 1870 Gerichtsreferendar in Danzig. Nach einem Praktikum übernimmt er 1872 die Direktion der Bank ‚Donimirski, Kalkstein, Łyskowski & Co.' in Thorn. Wichtiger Mitarbeiter auf den ‚Sejmiki Gospodarskie'. 1874—77 Abgeordneter im Reichstag.
Seit 1882 ist er in Wien, seit 1887 in Warschau als Publizist und Mitarbeiter an mehreren Zeitungen tätig. Bis zu seinem Tode wirkt er ausschließlich im Königreich Polen.
PSB; OSB.

Donimirski, Edward
geb. 24. 9. 1844 in Buchwalde (Krs. Stuhm), gest. 1907. — Vater: Teodor D., Gutsbesitzer auf Buchwalde; Mutter: Zofia Ślaska.
Als Freiwilliger wird er im Januaraufstand schwer verwundet. Danach landwirtschaftlich-ökonomische Studien. 1867 übernimmt er von seinem Vater das vernachlässigte Gut Lysumic (Krs. Thorn), das er in langjähriger Arbeit zu einem Mustergut macht und zu einer landwirtschaftlichen Schule für die Jugend ausbaut. Zeitweise halten sich bis zu 50 Praktikanten aus allen drei Teilgebieten bei ihm auf. Er ist Mitarbeiter auf den ‚Sejmiki Gospodarskie' und aktives Mitglied des TPN. 1871—1890 gibt er auf eigene Kosten die Zeitschrift ‚Gospodarz' [Der Landwirt] heraus. 1906 wird er zum Patron der landwirtschaftlichen Vereine in Westpreußen gewählt, denen stets seine besondere Aufmerksamkeit gegolten hat.
PSB; OSB.

Donimirski, Jan
geb. 18. 12. 1795 in Cygus (Krs. Stuhm), gest. 4. 5. 1868 in Pelplin.
1811—1818 Besuch des Gymnasiums in Braunsberg. Theologisches Studium am Lyceum Hosianum und in Breslau. 1823 Eintritt ins Klerikerseminar in Culm, 1825 Priesterweihe. Er geht als Domvikar nach Pelplin, wo er gleichzeitig in der Kanzlei arbeitet. Im März 1832 wird er als Domherr installiert. Während seiner zehnjährigen Tätigkeit im Generalvikariat und im Konsistorium setzt er sich u. a. für die uneingeschränkte Geltung der polnischen Sprache in allen Bereichen des kirchlichen Lebens ein. Er ist Inspektor für den Religionsunterricht am Conitzer Gymnasium und Mitglied des Komitees zur Gründung des Knabenseminars in Pelplin. Als Pädagoge hat D. einen Ruf über die Provinzgrenzen hinaus. Er unterstützt und finanziert die Ausbildung → Ignacy Łyskowskis.
Panske, Personalien; *Mańkowski,* Prałaci i Kanonicy; OSB; *Łyskowski,* Curriculum Vitae.

Donimirski, Jan
geb. 1847 in Buchwalde (Krs. Stuhm), gest. 1929. — Vater: Teodor D., Gutsbesitzer auf Buchwalde; Mutter: Zofia Ślaska.
Mitarbeiter auf den ‚Sejmiki Gospodarskie', langjähriges Mitglied des Bazars in Graudenz und Patron mehrerer Bildungsorganisationen. Nach dem Tode seines Vaters übernimmt er das Gut Buchwalde. Nach 1918 wird ihm das Amt des Landwirtschaftsministers in der polnischen Republik angetragen, das er jedoch ablehnt.
OSB.

Donimirski, Teodor
geb. 19. 2. 1809 in Buchwalde (Krs. Stuhm), gest. 1. 5. 1884 auf seinem Gut Telkwitz. — Vater: Antoni D., Gutsbesitzer auf Buchwalde und Telkwitz; Mutter: eine Białoblocka.
Die Familie, die sich auch Brochwitz-Donimirski nennt, siedelt schon vor 1772 aus der Kaschubei ins Marienburger Land über. Der Vater, Antoni D., ist langjähriger Landrat der Kreise Marienburg und Stuhm; die Familie ist weitgehend germanisiert. Teodor D. besucht von 1817—1826 das Braunsberger Gymnasium. Anschließend Studium der Rechts- und Verwaltungswissenschaften in Breslau, Bonn und Berlin; nach dem Examen als Verwaltungs- und Gerichtsreferendar in Marienwerder. 1833 übernimmt er jedoch das väterliche Gut Buchwalde, dessen Eigentümer er 1839 wird. Repolonisierung v. a. durch die verwandtschaftliche Verbindung mit den Kalksteins (erste Ehe mit Hortensja Kalksteinówna, die aber schon nach einem Jahr stirbt) und den Ślaskis (zweite Ehe mit Zofia Ślaska). Um seine Kenntnisse auf dem Gebiet der Landwirtschaft zu vertiefen, unternimmt D. wiederholt Auslandsreisen ins Königreich Polen, nach Galizien, Ungarn, Deutschland und in die Schweiz. Er ist Landschaftsrat und von 1852—1858 Provinzialdirektor der Westpreußischen Landschaft in Marienwerder. 1847 wird er in den Vereinigten Landtag gewählt.
Seit 1848 entwickelt er sich zu einem der aktivsten und energischsten Vertreter der ‚organischen Arbeit': 1848 Gründung des TPN zusammen mit seinem Schwiegervater → Mateusz Ślaski; 1849 Gründung der ‚Liga Polska' für den Kreis Stuhm in Pestlin; 1865 Gründung des landwirtschaftlichen Vereins für das Marienburger Land. 1867 ruft er mit → Ignacy Łyskowski und → Hiacenty Jackowski die ‚Sejmiki Gospodarskie' ins Leben, deren langjähriger Organisator und Leiter er wird. 1869 Mitbegründer des TMI.
Durch Theateraufführungen, Lesungen und Handarbeitsstunden für Mädchen macht er sein Gut Buchwalde zu einem kulturellen Mittelpunkt des Marienburger Landes. Seit 1864 unterhält er mit Jan Ignacy Kraszewski in Dresden einen intensiven Briefwechsel.
PSB; OSB; *Osmólska-Piskorska*, Pomorskie Towarzystwo Pomocy Naukowej; Nachlaß Gallandi.

Działowski, Zygmunt
geb. 4. 8. 1843 in Mgowo (Krs. Culm), gest. 16. 2. 1878 in Berlin. — Vater: Ksawery D., Gutsbesitzer auf Mgowo; Mutter: Klotylda Sierakowska.
Schulausbildung auf dem Marien-Gymnasium in Posen und bei den Jesuiten in Metz und Namur. Sein im Herbst 1862 in Krakau begonnenes Studium wird durch den Januaraufstand unterbrochen. Er reist zunächst als Emissär mehrmals zwischen Krakau und Posen hin und her und führt im April 1863 einen Freiwilligenzug von den Gütern seines Vaters aus nach Polen. Im Polenprozeß wird er 1864 jedoch freigesprochen.
Als Liebhaber und Sammler von Altertümern unternimmt er Reisen durch ganz Europa und den vorderen Orient. Mitbegründer des ‚Towarzystwo Naukowe' [Wissenschaftliche Gesellschaft] in Thorn, dessen archäologische Abteilung er bis zu seinem Tode leitet.
Seit 1867 Eigentümer von Mgowo; 1876 Abgeordneter im Reichstag.
PSB; Anklageschrift 1864.

Elżanowski, Seweryn
geb. 12. 8. 1821 in Niesułkowo (Königreich Polen), gest. 14. 4. 1874 in Paris.
Um sich seiner bevorstehenden Verhaftung wegen konspirativer Tätigkeit zu entziehen, tritt er 1844 nach Westpreußen über. Er findet Unterkunft im Kreis Schwetz bei seiner Tante →

Konstancja Jeżewska auf Topollno und bei → Stanisław Radkiewicz auf Briesen. Bei einem Aufenthalt in Posen wird er für das TDP gewonnen. Er betätigt sich zunächst als Werber und wird dann mit der Vorbereitung des Aufstandes in Westpreußen beauftragt. Im Polenprozeß von 1847 wird er zum Tode verurteilt. Nach der Amnestie vom 18. März 1848 kehrt er nach Westpreußen zurück. Er wirkt dort zunächst als Mitglied des ‚Provisorischen Nationalkomitees' und sammelt dann in der Tucheler Heide eine Abteilung von 300 Sensenmännern, 100 Schützen und 60 Reitern, die er ins Großherzogtum führt. 1852 ist er noch einmal kurz in Westpreußen. Seitdem arbeitet er in Paris für die demokratische Emigration, u. a. als Redakteur und Herausgeber des ‚Przegląd Rzeczy Polskich' (1857—1863). Während des Januaraufstandes ist er in Krakau Kommissar für Westgalizien.
PSB; *Tyrowicz,* Towarzystwo Demokratyczne Polskie.

G a w r z y j e l s k i, Rudolf
geb. 1832 in Grubno (Krs. Culm), gest. 1870 in Sarnowo (Krs. Culm).
1855 Reifeprüfung am Culmer Gymnasium. Nach der Priesterweihe Kaplan bei den Barmherzigen Schwestern in Culm. Dort von 1861—62 erster Redakteur des ‚Przyjaciel Ludu'. Auf Betreiben des Oberpräsidenten wird er wegen seiner nationalpolnischen Tätigkeit von Bischof v. d. Marwitz zunächst nach Kammin, dann nach Wielkalonka bei Lautenburg versetzt. Vorübergehende Inhaftierung wegen Unterstützung der Insurgenten im Januaraufstand. Gestorben als Probst der Parafie Sarnowo (Krs. Culm).
OSB; *Bukowski,* Pomorze Gdańskie w Powstaniu Styczniowym.

G ó ł k o w s k i, Szczepan Józef
geb. 25. 12. 1787 in Klenczkowo (Krs. Culm), gest. 1871. — Vater: Józef G., Gutsbesitzer auf Klenczkowo; Mutter: Urszula Czarlińska.
Ausbildung im Missionarien-Convent in Culm und bei den Jesuiten in Graudenz. Rechtswissenschaftl. Studium in Königsberg, das wegen des 1806 ausbrechenden Krieges nicht beendet wird. 1814 heiratet G. Józefa Działowska. In den zwanziger Jahren verliert er das väterliche Gut Klenczkowo und bewirtschaftet von 1830—1848 das kleine Vorwerk Brzeziny im Kreis Culm.
Auf Rat → Ignacy Łyskowskis läßt er sich 1848 in Culm nieder und eröffnet die erste polnische Druckerei in Westpreußen; seit Juli 1849 erscheint dort die ‚Szkółka Narodowa', seit Juli 1849 auch der ‚Katolik Dyecezji Chełmińskij'. Intensive Unterstützung der ‚Liga Polska'; Mitglied des Ortsvereins in Bahrendorf und des Culmer Kreisvereins. 1850 bis 1866 ist G. Herausgeber, 1852—61 auch Redakteur des ‚Nadwiślanin'. Außerdem Herausgabe des ‚Przyjaciel Ludu', der polnischen Kalender und vieler Broschüren aus dem religiösmoralischen und dem nationalen Bereich.
Wegen des ‚Nadwiślanin' wird G. in 46 Presseprozesse verwickelt, in denen er zu insgesamt 2300 Talern Geldstrafe verurteilt wird. Vor dem Gefängnis bewahrt ihn 1861 nur Krankheit und hohes Alter, doch wird ihm die Druckerlaubnis entzogen.
Seine Töchter Eufemia und Alodia sind mit den beiden Journalisten → Ignacy Danielewski und → Józef Chociszewski verheiratet.
PSB.

I l o w i e c k i, Józef
geb. 1825.
Besitzer der Herrschaft Rycin im Königreich Polen, seit 1857 Pächter des Gutes Rynsk (Krs. Strasburg).
1848 im Gefecht bei Wreschen schwer verwundet. 1861 wird er vom Warschauer Nationalkomitee mit der Durchführung religiös-nationaler Andachten in Westpreußen beauftragt. Einschaltung in die organisatorischen Vorbereitungen des Aufstandes. Rynsk wird zum Treffpunkt von Emissären und während des Aufstandes zum Sammelplatz für Zuzüge und Nachschublieferungen nach Polen. Im Berliner Polenprozeß wird I. von der Anklage des Hochverrats jedoch freigesprochen.
Anklageschrift 1864; Rep. A 207 Nr. 391; Rep. 2 Tit. 30 Nr. 30 Vol. 11.

J a c k o w s k i, Hiacenty
geb. 11. 8. 1805 in Jablau (Krs. Stargard), gest. 27. 5. 1877. — Vater: Hipolit J., Gutsbesitzer auf Jablau; Mutter: Elzbieta Jezierska.
Besuch des Gymnasiums in Braunsberg. Nach Tod der Eltern bewirtschaftet J. das ererbte Gut Jablau zusammen mit Klein Jablau und Lippinken. 1828 heiratet er Konstancja Grąbczewska. Seit 1848 ist er führend auf allen Gebieten der ‚organischen Arbeit' tätig: Mitorganisator der ‚Liga Polska', langjähriger Kreiskassierer des TPN, Mitbegründer der ‚Sejmiki Gospodarskie', Aufsichtsratmitglied der Bank ‚Donimirski, Kalkstein, Łyskowski & Co.', seit 1869 Direktoriumsmitglied des TMI, 1871 Gründer der Landwirtschaftsbank in Stargard, 1875 Mitglied des ‚Towarzystwo Naukowe' in Thorn; Anreger und Mitbegründer mehrerer landwirtschaftlicher Vereine.
1847 Abgeordneter zum Vereinigten Landtag; 1848 in die preußische Nationalversammlung, 1867 in den ersten Reichstag des Norddeutschen Bundes gewählt. Vorsitzender des Provinzialwahlkomitees von dessen Gründung an.
Jackowskis Güter bilden zusammen mit den Besitzungen der Familie Kalkstein (Klonowken) ein Zentrum nationalpolnischen Lebens im nördlichen Westpreußen.
PSB; Rep. A 180 Nr. 2087.

J a c k o w s k i, Teodor
geb. 1820 in Jablau (Krs. Stargard). — Vater: Hiacenty J., Gutsbesitzer auf Jablau; Mutter: Konstancja Grąbczewska.
Theologische Ausbildung. Seit 1849 bewirtschaftet er als Pächter Kl. Jablau, ein Gut seines Vaters, und das Gut Gawlowitz (Krs. Graudenz). Verheiratet mit Julia Samplawska, Tochter des Landschaftsrates Samplawski auf Saskocz (Krs. Graudenz). 1857 pachtet J. das Gut Lapinóżek im Königreich Polen nahe der preußischen Grenze. Seit Herbst 1862 arbeitet er im Auftrage des Warschauer Nationalkomitees. Während des Aufstandes organisiert er Waffenkäufe und -transporte. Nach vorübergehender Haft in Preußen wird er im Oktober 1863 Konsul der Nationalregierung in Sachsen. Er bemüht sich v. a. um Einziehung der ausgeschriebenen Nationalsteuer bei den in Sachsen lebenden Emigranten. Im Berliner Polenprozeß wird er zu $1^1/_2$ Jahren Gefängnis verurteilt.
1877 wird er Kassierer des wiederbelebten landwirtschaftlichen Vereins in Stargard.
Anklageschrift 1864; Rep. A 207 Nr. 391.

J e ż e w s k a, Konstancja
Besitzerin des Gutes Topollno (Krs. Schwetz). Beherbergt 1845/46 → Elżanowski, der als Bevollmächtigter des TDP den Aufstand in Westpreußen vorbereitet. Auch in den folgenden Jahren unterhält Frau J. Kontakte zur demokratischen Emigration in Frankreich und Belgien. Ihr Gut wird häufig von Flüchtlingen und Emissären aufgesucht. Ihre Tochter ist mit dem ehemal. polnischen Leutnant Alfred Zawisza-Czarny verheiratet, der 1850 das Gut Warschewitz (Krs. Thorn) gekauft hat und 1862/63 an Waffentransporten beteiligt ist.
Rep. 2 Tit. 30 Nr. 30 Vol. 5, 10, 11.

K a l k s t e i n, Antoni
geb. 14. 7. 1839 in Pluskowens (Krs. Thorn). — Vater: Karol K., Gutsbesitzer auf Pluskowens, Zalesie und Kutschwalde (Kuczwally); Mutter: Antonia Sczaniecka.
Seit 1862 Besitzer von Pluskowens und Nebengütern. Tätiges Mitglied des landwirtschaftlichen Vereins für das Culmer Land. Im Januaraufstand Zivilkommissar für das Culmer und Marienburger Land. Gründet 1867 zusammen mit → Teodor Donimirski und → Mieczysław Łyskowski die Kreditbank ‚Donimirski, Kalkstein, Łyskowski & Co.' in Thorn. Briefwechsel mit Jan Ignacy Kraszewski in Dresden.
Bukowski, Pomorze Gdańskie w Powstaniu Styczniowym; *Osmólska-Piskorska*, Pomorskie Towarzystwo Pomocy Naukowej; Nachlaß Gallandi.

Kalkstein, Edward
geb. 7. 7. 1826 in Klonowken (Krs. Stargard), gest. 27. 3. 1898. — Vater: Stanisław K., Gutsbesitzer auf Klonowken; Mutter: Januaria Plaskowska.
Seit 1839 Schüler des Gymnasiums in Culm, Mitglied des Filomatischen Zirkels. Als Primaner wird er in die Aufstandsvorbereitungen von 1845 hineingezogen, ist jedoch nicht selbst beteiligt. Heiratet Zofia Jackowska, eine Tochter → Hiacenty Jackowskis. Er löst 1853 seine Besitzverbindungen im Kreis Stargard auf und beginnt mit → Puttkamer-Kleszczyński für die demokratische Emigration in London zu arbeiten. Wird in Westpreußen bei dem Versuch, Wertpapiere der Emigration zu verkaufen, festgenommen, im anschließenden Prozeß (1854) jedoch freigesprochen. Im Januaraufstand organisiert er zusammen mit seinem Schwager → Teodor Jackowski Waffenkäufe und -transporte für die Aufständischen. Im Berliner Polenprozeß wird er zu einem Jahr Gefängnis verurteilt.
Anklageschrift 1847; Anklageschrift 1864; Nachlaß Gallandi; Rep. 2 Tit. 30 Nr. 30 Vol. 7.

Kalkstein, Karol
geb. 4. 11. 1790 auf Pluskowens (Krs. Thorn), gest. 25. 1. 1862. — Vater: Józef K., Gutsbesitzer und polnischer Kammerherr auf Pluskowens, Zalesie und Kutschwalde (Kuczwally); Mutter: Zofia Wilkxycka.
Organisiert Ende der dreißiger Jahre in Nawra, dem Gut seines Schwiegersohnes Władysław Kruszyński die ersten Polenbälle. Im März 1848 mit → Sulerzyski Organisator der ersten Volksversammlung in Westpreußen. Direktionsmitglied der ‚Liga Polska' im Kreis Thorn. 1848—1862 Präsident des TPN. 1862 Mitbegründer des landwirtschaftlichen Vereins für den Kreis Culm.
Nach dem Tode von → Jakób Wilkxycki nimmt K. die Stellung eines ‚Patriarchen' des Polentums in Westpreußen ein.
Osmólska-Piskorska, Pomorskie Towarzystwo Pomocy Naukowej; *Sulerzyski,* Pamiętniki; Nachlaß Gallandi.

Kalkstein, Michał
geb. 3. 7. 1830 in Klonowken. — Vater: Stanisław K., Gutsbesitzer auf Klonowken; Mutter: Januaria Plaskowska.
Übernimmt 1865 nach dem Tode seines Vaters das Gut Klonowken. 1876 Direktionsmitglied im TPN. 1871—77 Abgeordneter im Reichtsag.
Verheiratet mit Izabella Borzewska aus Karęczyn (Königreich Polen). Briefwechsel mit Jan Ignacy Kraszewski in Dresden.
Nachlaß Gallandi; Rep. A 180 Nr. 2220.

Kalkstein, Stanisław
geb. 22. 1. 1782, gest. 31. 3. 1865.
Gutsbesitzer auf Klonowken (Krs. Stargard). Verheiratet mit Januaria Pląskowska.
Mitglied der ‚Liga Polska' im Kreis Stargard. Mitglied der ersten Direktion des TPN. 1850 bemüht er sich als Mitglied einer dreiköpfigen Delegation in Berlin um die sprachliche Gleichberechtigung der Polen in Westpreußen. Sein Gut Klonowken ist neben den Besitzungen der Familie Jackowski ein Mittelpunkt nationalpolnischen Lebens in Westpreußen.
Nachlaß Gallandi; *Osmólska-Piskorska,* Pomorskie Towarzystwo Pomocy Naukowej

Kalkstein, Teodor
geb. 1851 in Kl. Jablau, gest. 1905 in Posen. — Vater: Edward K.; Mutter: Zofia Jackowska.
Besuch des Posener Mariengymnasiums. Studium der Rechte und der Ökonomie in Leipzig, Berlin und München. Promotion 1874. Landwirtschaftliche Studien in Halle und Praktika in Landwirtschaft und Bankwesen. Von 1883 an bewirtschaftet K. das ererbte Gut Kl. Jablau. Beschäftigt sich besonders mit dem Problem der Parzellierung. Seit 1888 zuerst technischer, dann Hauptdirektor der Landwirtschaftsbank, die 1888 ihre Parzellierungstätigkeit aufnimmt.
PSB.

K e l l e r, Szczepan
geb. 1827 in Chmielno (Krs. Carthaus), gest. 1872. — Sohn eines Lehrers.
Schüler des Gymnasiums in Culm, wo sich → Antoni Knast seiner besonders annimmt. Reifeprüfung 1849. Stipendiat des TPN. Während seiner Ausbildung zum Geistlichen hält er sich auch in Posen und im Königreich Polen auf. Priesterweihe 1853 in Pelplin. Probst in Ostróda, Leszno und Pogutken (Krs. Conitz und Berent). Eine seiner ersten literarischen Äußerungen ist ein gegen → Ceynowa gerichteter Artikel in der ‚Szkoła Narodowa', in dem er das Recht der Kaschuben auf eine Sonderstellung bestreitet. Bleibt in der folgenden Auseinandersetzung einer der schärfsten Gegner Ceynowas. Autor vieler religiöser Schriften für das Volk, teilweise Übersetzungen aus dem Deutschen. Seit dem 1. 1. 1869 gibt er in Pelplin den ‚Pilgrzym' heraus, eine eng an die katholische Kirche angelehnte Zeitschrift in polnischer Sprache, deren Redakteur er auch ist. K. setzt sich wiederholt für die Gleichberechtigung der polnischen Sprache in Schule und kirchlichem Leben ein.
OSB; *Cieślak,* Z dziejów prasy polskiej.

K ę t r z y ń s k i, Wojciech
geb. 11. 7. 1838 in Lötzen (Ostpreußen), gest. 15. 1. 1918. — Vater: Joseph Michael von Winkler, preußischer Offizier und Gutspächter; Mutter: Eleonore Rabe.
Die ursprünglich polnische Familie hatte mit ihrer Germanisierung den Namen von Winkler angenommen. K. nennt sich während seiner Repolonisierung zuerst Winkler-Kętrzyński, dann nur noch Kętrzyński.
Nach dem Tod des Vaters im Potsdamer Waisenhaus erzogen (1849—1853). Progymnasium in Lötzen und Gymnasium in Rastenburg (Kętrzyn). Seit 1859 Studium der Geschichte in Königsberg unter schwierigen materiellen Bedingungen. In dieser Zeit setzt seine Repolonisierung ein. Während des Januaraufstandes an Waffentransporten in Ostpreußen beteiligt. 1864 Promotion in Königsberg. Wegen Beteiligung am Januaraufstand zu einem Jahr Gefängnis verurteilt. Seit 1873 Sekretär, seit 1876 Direktor des Ossolineums, dessen Bibliothek er auf einen hohen Stand bringt. K. veröffentlicht selbst eine Reihe bedeutender historischer Arbeiten. Seine politische Tätigkeit richtet sich v. a. auf die Erhaltung und Stärkung des Polentums in Ermland und Masuren.
PSB.

K l e s z c z y ń s k i, Wiktor
Gutsbesitzer auf Gorzuchowo (Krs. Culm). Läßt sich nach Verlust seines Gutes in Culm nieder. Mitglied der ‚Liga Polska'. Vom 4. 12. 1848 — 23. 10. 1850 Sekretär und Kassierer des TPN und in dieser Zeit einer der wichtigsten Mitarbeiter. Muß seine Stellung wegen Verlust des Augenlichtes aufgeben.
Osmólska-Piskorska, Pomorskie Towarzystwo Pomocy Naukowej.

K l i n g e n b e r g, Jan Karol Antoni
geb. 20. 5. 1814 in Culm, gest. 21. 2. 1895. — Vater: Antoni K., Lehrer an der Kadettenanstalt des Htm. Warschau, später an der Stadtschule in Culm; Mutter: Johanna Gebhardt. 1830—35 Schüler des Gymnasiums in Conitz. 1835—37 Studium der Philosophie, Mathematik und Theologie in Breslau. Abschluß des Theologiestudiums in Pelplin, wo er 1840 zum Kaplan geweiht wird. Vikar in Subkau und Culm. Seit 1843 Probst in Löbau, seit 184[illegible] Dekan. Seit 1848 Abgeordneter in der Preußischen Nationalversammlung und später in der Zweiten Kammer. Beteiligt an der Gründung der ‚Liga Polska' in Berlin und aktives Mitglied der Liga in Westpreußen. 1852 gibt es Meinungsverschiedenheiten mit dem Koło Polskie. Sein Wahlkreis geht an die Deutschen verloren. 1856 wird K. in einem westfälischen Wahlkreis gewählt und wird Mitglied der katholischen Fraktion. 1859—61 noch einmal Abgeordneter des Wahlkreises Löbau/Strasburg und Mitglied des Koło Polskie. Auch später setzt K. sich in Westpreußen intensiv für die Belange der polnischen Bevölkerung ein. In Löbau gründet er ein Krankenhaus und eine Mädchenschule unter Leitung der Vincentinerinnen.

1858 Installation als Culmer Ehrenkanoniker; im selben Jahr bischöflicher Delegat. Seit 1869 residierender Kanoniker, geistlicher Rat und bischöflicher Generalvikar. Diesen Posten bekleidet er während des ganzen Kulturkampfes bis zum Tode Bischofs v. d. Marwitz (1886). 1882 ernennt Leo XIII. ihn zum apostolischen Protonotarius.
PSB; *Mańkowski,* Prałaci i Kanonicy.

K n a s t, Antoni
geb. 1. 7. 1814 in Witkowo (Ghtm. Posen), gest. 11. 8. 1852 in Culm. — Vater: Józef K., Kaufmann.
Schüler am Mariengymnasium in Posen. 1835 Abitur. Studium der Theologie in Berlin und Breslau. Hier 1839/40 Mitglied des ,Towarzystwo Literacko-Słowiańskie'. Danach geistliches Seminar in Pelplin. Nach 4 Semestern schickt Bischof Sedlag ihn mit einem staatlichen Stipendium nach Münster, wo er den Grad eines Lizentiaten erwirbt und zum Kaplan geweiht wird. Nach kurzer Vikariatszeit in Thorn seit Michaelis 1844 Lehrer für Religion (später auch für polnische Sprache und Literatur) am Gymnasium in Culm. Seit Juli 1848 gibt er zusammen mit dem Culmer Dekan → Bartoszkiewicz die ,Szkółka Narodowa', die erste polnischsprachige Zeitung in Westpreußen heraus. Er betreut das Blatt auch weiter, als er im August 1849 auf Druck der Behörden hin die Redaktion formell an → Gółkowski abgeben muß. Aktives Mitglied der ,Liga Polska' und des TPN. Setzt sich tatkräftig für die Gleichberechtigung der Polen und der polnischen Sprache ein. Gestorben an der Cholera.
PSB; *Mańkowski,* Dzieje drukarstwa; *Łożyński,* Geschichte des Gymnasiums zu Culm.

K o b y l i ń s k i, Franciszek
geb. 4. 12. 1825 in Galoty (Krs. Culm), gest. 7. 12. 1896. — Sohn eines ehemal. polnischen Hauptmanns und Gutsbesitzers. Mündel von → Karol Kalkstein/Pluskowens.
Schüler des Gymnasiums in Culm und Mitglied des dortigen Filomaten-Zirkels. Wird 1845/46 für den Aufstandsversuch des TDP gewonnen und beteiligt sich als Werber. Im März 1848 vom Provisorischen Nationalkomitee als Gehilfe des Zivilkomitees für den Kreis Culm ernannt; kurzfristig in preußischer Haft. Ebenso Beteiligung am Januaraufstand, wo er als Zivilkommissar für den Kreis Culm vorgesehen ist.
Besitzer des Gutes Kiewo (Krs. Culm). Mitglied des 1862 gegründeten landwirtschaftlichen Vereins für den Kreis Culm. Mitarbeiter auf den ,Sejmiki Gospodarskie' (Sekretär und Vizepräsident).
Anklageschrift 1847; Roczniki Sejmików Gospodarskich; Rep. 2 Tit. 30 Nr. 30 Vol. 14 u. Vol. 16.

K o s s o w s k i, Hiacenty
Gutsbesitzer auf Gr. Klonia (Krs. Conitz). Bis 1830 Landrat des Kreises. Nachdem er seinen Abschied genommen hat, kämpft er als einer der wenigen westpreußischen Freiwilligen im Novemberaufstand im Range eines Leutnants.
Später veranlaßt er in Conitz die Gründung einer wissenschaftlich-kulturellen Vereinigung unter dem Namen ,Montagsgesellschaft'.
Bukowski, Pomorze Gdańskie; Rep. A 181 Nr. 4035.

K r a z i e w i c z, Julian
geb. 20. 5. 1829 in Lautenburg (Krs. Strasburg), gest. 4. 4. 1895. — Vater: Jan. K., Postbeamter.
Besucht das Gymnasium in Culm und die Landwirtschaftsschule in Elbing. Danach mehrere Jahre lang praktisch in der Landwirtschaft tätig. Weitgehend germanisiert. 1848 Heirat mit Augusta Taube in Elbing.
1857 pachtet er die Plebanei in Thymau bei Mewe. In den folgenden Jahren unter dem Eindruck der Bedrohung der polnischen Nationalität Hinwendung zum Polentum. 1862 gründet er in Pehsken den ersten landwirtschaftlichen Verein für bäuerliche Wirte (Kółko włościańskie), der vorbildlich für diese Vereinsgattung in Posen und Westpreußen wird. 1864 gründet er einen Kreditverein für die Bauern in Mewe, 1866 eine landwirtschaftliche

Schule, 1867 eine Getreidebörse; von 1867 bis 1869 gibt er mit → Chociszewski die landwirtschaftliche Zeitschrift ‚Piast' heraus. Von Anfang an tatkräftiger Mitarbeiter der ‚Sejmiki Gospodarskie', auf denen er sich immer wieder für die besonderen Belange der Bauern einsetzt.
1877 Nachfolger von Leon Czarliński als Direktor des landwirtschaftlichen Zentralvereins für Westpreußen. 1881 Mitbegründer einer Zuckerfabrik in Mewe, deren Konkurs 1888 für K. wie für viele andere Aktionäre die finanzielle Katastrophe bedeutet.
PSB; *Łebiński,* Kółka rolniczo-włościańskie.

Krieger, Johann Adalbert
geb. 23. 4. 1766, gest. 1847.
1789 zum Kaplan geweiht. Seit 1816 Dekan in Deutsch Crone. 1823 residierender Kanoniker und bald darauf Offizial und Generalvikar der Culmer Diözese. Nach Bischof Mathys Tod während der Sedisvakanz Administrator der Diözese. Offizial auch einige Jahre unter Bischof Sedlag. Setzt sich gegenüber Theodor von Schön tatkräftig für die Belange der polnischen Katholiken, v. a. für eine angemessene Berücksichtigung ihrer Sprache ein.
Mańkowski, Prałaci i Kanonicy; Rep. 2 Tit. 20 Nr. 48 Vol. 2.

Łebiński, Władysław
geb. 1840 in Stonsk (Krs. Schwetz), gest. 1907. — Sohn des Besitzers des Gutes Stonsk. Schüler des Gymnasiums in Culm. Reifeprüfung 1858. Studium der Philologie in Breslau, wo er leitendes Mitglied des ‚Towarzystwo Literacko-Słowiańskie' ist. 1863 Promotion zum Dr. phil. Tätigkeit als Schriftsteller und Journalist. Herausgeber des ‚Wiarus', des ‚Trud' und der ‚Polnischen Correspondenz'. In Westpreußen wirkt er vor allem als Redakteur der ‚Gazeta Toruńska', dem Organ der liberalen Szlachta und des Bürgertums. Von 1896—1907 ist er Chefredakteur des ‚Dziennik Poznański'. Verfasser einer Biographie → Ignacy Łyskowskis.
Barycz, Polska młodzież akademicka; *Łożyński,* Geschichte des Gymnasiums zu Culm.

Łożyński, Wojciech
geb. 23. 4. 1808 in Culm, gest. 26. 7. 1884 in Culm. — Vater: Michał Łożyński, Schuster in Culm.
Besuch des Culmer Progymnasiums, von Sekunda an des Braunsberger Gymnasiums. 1827—31 Studium der Altphilologie in Königsberg und Bonn. 1831 Promotion zum Dr. phil. 1832—37 Lehrer und Oberlehrer am Mariengymnasium in Posen. Seit 1837 Oberlehrer am neugegründeten Gymnasium in Culm. Nach Einführung des Polnischen als Unterrichtsfach unterrichtet Ł. dort auch in der polnischen Sprache. 1844 wird er als Nachfolger von → Karl Richter Direktor des Gymnasiums. Er bemüht sich um eine loyale Haltung gegenüber der Regierung, fördert und stärkt jedoch auch die polnische Sprache und Kultur und die einheimische polnische Intelligenz. Revolutionären Bewegungen, wie sie 1845/46 auch am Gymnasium zutage treten, steht er ablehnend gegenüber. Seine Hauptsorge gilt der Förderung der Schule, die sich unter seiner Leitung erheblich vergrößert und einen Ruf über die Provinzgrenzen hinaus erlangt. Durch die Schüler hat er Kontakt zu zahlreichen polnischen Familien Westpreußens. In den 50er und 60er Jahren ist er Direktionsmitglied des TPN, zeitweilig sogar stellvertretender Vorsitzender. Die Zusammenarbeit muß 1875 abgebrochen werden, als der Staat den Lehrern verbietet, polnischen Organisationen anzugehören.
Ł. betätigt sich wiederholt in der kommunalen Selbstverwaltung der Stadt Culm. 1869 wird er zum Ehrenbürger ernannt. Seine Bedeutung als Altphilologe und Pädagoge wird auch von deutscher Seite gewürdigt. An seinem 50jährigen Dienstjubiläum wird er durch Glückwunschadressen aus Polen, Preußen und von zahlreichen deutschen Universitäten und Schulen und durch die Verleihung des Roten Adlerordens 3. Klasse geehrt.
Osmólska-Piskorska, Wojciech Łożyński.

Łyskowski, Ignacy
geb. 12. 9. 1820 in Mileszewo (Krs. Strasburg), gest. Juli 1886. Vater: Konstanty Ł., Gutsbesitzer auf Mileszewo; Mutter: Anna Rutkowska.
Durch finanzielle Unterstützung des Domherren → Jan Donimirski erhält Ł. eine wissenschaftliche Ausbildung. Seit 1833 Schüler des Gymnasiums in Conitz, wo er aus Mangel an deutschen Sprachkenntnissen jedoch wenig Fortschritte macht, dann des Gymnasiums in Culm. Seit 1843 Studium der Theologie in Freiburg/Breisgau, wo er Umgang mit anderen polnischen Studenten hat, und in Breslau, wo er Mitglied des ‚Towarzystwo Literacko-Słowiańskie' ist. 1846 Abbruch der Studien und Rückkehr auf das elterliche Gut, das er 1853 vom Vater übernimmt.
Im April 1848 reist er als Vertreter des westpreußischen Polentums nach Frankfurt, um vor dem Vorparlament gegen die Einverleibung der Provinz in den Deutschen Bund zu protestieren; mit demselben Anliegen tritt er auch vor die Nationalversammlung. Vorsitzender der ‚Liga Polska' im Kreis Strasburg und Mitglied des Provinzialrates. 1850 Herausgabe des ‚Nadwiślanin', dessen ständiger Mitarbeiter er auch nach dem Rückzug als Herausgeber und Redakteur bleibt. Nach dem Völkerfrühling widmet Ł. sich intensiv den Problemen einer Verbesserung der Landwirtschaft und der Gutsbetriebe. Neben schöngeistiger und politischer Literatur publiziert er v. a. Artikel und Bücher über landwirtschaftliche Fragen. Sein ‚Gospodarz' [Der Landwirt] erscheint in mehreren Auflagen und wird zu einem Leitfaden für die polnischen Landwirte in der Provinz. Ł. wird eine der zentralen Figuren der ‚organischen Arbeit' in Westpreußen, der er entscheidende Impulse gibt: Gründer des ersten landwirtschaftlichen Vereins in Westpreußen (Sept. 1861); Gründer und Förderer von Volksbibliotheken; Mitarbeiter der ‚Gazeta Toruńska'; Initiator der ‚Sejmiki Gospodarskie' und Gründer des TMI; erster Präsident des 1875 gegründeten ‚Towarzystwo Naukowe' in Thorn. Seit 1866 Abgeordneter in der Zweiten Preußischen Kammer, 1881—86 Abgeordneter im Reichstag. In beiden Gremien setzt er sich besonders für die Gleichberechtigung der polnischen Sprache ein. Außerdem Tätigkeit auf dem Gebiete der Wirtschafts- und Kreditpolitik. Wiederholt publiziert er Darstellungen in deutscher Sprache, um die Abgeordneten auf die besonderen Probleme der Polen hinzuweisen. Von seinem Biographen → Władysław Łebiński, der persönlich mit ihm zusammengearbeitet hat, wird er neben Teodor Donimirski als bedeutendste Persönlichkeit des Polentums in Westpreußen zu seinen Lebzeiten bezeichnet.
Łebiński, Ignacy Łyskowski; Curriculum vitae des Rittergutsbesitzers Ignaz von Łyskowski; *Mańkowski*, Dzieje drukarstwa; OSB; *Osmólska-Piskorska*, Pomorskie Towarzystwo Pomocy Naukowej; *Estreicher*, Bibliografia Polska.

Łyskowski, Mieczysław
geb. 1825 in Oborry (Krs. Culm), gest. 1894 in Posen. — Vater: Gutsbesitzer auf Oborry. Ł., ein Vetter des → Ignacy Łyskowski, ist Schüler des Gymnasiums in Culm und gehört dort dem Filomaten-Zirkel an. 1846 Abitur und bis 1849 Studium der Rechte in Breslau, wo er Mitglied und zeitweilig Vorsitzender des ‚Towarzystwo Literacko-Słowiańskie' ist. 1849—51 Auskultator und Referendar in Marienwerder und Culm. Kreisrichter in Briesen, Lautenburg und seit 1858 in Strasburg. Wegen Beteiligung am Januaraufstand — er ist an der zivilen Organisation und an Nachschublieferungen in Westpreußen beteiligt — wird er 1864 aus dem Staatsdienst entlassen. Daraufhin widmet er sich ganz dem polnischen Genossenschaftswesen, in dem er zuvor schon eine bedeutende Rolle gespielt hat. Praktikum bei der „Deutschen Genossenschaftsbank Soergel, Parisius & Co." in Berlin; dann Direktor der Gewerbebank „Kwilecki, Potocki & Co." in Posen. Seit 1867 Teilhaber der Bank „Donimirski, Kalkstein, Łyskowski & Co." in Thorn. Von der Gründung (1871) bis 1885 Vorsitzender des Zentralkomitees des Verbandes polnischer Genossenschaften in Posen.
Ł. wird in den 70er und 80er Jahren eine der führenden Persönlichkeiten der ‚organischen Arbeit' in Posen und Westpreußen, v. a. auf dem Gebiet des Genossenschaftswesens. Mit Schulze-Delitzsch ist er seit 1852 persönlich bekannt; macht sich dessen Erfahrungen im Genossenschaftswesen bewußt zunutze. Gründet 1862 in Strasburg die erste westpreußische Kreditgenossenschaft für polnische Handwerker; an weiteren Gründungen maßgeblich beteiligt. Aktives Mitglied beim TPN (Kreiskassierer) und ständiger Mitarbeiter auf den ‚Sejmiki

Gospodarskie'. Mit seinem 1870 in Thorn herausgegebenen ,Wegweiser für die Kreditgenossenschaften' stellt er den ersten theoretischen Beitrag und einen Leitfaden für das polnische Genossenschaftswesen. 1859—61 und 1863—65 Abgeordneter des Wahlkreises Löbau/Strasburg in der Zweiten Kammer.
Tomaszewski, Pół Wieku Polskich Spółek Zarobkowych; *Osmólska-Piskorska,* Pomorskie Towarzystwo Pomocy Naukowej; *Bukowski,* Pomorze Gdańskie w powstaniu.

Łyskowski, Teodor
Vater: Hipolyt Ł., Gutsbesitzer auf Wilczewo (Krs. Stuhm).
Verheiratet mit einer Chrzanowska aus Ostrowo (Krs. Culm), seit 1846 Besitzer von Wilczewo. 1862 wegen nationaler Demonstrationen in der Kirche von Pestlin (Krs. Stuhm) bestraft. Gründet im Januar 1863 zusammen mit → Teodor Donimirski in Pestlin den landwirtschaftlichen Verein für das Marienburger Land, dessen Vorsitzender er auch wird. Im Januaraufstand steht sein Gut als Unterkunft für Freiwillige und Durchgangsstation für Waffentransporte zur Verfügung. Er wird aber nur kurzfristig inhaftiert.
Bukowski, Pomorze Gdańskie w powstaniu; OSB; Rep. 2 Tit. 30 Nr. 30 Vol. 16.

Marański, Antoni
geb. 1834 in Culm.
Schüler des Gymnasiums in Culm, wo er 1853 das Abitur ablegt. Nach seiner theologischen Ausbildung zunächst Pfarradministrator im Kreis Conitz, seit 1861 Pfarrer in Sullenczyn (Krs. Carthaus). Im März 1862 Mitbegründer des landwirtschaftlichen Vereins für die Kreise Berent und Carthaus; zeitweise Vorstandsmitglied. Während des Januaraufstandes bemüht er sich um die Einziehung der Nationalsteuer im Kreis Carthaus; er wird im Berliner Polenprozeß jedoch freigesprochen. Während der Untersuchungshaft schreibt er ein Büchlein über die historische Vergangenheit der Kaschubei, das 1864 in Culm erscheint. M. ist seit 1861 einer der rührigsten Wahlagitatoren im Wahlkreis Neustadt/Carthaus und hat wesentlichen Anteil an der Wahl polnischer Abgeordneter. 1866/67 und 1870/73 ist er selbst Abgeordneter in der Preußischen Zweiten Kammer.
Anklageschrift 1864; *Bukowski,* Pomorze Gdańskie w powstaniu; Rep. 2 Tit. 30 Nr. 30 Vol. 17.

Marwitz, Johann Nepomuk von der
geb. 20. 4. 1795 in Tuchlin (Krs. Carthaus), gest. 29. 3. 1868 in Pelplin. — Vater: Gutsbesitzer Alexander v. d. M. auf Tuchlin; Mutter: Maria Wysocka.
1804—12 Gymnasium in Alt-Schottland. Freiwilliger in den Befreiungskriegen 1813/14. Nach längerer Krankheit 1822—25 Auffrischung der Schulkenntnisse am Gymnasium in Braunsberg. Theologiestudium in Breslau und Bonn. 1830 in Pelplin zum Priester geweiht. 1832 Probst in Tuchel, 1839 bischöflicher Delegat in Kamin. 1843 durch Bischof Sedlag als Domkapitular nach Pelplin berufen und zum geistlichen Rat des Generalvikariats bestellt. Am 14. 1. 1857 zum Bischof von Culm gewählt. Ist in umfangreichem Maße für den Ausbau seiner Diözese tätig. Vergrößerung des geistlichen Seminars, Ausbau des Collegium Marianum, das die einzige Schule in Westpreußen ist, in der bis 1918 durchgehend polnisch unterrichtet wird. Errichtung neuer Parafien und Pfarreien besonders in Masuren. In der Nationalitätenauseinandersetzung zeigt er stets ein loyales Verhalten gegenüber dem Staat; gegen agitierende polnische Geistliche geht er scharf vor. Das Verhältnis zum Staat wird jedoch durch den Kulturkampf gründlich gestört. v. d. M. wird wiederholt mit hohen Geldstrafen belegt, das geistliche Seminar in Pelplin bleibt von 1876 bis 1886 geschlossen.
Altpreußische Biographie; Diecezja Chełmińska; *Dettmer,* Die ost- und westpreußischen Verwaltungsbehörden.

Mathy, Ignatz Stanislaus
geb. 1765 in Kobierzyn bei Dirschau, gest. 20. 5. 1832 in Pelplin.
Ausbildung bei den Jesuiten in Braunsberg und in Rom. Doktor der Philosophie und Theologie. Seit 1789 Kanoniker in Ermland. 1811—23 Regierungs- und Konsistorialrat in Marienwerder.

Auf Betreiben Theodor von Schöns im Juli 1821 zum Bischof von Culm gewählt; seine Wahl wird jedoch erst 1823 in Rom bestätigt. Seit 1824 steht er an der Spitze der durch die Bulle ‚De salute animarum' reorganisierten Diözese. Seine besondere Aufmerksamkeit gilt dem geistlichen Seminar in Pelplin; außerdem bemüht er sich um Errichtung eines zweiten katholischen Gymnasiums in Culm, die ihm durch KO vom 2. 2. 1832 auch zugesagt wird. Obwohl er als Verwaltungsmann nicht die Hoffnungen Schöns erfüllt, zeigt er in der nationalen Frage die erwartete loyale Haltung. Mit einem Hirtenbrief vom 6. 12. 1830 wendet er sich gegen den im Königreich Polen ausgebrochenen Aufstand.
Diecezja Chełmińska; *Bork,* Zur Geschichte des Nationalitätenproblems in Preußen.

Osmański, Mateusz
geb. 19. 9. 1796 in Culmsee, gest. 1857. — Vater: Konstanty O., Organist und Kathedralkantor in Culmsee.
Schulbildung in Culm; 1815—18 am dortigen geistlichen Seminar. Bis 1826 an verschiedenen Orten als Kaplan tätig. 1826 Vizedekan und Schulinspektor für den Culmer, später auch für den Strasburger Kreis. Seit 1831 Dekan in Strasburg, seit 1839 bischöflicher Delegat, 1849 Culmer Ehrenkanoniker. Nach dem Vorbild anderer Dekane gründet er für das Dekanat Strasburg eine Gesellschaft zur Selbstbildung der Lehrer. Große Verdienste um die Volksbildung durch umfangreiche schriftstellerische Tätigkeit; Verfasser religiös-erbaulicher Schriften in polnischer Sprache.
Mańkowski, Prałaci i Kanonicy; *ders.,* Dzieje drukarstwa i piśmiennictwa.

Ostaszewski, Ludwik
geb. 1824 in Przybijew (Königreich Polen).
Wird schon während seiner Warschauer Gymnasialzeit mit Gedanken der demokratischen Emigration vertraut. Muß im Okt. 1844 Polen wegen Teilnahme an geheimen Verbindungen verlassen. Findet Unterkunft bei → Sulerzyski in Piontkowo, wo er auch → Elżanowski kennenlernt und für die Aufstandspläne des TDP gewonnen wird. Bei den Aufstandsvorbereitungen zwar nicht mehr eingesetzt, im Polenprozeß jedoch trotzdem mit 8 Jahren Festungshaft bestraft. 1848 amnestiert. Danach zunächst Aufenthalt im Kreis Conitz, seit 1851 in Jablau bei Hiacenty Jackowski, dessen Tochter er heiratet. Soll ausgewiesen werden, erhält dann aber die Erlaubnis, das Gut Liptschin im Kreis Berent zu erwerben. Knüpft neue Kontakte mit der Emigration. Als er bei einem Kuraufenthalt in Wiesbaden 1854 mit dem Grafen Jan Ledóchowski verkehrt, wird ihm die Rückkehr nach Westpreußen verboten.
Anklageschrift 1847; Rep. 2 Tit. 30 Nr. 30 Vol. 5, 6 und 8.

Prejs, Julian Walenty
geb. 13. 2. 1820 in Bischöflich Papau (Krs. Thorn), gest. 2. 7. 1902 in Bromberg. — Sohn des Organisten in Bischöflich Papau.
Stadtschule und Gymnasium in Thorn, das er aber nicht beendet. 1842/43 Philosophie- und Jurastudium in Breslau, wo er Mitglied des ‚Towarzystwo Literacko-Słowiańskie' ist. Nach Abbruch des Studiums Hauslehrer in Königsberg. Seit 1845 Mitarbeit bei verschiedenen Zeitungen und erste Veröffentlichungen. Als sein Vater 1848 in Thorn eine Druckerei eröffnet, gibt er dort den ‚Biedaczek', nach der ‚Szkółka Narodowa' die zweite polnischsprachige Zeitung in Westpreußen, heraus. 1849 zieht er nach Culmsee. Der ‚Biedaczek' muß im Sommer 1850 infolge des neuen Pressegesetzes sein Erscheinen einstellen. 1855—65 unterhält P. ein Pensionat für Gymnasiasten in Culm. Seit 1865 lebt er in Bromberg und Umgebung; weitere schriftstellerische Tätigkeit und Mitarbeit bei verschiedenen Zeitungen (z. B. ‚Gazeta Bydgoska'). Als er 1902 stirbt, ist er fast vergessen.
Mańkowski, Dzieje drukarstwa i piśmiennictwa.

Puttkamer-Kleszczyński, Józef
geb. 1825. — Vater: Marian P.-K., Gutsbesitzer. Nach dessen Tod (1832) Mündel von → Hiacenty Jackowski (Jablau).

Besuch der Stadtschule in Bromberg, der Gymnasien in Conitz und Culm. In Culm ist er Mitglied des Filomaten-Zirkels. Verläßt das Gymnasium 1845 als Primaner, um sich der Landwirtschaft zu widmen. Anfang 1846 gewinnt → Elżanowski ihn für den geplanten Aufstand des TDP; P.-K. ist einer der Führer des Zuges gegen Stargard am 21./22. 2. 1846. Nach seiner Amnestie kehrt er im März 1848 in die Provinz zurück, behält aber weiterhin Kontakt mit der demokratischen Emigration in Westeuropa. 1853 hält er sich mit → Edward Kalkstein in London und New York auf und kehrt mit dem Auftrag zurück, eine Anleihe der Emigration in Preußen unterzubringen. Er wird wegen „vorbereitender Handlungen zu einem hochverrätherischen Unternehmen" in Abwesenheit zu drei Jahren Zuchthaus und fünf Jahren Polizeiaufsicht verurteilt. Lebt daraufhin in Frankreich und Belgien, taucht aber 1868 noch einmal als ‚Weinreisender' in Westpreußen auf.
Anklageschrift 1847; Rep. 2 Tit. 30 Nr. 30 Vol. 7, 8 und 9.

Radkiewicz, Stanisław
geb. 1799 in Wylczeń (Königreich Polen), gest. 15. 5. 1875 in Biechówko.
Seit 1826 verheiratet mit Leokadia Tucholka, die aus einer in den Kreisen Schwetz und Graudenz begüterten Familie stammt. Dient seit 1822 in der polnischen Armee und nimmt als Leutnant am Novemberaufstand teil; in der Insurrektionsarmee avanciert er zum Major. Ende 1831 Flucht nach Preußen. Hält sich zunächst in Bialoblott (Krs. Graudenz), einem Gut seines Schwagers, auf. Seit 1833 Pächter des Gutes Briesen (Kreis Schwetz), das später durch Erbfall in den Besitz seiner Frau kommt. Trotz Bedenken der Provinzialbehörden wegen seiner bereits erkennbaren nationalpolnischen Aktivität wird er mit KO vom 14. 6. 1842 in den preußischen Untertanenverband aufgenommen. Wegen Beteiligung an den Aufstandsvorbereitungen des TDP wird er 1847 im Polenprozeß zu einer langjährigen Freiheitsstrafe verurteilt, aber zusammen mit den anderen Verurteilten im März 1848 amnestiert. Von da an ist er unermüdlich für die ‚organische Arbeit' tätig. Sein besonderes Interesse gilt dem Organisationswesen: 1845 Mitglied des landwirtschaftlichen Vereins in Polnisch Krone (Krs. Bromberg). Organisator des Kreisvereins und mehrerer Ortsvereine der ‚Liga Polska' im Kreis Schwetz. Vorsitzender des Provinzialrates der Liga, Mitglied des TPN. 1862 Gründer des landwirtschaftlichen Vereins für Südpommerellen. Mitarbeiter bei den ‚Sejmiki Gospodarskie'. Seit 1862 Mitglied des Zentralwahlkomitees für Westpreußen. Als Abgeordneter im Reichstag zum Norddeutschen Bund ist er zeitweilig Präsident des ‚Koło Polskie' in Berlin.
Im Januaraufstand ist er Stellvertreter des Beauftragten der Nationalregierung in Westpreußen und setzt sich tatkräftig für die innere Organisation ein; er wird im Polenprozeß jedoch nicht unter Anklage gestellt.
Sein Gut Briesen stellt einen wichtigen Verbindungspunkt zwischen Westpreußen und dem Großherzogtum Posen dar.
Anklageschrift 1847; *Osmólska-Piskorska,* Pomorskie Towarzystwo Pomocy Naukowej; Rep. A 204 Nr. 349.

Rakowicz, Franciszek Tadeusz
geb. 1839, gest. 1878.
Schriftsteller und Journalist. Seit Januar 1867 Herausgeber, später auch Redakteur der ‚Gazeta Toruńska'. Mitarbeiter auf den ‚Sejmiki Gospodarskie' in Thorn. Unterstützt durch seine journalistische Tätigkeit intensiv und wirkungsvoll die ‚organische Arbeit' in Westpreußen. Briefwechsel mit Jan Ignacy Kraszewski in Dresden, den er für die Mitarbeit an der ‚Gazeta Toruńska' gewinnt und dem er seinerseits Informationen aus Westpreußen für die ‚Rachunki' liefert.
Konieczny, Ziemia Chełmińska w świetle korespondencji z Pomorza.

Richter, Carl
geb. 15. 10. 1804 in Warendorf (Westfalen), gest. 1869. — Sohn eines Schlossermeisters. Nach dem Studium der Theologie, Philosophie und Philologie Gymnasiallehrer in Rietberg und Paderborn. 1830 zum Kaplan geweiht. 1837 wird er als Direktor an das neu gegründete Gymnasium in Culm berufen. Unter seiner Leitung nimmt die Anstalt einen schnellen Auf-

schwung. 1843 von Bischof Sedlag ans Culmer Domkapitel berufen; er übernimmt gleichzeitig die Aufgaben eines geistlichen Rats am Generalvikariat und eine Professur am geistlichen Seminar, wo er Philosophie und Dogmatik lehrt. 1848 und 1849 wird er von der polnischen Bevölkerung ins Preußische Abgeordnetenhaus gewählt, wo er sich nachdrücklich für die Belange seiner Wähler, besonders für die Gleichberechtigung der polnischen Sprache, einsetzt. Mitbegründer und Mitarbeiter der ‚Liga Polska'. Da seine Stellung in Pelplin — besonders gegenüber dem Bischof — wegen seiner polenfreundlichen Haltung immer schwieriger wird, nimmt er 1849 ein ihm angebotenes Kanonikat des Posener Erzbischofs Przyłuski an. Er ist Lehrer und Dogmatiker am Posener Seminar und 10 Jahre lang enger Mitarbeiter des Ebfs. im Generalvikariat. Seit 1861 wird er vom polnischen Klerus immer heftiger angegriffen, so daß er sich auf eigenen Wunsch 1867 zurückzieht.
Mańkowski, Prałaci i Kanonicy; *Łożyński,* Geschichte des Gymnasiums zu Culm.

Różycki, Leopold
geb. 1838. — Sohn des Besitzers von Zajonczkowo (Krs. Löbau).
Schüler des Gymnasiums in Culm, wo er 1861 das Abitur ablegt. Studiert zuerst Jura, dann Medizin in Berlin. Während des Januaraufstandes organisiert er zusammen mit → Kętrzyński Waffentransporte in Ostpreußen. Um sich der Verurteilung zu entziehen, flieht er in die Türkei, wo er 10 Jahre lang als Arzt tätig ist. 1876 Rückkehr nach Westpreußen. Sein Versuch, in Thorn als Arzt Fuß zu fassen, mißlingt jedoch, und er wendet sich daher nach Sachsen.
Anklageschrift 1864; Bibliot. Jagiell. MS 6495.

Rybiński, Leon
Schüler am Gymnasium in Culm. Reifeprüfung 1840; Studium der Rechte, später Gutsbesitzer auf Debenz (Kr. Graudenz). Seit 1840 verheiratet mit Leokadia Kalksteinówna/Klonowken. Mitglied der ‚Liga Polska'. Mitbegründer und später Direktionsmitglied des TPN. 1886 als Nachfolger → Ignacy Łyskowskis Mitglied des Zentralkomitees.
Łożyński, Geschichte des Gymnasiums zu Culm; *Osmólska-Piskorska,* Pomorskie Towarzystwo Pomocy Naukowej; Rep. A 180 Nr. 2220.

Rzepnikowski, Teofil
geb. 1843 in Kl. Radowisk (Krs. Culm), gest. 1922.
Schüler des Gymnasiums in Culm. Reifeprüfung 1862. Studium der Medizin in Breslau, wo er Mitglied des ‚Towarzystwo Literacko-Słowiańskie' ist, in Königsberg und Berlin. 1868 läßt er sich in Löbau als Arzt nieder und entfaltet eine umfangreiche Tätigkeit auf dem Gebiet der ‚organischen Arbeit'. Gründet 1870 eine Kreditgenossenschaft in Löbau, der er lange selbst vorsteht und die 1892 in eine Volksbank umgewandelt wird. Mitbegründer weiterer Volksbanken in Westpreußen und Leiter der Parzellierungsgesellschaft. 1906 Vizepatron des Genossenschaftsverbandes von Posen und Westpreußen. Mitbegründer der ‚Bank Mazurski' in Ortelsburg, wo er auch den ‚Mazur' mit seiner Druckerei kauft. 1890, 1893—98 Abgeordneter in der preußischen Zweiten Kammer. Beim Plebiszit von 1919 einer der Initiatoren der mißlungenen bewaffneten Aktion in Masuren und Ermland. 1920 erster Starost von Löbau.
OSB.

Sampławski, Franciszek Ksawery
geb. 13. 12. 1803, gest. 1866. — Vater: Julian S., Gutsbesitzer auf Jakóbkowo (Krs. Löbau).
Besuch der Culmer Stadtschule und des Braunsberger Gymnasiums. Studium der Theologie in Bonn, Tübingen und Rom. 1835 Probst, 1837 Vizedekan und Schulinspektor, 1849 Dekan in Rehden. Mitglied der ‚Liga Polska', aktives Mitglied im TPN. Seit 1858 Culmer Ehrenkanoniker.
Mańkowski, Prałaci i Kanonicy.

Sedlag, Anastasius
geb. 23. 4. 1787 in Dittmerau (Oberschlesien), gest. 1856 in Pelplin. — Vater Ambrosius S., Lehrer in Dittmerau.
Gymnasium in Leobschütz. Studium der Philosophie und Theologie. Priesterweihe 1810. 1815—23 Probst und Schulinspektor in Proskau. Seit 1823 Regierungs- und Schulrat in Oppeln. 1831 Ehrenkanoniker des Breslauer Domkapitels. Am 28. 3. 1833 auf Wunsch der Staatsregierung zum Bischof in Culm gewählt, nachdem ihm zuvor von der Breslauer Universität der Ehrendoktor verliehen worden ist und er pro forma zum Mitglied des Culmer Domkapitels gemacht worden ist. Erweist sich als glänzender Organisator der unter Bischof Mathy stark vernachlässigten Diözese. Um dem Mangel an Priestern zu begegnen, beruft er viele Geistliche aus anderen Provinzen, besonders aus Schlesien. 1835 gründet er in Pelplin auf eigene Kosten ein Institut zur Knabenerziehung. Im Mischehenstreit stellt er sich 1838 eindeutig auf die Seite des Posener Erzbischofs; ebenso bekämpft er nach 1848 alle Versuche des Staates, der Kirche die Schulaufsicht zu nehmen. Er ist ein konsequenter Gegner aller nationalpolnischen Regungen, verlangt aber andererseits von seinen Geistlichen die Kenntnis der polnischen Sprache und trägt Sorge um die Berücksichtigung des Polnischen im kirchlichen Leben; läßt einen neuen Katechismus und kirchliche Handbücher in polnischer Sprache veröffentlichen.
1848 wird er als Abgeordneter in die Frankfurter Nationalversammlung gewählt, legt sein Mandat jedoch schon im Juli wegen zu großer Arbeitsbelastung nieder.
Mańkowski, Anastazy Sedlag.

Sierakowski, Alfons
geb. 1816 in Thorn, gest. 1886 in Posen. — Vater: Antoni S., Gutsbesitzer auf Gr. Waplitz (Krs. Stuhm).
Die Familie zählt zu den begütertsten Familien in Westpreußen. Ausbildung in Warschau und Breslau. Dann Übernahme der väterlichen Güter. Hier als Mäzen und Förderer der Bildungsarbeit tätig. In Waplitz Einrichtung einer Galerie und einer großen Bibliothek. Beteiligt an der Gründung des ‚Towarzystwo Przyjaciół Nauk' [Gesellschaft der Freunde der Wissenschaften] in Posen. Die letzten zehn Jahre seines Lebens verbringt er in Posen. OSB.

Ślaski, Ludwik
geb. 5. 2. 1818 in Trzebcz (Krs. Thorn), gest. 1898. — Vater: Mateusz S., Gutsbesitzer auf Trzebcz; Mutter: Helena Kruszyńska.
Schüler des Gymnasiums in Thorn. Übernimmt 1843 die Güter seines Vaters und bringt sie auf einen hohen Stand. Ist früh an der ‚organischen Arbeit' beteiligt. Von Anfang an aktives Mitglied des TPN. Zunächst Kreiskassierer, 1852—67 Hauptkassierer, 1875—84 Vizepräsident 1884—98 Präsident. Mitarbeiter auf den ‚Sejmiki Gospodarskie' und 1869 Mitbegründer des TMI. 1870 ruft er mit seiner Tochter das TPN für polnische Mädchen ins Leben, dessen langjähriger Protektor und Unterstützer er bleibt.
Von Sept. 1866 bis Okt. 1888 Mitglied des Preußischen Herrenhauses, wo er sich besonders für die polnischen Belange einsetzt. Zeitweilig Vizepräsident des ‚Koło Polskie'. 1884 übergibt er die Güter an seine Söhne Kazimierz und Ludwik und siedelt sich in Thorn an, um sich bis zu seinem Tode der Arbeit im TPN zu widmen.
Osmólska-Piskorska, Pomorskie Towarzystwo Pomocy Naukowej.

Ślaski, Mateusz
geb. 16. 9. 1778 bei Radziwiłłowo in Wolhynien, gest. 24. 4. 1849 in Culm.
Er kommt Anfang des 19. Jahrhunderts in Erbschaftsangelegenheiten nach Westpreußen (der Onkel seiner Mutter, Szymon Tadeusz Kicki, besitzt dort das Gut Stanislawie). Aus unbekannten Gründen bleibt er in Westpreußen, kauft 1805 das Gut Trzebcz (späterer Kreis Thorn) und heiratet 1806 Helena Kruszyńska, Tochter des Kammerherrn Konstanty Kruszyński auf Nawra und der Ludwika Wilkxycka.

Von 1809 an Abgeordneter des Culmer Landes im Sejm des Htm. Warschau. Auch unter preußischer Herrschaft widmet er seine Hauptkraft der nationalen Arbeit. 1843 übergibt er seine Güter seinem Sohn → Ludwik S. und siedelt sich in Culm an. Dort gründet er 1848 zusammen mit seinem Schwiegersohn → Teodor Donimirski das TPN, dessen Ehrenvorsitzender er bis zu seinem Tode ist. Außerdem aktive Unterstützung der ‚Liga Polska'.
Osmólska-Piskorska, Pomorskie Towarzystwo Pomocy Naukowej.

Sulerzyski, Natalis
geb. 28. 9. 1801 in Piontkowo (Krs. Strasburg), gest. 1878. — Vater: Wincenty S., Gutsbesitzer auf P.; Mutter: Anna Mieroszewska.
Der Vater ist ein Verehrer der preußischen Justiz und Verwaltung und steht in persönlichem Verkehr mit Reg.Präs. von Hippel und Justizpräsident Ölrichs in Marienwerder.
Schüler des Gymnasiums in Thorn. Geisteswissenschaftliche Studien in Leipzig und Heidelberg. Seit 1824 Bewirtschaftung eines Teiles der elterlichen Güter. 1834 erwirbt S. nach dem Tod des älteren Bruders das Hauptgut Piontkowo. Bringt seine Güter durch Einführung neuer landwirtschaftlicher Methoden auf einen hohen Stand und vermehrt ständig seinen Besitz. 1836 Heirat mit Izabella Czapska/Sumowo, die jedoch schon 1838 stirbt. 1840 zweite Ehe mit Leonarda Wybicka/Konojad. Richtet 1840 in Graudenz einen der ersten Polenbälle in Westpreußen aus und pflegt ständigen persönlichen Verkehr zu den benachbarten Gutsbesitzern im Königreich Polen. Seit 1845 Anhänger Ludwik Mierosławskis. Wird 1846 inhaftiert, weil er demokratische Emissäre (u. a. → Elżanowski und → Ostaszewski) beherbergt hat; eine Anklage wird jedoch nicht erhoben. 1847 in den ersten Vereinigten Landtag gewählt.
Im März 1848 wird S. vom Posener Nationalkomitee zum Organisator der Volksbewaffnung gegen Rußland in Westpreußen bestellt. Wegen dieser Tätigkeit und als Mitglied des ‚Provisorischen Nationalkomitees' festgenommen und acht Monate lang inhaftiert, ohne daß Anklage erhoben wird. Im Frühjahr 1849 als Abgeordneter in die Zweite Preußische Kammer gewählt, wo er sich zur äußersten Linken schlägt. Mitglied der ‚Liga Polska' im Kreis Strasburg. Aktives Mitglied im TPN (Kreiskassierer).
Nach 1850 ist Piontkowo eines der wenigen Güter, die weiterhin den Emigranten und demokratischen Emissären offenstehen; die meisten von S.s Standesgenossen rücken allmählich wegen seiner demokratischen Orientierung von ihm ab. Im Sept. 1861 gründet er mit → Ignacy Łyskowski in Strasburg den ersten landwirtschaftlichen Verein für Westpreußen, dessen Vorsitzender er wird. Im Januaraufstand ist Piontkowo Aufenthaltsort von Emissären und Insurgenten, Durchgangsstation von Mannschaftszügen und Waffentransporten. S. wird im Berliner Polenprozeß mit einem Jahr Gefängnis bestraft. Um die Haftstrafe nicht verbüßen zu müssen, emigriert er nach Krakau. Nach seinen Angaben werden daraufhin seine Güter von den eigenen Landsleuten unter dem Vorwand der Vorsorge geplündert und heruntergewirtschaftet.
Pamiętniki Natalisa Sulerzyskiego; Anklageschrift 1864; *Bukowski*, Pomorze Gdańskie.

Szulc, Kazimierz
geb. 15. 10. 1825 in Samino (Krs. Strasburg), gest. 27. 3. 1887 in Posen. — Vater: Kazimierz Sz., Bauer in Samino.
Schüler des Gymnasiums in Culm, wo er Mitglied des Filomaten-Zirkels ist, und in Lyck, wo er sich bemüht, einen ähnlichen Verein aufzubauen. Beteiligt an den Aufstandsvorbereitungen des TDP in Masuren; im Polenprozeß zu acht Jahren Gefängnis verurteilt. 1848 amnestiert. Seit 1850 Studium der Geschichte und Geographie in Breslau, wo er Mitglied des ‚Towarzystwo Literacko-Słowiańskie' ist und die Zeitschrift ‚Znicz' herausgibt. Promotion zum Dr. phil. Seit 1856 ist er Lehrer am Posener Gymnasium. Seit 1862 gibt er den ‚Tygodnik Poznański' heraus. Im Januaraufstand organisiert er mit → Kętrzyński Waffentransporte über Königsberg; er wird im Polenprozeß zu einem Jahr Gefängnis verurteilt, wirkt anschließend zunächst als Lehrer und Direktor einer höheren polnischen Schule in Paris; lebt und arbeitet nach seiner Rückkehr (1871) nur noch in Posen.
Górska, Dr. Kazimierz Szulc; Anklageschrift 1864; OSB.

Tarnowski, Ignacy
geb. in Neustadt.
Schüler des Gymnasiums in Culm, wo er 1851 das Abitur ablegt. Nach der theologischen Ausbildung Probst in Wabcz. In der Anfangsphase ist er Sekretär des im Februar 1862 gegründeten landwirtschaftlichen Vereins für das Culmer Land. Er unterstützt den Januaraufstand durch Waffentransporte und -lagerung; im Winter 1863/64 beherbergt er den desertierten preußischen Leutnant von Puttkamer. Trotz zweimaliger Inhaftierung wird aber mangels Beweisen keine Anklage erhoben.
Rep. 2 Tit. 30 Nr. 30 Vol. 12—16; *Bukowski,* Pomorze Gdańskie w powstaniu.

Tokarski, Stanisław
geb. 1821 in Ostrowitt (Krs. Strasburg), gest. 1895.
Über 40 Jahre lang ist er Pächter von Ober Brodnitz im Kreise Carthaus und wirkt dort als einer der wenigen nationalpolnisch eingestellten Gutsbesitzer. Mit Unterbrechung ist er zwischen 1861 und 1885 Abgeordneter des Wahlkreises Neustadt/Carthaus in der Zweiten Kammer.
Bukowski, Pomorze Gdańskie w powstaniu; Rep. 2 Tit. 30 Nr. 30 Vol. 11.

Tułodziecki, Jan
geb. 20. 5. 1813 in Okole (Krs. Bromberg), gest. 14. 1. 1876. — Vater: Bernard T., Mühlenbesitzer.
Besuch der Gymnasien in Conitz und Bromberg. 1834—36 Studium der Theologie in Bonn und Berlin, seit 1836 am geistlichen Seminar in Pelplin.
Als 17jähriger nimmt er zusammen mit seinem Bruder am Aufstand im Königreich Polen teil. Seit 1839 Pfarrer in Schwanau (Krs. Carthaus). Er bemüht sich, begabten polnischen Knaben (u. a. auch → Szczepan Keller) den Weg zur Gymnasialbildung zu ebnen. Seit 1842 Probst in Sibsau (Krs. Schwetz). Er wird 1846 in die Aufstandsvorbereitungen des TDP hineingezogen und erhält im Polenprozeß 8 Jahre Festungshaft. Nach der Amnestie im März 1848 kehrt er nach Westpreußen zurück, wird kurz darauf aber als Mitglied des ‚Provisorischen Nationalkomitees' zusammen mit → Sulerzyski noch einmal für 8 Monate inhaftiert. Seit Okt. 1848 aktives Mitglied der ‚Liga Polska', zunächst in Strasburg, dann in Posen (Mitglied der Hauptdirektion). Seit Mai 1849 ist er Probst in Miłosław (Posen). Weitere Tätigkeit nur noch im Großherzogtum. Seine besonderen Bemühungen gelten dem Vereinswesen und der Volksbildung.
Mańkowski, Ks. Jan Tułodziecki; Anklageschrift 1847.

Węclewski, Stanisław
geb. 1820, gest. 1893.
Besuch des Mariengymnasiums in Posen, wo er u. a. Schüler von → Wojciech Łożyński ist. 1841—49 Studium der Philologie in Bonn, Breslau und Berlin. In Breslau ist er 1844/45 Mitglied des ‚Towarzystwo Literacko-Słowiańskie'. 1848 am Posener Aufstand beteiligt und bei Miłosław verwundet. Seit 1849 Lehrer am Posener Mariengymnasium, seit 1850 am Gymnasium in Culm, wo er Latein, Griechisch und Polnisch in den Oberklassen unterrichtet. Mitglied des TPN; 1867—74 dessen Hauptkassierer und Sekretär. Mitarbeiter beim ‚Nadwiślanin'. 1857—59 gibt er zusammen mit → Danielewski und → Ignacy Łyskowski ‚Literarische Briefe' heraus.
1874 nach Conitz versetzt, wo er bis zu seiner Pensionierung tätig ist (1887). Die letzten Jahre seines Lebens verbringt er in Breslau.
Osmólska-Piskorska, Pomorskie Towarzystwo Pomocy Naukowej; *Mańkowski,* Dzieje drukarstwa i piśmiennictwa.

Wilkxycki, Jakób
geb. 1770, gest. 1849 in Rynsk. — Vater: Ignacy W., Kgl. Mundschenk auf Orłowo und Rynsk; Mutter: Maria Tucholka.
W. ist verheiratet mit Elzbieta Działowska. Sein Gut Rynsk (Krs. Thorn) ist „ein Herd des erwachenden nationalen Geistes" (Sulerzyski) und steht seit 1830 uneingeschränkt den Flücht-

lingen und Emigranten offen. W. hat in den letzten Jahren seines Lebens beim westpreußischen Polentum die Stellung eines ‚Patriarchen' mit allgemein anerkannter Autorität. 1845/46 versucht er mit anderen Gutsbesitzern des Culmer Landes, einen landwirtschaftlichen Verein ins Leben zu rufen. Die Gründung wird von der Regierung wegen der ausgebrochenen Unruhen jedoch nicht gestattet.
Nach seinem Tode zieht sich seine Frau nach Wabcz (Krs. Culm) zurück. Rynsk wird von seiner Tochter, die mit dem Grafen Mielzyński/Miłosław (Posen) verheiratet ist, verpachtet.
Sulerzyski, Pamiętniki; Nachlaß Gallandi.

Wilkxycki, Jan Jerzy
geb. 1762, gest. 1831. — Vater: Ignacy W., Kgl. Mundschenk auf Orłowo und Rynsk; Mutter: Maria Tucholka.
Seit 1795 Kanoniker im Culmer Domkapitel. Seit 1806 Culmer Suffragan und Offizial, seit Nov. 1807 Archidiakon. Während der langen Sedisvakanz ist er von 1814—1824 Administrator der Culmer Diözese. Theodor von Schön, der sich dauernd an ihm reibt, bezeichnet ihn als einen Mann ohne jede wissenschaftliche Bildung, der eine „auffallende Vorliebe für die polnische Sprache" zeigt; er sei bei der niederen Geistlichkeit in Westpreußen sehr geachtet und gelte als Vorbild.
Mańkowski, Prałaci i Kanonicy; Rep. 2 II Nr. 2269 Vol. 1.

Wybicki, Jan
geb. 1782, gest. 1852. — Vater: Jakób Wybicki, Gutsbesitzer auf Konojad (späterer Kreis Strasburg).
W., Besitzer von Konojad, ist im Herzogtum Warschau Unterpräfekt von Michelau, bleibt nach 1815 Landrat des Kreises Strasburg; die Behörden bescheinigen ihm eine loyale Haltung. Da er jedoch in zunehmenden Konflikt mit seinen nationalen Ambitionen gerät, wird er 1839 auf eigenen Wunsch mit Pension in den Ruhestand versetzt. Er verkauft Konojad und zieht sich 1839 auf das Gut Świerczyn (Krs. Strasburg) zurück. 1848 ist er maßgeblich am Aufbau der ‚Liga Polska' im Kreis Strasburg beteiligt und wird deren Vorsitzender. Schwiegervater von → Natalis Sulerzyski.
Nachlaß Gallandi; *Sulerzyski,* Pamiętniki; Rep. A 181 Nr. 14 665.

Wysocki, Aleksander Piotr
geb. 1823 in Dulsk (Königreich Polen). — Vater: Feliks W., Gutsbesitzer auf Dulsk, Hauptmann in der napoleonischen Armee.
Schüler des Gymnasiums in Culm. 1839—41 weitere Ausbildung in Frankreich. Seit 1845 bewirtschaftet er als Pächter das Gut seiner Mutter Kl.-Pulkowo (Krs. Strasburg). Während der Aufstandsvorbereitungen des TDP dient sein Gut 1845/46 als Unterkunft für Flüchtlinge und Emissäre, W. selbst wirbt für den Aufstand.
Verheiratet mit einer Tochter → Jan Wybickis. Ende der 50er Jahre verpachtet er das schwer verschuldete Kl.-Pulkowo an einen Deutschen und zieht sich nach Dulsk zurück.
Anklageschrift 1847; *Sulerzyski,* Pamiętniki.

Tabellen

Tabelle I Das Bevölkerungsverhältnis nach der Muttersprache im Regierungsbezirk Marienwerder[1]) 1834–1861

Kreis	1834 Deutsch sprechend	1834 Polnisch sprechend	1837 Deutsch sprechend	1837 Polnisch sprechend	1855 Deutsch sprechend	1855 Polnisch sprechend	1861 Deutsch sprechend	1861 Polnisch sprechend
Stadtbevölkerung								
Conitz	3892	508	4249	520	6636	528	8074	214
Deutsch Crone	10472	–	10917	–	14451	–	16068	–
Culm	5183	1380	5555	1229	5263	4485	6069	4371
Flatow	6829	1655	7275	1884	9579	2235	10674	1839
Graudenz	5855	1609	6179	2293	9324	3217	10800	3021
Löbau	1525	2872	1824	2895	2921	2323	2942	3221
Marienwerder	8077	101	8469	214	10080	627	11287	159
Rosenberg	8219	428	9356	473	11495	176	12327	361
Schlochau	6814	–	7003	–	9752	–	10807	23
Schwetz	3225	2060	3265	2012	3769	3295	4367	3486
Strasburg	3784	3793	4320	3817	5541	4412	6332	4423
Stuhm	2313	822	2750	707	3980	605	4211	709
Thorn	5788	3688	4906	4134	8777	4645	11338	4366
Summe	71976	18916	76068	20178	101568	26548	115296	26193
Landbevölkerung								
Conitz	12903	19516	13489	21073	19285	29739	20269	33526
Deutsch Crone	29238	–	30098	–	40641	–	44341	23
Culm	16562	10900	18860	10000	18619	17507	18807	19100
Flatow	18963	9299	20008	10072	29699	12595	33084	13098
Graudenz	19435	7481	18983	9263	24046	12824	24115	13446
Löbau	1791	21417	1906	22455	4928	28035	6014	30838
Marienwerder	30513	4143	22776	14611	31659	17077	33202	18274
Rosenberg	18520	5522	20575	5438	24834	6592	27855	5992
Schlochau	20603	7141	25098	4226	33663	6491	36800	7107
Schwetz	22169	15087	22408	16965	28953	24489	30281	26824
Strasburg	8527	22559	8785	23953	12038	30116	14084	31538
Stuhm	10590	13550	12762	12317	17952	15499	18264	15567
Thorn	13374	13602	12666	16593	17087	20650	18886	23240
Summe	223188	150217	228414	166966	303404	221614	326002	238573
Gesamtbevölkerung der Kreise								
Conitz	16795	20024	17738	21593	25921	30267	28343	33740
Deutsch Crone	39710	–	41015	–	55092	–	60409	23
Culm	21745	12280	24415	11229	23882	21992	24876	23471
Flatow	25792	10954	27283	11956	39278	14830	43758	14937
Graudenz	25290	9090	25162	11556	33370	16041	34915	16467
Löbau	3316	24289	3730	25350	7849	30358	8956	34059
Marienwerder	38590	4244	31245	14825	41739	17704	44489	18433
Rosenberg	26739	5950	29931	5911	36329	6768	40182	6353
Schlochau	27417	7141	32101	4226	43415	6491	47607	7130
Schwetz	25394	17147	25673	18977	32722	27784	34648	30310
Strasburg	12311	26352	13105	27770	17579	34528	20416	35961
Stuhm	12903	14372	15512	13024	21932	16104	22475	16276
Thorn	19162	17290	17572	20727	25864	25295	30224	27606
Summe	295164	169133	304482	187144	404972	248162	441298	264766

1) Zusammengestellt nach: Rep. 2 Tit. 36 Nr. 11 Vol. 3 und Vol. 5; Rep. A 181 Nr. 2222 und 2223.

Tabelle II Das Bevölkerungsverhältnis nach der Muttersprache im Regierungsbezirk Danzig 1834–1861[1])

Kreis	1834 Deutsch	1834 Polnisch	1837 Deutsch	1837 Polnisch	1837 2-sprachig	1855 Deutsch	1855 Polnisch	1855 2-sprachig	1861 Deutsch	1861 Polnisch
	sprechend		sprechend			sprechend			sprechend	
Stadtbevölkerung										
Berent	2456	1011	751	1038	1720	2119	1355	1560	3229	2345
Danzig	53808	–	56257	–	–	63142	–	–	72256	24
Elbing	19613	–	20543	–	–	26086	–	–	27556	–
Marienburg	7030	7	6824	8	436	8730	1	392	9167	2
Neustadt	3219	518	1551	506	1812	2377	179	2152	5043	363
Stargard	5047	670	2320	744	3481	6364	457	3993	10719	487
Summe	91173	2206	88246	2296	7449	108818	1992	8097	128070	3221
Landbevölkerung										
Berent	13808	6940	6465	7812	6754	10364	12456	6819	15243	17850
Carthaus	12906	16843	4994	16694	9718	10900	24179	9963	18608	32740
Danzig	50491	2235	45636	2310	7136	53759	2239	8603	61396	7846
Elbing	24393	–	25265	–	–	32337	2	51	33296	–
Marienburg	38836	235	36413	343	4532	41434	167	3389	46007	955
Neustadt	15629	17706	7714	13918	14281	7801	21088	16138	26834	22813
Stargard	12627	18543	2849	20408	10742	4749	27886	12546	20013	29212
Summe	168690	62502	129336	61485	53163	161334	88017	57509	221397	111416
Gesamtbevölkerung										
Berent	16264	7951	7216	8850	8474	12483	13811	8379	18572	20195
Carthaus	12906	16843	4994	16694	9718	10900	24179	9963	18608	32740
Danzig	104299	2235	101893	2310	7136	116891	2239	8603	133652	7870
Elbing	44006	–	45808	–	–	58423	2	51	60852	–
Marienburg	45866	242	43237	351	4968	50164	168	3781	55174	957
Neustadt	18848	18224	9265	14424	16093	10178	21267	18290	31877	23176
Stargard	17674	19213	5169	21152	14223	11113	28343	16539	30732	29699
Summe	259863	64708	217582	63781	60612	270152	90009	65606	349467	114637

[1]) Zusammengestellt nach: Rep. 2 Tit. 36 Nr. 11 Vol. 3 und Vol. 6; Rep. A 181 Nr. 2223. Die Kaschubisch sprechende Bevölkerung ist hier nicht gesondert ausgewiesen.

Tabelle III Das Bevölkerungsverhältnis nach Konfessionen im Regierungsbezirk Danzig 1837–1861[1])

Kreis	1837				1852				1861			
	evangelisch	röm. kathol.	mennonitisch	jüdisch	evangelisch	röm. kathol.	men.-nonitisch	jüdisch	evangelisch	röm. kathol.	mennonitisch	jüdisch
Stadtbevölkerung												
Berent	1196	1747	–	566	1860	2357	–	601				
Danzig	40261	13093	535	2367	43957	14410	458	2550				
Elbing	15460	4458	265	360	19093	6421	356	499				
Marienburg	4099	2782	177	210	5415	2416	140	316				
Neustadt	1327	2253	–	294	1729	2689	–	239				
Stargard	2943	2593	9	1000	5024	3719	44	1093				
Summe	65286	26926	986	4797	77078	32012	998	5298				
Landbevölkerung												
Berent	9434	11569	1	27	12149	15849	–	21				
Carthaus	8281	23087	–	38	12011	30213	1	183				
Danzig	34801	19698	550	33	40926	23018	571	84				
Elbing	21027	2520	1708	9	27308	3910	1749	11				
Marienburg	20461	15383	5409	35	23235	17384	5444	86				
Neustadt	8812	27093	–	3	11369	32192	–	29				
Stargard	5729	28139	28	97	9042	34090	19	181				
Summe	108545	127489	7696	242	136040	156656	7784	595				
Gesamtbevölkerung												
Berent	10630	13316	1	593	14009	18206	–	622	16783	21327	12	639
Carthaus	8281	23087	–	38	12011	30213	1	183	15242	35778	–	28[illegible]
Danzig	75062	32791	1085	2400	84883	37428	1029	2634	94382	42218	1003	311[illegible]
Elbing	36487	6978	1973	369	46401	10331	2105	510	47387	10801	2075	46[illegible]
Marienburg	24560	18165	5586	245	28650	19800	5584	402	29097	21147	5343	489
Neustadt	10139	29346	–	297	13098	34881	–	268	14903	39852	–	293
Stargard	8672	30732	37	1097	14066	37809	63	1274	15603	43223	52	1443
Summe	173831	154415	8682	5039	213118	188668	8782	5893	233397	214346	8485	6730

[1]) Zusammengestellt nach: Rep. 2 Tit. 36 Nr. 11 Vol. 3 und Vol. 6; Rep. A 181 Nr. 2223.
(Für 1861 haben nach Stadt- und Landbevölkerung getrennte Angaben nicht vorgelegen)

Tabelle IV Das Bevölkerungsverhältnis nach Konfessionen im Regierungsbezirk Marienwerder 1837–1861[1])

Kreis	1837				1853				1861			
	evang.	röm. kath.	menno-nitisch	jüdisch	evang.	röm. kath.	menno-nitisch	jüdisch	evang.	röm. kath.	menno-nitisch	jüdisch
Stadtbevölkerung												
Conitz	2251	1696	–	822	3355	2189	–	1217	4040	2926	–	1322
Deutsch Crone	6320	2480	–	2117	8581	3517	–	1908	10024	4129	–	1915
Culm	2066	4176	10	534	3397	5419	4	879	4078	5408	3	951
Flatow	3966	2252	–	2941	5751	3023	–	2882	6426	3468	–	2619
Graudenz	4429	3571	3	469	6365	5103	14	755	7259	5588	12	919
Löbau	1277	2803	4	634	1375	3310	–	853	1788	3550	–	825
Marienwerder	6775	1471	35	402	8186	1906	30	567	8464	2149	16	689
Rosenberg	8631	641	40	517	10545	655	35	713	11147	607	31	903
Schlochau	4894	1141	2	966	6623	1247	–	1135	7683	1737	–	1226
Schwetz	1905	2887	22	463	2644	3691	8	732	3077	3922	20	827
Strasburg	2869	3859	7	1402	3221	4699	2	2123	3692	4974	6	2079
Stuhm	1772	1305	10	370	2346	1721	19	400	2486	1991	14	429
Thorn	4384	4182	–	474	6943	5667	–	974	8396	6074	2	1184
Summe	51539	32464	133	12111	69332	42147	112	15138	78560	46523	104	15888
Landbevölkerung												
Conitz	5500	28724	–	288	8827	38066	–	680	9959	42976	–	860
Deutsch Crone	17588	12426	–	83	22968	15768	–	208	26418	17639	–	304
Culm	12886	15234	738	–	16691	18849	738	150	17782	19324	577	197
Flatow	17309	12721	–	50	24827	16053	–	225	28085	17737	–	352
Graudenz	16716	11359	44	126	21893	14794	50	193	22157	15098	55	217
Löbau	2212	22046	–	102	4106	27643	9	85	6185	30596	2	69
Marienwerder	21463	15517	334	72	28341	19403	319	248	29567	21334	316	190
Rosenberg	23273	2712	15	12	28301	2951	4	18	31303	2463	4	11
Schlochau	15199	13946	–	179	20815	18261	8	323	23235	20214	1	430
Schwetz	19525	18672	995	179	26918	25481	853	519	27982	27659	752	599
Strasburg	8526	24086	–	125	11601	30276	–	94	13965	31479	–	171
Stuhm	7677	16449	828	122	10551	20217	992	200	11136	21773	745	175
Thorn	12196	16543	201	319	15970	21905	133	412	17683	23813	128	494
Summe	180070	210435	3155	1657	241809	269667	3106	3355	265457	292105	2580	4069
Gesamtbevölkerung												
Conitz	7751	30420	–	1110	12182	40255	–	1897	13999	45902	–	2182
Deutsch Crone	23908	14906	–	2200	31549	19285	–	2116	36442	21768	–	2219
Culm	14952	19410	748	534	20088	24268	742	1029	21860	24732	580	1148
Flatow	21275	14973	–	2991	30578	19076	–	3107	34511	21205	–	2971
Graudenz	21145	14930	47	595	28258	19897	64	948	29416	20686	67	1136
Löbau	3489	24849	4	736	5481	30953	9	938	7973	34146	2	894
Marienwerder	28238	16988	369	474	36527	21309	349	815	38031	23483	332	879
Rosenberg	31904	3353	55	529	38846	3606	39	731	42450	3070	35	914
Schlochau	20093	15087	2	1145	27438	19508	8	1458	30918	21951	1	1656
Schwetz	21430	21559	1017	642	29562	29172	861	1251	31059	31581	772	1426
Strasburg	11395	27945	7	1527	14822	34975	2	2217	17657	36453	6	2250
Stuhm	9449	17754	838	492	12897	21938	1011	600	13622	23764	759	604
Thorn	16580	20725	201	793	22913	27572	133	1386	26079	29887	130	1678
Summe	231609	242899	3288	13768	311141	311814	3218	18493	344017	338628	2684	19957

[1]) Zusammengestellt nach: Rep. 2 Tit. 36 Nr. 11 Vol. 3 und Vol. 5; Rep. A 181 Nr. 2222 und 2223.

Tabelle V „Verhältnis der Katholiken polnischer und deutscher Abkunft" im Regierungsbezirk Marienwerder im Jahre 1872[1])

Kreis	„Katholiken polnischer Abkunft", die		„Katholiken deutscher Abkunft", die	
	nur der polnischen Sprache mächtig sind	der polnischen und deutschen Sprache mächtig sind	nur der deutschen Sprache mächtig sind	der deutschen und polnischen Sprache mächtig sind
Conitz	27 770	5 598	9 388	3906
Deutsch Crone			(22 000)	
Culm	15 567	7 953	413	1 540
Flatow	3 804	11 094	3 241	1 501
Graudenz	6 453	8 178	984	3 455
Löbau	34 854	2 693	145	680
Marienwerder	13940	5 159	1 533	3 220
Rosenberg				
Schlochau	5 776	2 648	14 323	651
Schwetz	18 790	12120	318	1 566
Strasburg	19 085	13970	142	1 984
Stuhm	7 540	7 755	4 070	4 768
Thorn	18 140	9 328	392	1 372
Summe	171 719	86 496	34 949	24 643

[1]) Zusammengestellt nach: Rep. 2 II Nr. 2146 Vol. 5. – Die Angaben für die Kreise Deutsch Crone und Rosenberg fehlen in den Unterlagen. Die Gesamtzahl der Katholiken betrug dort per 1861 21768 bzw. 3070 (s. Tabelle IV). Da der Kreis Deutsch Crone keinen polnischen Bevölkerungsanteil hatte, kann man dort für 1872 ca. 22000 Katholiken deutscher Abkunft ansetzen. Die „Abkunft" wurde wahrscheinlich nach der Muttersprache festgesetzt.

Tabelle VI — Nachweisung über die den Gutsbesitzern in Westpreußen gemäß Kabinettsorder vom 12. Januar 1828 gezahlten Unterstützungskapitalien [1])

1. LR v. Hindenburg	Neudeck	11 000	26. Graf v. d. Groeben	Ludwigsdorf	1 840
2. OL v. Finkenstein	Schoenberg	22 650	27. v. Znaniecki	Przeczemno	700
3. LR v. Grąbczewski	Stawkowo	3 000	28. Frau Schön	Sparau	1 920
4. Graf v. Rittberg	Stangenberg	4 600	29. Gräfin v. Kayserling	Neustadt, Rutzau	11 000
5. Graf v. d. Groeben	Neudörfchen	9 250	30. Vier Einsassen	Dombrowken	385 28 8
6. v. Lyskowski	Altendorf	2 700	31. Schulz Funk	Kampenau	525
7. v. Stolle	Lunau	2 250	32. Meschke	Mothalen	1 973 20 6
8. v. Lyskowski	Mileszewo	250	33. Schach v. Wittenau	Nipkau	9 580
9. Gossler	Bandtken	250	34. Golz	Gellen	1 117 14
10. LR v. Wibicki	Konojad	2 330	35. Amtm. Wundsch	Brczenko	1 519 28 8
11. OLGR v. Schrötter	Kroexen	247 4 10[2])	36. Schulz Zbilicki	Kossabude	132 14 8
12. v. Lyskowski	Oborry	250	37. v. Leibitz-Piwnicki	Mahlsau	4 517 20
13. v. Gosk	Kuczwally	5 300	38. Graf zu Dohna	Finkenstein	14 000
14. GLR v. Rosenberg	Kloetzen	16 850	39. v. Auerswald	Plauth	12 164
15. v. Karwatt	Bialoblott	3 400	40. v. Massow	Peterkau	12 169
16. v. Wilczewski	Micherau	250	41. Klinge	Gr. Lichtenau	400
17. v. Polenz	Heinrichau	5 000	42. v. Ostan-Lniski	Lubiczin	2 332
18. v. Kossowski	Gajewo	250	43. Hennig	Dembowalonka	7 790
19. v. Kikton	Pachutken	250	44. v. Brünneck	Belschwitz	5 625
20. v. Hindenburg	Sobiewolla	5 100	45. v. Mathy	Alt Vilz	2 500
21. v. Zichlinski	Dyck	4 000	46. v. Czapski	Sumowo	1 000
22. v. Kossowski	Zawdal	247 4 10	47. Gräfin v. Krokow	Bohlschau	2 000
23. v. Lyskowski	Bruch	11 580	48. Schwarz	Münsterwalde	1 027 14
24. Witwe Ziffer	Tuszewo	600	49. v. Rohde	Grunau	132 14 8
25. Frau v. Tiedemann	Ruszaczin	6 800	50. v. Nostiz-Jackowski	Bielitz	15 029 3 4
				Summe in Thalern	229 786 17 6

[1]) Quelle: Rep. 2 Tit. 22 Nr. 24 Bl. 18–30.

[2]) 247 (Thaler) 4 (Silbergroschen) 10 (Pfennige).

Tabelle VII Gründungen polnisch-landwirtschaftlicher Gesellschaften in Westpreußen 1861–1874[1])

Ort	Einzugsgebiet	gegründet	Gründer	Bemerkungen
Strasburg	Kreise Strasburg und Löbau	13. 9. 1861	I. Łyskowski und N. Sulerzyski	Zunächst 46 Mitglieder, v. a. Gutsbesitzer; bis 1868 steigt die Mitgliederzahl auf 233, darunter sind 153 Bauern. Seit 1862 enge Verbindung zum Kreditverein in Gollub.
Sullenczyn	Kaschubei	1. 10. 1861	Pfarrer Maranski	
Briesen	Culmer Land	21. 2. 1862	Ludwik Slaski	160 Mitglieder, darunter rund 30 Bauern. 1865 teilt sich die Gesellschaft in 3 Vereine für die Kreise Culm, Thorn und Graudenz.
Berent	Kreise Berent und Carthaus	17. 3. 1862	Pfarrer Maranski	Den Vorstand bilden 1864: F. Czarlinski/Chwarznau, Narzymski/Liptschin, Łyskowski/Locken. 1868 zählt der Verein 116 Mitglieder, darunter 46 Bauern.
Stargard	Kreis Stargard	9. 4. 1862	H. Jackowski	Im Laufe der Jahre 1866/67 Gründung von Zweigvereinen in Pelplin, Bobau, Skurcz, Lubischewo, die 1868 zusammen 532 Mitglieder haben; davon sind 408 Bauern. Nach Rückgang der Tätigkeit wird der Verein in Stargard 1877 neubelebt durch J. Kraziewicz, T. Kalkstein und T. Jackowski.
Briesen	Kreis Schwetz	2. 6. 1862	St. Radkiewicz	Soll auch für die Kreise Conitz, Schlochau, Flatow und Dt. Crone gelten, wird jedoch nur in den Kreisen Schwetz und Conitz wirksam. Am 17. 1. 1866 aufgelöst wegen Neugründung eines Vereins für Südpommerellen (s. u.)
Pehsken	Kreis Marienwerder	1. 10. 1862	J. Kraziewicz	Wird als Vereinigung bäuerlicher Wirte zum organisatorischen Vorbild aller folgenden derartigen Gründungen in Westpreußen und Posen. 1868 193 Mitglieder, darunter 156 Bauern.
Pestlin	Marienburger Land	20. 1. 1863	T. Donimirski und T. Łyskowski	Łyskowski ist der erste Vorsitzende des Vereins. 1868 64 Mitglieder.
Culm	Kreis Culm	1865		1866 werden 2 Zweigvereine in Briesen und Lissewo gegründet. 1868 20 Mitglieder.
Thorn	Kreis Thorn	15. 12. 1865		1868 115 Mitglieder, darunter 51 Bauern. Zweigvereine in Culmsee, Grzywno, Bruchnowken, Kowalewo, Rzenczkowo.

Fortsetzung Tabelle VII

Tuchel	Südpommerellen	16. 1. 1866		Zählt bei der Gründung 240 Mitglieder, darunter 215 Bauern. 1868 560 Mitglieder, darunter 525 Bauern. Zweigvereine in Driczmin, Lubiewo, Gruczyn, Schliewitz, Tuchel.
Pienionskowo	Kreis Marienwerder	15. 2. 1866	Behrend/Dombrowken	1868 171 Mitglieder, darunter 140 Bauern. 1877 200 Mitglieder.
Wyschin	Kreis Berent	14. 10. 1866	Oslowski/Schönhoff	
Thorn	Erster „Sejmik Gospodarski" für Westpreußen	15. 1. 1867 16. 1. 1867	I. Łyskowski, T. Donimirski, H. Jackowski, L. Slaski	Jährlich stattfindende Wirtschaftskongresse. Versuch einer Koordinierung und lockeren Zentralisierung des Vereins- und Genossenschaftswesens. Auf dem ersten S.G. sind 86 Polen aus Westpreußen und 17 aus dem Ghtm. Posen anwesend
Kl. Pulkowo	Kreis Strasburg	7. 2. 1867		1868 40 Mitglieder, darunter 38 Bauern.
Rehden	Kreis Graudenz	2. 1867		1868 38 Mitglieder, darunter 35 Bauern.
Lasino	Kreis Graudenz	17. 12. 1867		1868 34 Mitglieder, überwiegend Bauern.
Altendeich	Kreis Stuhm	1867		1868 46 Mitglieder.
Löbau	Kreis Löbau	1868		Ruht Juni 1870 bis Herbst 1874. 1875 Wiederbelebungsversuch durch Westpr. Zentralverein.
Oxhöft	Parochie Oxhöft-Rahmel (Kreis Neustadt)	15. 4. 1869	Pfarrer Bączkowski und Mühl	
Sierakowitz	Kreis Carthaus	23. 4. 1869		
Korryt	Kreis Thorn	12. 1869	Eigent. Rykowski	Bei der Gründung 13 Mitglieder aus Korryt und Umgebung.
Lissewo	Kreis Culm	25. 4. 1870		
Górzno	Kreis Strasburg	11. 1873		Gilt v. a. für Stadt Górzno und Umgebung.
	landwirtschaftlicher Zentralverein für Westpreußen	1874		Hauptinitiator des Zusammenschlusses und erster Leiter ist L. Czarliński.

[1]) zusammengestellt nach: Rep. A 207 Nr. 415-446; Roczniki Sejmików Gospodarskich; Łebiński, Kółka rolniczo-włościańskie.

Tabelle VIII Gründungen polnischer Genossenschaften und Gewerbevereine in Westpreußen 1849–1872[1])

Gründungsdatum	Ort	Art des Vereins	Bemerkungen
3. 1849	Culm	Verein zur gegenseitigen Hilfeleistung	Die Mitglieder sollen der ‚Liga Polska' angehören. Auflösung des Vereins mit Erlöschen der Liga.
23. 2. 1862	Strasburg	Kreditgenossenschaft für Handwerker der Stadt St. und Umgebung	Gegründet durch M. Łyskowski. Vorsitzender: Dr. Szyman, Sekretär: Lehrer Szatkowski, Rendant: M. Łyskowski. 1866/67 119 Mitglieder; Betriebskapital: 11370 Tlr., Umsatz: 50530 Tlr.
17. 5. 1862	Gollub (Kreis Strasburg)	Kreditgenossenschaft für Handwerker	Gegr. durch den Vorsitzenden der Schneiderinnung, gefördert durch M. Łyskowski. Mitglieder zunächst 5 Handwerker und 1 Kaufmann. 1866/67 24 Mitglieder; Betriebskapital: 1630 Tlr., Umsatz: 1530 Tlr.
1864	Mewe (Kreis Marienwerder)	Spar- und Darlehenskasse	Gründer und Leiter J. Kraziewicz. Enge Verbindung zum landw. Verein in Pehsken. 1866/67 82 Mitglieder; Betriebskapital: 6900 Tlr., Umsatz: 26900 Tlr
1865	Mewe	Konsumgenossenschaft	Erste Konsumgenossenschaft in Westpreußen. Gegr. durch J. Kraziewicz. Enge Verbindung zum landw. Verein in Pehsken.
19. 4. 1866	Thorn	Kreditbank	Gegr. durch T. Donimirski, A. Kalkstein und M. Łyskowski. Kreditinstitut für den Adel. Kapitalgesellschaft. 1889 liquidiert.
1867	Bobau (Kreis Stargard)	Kreditgenossenschaft	Beide Vereine haben 1866/67 zusammen mit der Genossenschaft in Culm (s. u.) ca. 100 Mitglieder und ein Betriebskapital von ca. 3000 Tlr.
1867	Pelplin (Kreis Stargard)	Kreditgenossenschaft	
1867	Altmark (Kreis Stuhm)	Kreditgenossenschaft	
1867	Culm	Kreditgenossenschaft	
1868	Tuchel	Kreditgenossenschaft	
1868	Culm	Gewerbeverein	
1869	Briesen (Kreis Culm)	Kreditgenossenschaft	
1869	Borzyskowo (Kreis Schlochau)	Kreditgenossenschaft	
1869	Schwetz	Gewerbeverein	Erster Gesellenverein in Westpreußen.
1870	Löbau	Kreditgenossenschaft	Gegr. und geleitet durch den Arzt T. Rzepnikowski.

[1]) Zusammengestellt nach: Rep. A 207 Nr. 415–446; Roczniki Sejmików Gospodarskich.

Fortsetzung T a b e l l e VIII

1870	Oxhöft (Kreis Neustadt)	Kreditgenossenschaft	Gegr. durch den Geistlichen Mühl aus Neustadt.Direktor: Vikar Roszczyńialski.
1870	Gr. Pulkowo (Kreis Strasburg)	Kreditgenossenschaft	
1871	Culmsee (Kreis Thorn)	Konsumverein	Geht ebenso wieder ein wie der Konsum in Mewe.
1871	Stargard	Landwirtschafts- und Gewerbebank	Gegr. durch H. Jackowski.
1871	Gollub	Gewerbeverein	
1871	Driczmin (Kreis Schwetz)	Kreditgenossenschaft	
1872	Berent	Kreditgenossenschaft	
1872	Bruss (Kreis Conitz)	Kreditgenossenschaft	
1872	Thorn	Gewerbeverein	
1872	Strasburg	Gewerbeverein	Geht im selben Jahr wieder ein.

Tabelle IX Abiturienten des Culmer Gymnasiums zwischen 1840 und 1862, die der nationalpolnischen Bewegung zugerechnet werden können. [1])

1840 Leo v. Rybinski/Sarnowo – Jura (Gutsbesitzer auf Debenz)

1841 Johann Kamrowski/Krolowlas – Theologie (Pfarrer in Strasburg); Joseph v. Kalkstein/Nogath – Jura (gest. als Referendar)

1842 Eduard v. Slaski/Trzebcz – Jura (gest. 1842); Franz Wyczinski/Culm – Theologie (Pfarrer in Culmsee)

1843 Ignaz v. Lyskowski/Mileszewo – Theologie (Gutsbesitzer auf Mileszewo); Michael v. Korzbóg-Tucholka/Bobau – Theologie (Pfarradministrator in Wyszyn)

1844 Jacob Dekowski/Wentfin – Theologie (Pfarrer in Brzozie); Konstantin Królikowski/Koślinka – Theologie (Pfarrer in Waldowo); Anastasius Florian v. Jeżewski/Topollno – Jura und Cameralia (Gutsbesitzer in Polen)

1845 Martin Stanislaus Ratkowski/Dryczmin – Theologie (Pfarrer in Unislaw)

1846 Mieczyslaw v. Lyskowski/Oborry – Jura (Kreisrichter in Strasburg)

1848 Theophil v. Kaczarowski/Barbara – Medizin (Dr. med., prakt. Arzt in Gollub); Xaver Morawski/Mewe – Theologie (Pfarrer in Dryczmin): Jozeph Polomski/Althausen – Jura (Rechtsanwalt in Wongrowiec), Julius Tokarski/Putzig – Theologie (Pfarrer in Prontnica); Gustav Uzdowski/Strasburg – Medizin (Dr. med. Arzt)

1849 Stephan Keller/Chmielno – Theologie (Pfarrer in Leszno)

1850 Leopold v. Lebinski/Stonsk – Jura (Landwirt)

1851 Ignatz Tarnowski/Neustadt – Theologie (Pfarrer in Wabcz)

1853 Anton Maranski/Culm – Theologie (Pfarrer in Sullenczyn); Leopold v. Mieczkowski/Ciborz – Medizin (Arzt in Polen)

1854 Leo v.Czarlinski/Chwarznau - Philosophie (Gutsbesitzer auf Dubielno); Zeno von Tokarski/Chojno – Philosophie (Gutsbesitzer in Polen); Alexander Winklewski/Graudenz – Medizin (Dr. med.)

1855 Ignatz Knast/Witkowo (Posen) – Theologie (Posen)

1856 Felix Morawski/Mewe – Theologie

1858 Carl Bojanowski/Graudenz – Medizin (Dr. med.); Wladislaw v. Lebinski/Stonsk – Philologie

1859 Carl Miernicki/Schwetz – Jura

1860 Eugen v. Czarlinski/Chwarznau – Medizin; Leo v. Mieczkowski/Ciborz – Theologie

1861 Leopold von Rozycki/Zajonczkowo – Medizin

1862 Anton Dylewski/Damerau – Theologie; Sigismund von Kucharski/Bahrendorff – Jura und Cameralia; Kasimir v. Mellin/Orlowo – Jura und Cameralia; August v. Mieczkowski/Golluschütz – Jura und Cameralia; Theophil Rzepnikowski/Klein Radowisk – Medizin; Theodor v. Suminski/Zenghwirth – Medizin

Insgesamt haben zwischen 1840 und 1862 335 Schüler das Abitur bestanden; davon waren 170 polnischer Abkunft.

[1]) Nach Łożyński, Geschichte des Gymnasiums zu Culm, Anhang.
Die deutsche Schreibweise der polnischen Namen in der Vorlage wurde beibehalten.

Tabelle X Verzeichnis der polnischen Abgeordneten in der Preußischen Zweiten Kammer 1849–1873 [1])

Legislatur-periode	Wahlkreis Neustadt/Carthaus	Wahlkreis Berent/Stargard	Wahlkreis Löbau	Wahlkreis Strasburg	Wahlkreis Thorn/Culm	Wahlkreis Conitz/Schlochau
1.	Rautenberg-Klinski, A. Skiba	H. Jackowski Karl Richter*)	Klingenberg*) Elminowski	1.–3. LP mit Löbau ein WK	Bartoszkiewic	
2.		Pokrzywnicki	Klingenberg Elminowski			
3.	Rautenberg – Klinski, Bieschky					
4.	Bieschky					
5.			Klingenberg M. Łyskowski	mit Löbau ein WK		
6.	Tokarski		Bartoszkiewicz			Dekowski
7.	Olszewski Tokarski		Bartoszkiewicz			Dekowski
8.	Tokarski Bolewski	Wagner	Sulerzyski	M. Łyskowski		Dekowski
9.	Tokarski Marański	Łaszewski		I. Łyskowski		Dekowski
10.	Tokarski E. Czarliński	R. Czarliński Łaszewski	Jackowski			
11.	Rybiński	Łaszewski Marański	(I. Łyskowski) Czartoryski	I. Łyskowski		

Legislaturperioden: 1. = 1849, 2. = 1849–52, 3. = 1852–55, 4. = 1855–58, 5. = 1859–61, 6. = 1862, 7. = 1862–63, 8. = 1863–65, 9. = 1866–67, 10. = 1867–70, 11. = 1870–73.

In den Wahlkreisen Elbing/Marienburg, Danzig Stadt und Land, Stuhm/Marienwerder, Rosenberg/Graudenz, Schwetz, Flatow/Dtsch. Crone wurden durchgehend deutsche Abgeordnete gewählt.

[1]) Nach F. Lauter, Nachtrag zu Preußens Volksvertretung, S. 122 ff.

*) Vgl. den biographischen Anhang.

Tabelle XI Verzeichnis der polnischen Abgeordneten im Reichstag (einschl. Reichstag zum Norddeutschen Bund) 1867–1881 [1])

Legisl. Periode	Wahlkreis Neustadt	Wahlkreis Berent	Wahlkreis Stuhm	Wahlkreis Conitz	Wahlkreis Graudenz	Wahlkreis Thorn	Wahlkreis Schwetz
I.	E. Czarliński	H. Jackowski	Donimirski	Dekowski			
II.	E. Czarliński	H. Jackowski	bis 1914 nur noch deutsche Abgeordnete	Radkiewicz			
1.	Rybiński	M. Kalkstein		L. Slaski			
2.	Rybiński	M. Kalkstein		A. Donimirski			E. Parczewski
3.	Z. Działowski	A Sierakowski		L. Czarliński			
4.	A. Kalkstein	A. Sierakowski		L. Czarliński		M. Sczaniecki	
	in beiden Wahlkreisen durchgehend bis 1914 nur Polen gewählt			Durchgehend bis 1914 nur Polen	5. u. 6. LP I. Łyskowski 8. u. 9. LP W. Różycki	poln. Abgeordn. in der 5., 6., 8. u. 9. LP	poln. Abgeordn. in der 5., 9. u. 12. LP

Legislaturperioden: I. und II. = Reichstage zum Norddeutschen Bund 1867–1871.
1. = 1871–74, 2. = 1874–77, 3. = 1877–78, 4. = 1878–81.

In den Wahlkreisen Elbing, Danzig Stadt und Land, Schlochau, Dtsch. Crone wurden durchgehend nur deutsche Abgeordnete gewählt; im Wahlkreis Rosenberg wurden deutsche Abgeordnete mit Ausnahme der 8. und. 9. LP (T. Rzepnikowski) gewählt.

[1]) Nach M. Schwarz, MdR, Biographisches Handbuch der Reichstage, S. 144 ff.

Tabelle XII

Auszug aus der genealogischen Tafel des westpreußischen Zweiges der Familie Kalkstein[1])

Haus Pluskowens

Józef * 16. 4. 1758 + 30. 7. 1824 ∞ 1785 Zofia Wilkxycka
Poln. Kammerherr auf Babalige, Pluskowens, Kuczwaly, Zalesie, Obromb

Margareta * 13. 7. 1787
∞ Ksawery Kossowski auf Gajewo und Najola

Kunigunde * 3. 3. 1789 + 4. 5. 1865
∞ Lorenz Kaweczyński auf Althausen

Karol * 4. 11. 1790 + 25. 1. 1862
Landschaftsrat auf Pluskowens, Kuczwaly, Zalesie, Obromb
∞ 1) 1822 Dominika Karnkowska
2) 1838 Antonia Ossórga Szczaniecka

1) Isabella * 1. 9. 1823
∞ 1. Władysław Kruszyński auf Nawra + 1854
2. Nepomucen Sadowski auf Słupy, Kgrch. Polen + 1897

2) Antoni Bonawentura *14. 7. 1839 auf Pluskowens, Zalesie, Kuczwaly, Obromb
∞ 1867 Antonia Gräfin Sierakowska, Haus Waplitz * 1847

Zofia * 28. 2. 1840
∞ Franciszek Kobyliński auf Kyewo und Wabcz * 4. 12. 1825 + 7. 12. 1896

Anna * 19. 5. 1842
Oberin im Kloster der Karmeliterinnen zu Przemysl

Jadwiga * 15. 10. 1847
∞ Seweryn Radoński auf Kociałkowo-Górka

Józefa * 22. 2. 1848
∞ Józef Czapski auf Kutory

Franciska * 1850
Nonne im Kloster der Karmeliterinnen zu Lemberg

Fortsetzung T a b e l l e XII

Haus Nogath

Ignacy * 1748/50 + 1792/94 ∞ Maria Nostiz-Jackowska
Poln. Kapitän auf Nogath
und Schuckern

- Wincenty * 1785 + 1850
  Poln. Hauptmann und
  Landschaftsrat auf Nogath
  ∞ Katarina Kalkstein,
  Haus Klonowken * 1788
  - Atanasiusz * 1815 + 1. 11. 1865
    Preußischer Oberst d. A.
    ∞ Desideria Cielecka
  - Roman * 1818 + 31. 5. 1870
    Preußischer Oberst d. A. auf Blotnicka, Posen
    ∞ Anna Węgierska
  - Julia
    ∞ Ignacy Donimirski auf Zygus
- Franciszek * 31. 12. 1789
  + 5. 5. 1856 auf Gryslini
  Landschaftsdirektor in Płock
  ∞ Krystina Lempicka
- Dorotea
  ∞ Waldowski auf Montowo
- Bogumilka
  ∞ Tomasz Czapski
  Landschaftsrat auf Sumowo und
  Bobrowo

Haus Klonowken

Stanisław * 22. 1. 1782 + 31. 3. 1865 ∞ Januaria Plaskowska
auf Klonowken und Sarinozy

- Teodora * 1825
  ∞ Antoni Rudowski auf
  Sudragi, Kgrch. Polen
- Edward * 7. 7. 1826
  + 27. 3. 1898 auf Sumin,
  Smolong und Kl. Jablau
  ∞ Zofia Jackowska
  auf Jablau
- Leokadia * 6. 4. 1829
  ∞ Leon Rybinski auf
  Debenz
- Michał * 3. 7. 1830
  auf Klonowken
  ∞ Isabella Borzewska auf
  Lipno, Kgrch. Polen
- Hortensia
  ∞ Theodor Donimirski auf
  Buchwalde

[1]) Staatliches Archivlager Göttingen, Nachlaß Gallandi

QUELLEN- UND LITERATURVERZEICHNIS

A. QUELLEN

I. Ungedruckte Quellen[1]

Staatliches Archivlager Göttingen

Repositur 2 Acta des Königlichen Oberpräsidiums von Preußen

Tit.	Nr.	Betreff
7	11	Allgemeine Erörterungen über die Verbesserung der Lage der Arbeiter (1848—1853).
20	48	Angelegenheiten, die katholische Kirche betreffend, Vol. 2 und 3 (1834—1844).
22	24 25	Unterstützung der Kreditsysteme in Ost- und Westpreußen (1828).
22	47	Anfertigung eines Generalwerks über die in Sequestration stehenden, sowie über die der Landschaft zugehörigen Güter in Ost- und Westpreußen im Jahre 1829.
23	520	Untersuchung des öfter wiederkehrenden Notstandes in Preußen (1845/46).
30	16	Geheime Gesellschaften, Abhaltung von Volksversammlungen usw., Vol. 1 (1812—1881).
30	29	Politische Vereine und geheime Verbindungen, Vol. 1 (1848—1873).
30	30	Unruhen im Auslande und deren Wirkungen auf die diesseitige Bevölkerung, Vol. 1—18 (1848—1871).
36	11	Statistische Erhebungen, Vol. 2—7 (1825—1865).
39	9	Über das Zensurgesetz vom 18. 10. 1819, Vol. 9 (1847).
39	10	Zensurangelegenheiten politischen Inhalts, Vol. 3—5, 14 (1832—1834, 1848—1853).
39	38	Polizeiliche Überwachung der Presse, Vol. 1—3 (1850—1874).
40	2	Zeitungsberichte von den königlichen Regierungen, Vol. 1 u. 2 (1809—1811), Vol. 3 (1824—1826), Vol. 4—7 (1826—1834), Vol. 9—12 (1836—1839).
40	10	Die Jahresberichte der Verwaltungsbehörden in Ost- und Westpreußen und Lithauen, Vol. 1—7 (1826—1832).

Repositur 2 II Acta des Königlichen Oberpräsidiums von Preußen

Nr.	Betreff
1849	Gewaltsame Einführung der deutschen Sprache (1843).
1917	Veräußerungssachen, Nachsuchung der adligen Qualität, Vol. 3 u. 4 (1840—1865).
1969	Erstattung der Jahresberichte in Folge der Reorganisation der Verwaltungsbehörden im Jahre 1824 (1827—1846).
2146	Die Angelegenheiten der katholischen Kirche, Vol. 4 u. 5 (1845—1873).
2179	Das Verhalten der Bischöfe Preußens gegenüber den am 15. Mai 1873 und am 4. Mai 1874 publizierten kirchlichen Gesetzen.
2183	Regulierung der Verhältnisse zwischen Kirche und Staat, Vol. 1 (1848—1859).
2269	Die Verfassung und Einrichtung des katholischen Kirchenwesens, Vol. 1 (1817—1846).
2883	Die Verordnung vom 11. April 1848 über die Wahl der preußischen Abgeordneten zur Deutschen Nationalversammlung (1848—1849).
3152	Die Revision der Volksschulen, Vol. 1 (1871—1876).
3483	Verbote wegen Anstellung von Mitgliedern politischer Verbindungen, Vol. 1 (1820—1840).

1 Da die benutzten Akten des Geheimen Staatsarchivs Dahlem in ihrer Signatur durchgehend den Buchstaben A führen, konnte auf eine weitere Unterscheidung in den Anmerkungen des laufenden Textes verzichtet werden.

Depositum von Brünneck

Nr.	Betreff
125	Übersichten über den Personalbestand in den westpreußischen Klöstern per 1817/1818.

Nachlaß Gallandi
Genealogische Tafeln ost- und westpreußischer Geschlechter.

Geheimes Staatsarchiv Berlin-Dahlem

Repositur A 145 Acta der Königlichen Landrathsämter Berent und Conitz

Nr.	Betreff
37	Hochverräterische Umtriebe (1846—1871).
51	Die Liga Polska in Gr. Schliewitz (1849).
255	Die Agitation für die polnische Nationalität (1861—1873).

Repositur A 180 Acta der Königlichen Preußischen Regierung in Danzig

Nr.	Betreff
2059	Die sogenannten Sparkassen (1820—1838).
2060	Desgl. (1839—1848).
2061	Desgl. (1849—1872).
2087	Die Agitation der Polen (1863—1877).
2088	Vorbeugung von Exzessen und Sicherstellung von Nahrungsmitteln in Folge des Notstandes anno 1847.
2094	Exzess in Subkau am 9. Mai 1852.
2095	Die öffentlichen Aufzüge (1865).
2096	Die polizeiliche Kontrolle der Inländer, die an der polnischen Verschwörung beteiligt waren (1847—1849).
2098	Die Wahl der Mitglieder für die Erste Preußische Kammer (1848/49).
2220	Beaufsichtigung der polnischen landwirtschaftlichen Versammlungen und Vereine (1875).
13161	Die Leihbibliotheken (1824—1848).
13509	Berichte über besondere Ereignisse (1843—1917).

Repositur A 181 Acta der Königlichen Preußischen Regierung in Marienwerder

Nr.	Betreff
946	Die Einsendung der Matrikel von den im hiesigen Regierungsbezirk belegenen Rittergütern und deren Besitzern (1836—1876).
1202	Überwachung politischer Emissäre und anderer verdächtiger Personen (1845—1865).
1210	Bildung städtischer Sicherheitsvereine (1830—1847).
1226	Die politischen Vereine im Marienwerder Regierungsbezirk (1848).
1264	Bildung eines katholischen Gesellenvereins in der Stadt Mewe (1853).
1284	Die landesverrätherischen Umtriebe in den polnischen Grenzkreisen (1846—1848).
1294	Das polnische Assoziationswesen (1846).
1455	Die Volksbewegungen im Jahre 1848.
1456	Unruhen der polnischen Bevölkerung im Jahre 1848.
1458	Desgl.
1459	Die im Königreich Polen ausgebrochenen Unruhen im Jahre 1868.
2222	
2223	Statistische Tabellen für das Jahr 1861.
2450	Die verbotenen Schriften (1847—1858).

2460 Zeitungsberichte vom Kreise Flatow (1864—1891).
2461 Zeitungsberichte vom Kreise Dt. Crone (1864—1891).
2471 Zeitungsberichte vom Kreise Schlochau (1864—1891).
4035 Untersuchung gegen den vormaligen Landrath v. Kossowski wegen Übertritt zur polnischen Armee (1832—1833).
4036 Die Ansetzung eines Dolmetschers der polnischen Sprache (1815—1849).
4105 bis 4109 Bestimmungen über die, in Folge der im Jahre 1830 in Polen ausgebrochenen Revolution, in die diesseitigen Staaten übergetretenen Flüchtlinge (1832—42).
4115 Die Rückkehr katholischer Geistlicher aus dem Königreich Polen (1831).
4119 Verbot des Handelsverkehrs mit denjenigen Waren, welche an die polnische Revolution erinnern (1833).
4133 Die Einsendung der Statistischen Tabellen (1844—1853).
4150 Die Liga Polska im Conitzer Kreise (1849/50).
4153 Die Aufregung und Ruhestörung in Dt. Crone durch Max Schassler (1848/49).
4154 Die Beschlagnahmung einer polnischen Petition im Löbauer Kreise wegen Reorganisation Westpreußens (1848).
4783 Gymnasialangelegenheiten (1839—1852).
4784 Errichtung eines Gymnasiums in Culm (1836).
5091 Verhinderung von Religionsreibungen (1824—1838).
5123 Berichte der Landrathsämter über die Sprachenverhältnisse der katholischen Bevölkerung (1872).
10089 Die Aufsicht über die Geistlichen (1818—1834).
10379 Bestimmungen über die Behandlung der polnischen Flüchtlinge von 1848 (1848—1851).
10380 Die Bewachung des eisernen Fonds zur Bezahlung für die ausgelieferten russischen Deserteure.
10382 Allgemeine Correspondenz hinsichts der polnischen Flüchtlinge (1861—1881).
10385 Einführung der Aufenthaltskarten zur wirksameren Beaufsichtigung der polnischen Flüchtlinge (1849—1859).
10386 Desgl. (1859—1867).
10387 Vorschriften über die Behandlung der polnischen Flüchtlinge (1849—1855).
10388 Aufstellung der Nachweisungen von den im Department befindlichen polnischen Flüchtlingen (1854—1870).
10404 Nachweisung der nicht naturalisierten polnischen Flüchtlinge (1849/50).
10408 Unterbringung polnischer Flüchtlinge im Jahre 1846.
10410 Die ermittelten politischen Umtriebe polnischer Flüchtlinge (1854).
10470 Die Behandlung der aus Rußland und Polen übergetretenen Individuen seit Aufhebung der Kartel-Konvention vom 17./29. März 1830 (1842/43).
14662 Die Liga Polska im Culmer Kreise (1848—1850).
14663 Die Liga Polska im Schwetzer Kreise (1848—1852).
14664 Die Liga Polska im Löbauer Kreise (1848—1850).
14665 Die Liga Polska im Strasburger Kreise (1848—1850).
14666 Die Liga Polska im Graudenzer Kreise (1848).
30895 Die Überwachung der polnischen Volksbanken und Vorschußvereine (1875).
31808 Korrespondenz hinsichtlich der polnischen Flüchtlinge (1848—1911).
31813 Die polnisch politischen Umtriebe im Kreise Schlochau (1870—1901).
31825 Desgl. im Kreise Dt. Krone (1870—1901).
31828 Korrespondenz hinsichtlich der polnischen Flüchtlinge im Flatower Kreise (1848—1896).
31832 Die polnisch politischen Umtriebe im Kreise Flatow (1864—1901).

Repositur A 191 Acta des Königlichen Landrathsamtes zu Neustadt

Nr.	Betreff
77	Die landwirtschaftlichen polnischen Vereine (1874 ff.).
106	Ein polnischer Flüchtling, Arbeiter Albrecht Zabiecki (1858—1863).
117	Auszüge aus polnischen Zeitungen (1861).
283	Aufruhr-Verbote (1833—1847).
517	Zeitungsberichte (1864—1872).
528	Besitzer und Pächter polnischer Nationalität (1854).
543 544	Zeitungsberichte (1838/39).
545	Geheime Verbindungen in Putzig (1833).
562	Die in Folge der polnischen Revolution von 1830 ergangenen allgemeinen Bestimmungen (1830—1836).

Repositur A 198 Acta des Königlich-Preußischen Landrathsamtes Conitz

Nr.	Betreff
364	Der Einfluß der Revolution von 1848 auf den Kreis (1848—1874).

Repositur A 204 Acta des Königlichen Landrathsamtes Schwetz

Nr.	Betreff
152	Jahresberichte (1839—1848).
153	Zeitungsberichte (1862—1870).
154	Zeitungsberichte (1845/46).
164	Politische Vereine und Versammlungen (1848—1870).
345	Politische Umtriebe (1850—1894).
349	Die Gestattung des Aufenthalts für den polnischen Flüchtling Major von Radkiewicz (1832—1842).
355	Zeitungsberichte (1870—1878).

Repositur A 205 Acta des Königlichen Landrathsamtes Strasburg

Nr.	Betreff
33	Zeitungsberichte (1854—1859).
153	Revolutionäre Kundgebungen unter der polnischen Bevölkerung der Provinz (1863/64).
154 155	Die revolutionären Kundgebungen aus der polnischen Bevölkerung (1864, 1853—1862).

Repositur A 207 Acta des Königlichen Landrathsamtes zu Thorn

Nr.	Betreff
26	Die Polizeimaßregeln während der Insurrektion in Polen im Jahre 1863.
218	Politisch verdächtige Personen (1833—1854).
219	Desgl. (1854—1857).
220	Politische Bewegungen im Jahre 1848 (1848—1863).
244 394	Die landwirtschaftlichen Vereine (1842 u. 1872).
389 391	Die polnisch-politischen Umtriebe (1845—1855, 1863—1867).
411	Verbotene Bücher (1870 ff.).
415 bis 417	Überwachung des polnischen Vereinswesens (1875 ff.) in den Kreisen Briesen, Berent, Culm.

419 420	Desgl. in den Kreisen Carthaus, Danzig.
422 bis 429	Desgl. in den Kreisen Flatow, Graudenz, Dt. Crone, Conitz, Löbau, Marienwerder, Neustadt.
431 bis 436	Desgl. in den Kreisen Schwetz, Stuhm, Stargard, Strasburg, Schlochau, Tuchel.
438	Desgl. im Kreis Culm.
444 446	Das polnische Vereinswesen (1875 u. 1877).
496	Zeitungsberichte (1860—1875).

Repositur A 209 Acta der Königlichen Polizeiverwaltung zu Danzig

Nr.	Betreff
4	Die Polnische Liga (1849—1850).

Repositur A 308 Acta des Magistrats zu Dirschau

Nr.	Betreff
447	Organisation des Polonismus (1854—1906).

Repositur A 350 Acta der Königlichen Polizeiverwaltung zu Thorn

Nr.	Betreff
26	Die Insurrektion von 1863 (1864).
32	Desgl.

Biblioteka Jagiellońska Krakau — Handschriftenabteilung

Briefe an Jan Ignacy Kraszewski (Mikrofilm)

Signatur	Absender
MS 6491	Chociszewski, Józef (12 Briefe 1866—1883).
MS 6495	Danielewski, Ignacy (3 Briefe 1865—1876).
MS 6497	Donimirska, Zofia (1 Brief 1871).
	Donimirski, Antoni (3 Briefe 1868—1877).
	Donimirski, Teodor (22 Briefe 1864—1872).
MS 6509	Kalkstein, Antoni (2 Briefe 1867 u. 1868).
	Kalkstein, Michał (2 Briefe 1871).
MS 6518	Łyskowski, Ignacy (6 Briefe 1869—1872).
	Łyskowski, Mieczysław (4 Briefe 1866 u. 1867).
MS 6519	Marański, Antoni (1 Brief 1870).
MS 6530	Rzepnikowski, Teofil (4 Briefe 1870).

II. Gedruckte Quellen

1. Zeitungen[1]

Culmer Wochenblatt, Dziennik Poznański, Nadwiślanin, Przegląd Rzeczy Polskich, Przyjaciel Ludu, Szkółka Narodowa, Szkoła Narodowa.

2. Akten, Dokumente, Statistik

Acten des Wiener Congresses in den Jahren 1814—1815, hrg. von Johann Ludwig Klüber, Bd. 6, Osnabrück 1966 (Neudruck der Ausgabe von 1816).

Amtsblatt der Königlich Preußischen Regierung zu Danzig, Jg. 1818 ff.

Amtsblatt der Königlich Preußischen Regierung zu Marienwerder, Jg. 1815 ff.

Anklageschrift des Staatsanwalts bei dem Königlichen Kammergericht gegen die bei dem Unternehmen zur Wiederherstellung eines polnischen Staats in den Grenzen desselben vor dem Jahre 1772 Beteiligten, o. O., o. J. (Berlin 1847).

Anklageschrift des Ober-Staats-Anwalts bei dem Königlichen Kammergerichte gegen die Betheiligten bei dem Unternehmen, welches darauf abziehlt, zur Wiederherstellung eines polnischen Staats in den Grenzen desselben vor dem Jahre 1772 einen Theil des Gebiets des Preußischen Staats vom Ganzen loszureißen: wegen Hochverraths, Berlin 1864.

Böckh, Richard: Der Deutschen Volkszahl und Sprachgebiet in den europäischen Staaten. Eine statistische Untersuchung, Berlin 1869.

Ders.: Die Verschiebung der Sprachverhältnisse in Posen und Westpreußen, Preußische Jahrbücher 77, 1894, S. 424 ff.

Das Volksschulwesen im preußischen Staate, Bd. 1—3, hrg. v. K. Schneider und E. v. Bremen, Berlin 1886/87.

Die Gesetzgebung auf dem Gebiete des Unterrichtswesens in Preußen vom Jahre 1817 bis 1869, Berlin 1869.

Die preußische Volksschule, Gesetze und Verordnungen, hrg. v. E. v. Bremen, Stuttgart und Berlin 1905.

Dieterici, C. F. W.: Die Statistischen Tabellen des Preußischen Staates nach der amtlichen Aufnahme des Jahres 1843, Berlin 1845.

Ders.: Neueste Übersicht der Bodenfläche, der Bevölkerung und des Viehstandes der einzelnen Kreise des Preußischen Staats. Nach dem zu Ende des Jahres 1843 amtlich aufgenommenen Verzeichnis, Berlin 1845.

Gesetze und Verordnungen betreffend das preußische Volksschulwesen in der Provinz Preußen, hrg. v. Theodor Ballien, Teil 1 und 2, Brandenburg 1861—1864.

Gesetz-Sammlung für die Königlichen Preußischen Staaten, Berlin 1810 ff.

Hoffmann, J. G.: Neueste Übersicht der Bodenfläche, der Bevölkerung und des Viehstandes der einzelnen Kreise des preußischen Staats, Berlin 1833.

Krug, Leopold und *Mützell, A. A.:* Topographisch-statistisch-geographisches Wörterbuch sämtlicher Königlich Preußischer Staaten, 6 Bde., Halle 1820—1826.

Landtagsverhandlungen der Provinzialstände in der preußischen Monarchie 1—12, hrg. v. Johann Daniel Rumpf, Berlin 1826—37.

Landtagsverhandlungen der Provinzialstände in der preußischen Monarchie 13.—22. Folge, hrg. v. J. G. F. Nitzschke, Berlin 1839—1848.

Lengerke, Alex. v.: Die ländliche Arbeiterfrage. Beantwortet durch die bei dem Königlichen Landesökonomiekollegium aus allen Gegenden der preußischen Monarchie eingegangenen Berichte landwirtschaftlicher Vereine über die materiellen Zustände der arbeitenden Klassen auf dem platten Lande, Berlin 1849.

---

1 Mit Ausnahme der Szkółka Narodowa und der Szkoła Narodowa wurden nicht die Originale, sondern amtliche preußische Übersetzungen aus folgenden Aktenbänden benutzt: Rep. A 204 Nr. 345, Rep. A 205 Nr. 153—155, Rep. A 207 Nr. 220, Rep. 2 Tit. 39 Nr. 38 Vol. 2 und 3.

Ders.: Die Provinz Preußen in landwirtschaftlicher Beziehung, Berlin 1852.
Ders.: Entwurf einer Agrikultur-Statistik des Preußischen Staates nach den Zuständen in den Jahren 1842 und 1843, Berlin 1847.
Martiny, Benno: 50 Jahre der Landwirtschaft Westpreußens, Danzig 1872.
Meitzen, August: Der Boden und die landwirtschaftlichen Verhältnisse des Preußischen Staates nach dem Gebietsumfange vor 1866, 4 Bde., Berlin 1868—1871.
Oelrichs, Heinrich: Statistische Mitteilungen über den Regierungsbezirk Danzig, Danzig 1863.
Ders.: Über die Entwicklung der landwirtschaftlichen Verhältnisse in Westpreußen seit der Besitznahme durch Friedrich den Großen, Zs. d. Kgl. Preuß. Stat. Bureaus, VII. Jg., Nr. 7—9, S. 201 ff.
Pomorze Gdańskie 1807—1850. Wybór źródeł [Westpreußen 1807—1850. Quellenauswahl], hrg. v. Andrzej Bukowski, Wrocław 1958.
Rachunki Dyrekcyji Towarzystwa Pomocy Naukowej dla Prus Zachodnich [Jahresberichte der Direktion der Gesellschaft für Ausbildungshilfe in Westpreußen], Thorn 1852, 1864, 1866, 1867, 1871, 1872, 1875.
Ramult, Stefan: Statystyka ludności kaszubskiej [Statistik der kaschubischen Bevölkerung], Kraków 1899.
Roczniki Sejmików Gospodarskich w Toruniu od Roku 1867 aż do Roku 1879 [Jahrbücher der Wirtschaftskongresse in Thorn vom Jahre 1867 bis zum Jahre 1879], hrg. v. Ignacy Łyskowski, Thorn 1879.
Sprawozdanie Kasy Toruńskiego Towarzystwa Naukowej Pomocy dla Dziewcząt Polskich [Kassenbericht der Thorner Gesellschaft für Ausbildungshilfe polnischer Mädchen], Thorn 1876.
Statut Towarzystwa Rolniczego dla Ziemi Kaszubskiej [Statut der landwirtschaftlichen Gesellschaft für die Kaschubei], Culm 1862.
Stenographische Berichte über die Verhandlungen der durch Allerhöchste Verordnung einberufenen beiden Häuser des Landtages. Haus der Abgeordneten, Berlin 1849 ff.
Stenographischer Bericht über die Verhandlungen der deutschen constituierenden Nationalversammlung zu Frankfurt am Main, hrg. v. Franz Wigard, Bd. 1—9, Frankfurt 1848/49.
Tabellen und amtliche Nachrichten über den preußischen Staat für das Jahr 1849, I—IV, hrg. v. Statist. Büro Berlin, Berlin 1851—1855.
Ustawy Towarzystwa ku Wspieraniu Moralnych Interesów Ludności polskiej pod Panowaniem pruskim [Satzung der Gesellschaft zur Unterstützung moralischer Interessen der polnischen Bevölkerung unter preußischer Herrschaft], Thorn 1870.
Ustawy Towarzystwa Pomocy Naukowej dla Dziewcząt Polskich [Satzung der Gesellschaft für Ausbildungshilfe polnischer Mädchen], Thorn, o. J.
Ustawy Towarzystwa Rolniczego na parafią mechowską i okolicę [Satzung der landwirtschaftlichen Gesellschaft für die Parafie Mechau und Umgebung], o. O., o. J.
Westpreußisches Volksschulrecht. Auf Grund amtlichen Materials hrg. v. Adalbert Moosmann, Marienwerder 1932.
Wielkopolska 1815—1850, Wybór źródeł [Großpolen 1815—1850, Quellenauswahl], hrg. v. Witold Jakóbczyk, Wrocław 1952.
Desgl.: Bd. 2 (1851—1914), Wrocław 1954.
Wolff, Adolf: Berliner Revolutions-Chronik, 3 Bde., Berlin 1849/50.
Zabór Pruski w powstaniu styczniowym. — Powstanie styczniowe, materiały i dokumenty. [Das preußische Teilgebiet im Januaraufstand. — Der Januaraufstand, Materialien und Dokumente], hrg. v. S. Kieniewicz und W. Koroluk, Wrocław/Warszawa/Kraków 1968.
Źródła do dziejów klasy robotniczej na ziemiach polskich [Quellen zur Geschichte der Arbeiterklasse in den Ländern Polens], Bd. 2, hrg. v. Natalia Gąsiorowska-Grabowska, Warszawa 1962.

3. Memoiren, Briefe, zeitgenössische Darstellungen

Brandt, Heinrich v.: Aus dem Leben des Generals der Infanterie a. D. Dr. Heinrich von Brandt, 2. Aufl., Berlin 1870.

Cieszkowski, August Graf: Zur Verbesserung der Lage der Arbeiter auf dem Lande, Berlin 1846.

Gisevius, Gustaw: Die polnische Sprachfrage in Preußen. Eine Zusammenstellung von dahin einschlagenden Aktenstücken und Journalartikeln, Leipzig 1845. — Nachdruck der Erstausgabe mit Vorwort und Kommentar von W. Chojnacki, Poznań 1961.

Hepke, R.: Die polnische Erhebung, Posen 1849.

Jacobson: Beitrag zur Geschichte der preußischen Klöster, Allg. Arch. f. d. Geschkde. d. preuß. Staats, NF 1 und 2/1836, S. 47 ff., bzw. S. 33 ff., 139 ff., 289 ff.

Lauter, Franz: Nachtrag zu Preußens Volksvertretung in der zweiten Kammer bezw. im Hause der Abgeordneten, Berlin 1882.

Łebiński, Władysław: Ignacy Łyskowski, Życiorys [I. Ł., Lebensbeschreibung], 2. Aufl., Posen 1907.

Ders.: Kółka rolniczo-włościańskie i rozwój pracy około rolniczej oświaty ludowej w W. Ks. Poznańskim i Prusach Zachodnich [Die bäuerlich-landwirtschaftlichen Zirkel und die Entwicklung der Arbeit für die landwirtsch. Ausbildung der Bevölkerung im Ghtm. Posen und in Westpreußen], Ateneum, Jg. 6/1881, S. 193 ff. und 411 ff.

Leibitz-Piwnicki, Graf v.: Curriculum vitae des 50-jährigen Jubilars als Rittergutsbesitzer, Kgl. Kammerherr und Ritter pp. auf Kl. Malsau Pr. Stargarder Kreises, als Manuskript gedruckt, Danzig o. J. (1854).

Lelewel, Joachim: Listy emigracyjne Joachima Lelewela [Die Briefe Joachim Lelewels aus der Emigration], hrg. v. Helena Więckoska, T. 1—3 (1831—1848), Polska Akademia Umiętności, Wyd. Kom. Histor. Nr. 87, 88, 91, Kraków 1948, 1949, 1952.

Łożyński, W.: Geschichte des Gymnasiums zu Culm während der ersten 25 Jahre seines Bestehens. Programm des Gymnasiums zu Culm für das Schuljahr 1861/62, Culm 1862.

Łyskowski, Ignacy: Beiträge zur Beleuchtung der Gleichberechtigungsfrage der polnischen Sprache in Westpreußen, 2. Aufl., Posen 1872.

Ders.: Curriculum vitae des Rittergutsbesitzers Ignaz von Łyskowski, Selbstverlag, Leipzig 1861.

Mierosławski, Ludwik: Pamiętnik Mierosławskiego (1861—63) [Erinnerungen Mierosławskis], hrg. von Józef Frejlich, Warszawa 1924.

Neyfeld, C.: Polens Revolution und Kampf im Jahre 1831, Frankfurt a. M. 1832.

Preußen und Polen. Eine Beleuchtung der Verhältnisse beider in Bezug auf die neueste polnische Revolution, mit vorzüglicher Rücksicht auf die übergetretenen polnischen Truppen bei Elbing, Dirschau und Marienburg. Von einem Bewohner Westpreußens, Danzig 1832.

Schön, Theodor v.: Aus den Papieren des Ministers und Burggrafen von Marienburg, Theodor von Schön, 4 Bde., Halle/Berlin 1875/76.

Sulerzyski, Natalis: Pamiętniki [Erinnerungen], 3 Bde., Kraków 1871.

Tennstädt: Über das Landschulwesen in Westpreußen, Preuß. Provinzialblätter, Bd. 9/1833, S. 441 ff.

B. LITERATUR

I. Bibliographien

Andrusiak, Wanda u. a.: Bibliografia Pomorza Gdańskiego za rok 1964, Gdynia 1967.

Desgl.: za rok 1965, Poznań 1968.

Bahr, Ernst: Neuere polnische Veröffentlichungen zur ost- und westpreußischen Landeskunde, ZfO, 1. Jg./1952, S. 598 ff.

Baumgart, Jan: Bibliografia Historii Polskiej, Wrocław/Kraków 1944 ff.

Bibliografia Historii Polski, Bd. I,1—3 und Bd. II,1—2, Warszawa 1965—1967.

Chojnacki, Władysław: Niemieckie i polskie bibliografie b. Prus Wschodnich i Pomorza Gdańskiego [Deutsche und polnische Bibliographien des ehem. Ost- und Westpreußen], PZ Jg. 11/1955, Nr. 3/4, S. 744 ff.

Deutsch, Karl W./Richard L. Merritt: Nationalism: An Interdisciplinary Bibliography 1935—65. Cambridge/Mass. 1966.

Estreicher, Karol: Bibliografia Polska, Kraków 1870 ff.

Keyser, Erich: Deutsche Westpreußen-Forschung, Westpr. Jb. Jg. 12/1962, S. 4 ff.

Przewodnik Bibliograficzny. Urzędowy wykaz druków wydanych w Rzeczpospolitej Polskiej [Bibl. Wegweiser. Amtliches Verzeichnis der in der Polnischen Republik erschienenen Drucke], Warszawa 1964 ff.

Wermke, Ernst: Bibliographie der Geschichte von Ost- und Westpreußen bis 1929, Aalen 1962 (Nachdruck der Ausgabe von 1933).

Desgl.: für die Jahre 1930—38, Aalen 1964.

Desgl.: für die Jahre 1939—70, Bonn-Bad Godesberg 1973.

II. Allgemeine Literatur

Altpreußische Biographie. Bd. 1 u. 2, Königsberg 1936—1944; Bd. 4, Marburg 1961.

Aschkewitz, Max: Die deutsche Siedlung in Westpreußen im 16., 17. und 18. Jahrhundert, ZfO Jg. 1/1952, S. 553 ff.

Ders.: Zur Frage der Umvolkung in Westpreußen im 19. u. 20. Jahrhundert, in: Studien zur Geschichte des Preußenlandes, Festschrift für Erich Keyser, Marburg 1963, S. 312 ff.

Bär, Max: Die Behördenverfassung in Westpreußen seit der Ordenszeit, Danzig 1912.

Ders.: Westpreußen unter Friedrich dem Großen, 2 Bde., Leipzig 1909. — Publ. aus den Preuß. Staatsarch. Nr. 83/84.

Barycz, Henryk: Polska młodzież akademicka w Wrocławiu przed powstaniem styczniowym (1858—63) [Die polnische akadem. Jugend in Breslau vor dem Januaraufstand], Sobótka Jg. 1/1946, S. 151 ff.

Ders.: Rola Polaków w Uniwersytecie Wrocławskim [Die Rolle der Polen an der Universität Breslau], Wrocław 1946.

Baske, Siegfried: Praxis und Prinzipien der preußischen Polenpolitik vom Beginn der Reaktionszeit bis zur Gründung d. Dt. Reiches, Forsch. z. osteur. Gesch., Bd. 9, Berlin 1963.

Bender, Ryszard: Sprowadzanie broni z Pomorza Gdańskiego do Lublina w 1861 roku [Waffentransporte von Westpreußen nach Lublin im Jahre 1861], Zapiski Historyczne, Bd. 27/1962, Heft 1, S. 99 f.

Bendix, Reinhard: Nation-Building and Citizenship, New York/London/Sydney 1964.

Bernhard, Ludwig: Die Polenfrage, 2. bearb. Aufl., Leipzig 1910.

Biskup, Marian: Osady na prawie polskim na Pomorzu Gdańskim w pierwszej połowie XV w. [Siedlungen zu polnischem Recht in Pommerellen in der ersten Hälfte des 15. Jh.], Warszawa 1956.

Ders. und *Tomczak, Andrzej:* Mapy Województwa Pomorskiego w drugiej połowie XVI w. [Karten der Wojewodschaft Pommerellen in der zweiten Hälfte des 16. Jh.], Toruń 1955.

Blejwas, Stanislaus A.: The origins and practice of ‚organic work' in Poland: 1795—1863, The Polish Review, Bd. XV, Nr. 4, 1970, S. 23—54.

Böhning, Peter: Westpreußisches Polentum und polnische Nation. Zur Außenorientierung der nationalpolnischen Bewegung in Westpreußen vor der Reichsgründung, ZfO, 20. Jg./1971, S. 78—94.

Boguslawski, A. v.: 85 Jahre preußischer Regierungspolitik in Posen und Westpreußen von 1815—1900, Berlin 1901.

Bork, Herward: Zur Geschichte des Nationalitätenproblems in Preußen. Die Kirchenpolitik Theodor von Schöns in Ost- und Westpreußen 1815—1843, Leipzig 1933. — Königsberger Historische Forschungen 3.

Breyer, Richard: Die kaschubische Bewegung vor dem Ersten Weltkrieg, in: Studien zur Geschichte des Preußenlandes. Festschrift für Erich Keyser, Marburg 1963, S. 327 ff.

Brückner, Aleksander: Dzieje kultury polskiej. T. 4, Dzieje Polski rozbiorowej 1795—1914 [Geschichte der poln. Kultur, Bd. 4, Geschichte des geteilten Polens], Kraków 1946.

Bukowski, Andrzej: Oblicze społeczne twórcy ruchu młodo-kaszubskiego [Das soziale Gesicht des Schöpfers der jungkaschubischen Bewegung], PZ Jg. VI/1950, S. 435 ff.

Ders.: Pomorze Gdańskie w powstaniu styczniowym [Westpreußen im Januaraufstand], Gdańsk 1964.

Ders.: Pomorze w dobie narastania i rozwoju kapitalizmu [Westpreußen und Pommern in der Epoche des entstehenden Kapitalismus], in: Konferencja Pomorska 1954, Warszawa 1956, S. 131 ff.

Ders.: Regionalizm kaszubski. Ruch naukowy, literacki i kulturalny [Kaschubischer Regionalismus. Die gelehrte, literarische und kulturelle Bewegung], Poznań 1950.

Buzek, Józef: Historya polityki narodowościowej rządu pruskiego wobec polaków [Geschichte der Nationalitätenpolitik der preuß. Regierung gegenüber den Polen], Lwów 1909.

Chałasiński, Józef: Przeszłość i przyszłość inteligencji polskiej [Vergangenheit und Zukunft der polnischen Intelligenz], Warszawa 1958.

Chojnacki, Jan: Kurek Mazurski. Polskie Czasopismo na Mazurach [Der Masurische Hahn. Eine polnische Zeitschrift in Masuren], Warmia i Mazury, Jg. 4/1958, Nr. 5, S. 14 f.

Cieślak, Tadeusz: O niektórych konfliktach w obrębie społeczeństwa pomorskiego w latach 1848—1850 i ich odbiciu w Lidze Polskiej [Über einige Konflikte in der Gesellschaft Westpreußens 1848—1850 und deren Reflex in der Liga Polska], ZTNT Jg. 20/1954, S. 375 ff.

Ders.: Walka chłopów pomorskich o wyzwolenie społeczne i narodowe w latach 1845—1848 [Der Kampf der Bauern in Pommerellen um gesellschaftliche und nationale Befreiung in den Jahren 1845—48], Warszawa 1955.

Ders.: Z dziejów prasy polskiej na Pomorzu Gdańskim w okresie zaboru pruskiego [Aus der Geschichte der polnischen Presse in Westpreußen unter preußischer Herrschaft], Gdańsk 1964.

Conze, Werner: Die Wirkungen der liberalen Agrarreformen auf die Volksordnung in Mitteleuropa im 19. Jahrhundert, VjS f. Soz. und Wirtsch.Gesch., Bd. 38 (1949—52), S. 2 ff.

Ders.: Möglichkeiten und Grenzen der liberalen Arbeiterbewegung in Deutschland. Das Beispiel Schulze-Delitzschs. Sitz.Ber. d. Heidelberger Ak. d. Wiss., phil.hist. Klasse, Jg. 1965, Abh. 2.

Czepulis, Ryszarda: Myśl społeczna twórców Towarzystwa Rolniczego 1842—1861 [Die Gesellschaftstheorien der Schöpfer der ‚Landwirtschaftlichen Gesellschaft'], Wrocław 1964.

Dabinnus, Georg: Die ländliche Bevölkerung Pommerellens im Jahre 1772 mit Einschluß des Danziger Landgebietes im Jahre 1793, Marburg 1953.

Dąbrowski, Kazimierz: Duchowieństwo w walce o polskość w czasie zaboru pruskiego w diecezji chełmińskiej [Die Geistlichkeit im Kampf um das Polentum während der preuß. Herrschaft in der Diözese Culm], Orędownik Diecezji Chełm., 10/1959, S. 28 ff. und S. 164 ff.

Der Kampf um die Weichsel, Untersuchungen zur Geschichte des polnischen Korridors, hrg. v. Erich Keyser, Berlin/Leipzig 1926.

Dessin, Wilhelm: Ursprung und Bedeutung des Regulierungs- und Separationsrezesses in den östlichen Provinzen, Stettin 1928.

Dettmer, Günter: Die ost- und westpreußischen Verwaltungsbehörden im Kulturkampf, Heidelberg 1958. — Studien zur Geschichte Preußens, Bd. 2.

Deutsch, Karl Wolfgang: Nationalism and Social Communication. An Inquiry into the Foundations of Nationality, 2. Aufl., Cambridge Mass. 1966.

Diecezja Chełmińska. Zarys historyczno-statystyczny [Das Bistum Culm. Histor.-statist. Abriß], Pelplin 1928.

Faust, Helmut: Schulze-Delitzsch und sein genossenschaftliches Werk, Marburg 1949.

Ders.: Geschichte der Genossenschaftsbewegung, Frankfurt 1965.

Feldman, Wilhelm: Geschichte der politischen Ideen in Polen seit dessen Teilungen (1795—1914), München/Berlin 1917.

Forstreuter, Kurt: Die Anfänge der Sprachstatistik in Preußen und ihre Ergebnisse zur Litauerfrage, ZfO Jg. 2/1953, S. 329 ff.

Gawin, Bolesław: Józef Chociszewski jako propagator idei współpracy narodów słowiańskich [J. Ch. als Propagator einer Zusammenarbeit der slawischen Nationen], PZ Jg. 19/1963, S. 260 ff.

Gentzen, Felix Heinrich: Der Januaraufstand 1863 und die beiden Konzeptionen der deutschen Polenpolitik, ZfG Jg. 11/1963, Heft 6, S. 1129 ff.

Ders.: Großpolen im Januaraufstand. Das Großherzogtum Posen 1858—1864, Berlin 1958. — Schriftenreihe d. Inst. f. allg. Gesch. an der Humboldt-Univ. Berlin, Bd. 1.

Gerecke, Anneliese: Das deutsche Echo auf die polnische Erhebung von 1830, München 1964. — Veröff. d. Osteur. Inst. München 24.

Goeldel, Herbert: Verschuldung und Entschuldung des größeren Grundbesitzes in Westpreußen, Berlin/Stuttgart 1915.

Górska, Barbara: Dr. Kazimierz Szulc 1825—1887, Kronika Miasta Poznania Jg. 20/1947, S. 217 ff.

Griewank, Karl: Der Wiener Kongreß und die europäische Restauration 1814/15, 2. neubearb. Aufl., Leipzig 1954.

Grot, Zdisław: Działalność posłów polskich w sejmie pruskim (1848—1850) [Die Tätigkeit der polnischen Abgeordneten im preußischen Parlament], Poznań 1961.

Hahn, Adalbert: Die Polenfrage in Preußen, in: Deutsche Ostforschung, Bd. 2, Leipzig 1943, S. 335 ff.

Ders.: Preußens polnische Sprachenpolitik in Westpreußen von Friedrich dem Großen bis zur Reichsgründung, Weichselland, Jg. 41/1942, Heft 1/2, S. 1 ff.

Hallgarten, Wolfgang: Studien über die deutsche Polenfreundschaft in der Periode der Märzrevolution, München 1928.

Heym, Benno: Geschichte des Kreises Briesen und seiner Ortschaften, Briesen 1902.

Historia Polski, Red. Tad. Manteuffel, Bd. II,2—4, Warszawa 1958—1960, Bd. III,1, Warszawa 1963.

Hoffmann, Erich: Theodor von Schön und die Gestaltung der Schule in Westpreußen, Marburg 1965. — Wiss. Beitr. zur Gesch. und Landeskde. Ostmitteleur., Nr. 71.

Hroch, Miroslav: Die Vorkämpfer der nationalen Bewegung bei den kleinen Völkern Europas, Prag 1968. — Acta Universitatis Carolinae, Phil. et Histor. Monographia XXIV.

Jablonowski, Horst: Die preußische Polenpolitik von 1815—1914, Würzburg 1964. — Schriftenreihe d. Göttinger Arbeitskreises, Heft 69.

Jabłoński. Henryk: Die internationale Bedeutung der nationalen Befreiungskämpfe im 18. und 19. Jahrhundert in Polen, ZfG, Jg. 4/1956, Beiheft 3, S. 63 ff.

Jakóbczyk, Witold: Studia nad dziejami Wielkopolski w XIX w. [Studien zur Geschichte Großpolens im 19. Jh.], Bd. 1 (1815—1850), Bd. 2 (1850—1890), Poznań 1951 und 1959.

Ders.: Towarzystwo Rolnicze w Koronowie w 1845 r. [Der Landwirtschaftsverein in Poln. Crone im Jahre 1845], ZTNT, Jg. XII, Heft 1, S. 80 ff.

Jeżowa, Kazimiera: Der Grundbesitz in Weichselpommern zur Zeit der Teilungen Polens und vor dem Weltkriege, Danzig 1934.

Kalembka, Sławomir: Prasa Towarzystwa Demokratycznego Polskiego. Zarys Dziejów Wydawniczych 1832—1863 [Die Presse der polnisch-demokratischen Gesellschaft. Ein Abriß der Editionsgeschichte], Roczniki Bibliot. Jg. 7/1963, S. 91 ff.

Kalisch, Johannes: Schlachta, Bourgeoisie und Bauernschaft in der polnischen nationalen Befreiungsbewegung von 1794 bis 1863, in: Vom Mittelalter zur Neuzeit, Berlin 1956, S. 350 ff.

Kamiński, Aleksander: Polskie Związki Młodzieży [Polnische Jugendverbände] 1831—1848, Warszawa 1968.

Karnowski, Jan: Filomaci pomorscy [Die westpreuß. Filomaten], Bd. 1 (1840—1901), Thorn 1926.

Ders.: Filomaci pomorscy a idea niepodległości [Die westpreußischen Filomaten und die Idee der Unabhängigkeit], in: Ruch niepodległościowy na Pomorzu, S. 57 ff.

Kasiske, Karl: Beiträge zur Bevölkerungsgeschichte Pommerellens im Mittelalter, Königsberg 1942.

Kieniewicz, Stefan: Społeczeństwo polskie w powstaniu poznańskim 1848 roku [Die polnische Gesellschaft im Posener Aufstand von 1848], Warszawa 1960.
Ders.: Wielkopolska i Prusy Zachodnie w latach 1846—1848, in: W stulecie wiosny ludów [Großpolen und Westpreußen in den Jahren 1846—48, in: Hundert Jahre Völkerfrühling], Bd. 1, Warszawa 1948, S. 43 ff.
Knaack, Rudolf: Die Überwachung der politischen Emigranten in Preußen in der Zeit von 1848 bis 1870. Diss. phil. der Humboldt-Univers., Berlin 1960.
Knapp, Georg Friedrich: Die Bauernbefreiung und der Ursprung der Landarbeiter in den älteren Teilen Preußens, 2. Aufl., München/Leipzig 1927.
Knorr, Emil: Die polnischen Aufstände seit 1830 in ihrem Zusammenhang mit den internationalen Umsturzbestrebungen, Berlin 1880.
Kohn, Hans: Die Idee des Nationalismus, Heidelberg 1950.
Ders.: Die Slawen und der Westen. Die Geschichte des Panslawismus, Wien/München 1956.
Konieczny, Jerzy: Ziemia chełmińska w świetle korespondencji z Pomorza do J. I. Kraszewskiego [Das Culmer Land im Lichte der Korrespondenz aus Westpreußen an J. I. Kraszewski], Rocznik Grudziądzki Bd. 3/1963, S. 95 ff.
Kothe, Wolfgang: Deutsche Bewegung und preußische Politik im Posener Lande 1848/49, Dte. Wiss. Zs. f. Posen, Heft 21, Posen 1931.
Kukiel, Marian: Dzieje Polski porozbiorowe 1795—1921 [Geschichte Polens nach den Teilungen], 2. bearb. Aufl., London 1963.
Kutrzeba, Stanisław: Historya ustroju Polski w zarysie, T. IV po rozbiorach [Geschichte der Verfassung Polens im Überblick, Bd. IV nach den Teilungen], Lwów 1917.
Laacke, Karl Chr. Fr.: Die Schulaufsicht in ihrer rechtlichen Stellung, 2. Aufl., Prenzlau 1887.
Labuda, Gerard: Z nowszych badań Zachodnio-Niemieckich nad składem etnicznym ludności Pomorza Gdańskiego roku 1772 [Über die neuesten westdeutschen Forschungen zur Bevölkerungszusammensetzung in Pommerellen im Jahr 1772], Kwartalnik Historyczny Jg. 63/1956, Heft 2, S. 108 ff.
Langelüddecke, Erich: Die Veränderungen der ländlichen Eigentumsverhältnisse in den ostelbischen Provinzen Preußens durch die Reformen im 18. und 19. Jahrhundert, Wirtsch. Wiss. Diss. (Masch.Schr.), Halle 1957.
Laubert, Manfred: Das Übergreifen der Posener polnischen Aufstandsversuche vom Winter 1845/46 nach Westpreußen, Altpreußische Forschungen 13/1936, S. 234 ff.
Ders.: Die nationale Zusammensetzung des Posener Großgrundbesitzertums in Flottwellscher Zeit, Jbb. f. Nat.ökon. u. Statist. 64/1922, S. 316 ff.
Ders.: Die preußische Polenpolitik 1772—1914, 3. Aufl., Krakau 1944.
Ders.: Die Ziehung der westpreußisch-Posener Grenze, in: Studien z. Gesch. d. Provinz Posen II, Posen 1927, S. 30 ff.
Ders.: Eduard Flottwell, ein Abriß seines Lebens, Berlin 1919.
Ders.: Westpreußen im 19. Jahrhundert, in: Der Kampf um die Weichsel, S. 129—148.
Ders.: Westpreußen und die polnischen Aufstände des 19. Jahrhunderts, in: Der Deutsche im Osten 3/1940, S. 211 ff.
Lemberg, Eugen: Geschichte des Nationalismus in Europa, Stuttgart 1960.
Ders.: Nationalismus, Bd. I Psychologie und Geschichte, Bd. II Soziologie und politische Pädagogik, Hamburg 1964.
Letkemann, Peter: Die preußische Verwaltung des Regierungsbezirks Danzig 1815—1870, Marburg 1967. — Wiss. Beitr. z. Gesch. u. Landeskde. Ostmitteleur., Nr. 80.
Lorentz, Friedrich: Geschichte der Kaschuben, Berlin 1926.
Lütge, Friedrich: Deutsche Sozial- und Wirtschaftsgeschichte, 2. Aufl., Berlin 1960.
Ders.: Geschichte der deutschen Agrarverfassung vom frühen Mittelalter bis zum 19. Jahrhundert, Stuttgart 1963. — Deutsche Agrargeschichte, hrg. v. G. Franz, Bd. 3.
Ders.: Über die Auswirkungen der Bauernbefreiung in Deutschland, Jbb. f. Nat.ökon. u. Statist. Bd. 157/1943, S. 353 ff.
Majkowski, Aleksander: Historia Kaszubów [Geschichte der Kaschuben], Gdynia 1938.
Mańkowski, Alfons: Anastazy Sedlag, biskup chełmiński 1787—1856 [A. S., Bischof von Culm], ZTNT Bd. 5/1920—22, S. 34 ff.

Ders.: Czytelnictwo i bibliotekarstwo polskie na Pomorzu 1849—1880 [Leseräume und Bibliotheken in Westpreußen], Mestwin Jg. 6/1930, Dodatek Nauk.-Liter. Słowa Pomorskiego, S. 1 ff.

Ders.: Dzieje drukarstwa i piśmiennictwa polskiego w Prusach Zachodnich z szczegółową bibliografią druków polskich zochodniopruskich [Gesch. d. Druckereiwesens und des poln. Schrifttums in Westpreußen mit einer Bibliographie der polnisch-westpr. Drucke], RTNT 13/1906, S. 260 ff.; 14/1907, S. 49 ff.; 16/1909, S. 9 ff.; 18/1911, S. 79 ff.

Ders.: Ks. Jan Tułodziecki 1813—1876 [Pfarrer J. T.], ZTNT Bd. 10/1935—36, S. 324 ff.

Ders.: Liga Narodowa Polska w powiecie kwidzyńsko-gniewskim 1848—1850 [Die poln. Nationalliga im Kreis Marienwerder-Mewe], ZTNT Bd. 8/1929, S. 20 ff.

Ders.: Odrodzenie narodowe Pomorza [Die nationale Wiedergeburt Pommerellens], in: Ruch niepodległościowy na Pomorzu, S. 45 ff.

Ders.: Pod rządami pruskiemi [Unter preußischer Herrschaft], Roczniki Historyczne Bd. 3/1927, S. 255 ff.

Ders.: Prałaci i Kanonicy katedralni chełmińscy od założenia aż do naszych czasów [Culmer Prälaten und Kathedralkanoniker von der Gründung bis auf unsere Zeiten], RTNT Bd. 33/1926, S. 1 ff. und Bd. 34/1927, S. 285 ff.

Manteuffel-Szoege: Geschichte des polnischen Volkes während seiner Unfreiheit 1772—1914, Berlin 1950.

Meyer, Christian: Geschichte des Landes Posen, Posen 1881.

Mikos, Stanisław: Deportacja Powstańców Polskich w 1832 r. z Gdańska do Francji oraz ich opór przeciwko próbom wywiezienia do Algeru [Der Transport der poln. Aufständischen aus dem Jahr 1832 von Danzig nach Frankreich und ihr Widerstand gegen den Versuch, sie nach Algerien abzuschieben], Gdańskie Zeszyty Humanist. 6/1963, S. 105 ff.

Ders.: Powstańcy polscy ze 1831 roku, internowani w twierdzy gdańskiej na Biskupiej Górce [Die Internierung der polnischen Aufständischen von 1831 in der Danziger Festung Bischofsberg], Rocznik Gdański, Bd. 21/1962, S. 39 ff.

Myśliborski-Wołowski, Stanisław: Udział Prus Zachodnich w powstaniu styczniowym [Die Beteiligung Westpreußens am Januaraufstand], Warszawa 1968.

Neureiter, Ferdinand: Die Kaschuben, Mickiewicz-Blätter 13/1968:39, S. 228—242.

Obenaus, Walter: Die Entwicklung der preußischen Sicherheitspolizei bis zum Ende der Revolutionszeit, Berlin 1940.

Obląk, Jan: Stosunek Kościoła katolickiego do polskiej ludności katolickiej w diecezji warmińskiej w latach 1800—1870 [Das Verhältnis der katholischen Kirche zur poln.-kath. Bevölkerung in der Diözese Ermland in den Jahren 1800—1870], Sprawy Kulturalne Nr. 7/1953—56, S. 92 ff.

Oppen, Dietrich v.: Deutsche, Polen und Kaschuben in Westpreußen 1871—1914, Jb. f. d. Gesch. Mittel- u. Ostdeutschld., Bd. 4/1955, S. 157 ff.

Osmólska-Piskorska, Bożena: Pomorskie Towarzystwo Pomocy Naukowej. Pół wieku istnienia i działalności 1848—1898 [Die westpr. Gesellschaft für Ausbildungshilfe. Ein halbes Jahrhundert des Bestehens und der Tätigkeit], Toruń 1948.

Dies.: Wojciech Łożyński. Fragmenty biograficzne 1808—84 [W. Ł. Biographische Bruchstücke], ZTNT Bd. 15/1949, S. 101 ff.

Ost, Günther: Aus der Wiegenzeit der periodischen Presse in Westpreußen, Mitt. d. Westpr. Gesch.-Ver. 29/1930, S. 26 ff.

Panske, Paul: Personalien der Mitglieder des Culmer Domkapitels seit der Verlegung des Bischofsitzes nach Pelplin (3. 8. 1824), Zs. f. Gesch. d. Erml. 25/1933—35, S. 187 ff., S. 291 ff., S. 579 ff.

Pfeiffer, H.: Der polnische Adel und die preußische Polenpolitik von 1863—1894, Diss. Jena 1939.

Pietrzak-Pawłowska, Irena: W sprawie dziejów narodu polskiego na Warmii, Mazurach i Powiślu [Zur Geschichte der polnischen Nation in Ermland, Masuren und im Weichselgebiet], 1. Konferencja Metodol. Histor. Polsk., 1953, S. 241 ff.

Pintner, Walter: Russian Economic Policy under Nicholas I, Cornell University Press 1967.

Plehn, Hans: Geschichte des Kreises Strasburg in Westpreußen, Leipzig 1900.

Ders.: Zur Geschichte der Agrarverfassung in Ost- und Westpreußen, FBPG Bde. 17 und 18/1904—05.
Polski Słownik Biograficzny, Bd. I—XIII, Kraków 1935—1968.
Political Culture and Political Development, hrg. v. Lucian W. Pye und Sidney Verba, Princeton University Press 1965, Studies in Political Development Nr. 5.
Recke, Walter: Die polnische Frage als Problem der europäischen Politik, Berlin 1927.
Reisner, E. H.: Nationalism and education since 1789: a social and political history of modern education, New York 1925.
Rhode, Ilse: Das Nationalitätenverhältnis in Westpreußen zur Zeit der polnischen Teilungen, Diss. phil. Breslau 1926. — Dte. wiss. Zeitschrift für Posen 7/1926, S. 3 ff.
Rhode, Gotthold: Kleine Geschichte Polens, Darmstadt 1965.
Roos, Hans: Die polnische Nationsgesellschaft und die Staatsgewalt der Teilungsmächte in der europäischen Geschichte (1795—1863), Jbb. f. d. Gesch. Osteur. 14/1966, S. 388 ff.
Rosenthal, Harry Kenneth: Rivalry between ‚Notables' and ‚Townspeople' in Prussian Poland: The First Round, The Slavonic and East European Review, Nr. 114, Bd. 49/1971, S. 68—79.
Rothfels, Hans: Das Poblem des Nationalismus im Osten, in: Deutschland und Polen, hrg. v. A. Brackmann, München/Berlin 1933, S. 259 ff.
Ders.: Grundsätzliches zum Problem der Nationalität, HZ 174/1952, S. 339 ff.
Rozdolski, Roman: Friedrich Engels und das Problem der „geschichtslosen Völker". Die Nationalitätenfrage in der Revolution 1848—49 im Lichte der ‚Neuen Rheinischen Zeitung', Arch. f. Soz. Gesch. Bd. 4/1964, S. 87 ff.
Ruch niepodległościowy na Pomorzu [Die Unabhängigkeitsbewegung in Pommerellen], hrg. v. Tadeusz Pietrykowski, Toruń 1935.
Schaumann, Elly: Die Danziger Presse im 19. Jahrhundert, Zs. d. Westpr. Gesch.-Ver. 72/1935, S. 5 ff.
Schieder, Theodor: Das Deutsche Kaiserreich von 1871 als Nationalstaat, Köln/Opladen 1961. — Wiss. Abh. d. Arbeitsgem. f. Forsch. d. Landes Nordrhein-Westfalen, Bd. 20.
Ders.: Das Problem des Nationalismus in Osteuropa, in: Osteuropa und d. dte. Osten, Reihe I, Buch 3, Köln 1956, S. 19 ff.
Ders.: Nationalstaat und Nationalitätenproblem, ZfO, Jg. 1/1952, S. 161 ff.
Schmidt, Siegfried: Robert Blum und die vormärzliche deutsche Polenfreundschaft in Mitteldeutschland, ZfG, Jg. 10/1962, S. 1891 ff.
Schulz, Bernhard: Das Volksschulwesen im Regierungsbezirk Marienwerder von 1805—35, Zs. d. hist. Ver. f. Marienwerder 20/1886, S. 1 ff.
Schumacher, Bruno: Geschichte Ost- und Westpreußens, 2. Aufl., Würzburg 1957.
Seton-Watson, Hugh: „Intelligentsia" und Nationalismus in Osteuropa 1848—1918, HZ 195/1962, S. 331 ff.
Shafer, B. C.: Nationalism, myth and reality, New York 1955.
Słownik biograficzny Warmii, Mazur i Powiśla — XV w.—1945 [Biographisches Wörterbuch von Ermland, Masuren und dem Weichselgebiet], hrg. v. Tadeusz Oracki, Olsztyń 1965.
Spandowski, Franz: Genossenschaftliche Probleme in dem Verband der Erwerbs- und Wirtschaftsgenossenschaften der Provinz Posen und Westpreußen, Diss. Freiburg 1915.
Spandowski, Paweł: Towarzystwa Przemysłowe. Die polnischen Gewerbevereine im Rahmen der Entwicklung eines polnischen gewerblichen Mittelstandes, Posen 1909.
Staats- und Verwaltungsgrenzen in Ostmitteleuropa. Historisches Kartenwerk, II: Das Preußenland, bearbeitet von Erich Keyser, München 1954.
Stadelmann, Rudolf: Soziale und politische Geschichte der Revolution von 1848, München 1948.
Stuke, Horst: Philosophie der Tat, Stuttgart 1963. — Industrielle Welt, Bd. 3.
Sukertowa-Biedrawina, Emilia: Działacze Mazur i Warmii epoki Mickiewicza. Przewodnik po wystawie [Führende Persönlichkeiten in Masuren und Ermland in der Epoche Mickiewicz's, Ausstellungsführer], Olsztyń 1956.
Dies.: Przyczynek do końcowego okresu Wiosny Ludów na Mazurach [Beitrag zur Endphase des Völkerfrühlings in Masuren], Komunikaty Mazursko-Warmińskie, Jg. 3/1959, Nr. 1, S. 46 ff.

Sulzbach, Walter: Imperialismus und Nationalbewußtsein, Frankfurt 1959.
Szmańda, Jan: Polska myśl polityczna w zaborze pruskim [Die polnischen politischen Ideen im preußischen Anteil], Poznań 1920.
Szostek, Irena: Zarys działalności organizacji filomackich na Pomorzu Nadwiślańskim i Ziemi Chełmińskiej [Abriß der Tätigkeit filomatischer Organisationen in Pommerellen und im Culmer Land], Rocznik Grudziądzki, Jg. 1/1960, S. 105 ff.
Tomaszewski, Władysław: Die Entwicklung der polnischen Erwerbs- und Wirtschaftsgenossenschaften in den Provinzen Posen, Westpreußen und Schlesien vom Jahr 1861 bis 1912, Posen 1913.
Ders.: Pół wieku polskich spółek zarobkowych i gospodarczych w W. Ks. Poznańskim, Prusach Zachodnich i na Górnym Śląsku [Ein halbes Jahrhundert polnische Erwerbs- und Wirtschaftsgenossenschaften im Ghtm. Posen, in Westpreußen und Oberschlesien], 2 Bde., Posen 1912.
Treue, Wilhelm: Wirtschaftszustände und Wirtschaftspolitik in Preußen 1815—1825, Stuttgart 1937. — VjS. f. Soz. und Wirtsch.Gesch., Beih. 31.
Truchim, Stefan: Historia szkolnictwa i oświaty polskiej w W. Ks. Poznańskim [Geschichte d. Schulwesens und d. poln. Bildungswesens im Ghtm. Posen], Bd. I, 1815—1862; Bd. II, 1862—1915, Łódź 1967 und 1968.
Trzeciakowski, Lech: Kulturkampf w zaborze pruskim [Der Kulturkampf im preußischen Anteil], Poznań 1970.
Tyrowicz, Marian: Towarzystwo Demokratyczne Polskie 1832—63. Przywódcy i kadry członkowie [Die poln.-demokratische Gesellschaft. Führer und Mitglieder], Warszawa 1964.
Vallentin, Wilhelm: Westpreußen seit den ersten Jahrzehnten dieses Jahrhunderts. Ein Beitrag zur Geschichte der Entwicklung des allgemeinen Wohlstandes in dieser Provinz und ihren einzelnen Teilen, Tübingen 1893.
Wajda, Kazimierz: Migracje Ludności Wiejskiej Pomorza Wschodniego w latach 1850—1914 [Wanderungen der Landbevölkerung Ostpommerns in den Jahren 1850—1914], Wrocław-Warszawa-Kraków 1969.
Wankowicz, Melchior: Walczący Gryf. Publicystika dotycząca dziejów Pomorza Gdańskiego [Der kämpfende Greif. Publizistik zur Geschichte Westpreußens], Warszawa 1963.
Waschinski, Emil: Wie groß war die Bevölkerung Pommerellens, ehe Friedrich der Große das Land übernahm?, Danzig 1907.
Wehler, Hans-Ulrich: Sozialdemokratie und Nationalstaat. Die deutsche Sozialdemokratie und die Nationalitätenfragen in Deutschland von Karl Marx bis zum Ausbruch des Ersten Weltkrieges, Würzburg 1961.
Willaume, Juliusz: Stanowisko Prus wobec sprawy polskiej na Kongresie Wiedeńskim [Der Standpunkt Preußens zur polnischen Frage auf dem Wiener Kongreß], PZ 6/1950, Nr. 1, S. 3 ff.
Winklewski, Jan: Ludność Pomorza Gdańskiego w latach 1772—1910. Rozmieszczenie i rozwój [Die Bevölkerung Westpreußens 1772—1910. Verteilung und Entwicklung], Zeszyty Geograficzne 2/1960, S. 109 ff.
Wittram, Reinhard: Das Nationale als europäisches Problem, Göttingen 1954.
Wurzbacher, Gerhard: Studien über den Wandel der sozialen und völkischen Struktur eines Landkreises im pommersch-westpreußischen Grenzraum zwischen 1773 und 1937, ZfO 2/1953, S. 190 ff.
Zieliński, Andrzej: Niemcy i zabór pruski w publicystyce powstania listopadowego [Deutschland u. d. preußische Anteil in d. Publizistik d. Januaraufstandes], PZ 16/1960, Nr. 6, S. 302 ff.
Zimmermann, Kazimierz: Die ‚Bank Przemysłowców' in Posen, ihre Gründung, Entwicklung und Bedeutung im Rahmen des Verbandes der Erwerbs- und Wirtschaftsgenossenschaften, Posen 1907.
Ders.: Fryderyk Wielki i jego kolonizacja na ziemiach polskich [Friedrich d. Gr. und seine Kolonisation in den polnischen Gebieten], 2 Bde., Posen 1915.

PERSONENREGISTER

Die fettgedruckten Seitenzahlen verweisen auf eine Kurzbiographie im Anhang A. Aus dem tabellarischen Anhang B wurden Personennamen nur übernommen, wenn sie auch in der Darstellung oder in den Kurzbiographien Berücksichtigung gefunden haben.

Alexander II. 140
Altenstein, Karl von 44
Anz 71, 72, 73
Auerswald, Alfred von 73, 74

Bączkowski 129, **192**, 223
Baerensprung von 138
Bakunin, Michail 174
Bartoszkiewicz, Piotr **194**
Bartoszkiewicz, Jan Nepomucen 83, 89, 94, 95, 96, 97, 111, 129, 130, 134, 157, **194**, 203, 227
Bażyński 109, 144
Benth, Gebrüder 60, 176
Bilicki, Hermann 178
Bieschky 129, 227
Biesiekierski, Stanisław 29
Bismarck, Otto von 26, 108
Blum, Robert 79
Blumenthal, Robert von 83
Borzewska, Izabella 201, 230
Bötticher, Karl Wilhelm von 134
Bojanowski, Franciszek 68, 178, 179, **194**
Bolewski, Józef 129, 183, 227
Borkowski 96
Borowski, Medard 29
Borowski, Marcelli 167, 174, 179
Braun 170, 171, 177, 178
Brodowski 169
Bronisz, Stanisław 176
Büchter 150
Buski 179

Callier, Eduard 171, 177, 178
Ceynowa, Florian 66, 114, 190, 191, 192, **194**
Chłopicki, Józef 27
Chociszewski, Józef 10, 110, 120, 130, 137, 139, 164, **195**, 199
Chotomski, Bolesław 168
Chrzanowska, E. 115
Chrzanowski, Józef 60, 100, 176
Cielsdorf, Anton 68
Cieszkowski, August 86, 97, 122
Czapska, Izabella 196, 211
Czapski, Franciszek 60, 90, 104, 111, 192, **195**
Czapski, Nikolai 195
Czapski, Józef 67, 111, 196, 229
Czapski, Tomasz 67, 89, 112, 129, 171, 177, **196**, 230
Czarlińska, Urszula 199
Czarliński 129
Czarliński, Emil 129, 130, 173, **196**, 227, 228
Czarliński, Felicjan 196, 222
Czarliński, Leon 121, 129, 130, 142, 145, 146, 167, 173, 176, **196**, 204, 223, 226, 228
Czarliński, Stanisław 174
Czartoryski, Adam 162

Dąbrowski, Jan Kanty 134
Danielewski, Ignacy 11, 110, 114, 129, 130, 139, 140, 143, 145, 146, 154, 191, 195, **196**, 199, 212
Danielewski, Konstanty 196
Datkiewicz, Julian 178
Dekowski, Feliks 129, 130, 183, **197**, 227, 228
Dekowski, Jakób **197**, 226
Demontowicz, Józef 166, 168, 170, 175
Domhardt, Johann Friedrich von 5
Donimirska, Zofia 115
Donimirski, Alkanty 90
Donimirski, Antoni 10, 105, 106, 107, 115, 130, 143, 145, **197**, 198, 228
Donimirski, Edward 145, **197**
Donimirski, Franciszek 67
Donimirski, Jan 197
Donimirski, Teodor 10, 57, 104, 105, 107, 110, 111, 112, 115, 120, 129, 130, 137, 143, 145, 146, 147, 150, 160, 176, 183, 197, **198**, 200, 205, 206, 211, 222—224, 230
Drąszkowski 100
Droszewski, Leonard 29
Dunin, Marcin 194
Dylewski, Anton 178, 226
Działowska, Elzbieta 212
Działowska, Jósefa 199
Działowski, Appolinari 100, 176
Działowski, Ignacy 176
Działowski, Ksawery 67, 175, 198
Działowski, Zygmund 100, 130, 171, 173, 174, 175, **198**, 228
Działyński, Jan Kanty 126, 151, 166, 176

Eichhorn, Johann A. F. 42
Eichmann, Franz August **117**, 158, **171**
Elminowski 84, 227
Elżanowski, Severin 65, 67, 68, 69, 70, 72, 73, 75, **198**, 200, 207, 208, 211
Engels, Friedrich 81
Estkowski 118

Falk, Adalbert 153
Fiałkowski, Antoni Melchior 161, 162
Flottwell, Eduard 56, 57
Francki, Teodor 179
Friedrich II. 5, 14, 28, 35, 39, 50, 53, 59, 60, 182, 188
Friedrich Wilhelm II. 55
Friedrich Wilhelm III. 22
Friedrich Wilhelm IV. 42
Fugiewski, Clemens 176

Gajewski, Jósef 170
Gawrzyjelski, Rudolf 130, 159, 179, **199**
Gebhardt, Johanna 202
Gerdey 157
Gisevius, Gustav 47
Goetzendorf, Leopold 117
Gółkowski, Dionysius 171, 174
Gółkowski, Szczepan Józef 94, 95, 110, 130, 133, 184, 195, **199**, 203, 196
Góralski, Juliusz 101, 179
Gościcki, Józef Nepomucen 168
Grąbczewska, Konstancja 200
Grąbczewski 183
Grabowska 115
Grabowski, Józef 89
Gregor 100
Groll 117
Grynholc 179
Gurczyński 178

Henning 79
Herzen, Alexander 174
Hippel, Theodor Gottlieb d. J. von 211
Hoffmann 22
Hohenzollern, Joseph von 38
Horn, Karl Wilhelm Heinrich Georg von 146, 153

Ilowiecki, Józef 129, 146, 174, 175, **199**

Jackowska, Zofia 201, 230
Jackowski, Hipolit 200
Jackowski, Hiacenty 60, 61, 83, 120, 129, 130, 146, 150, 157, 167, 176, 198, **200**, 201, 207, 222, 223, 225, 227, 228
Jackowski, Ludwik 129
Jackowski, Maksimilian 119, 129, 146
Jackowski, Teodor 60, 142, 170, 174, **200**, 201, 222
Janiszewski, Ludwik 167
Jelański 179
Jeżewska, Konstancja 65, 199, **200**
Jezierska, Elzbieta 200
Jezierski, Konstanty 29
Johannsohn, Friedrich Wilhelm 168, 170

Kalkstein, Antoni 130, 167, **200**, 224, 228, 229
Kalkstein, Edward 170, 173, 174, **201**, 208, 230
Kalkstein, Józef 201, 229
Kalkstein, Karol 57, 61, 71, 111, 112, 129, 162, 195, 200, **201**, 203, 229
Kalkstein, Michał 130, **201**, 228, 230
Kalkstein, Stanisław 112, 129, **201**, 230
Kalkstein, Teodor **201**, 222
Kalksteinowa, Antonia 115, 229
Kalksteinówna, Bogumilka 196, 230
Kalksteinówna, Hortensja 198, 230
Kalksteinówna, Leokadia 209, 230
Kamiński 29
Kandyba, Franciszek 68
Keller, Szczepan 139, **202**, 212, 226
Kellner 51
Kętrzyński, Wojciech 130, 139, 168, 173, **202**, 209, 211
Kicki, Szymon Tadeusz 210
Kiedrowski, Adalbert 179
Kleszczyński, Wiktor 111, 112, 129, 184, **202**
Klingenberg, Antoni 80, 82—84, 87, 90, 129, **202**, 227
Kliński, Aleksander 29, 83, 129, 227
Knast, Antoni 94, 95, 105, 111, 112, 129, 130, 133, 134, 202, **203**
Knast, Ignacy 159, 226
Knast, Józef 203
Kobyliński, Franciszek 101, 176, **203**, 229
Kolbe, Antoni 169
Korkwitz 60
Koronowicz, Jan Nepomucen 168
Korewa, L. 72
Kosiński, Władisław 129, 146
Kossowski, Hiacenty 29, 130, 183, **203**
Kossowski, Ksawery 29, 111, 221
Kowalski, Adam 170
Koźmian, Jan 102
Kraszewski, Jan Ignacy 10, 107, 110, 130, 139, 147, 198, 200, 201, 208

Krause, Johann Herrmann 177
Kraziewicz, Jan 203
Kraziewicz, Julian 26, 116, 119, 120, 121, 123, 129, 130, 195, **203**, 222, 224
Krieger, Johann Adalbert 61, **204**
Krüger 169, 171
Kruszyńska, Helena 210
Kruszyński, Konstanty 210
Kruszyński, Władysław 60, 90, 111, 116, 201, 229
Krzypiński 179
Kucharski, Zygmunt 29, 100, 175, 226
Kühlwetter, Friedrich von 97

Langiewicz, Marian 175
Łaszewski, Julian 129, 139, 227
Łaszewski, Teodor 168
Lauterbach 66, 72
Łebiński, Ignacy 66, 179
Łebiński, Jan 66, 117
Łebiński, Władysław 11, 110, 120, 130, 139, 147, 204, 205, 226
Leibitz-Piwnicki 11, 54, 55, 221
Lelewel, Joachim 159, 162
Ledóchowski, Jan 207
Lenartowicz 130
Leo XIII. 203
Lewiński 29
Łobodzki, Józef 68, 69
Łonczyński, Adolf 151
Löw 78
Łożyński, Michał 204
Łożyński, Wojciech 132, 133, 183, **204**, 212
Łukaszewski, Julian 167
Łyskowska 115
Łyskowski, Hipolit 206
Łyskowski, Ignacy 10, 11, 49, 70, 77—79, 92, 94, 95, 97, 104—106, 110, 118—121, 123, 128—130, 134—136, 142, 143, 145—147, 149, 150, 154, 155, 162, 163, 197—199, 204, **205**, 209, 211, 212, 222, 223, 226, 227, 228
Łyskowski, Konstanty 205, 221
Łyskowski, Mieczysław 10, 105, 106, 110, 113, 123, 126, 127, 145, 166, 183, 200, **205**, 224, 227
Łyskowski, Teodor 129, **206**
Lyssakowski 178

Machorski, Stanisław 100, 129
Majkowski, Aleksander 193
Malinowski, Franciszek 29
Manteuffel, Otto von 83, 98
Marański, Antoni 129, 167, 179, 192, 193, **206**, 222, 226, 227
Marcinkowski, Karol 103, 111
Martwell, Leon 170, 175
Marwitz, Alexander von der 206
Marwitz, Johann Nepomuk von der 52, 139, 158—160, 177, 199, 203, **206**
Marx, Karl 67, 81
Mathy, Ignatz Stanislaus 37, 39, 40, 50, 52, 204, **206**, 210
Mazowiecki, Jan 129
Mellin, Ignacy 100
Mettenmeyer 48, 150
Mickiewicz, Adam 133
Mieczkowski, Leopold 117
Mielżyńska 61
Mielżyński, Seweryn 213
Mierosławski, Ludwik 70, 113, 167, 191, 211
Mieroszewska, Anna 211
Milowicz 168
Moszczyński, Alfons 129, 146
Mrongovius, Cristoph Coelestin 189
Mühl 123, 129, 223, 225
Mühler, Heinrich von 152

Napoleon III. 140
Narzymski, Jakób 222
Neumann 37, 100
Nikolaus I. 140
Nordenflycht, Jakob Justus Gustav Adolf Philipp Frhr. von 30, 41, 61, 72, 73, 74, 91, 97
Nowicki, Antoni Melchor 29

Ölrichs, Heinrich 211
Olszewski 129, 227
Orłowski 105
Osmański, Konstanty 207
Osmański, Mateusz 134, **207**
Ostan-Lniski, Mateusz 100, 176
Ostaszewski, Ludwik 129, **207**, 211

Paliszewski 29
Parczewski, Erazm 130, 228
Paskevič, Iwan 140
Passarge, Carl 71
Piechowski, Jan 100
Pikulski 29
Pisarski, Juliusz 71
Płachecki, Józef 29
Pląskowska, Januaria 201, 230
Pokojski, Adam 134
Pokrzywnicki, M. 80, 82, 84, 87, 129, 227

Półczyński, Józef 89
Połomski, Ksawery Ignacy 114, 139
Pomieczyński, Andrzej 80, 87, 114
Pomieczyński, Antoni 68, 89, 93, 129
Prądzyński, Aloizy 112, 129
Prądzyński, Juliusz 111, 114
Prejs, Julian 94, 95, 130, 134, **207**
Przyłuski, Leon 78, 136, 209
Puttkamer-Kleszczyński, Józef 66, 69, 191, 201, **207**
Puttkamer-Kleszczyński, Marian 207

Rabe, Eleonore 202
Radkiewicz, Ignacy 177
Radkiewicz, Stanisław 34, 65, 66, 69, 89, 90, 92, 95, 99, 117, 129, 130, 145, 146, 149—151, 167, 176, 199, **208**, 222, 228
Rakowicz, Franciszek Tadeusz 110, 130, 139, 145, **208**
Ramułt, Stefan 188
Raschke, Jakób 178
Rautenberg-Klinski siehe Kliński
Rex 122, 123, 131, 143, 149
Reyski 178
Richter, Karl 80, 82, 83, 87, 90, 93, 113, 132, 156, 204, **208**, 227
Rochowski 178
Roehr, Jan 168
Różycki, Leopold 168, 173, 174, **209**, 226
Ruge, Arnold 79
Rutkowski, Anton 179
Rybiński 30
Rybiński, Leon 89, 111, 129, 130, 145, **209**, 226, 227, 228, 230
Rzepnikowski, Teofil 11, 129, **209**, 224, 226

Sadowski, Stanisław 117
Sampławska 100
Sampławska, Julia 200
Sampławski 200
Sampławski, Franciszek Ksawery 112, 129, **209**
Sampławski, Julian 209
Sapieha, Leon 103
Sartowski, Dawid 178
Schedlin-Czarliński, Walerian Piotr 174
Schloss 178
Schmidt, Stanisław 135
Schön, Theodor von 11, 30, 32, 37—39, 41, 42, 44, 45, 50, 51, 53—56, 60, 132, 183, 204, 207, 213
Schuckmann, Friedrich von 22
Schulze-Delitzsch, Franz Hermann 123, 127, 128, 205
Sczaniecka, Antonia 200, 229
Sczaniecki, Michał 130, 228
Sedlag, Anastasius 37, 40—43, 51, 52, 61, 68, 79, 91, 158, 194, 203, 204, 206, 209, **210**
Seidler, Stanisław 29
Sierakowska, Klotylda 198
Sierakowski, Adam 130, 228
Sierakowski, Alfons 103, **210**
Sierakowski, Antoni 210
Siuchniński 179
Skiba, Antoni 80, 82, 83, 129, 227
Ślaska, Zofia 57, 197, 198
Ślaski, A. 170
Ślaski, Kazimierz 210
Ślaski, Ludwik 93, 96, 101, 115, 120, 129, 130, 146, 149, 150, 176, 195, **210**, 222, 223, 228
Ślaski, Ludwik jun. 210, 211
Ślaski, Mateusz 111, 112, 198, **210**
Sobieski, Jan 162, 164
Speers 29
Staszic, Stanisław 103
Suffczyński, Józef 176, 177
Sulerzyski, Natalis 11, 29, 57, 61, 62, 67 70—73, 78, 83, 84, 111, 113, 129, 162 174, 175, 191, 196, 201, 207, 211, 212 213, 222, 227
Sulerzyski, Wincenty 211
Suzin, Pawel 170
Szawelski 172
Szulc, Kazimierz 168, **211**
Szyman, Henrik 129, 146, 162, 224
Szwaba, Kazimierz 170

Tarnowski, Ignacy 170, 177, 178, **212**, 2[illegible]
Taube, Augusta 203
Tokarski, Józef Piotr 167, 174, 179
Tokarski, Stanisław 129, 130, 150, **212**, 2[illegible]
Traugutt, Romuald 172
Trembecki, Andreas 100
Tucholka, Leokadia 208
Tucholka, Maria 212
Tułodziecki, Bernard 212
Tułodziecki, Jan 68—70, 72, 73, **212**

Urbański 170

Wagner, Julian 129, 139, 142, 227
Wasilewski 178
Węclewski, Stanisław 179, 183, **212**
Wengorowicz 178
Wiecki 101
Wielopolski, Aleksander 140

Wiersbicki 100
Wilczewski, Mateusz 60
Wilkxycka, Elzbieta 176, 177
Wilkxycka, Ludwika 210
Wilkxycki, Ignacy 213
Wilkxycki, Jakób 61, 174, 201, **212**
Wilkxycki, Jan Jerzy 51, 174, **213**
Winkler, Joseph Michael von 202
Winkler-Kętrzyński, Adalbert
siehe Kętrzyński, Wojciech
Witkowski 179
Wollschläger, Nepomucen 29
Wolszlegier, Antoni 110, 140
Wybicka, Leonarda 211
Wybicki, Jakób 213
Wybicki, Jan 60, 90, 183, **213**, 221
Wysocka, Maria 206
Wysocki, Aleksander 60, 70, 74, **213**
Wysocki, Feliks 60, 213

Zagórowski 90, 129
Zakrzewski, Jan 99
Zakrocki, Michał 72
Zawisza-Czarny, Alfred 200
Zieliński, Jan Nepomucen 129
Ziemiecki, Ludwik 29
Zwoliński 176

ORTSREGISTER

Die Ortsnamen aus dem biographischen Anhang A werden nicht mit aufgeführt. Aus dem tabellarischen Anhang B wurden Ortsnamen nur übernommen, wenn sie auch in der Darstellung Berücksichtigung gefunden haben.

Alt-Kischau 88
Altmark 125, 224
Außenteich 88

Bahrendorff 88, 100
Baumgart 59
Bellno 58
Benczkau 75
Berent 88, 125, 127, 129, 192, 222, 225
Berlin 57, 69, 86, 87, 90, 92, 93, 95, 98, 166, 173
Bialoblott 59
Bielitz 59
Bischofsberg 32
Bischofswerder 5
Biskupitz 89
Bislaw 88
Bislawek 178, 179
Bobau 125, 142, 178, 222, 224
Bobrowo 58, 67, 171, 177
Bolumin 88
Bonn 57
Borzyskowo 125, 224
Braunsberg 74
Breslau 57
Briesen (Krs. Culm) 46, 66, 71, 88, 100, 117, 125, 129, 163, 222, 224
Briesen (Krs. Schwetz) 34, 58, 65, 66, 100, 129, 222
Bromberg 117, 139, 168
Brosowken 59
Bruchnowko 142, 222
Bruss 88, 125, 192, 225
Brynsk 58, 60
Buchwalde 57, 59
Bukowitz 58, 88, 191

Carthaus 88
Cekzyn 88
Chelm 58
Chelmonie 29
Chmielno 88
Chwarznau 60
Ciborz 58
Cieszyn 88
Conitz 49, 61, 133, 172
Culm 49, 50, 51, 72, 73, 88, 90, 94, 96, 100, 101, 112, 124, 125, 130, 132, 133, 135, 137, 139, 142, 150, 157, 159, 172, 176, 188, 222, 224
Culmsee 89, 93, 95, 100, 125, 138, 222, 225
Czarlin 88
Czekanowo 58, 177
Czersk 88, 125, 192
Czyste 88, 101

Danzig 5, 23, 24, 62, 77, 87, 88, 115, 157, 168, 169, 170, 189
Debenz 59
Deutsch-Eylau 5
Dirschau 48, 168
Dombrowken 58, 88
Dresden 10, 140, 174
Driczmin 88, 125, 127, 223, 225
Druszyn 177
Dubielno 88
Dulsk 60
Działowo 58, 100
Dzierdzonzno 88
Dzisno 58

Elbing 62, 115, 168, 170
Elgiszewo 89, 171

Fischau 32
Flatow 62
Folgowo 89
Frankfurt 73, 77, 78, 95
Frauenburg 41, 74
Freystadt 5

Gajewo 29, 59
Garnsee 5
Glucha 88
Gogolewo 88
Gollub 29, 46, 72, 73, 88, 93, 123, 125, 126, 129, 222, 224, 225
Goloschütz 29, 58
Gostozin 88
Grabia 29, 58
Grabowo 60, 177
Graudenz 32, 34, 48, 49, 57, 67, 72, 73, 74, 88, 115, 116, 222
Gruczno 88, 99
Grunau 88
Grünhoff 88
Grutta 88
Grzywno 89, 142, 222
Grzyzlin 59

Güldenboden 170
Gurzno 30, 88, 125, 223

Heiligenbeil 74
Hintersee 59
Hohendorf 59, 67
Honigfelde 88

Insterburg 74

Jablau 60, 61, 69
Jablonowo 88, 177
Jastrzembie 60
Jenkau 48
Jeszewo 88
Johannisburg 169

Kamlarken 100
Kauernick 172
Kielno 88
Kiewo 58, 88, 101
Klinsz 60, 135
Klonia 29, 58
Klonowken 60, 69, 88, 170
Kommorsk 88
Komorowo 29, 59, 171
Komorze 58
Königsberg 5, 47, 66, 146, 153, 168, 191
Konojad 59
Kórnik 92
Kowalewo 89, 125, 142, 222
Kozlowo 58
Krakau 175, 183
Kuczwalli 58
Kurkoczyn 88

Labischin 74
Lapinóżek 60, 170, 174
Laszewo 58
Lautenburg 125
Lemberg 88
Lesno 58, 88
Lessen 88
Liebenau 88
Liniec 100
Linowiec 59
Lipinken 60
Lippinken (Krs. Loebau) 88
Lippinken (Krs. Stargard) 170, 174
Liptschin 88
Lissa Mühle 177
Lissewo 88, 100, 125, 171, 222, 223
Lobdowo 88
Loebau 43, 88, 125, 129, 138, 223, 224
London 60, 174

Lonk 88, 162, 163, 178
Lubianen 88
Lubiewo 88, 104, 125, 129, 223

Magdeburg 168
Marienburg 38, 48
Marienwerder 5, 57, 60, 71, 73, 74, 159
Mechau 132
Mewe 88, 123, 125, 129, 224, 225
Mgowo 58, 67, 100, 171
Miliszewo 59
Mlyniec 142
Mroczno 29
Münsterwalde 88

Najmowo 59
Nawra 58, 60
Neudorff 88, 100
Neuenburg 88, 125
Neuhoff 88
Neukirch 157
Neumark 93, 163
Neustadt 133, 138, 178
Niewierz 59
Niezywienz 88
Nikolaiken 88
Nogath 59

Ober-Brodnitz 60
Oborry 100
Okonin 88
Orłowo 58, 176
Ortelsburg 95
Osche 88
Osiek 28
Ostrowo 58, 60, 100
Oxhoeft-Rahmel 123, 125, 129, 192, 223, 225

Paderborn 132
Bischöfl. Papau 89
Paris 60, 168, 174
Pehsken 88, 119, 123, 129, 142, 222, 224
Pelplin 39, 41, 52, 84, 88, 90, 93, 134, 138, 142, 157, 158, 160, 161, 170, 192, 222, 224
Pestlin 129, 222
Pienionskowo 88, 142, 222
Piontkowo 11, 59, 61, 67, 113, 171
Pluskowens 58, 61, 89
Plussnitz 88, 100
Podgurz 89
Pogutken 88
Poitiers 64

Polnisch-Crone 116, 117
Popowo 101
Portschweiten 88, 125
Posen 35, 69, 86, 126, 137, 150, 160
Prust 88
Przechowo 125
Przysiersk 88
Pułkowo 59, 60, 74, 88, 125, 223, 225

Radowisk 59, 88
Radzimiewo 88
Raikau 88
Reczenzin 88
Ręczkowo 142
Reetz 88
Rehden 88, 223
Reknitz 60
Riesenburg 5, 74
Rom 35
Rokittken 48
Rosenberg 5, 74
Rosenthal 88
Rybno 178
Rynsk 58, 61, 100, 171, 174, 175

Sarnowken 59
Sarnowo 88
Scharnsee 88
Schirocken 125
Schliewitz 88, 125, 223
Schönfeld 58
Schönwalde 88
Schridlau 122
Schrimm 122
Schwekatowo 88
Schwetz 88, 138, 224
Sibsau 88
Siemon 89
Sierakowitz 192, 223
Sierocken 99
Skarlin 88
Skompe 89
Skorzenica 167
Slawoschin 190
Soldau 170
Stablewicz 88
Stargard 68, 88, 105, 129, 133, 138, 191, 222, 225
Staw 89
Stettin 189
Stobno 88
Stonsk 58, 66
Strasburg 50, 72, 73, 88, 93, 100, 118, 119, 123, 125, 126, 129, 133, 134, 138, 177, 222, 224, 225

Stuhm 73
Sullenczyn 129, 192, 193, 222
Sumowo 59
Swierczyn 59, 88
Szatarpi 88
Szierotzken 88

Telkwitz 59
Thiemau 88
Thorn 5, 13, 28, 29, 49, 71, 88, 93, 95, 100, 105, 115, 119, 120, 125, 133, 138, 139, 142, 145, 146, 167, 169, 222 - 225
Thymau 119
Tillitz 88, 177
Tilsit 35
Topollno 58, 65, 88
Tremessen 139, 167
Trzciano 88
Trzebcz 58, 88, 101
Trzianno 100
Tuchel 88, 125, 138, 222, 223, 224
Turzno 58, 61
Tycin 174

Unislaw 88
Unterschloß 88
Uszcz 58, 177

Versailles 64

Wabcz 58, 88, 100, 170, 177, 178
Wallicz 58, 170
Waplitz 59
Warlubien 88
Warschau 140, 161, 170, 183
Weichselmünde 74
Weißenberg 88
Wielbrandowo 88
Wielle 88
Wien 35, 162
Wiersch 88
Wilczewo 59
Wilna 183
Wischin 88
Wlewsk 59
Wreschen 123
Wrock 88

Zakrzewko 58
Zaskocz 100
Zajonckowo 59, 173
Zalesie 177
Zempelburg 88
Zyguss 59